オホーツク海南岸地域
古代土器の研究

熊木俊朗
Toshiaki Kumaki

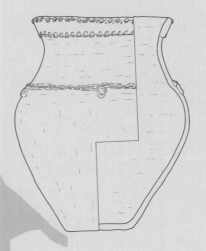
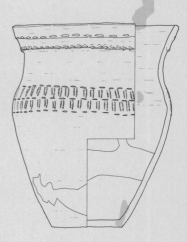
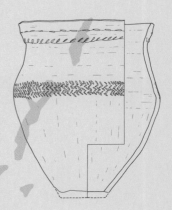

北海道出版企画センター

目次

序章　本書の内容と構成 ……………………………………………………………… 5

第Ⅰ部　続縄文土器の編年

第1章　宇津内式土器の編年 …………………………………………………… 13

第1節　はじめに　13

第2節　網走地域における縄文晩期末〜続縄文初頭の土器群　14

第3節　宇津内式成立直前期の土器群　18

第4節　宇津内Ⅱa式土器の編年　22

第5節　宇津内Ⅱb式土器の編年　32

第6節　宇津内式土器と後北C_1式土器の関係　36

第7節　続縄文前半期網走地域の土器編年と文様割りつけ原理　38

第2章　下田ノ沢式土器の編年と型式交渉 ………………………………… 42

第1節　はじめに　42

第2節　研究小史と分析方法　42

第3節　釧路地域の編年　45

第4節　釧路地域・網走地域間における型式交渉とその推移　52

第5節　型式交渉の背景　59

第3章　後北C_2・D式土器の展開と地域差 ……………………………… 63

第1節　はじめに　63

第2節　トコロチャシ跡遺跡出土土器の分析　63

第3節　北海道東部の編年　76

第4節　北海道中央部との編年対比　82

第5節　地域差とその背景　86

第6節　今後の展望と課題　89

第4章　鈴谷式土器編年再論 ·· 92

第1節　再論の理由　92

第2節　基礎データの確認　93

第3節　編年の再検討　100

第4節　鈴谷式土器の変遷過程および他型式との関係　104

第5節　各研究者の編年案および「旧編年」との対比　109

第6節　成果と課題　110

第Ⅱ部　オホーツク土器の編年

第1章　香深井A遺跡出土オホーツク土器の型式細別と編年 ···················· 115

第1節　はじめに　115

第2節　大井晴男による「型式論」について　116

第3節　香深井A遺跡出土器の型式学的再検討　119

第4節　道北部の細別型式　134

第5節　各型式の層位的検討　138

第6節　成果のまとめ　144

第2章　モヨロ貝塚出土オホーツク土器の編年 ·································· 150

第1節　分析対象とする資料　150

第2節　モヨロ貝塚出土資料の分類　151

第3節　道東部の編年　171

第4節　道北部との関係　188

第5節　おわりに　191

第3章　アムール河口部・サハリン出土オホーツク土器の編年 ···················· 195

第1節　はじめに　195

第2節　アムール河口部出土オホーツク土器・テバフ式土器の編年　196

第3節　サハリン出土オホーツク土器の再検討　206

第4節　周辺地域との関係　214

第5節　おわりに　217

第4章　元地式土器に見るオホーツク文化と擦文文化の接触・融合 ………………… 219

第1節　はじめに　219
第2節　元地式土器の概要　220
第3節　稚内市シュプントー遺跡出土資料の再評価　225
第4節　土器型式からみた道北端部の接触・融合過程　227

第5章　オホーツク土器と続縄文土器・擦文土器の編年対比 ………………… 230

第1節　はじめに　230
第2節　共伴する遺物等からの検討　230
第3節　土器にみられる型式学的な影響関係の検討　234
第4節　編年対比　237
第5節　先行研究との比較　238

第Ⅲ部　北海道とサハリン・アムール下流域の交流

第1章　続縄文文化・オホーツク文化・擦文文化における北海道とサハリン以北の交流 ‥ 249

第1節　はじめに　249
第2節　紀元前一千年紀の交流　250
第3節　鈴谷式期の交流　253
第4節　オホーツク文化期の交流　257
第5節　擦文文化前期後半以降の交流　262

第2章　オホーツク文化とアイヌ文化の関係 ………………… 266

第1節　はじめに　266
第2節　オホーツク文化と擦文文化の関係　266
第3節　サハリンアイヌ・千島アイヌの形成過程をめぐる議論　267
第4節　おわりに　267

第Ⅳ部　モヨロ貝塚出土のオホーツク土器（資料編）

第1章　市立函館博物館所蔵のモヨロ貝塚出土オホーツク土器 ………………………… 271

第1節　はじめに　271

第2節　「児玉コレクション」と大場論文（1956）で紹介された資料の関係　271

第3節　資料の分類と所見　272

第4節　おわりに　283

第2章　北海道立北方民族博物館所蔵のモヨロ貝塚出土オホーツク土器 ……………… 288

第1節　はじめに　288

第2節　資料の概要　288

第3節　資料の分類と所見　289

第4節　おわりに　296

引用・参考文献 ……………………………………………………………………… 299

挿版出典 ……………………………………………………………………………… 314

あとがき ……………………………………………………………………………… 321

序章　本書の内容と構成

　近年、日本列島の古代から中世における北方史の研究においては、「交流」をキーワードとして地域
や文化の区分を相対化しつつ、広域的な視角から北東アジア地域の歴史動態を論じようとする動きが活
発化している。そこでは、考古学と文献史学が互いの成果を積極的に援用しつつ、日本列島における古
代国家の形成史や、古代国家と北方の周辺社会との関係について論じている。なかでも、考古学の研究
で重要視されているのはオホーツク文化と擦文文化であるが、その理由は明白であろう。オホーツク文
化は日本列島とロシア極東地域を繋ぐ位置にあって北方社会との交流を進展させたと言う点で、擦文文
化はアイヌ文化の形成に直接関与したと言う意味で、それぞれ重要な歴史的意義を持つと認識されてい
るからである。

　このような研究動向の中で、土器の型式編年を主な研究テーマとしてきた筆者にとって最優先となっ
たのは、当該期の広域的な土器型式編年を確立し、土器型式の分析を通じて地域間の交流の実態を明ら
かにするという課題であった。本書は、このような問題意識に基づいて筆者がおこなってきた研究につ
いて、その成果をまとめたものである。全体の内容は四部からなるが、まずは中心となる第Ⅱ部につい
て概観しておこう。

　第Ⅱ部ではオホーツク土器の型式編年について論じているが、オホーツク土器の研究史を振り返って
みると、続縄文土器や擦文土器の編年研究と比べて議論はやや低調であったと言わざるを得ない。その
原因は大きくみて二つある。一つは、戦後の冷戦期において、ロシア側の情報が入手困難であったため
である。すなわち、1990年代前半まではサハリンや千島列島、アムール河口部の資料について十分な
情報が得られなかったため、地域編年や広域編年対比に関する詳細な検討が難しい状況が長く続いてき
た。原因の二つ目は、大井晴男が主張する「型式論」（大井1982a）に対する議論が深まらなかったこと
による。大井は、土器型式を細別して編年を精緻にする研究に対して方法上の問題点を指摘したが、そ
れに対する具体的な反論がほとんど提示されてこなかったため、結果としてオホーツク土器に対して細
別編年を試みることが回避されるような状況が続いてきたのである。

　その後、ソ連崩壊後はロシア側の情報が入手しやすくなり、最近では北海道内でも新しい発掘資料が
増加するなど、オホーツク文化に関する資料は以前よりも充実してきている。筆者も多くの研究者の協
力を得て、利用可能な資料を増やすべく、北海道やサハリン、アムール河口部で調査を重ね、成果の公開
に努めてきた。それらの成果を基に、本書第Ⅱ部ではアムール河口部からサハリン、北海道に至る地域
のオホーツク土器について、地域毎の型式編年を検討する。その上で、地域間の編年対比と、併行する
時期の続縄文土器・擦文土器との編年対比をおこない、オホーツク土器に関する広域編年の構築を試みる。

　オホーツク土器の型式編年研究においては、これまで、資料的に空白となる時期や地域があったため、
詳細な型式学的検討が進まないという問題があった。現在でもサハリン北部などには依然として空白が
存在しているが、本書の第Ⅱ部ではこれらの問題を少しでも解消するために、各地域を代表するような
遺跡について、一つの遺跡から出土した資料全体を対象とする分析を試みている。この手法を採用する

ことで、編年案を検証可能な形で提示するとともに、地域編年の標式となる資料を例示できたと考えている。実際の分析では属性分析の手法を用いた例が多いが、その部分に関しては記述が煩雑で、型式の定義や内容を理解しにくいという印象を与えるかもしれない。しかし筆者は、広域に分布する一連の資料に対して同一の視点に基づく分析を試み、地域別の縦の変遷と地域間の横の関係を整理して提示すれば、広域かつ詳細な議論であっても編年の全体像を見通しよく俯瞰できることを示すつもりでいる。これは一見逆説的なようであるが、土器型式編年研究では普遍的なアプローチと言ってよいかもしれない。

＊

　紹介の順序が逆になったが、第Ⅱ部でオホーツク土器の問題を論じるのに先立ち、第Ⅰ部では北海道東北部を中心に続縄文土器の型式編年を考察する。オホーツク土器を論じる前に続縄文土器を検討する理由はいくつかある。第一の理由は、鈴谷式土器の問題である。オホーツク土器の形成過程を考察する上で、その直前期に位置する鈴谷式土器の内容や系統が重要な検討課題となることは論を待たない。また、鈴谷式土器にみられる縄文や縄線文などの要素は続縄文化文前半期の北海道東北部の伝統に連なっている可能性が高いため、鈴谷式土器の系譜を解明するためには、どうしても続縄文文化の前半期まで遡って土器型式編年を論じる必要が生じてくる。第二の理由は、日本列島とその北方地域の交流史における画期の存在と関連している。既に指摘があるように、北方地域との交流史の流れを見た場合、縄文時代においては、石刃鏃を伴う文化という例外を除き、北海道とサハリンの交流は断片的にしか認められておらず、また南千島地域より東では縄文土器は確認されていない。この範囲を超えて交流が拡大するのが続縄文文化の黎始期であり、この時期は日本列島と北方地域の交流史における画期の一つとなる。よって北方との交流史を扱う本書では、対象時期をそこから始めることが適当であると考えた。第三の理由は、後北C₂・D式土器の南下と「蝦夷」論の関連である。以前、「蝦夷」論は史料上の制約もあって主に律令国家以後の時期を対象として論じられてきた。しかし近年では、律令国家成立以前に北海道系の集団が古墳文化に接触していたことの証左として、後北C₂・D式土器や北大Ⅰ式土器の南下が積極的に取り上げられるようになってきており、この南下現象を「蝦夷」の形成過程につながる流れとして重要視する見方が高まってきている。本書の第Ⅰ部では東北地方の後北C₂・D式土器については直接言及していないが、北海道内におけるこの土器型式の実態を論じることで、この時期の土器やヒトの動きを復元し、この問題に対し寄与することを試みる。このように第Ⅰ部では、日本列島と北方地域の交流史を解明するという観点から、続縄文文化期まで遡って土器の型式編年を検討する。

　続縄文土器の型式編年研究の現状を鑑みると、オホーツク土器に比べれば編年の整備は遙かに進んでおり、地域別の編年や地域間の編年対比に関して、大筋では共通理解が形成されつつある。そのような中で土器の型式編年を論じるのは屋上に屋を架するようなところがあるが、敢えて本書で再検討を試みたのには理由がある。それは、続縄文土器の型式編年全体を構造的にとらえる視点と方法を提起するためである。恵山式を除く主要な続縄文土器型式の編年は共通の視点と方法を用いておこなうことが可能である、というのが筆者の提言であり、この分析方法－文様割りつけ原理と文様単位の分析－によって、続縄文文化期における各時期と地域の土器型式の構造的な共通性と差異を容易かつ系統的に把握する、というのが本書第Ⅰ部の骨子である。従って、オホーツク土器の場合と同様、続縄文土器の型式編年も

実は全体を論じた方がむしろ細部の関係を理解しやすくなるということが、本書の第Ⅰ部で明らかになるであろう。

＊

本書の第Ⅲ部では、第Ⅰ部と第Ⅱ部の成果を踏まえつつ、土器以外の資料も含めて、続縄文文化期からアイヌ文化期までの北方交流に関する問題について研究の現状をまとめている。北海道とその北方地域の交流に関する問題を全般的に取り上げることにより、土器型式編年の背景にあるヒトやモノの動きを把握することを意図した。

本書の第Ⅳ部は資料編となる。ここでは網走市モヨロ貝塚から出土したオホーツク土器のうち、これまで詳細な実測図が公開されていなかった資料の一部について、実測図と属性表を掲載し、基礎データの共有を図った。筆者の力不足により未報告資料の全てを掲載することは適わなかったが、貼付文期以前の資料についてはかなりの部分を公開できたと考えている。これらの資料は、本書第Ⅱ部の分析においても重要な役割を担っている。

＊

本書の表題で用いた、「オホーツク海南岸地域」と「古代」という語句について注釈しておこう。本書で言う「オホーツク海南岸地域」とは、具体的にはアムール河口部、サハリン、北海道東北部を指している。オホーツク土器やそれに関連する資料は、上記の地域以外にもオホーツク海の北西岸や千島列島で出土しており、それらも「オホーツク海南岸地域」の範囲ではあるのだが、今回はその地域の資料については ほとんど言及できなかった。それらの地域を対象とした研究は今後の課題としておきたい。また、「古代」については便宜的な表現に過ぎないことをお断りしておく。本書が研究対象とした時期は確かに「古代」を含んでいるが、実際には上述のとおり続縄文文化期からオホーツク文化期までを主な対象としている。これは、日本列島史で言えば弥生時代から平安時代までの時期に概ね併行することになる。

＊

本書の構成、及び初出一覧は以下のとおりである（括弧内が初出時の題名と掲載誌等）。いずれの章も本書の内容や構成にあわせて初出時から加筆訂正をおこなっているが、ここでは特に大幅な修正を加えた部分について説明しておく。

第Ⅰ部　続縄文土器の編年

第1章　宇津内式土器の編年（「宇津内式土器の編年　―続縄文土器における文様割りつけ原理と文様単位（1）―」『東京大学考古学研究室研究紀要』第15号、1997年、pp.1-38）

続縄文前半期網走地域の編年について、宇津内式土器を中心に、文様割りつけ原理と文様単位の分析に基づいて検討した。再録にあたり、初出時にはやや分かりにくかった続縄文初頭の土器型式と「元町2式」土器の部分の記述を整理し、結語の一部を書き改めた。

第2章　下田ノ沢式土器の編年と型式交渉（「下田ノ沢式土器の再検討　―続縄文時代前半期の北海道東部

における土器型式の動態─」『物質文化』69、2000年、pp.40-58）

　続縄文前半期釧路地域の編年を、下田ノ沢式土器を中心として検討した。先学が設定した細別型式を再整理するとともに、網走地域との併行関係と型式交渉について考察している。再録にあたり、初出時には文意が不明瞭であった結論部分の一部を削除して書き改めた。

第3章　後北C₂・D式土器の展開と地域差（「後北C₂・D式土器の展開と地域差　─トコロチャシ跡遺跡出土土器の分析から・続縄文土器における文様割りつけ原理と文様単位（2）─」『トコロチャシ跡遺跡』東京大学大学院人文社会系研究科、2001年、pp.176-217）

　後北C₂・D式土器の編年を、文様割りつけ原理と文様単位の分析に基づいて道央部・道東部の地域別に対比し、地域差の存在を指摘するとともに、その背景にある土器とヒトの動きについて考察した。再録にあたり、初出時には掲載していた器種・胎土・成形・器形等の事実記載と分析を削除した。

第4章　鈴谷式土器編年再論（「鈴谷式土器編年再論」『宇田川先生華甲記念論文集　アイヌ文化の成立』宇田川洋先生華甲記念論文集刊行実行委員会、2004年、pp.167-189）

　筆者自身の旧稿（熊木1996）を訂正したという意味での「再論」である。鈴谷式土器の型式編年を「複雑から単純へ」という視点から再整理するとともに、鈴谷式土器の型式変遷は南北交流が段階的に進行するプロセスとして説明できることを指摘した。再録にあたって、「追記」として最近の年代測定結果との齟齬に関するコメントを付した。齟齬の詳細については、サハリンにおける最近の研究成果との関連に留意しつつ、第Ⅲ部第1章で取り上げて論じている。

第Ⅱ部　オホーツク土器の編年

第1章　香深井A遺跡出土オホーツク土器の型式細別と編年（「香深井A遺跡出土オホーツク土器の型式細別と編年」『東京大学考古学研究室研究紀要』第26号、2012年、pp.1-38）

　大井晴男の「型式論」（大井1982a）は礼文町香深井A遺跡出土土器の検討に基づいて提示されたものだが、本章では同じ資料に対して再検討を試みた。その分析結果を大井とは異なる視点から解釈することで、大井の「型式論」に対して批判を加えるとともに、道北部のオホーツク土器の型式編年を再構築した。

第2章　モヨロ貝塚出土オホーツクの編年（「オホーツク土器の編年と各遺構の時期について」『史跡最寄貝塚』網走市教育委員会、2009年、pp.303-319。及び「オホーツク土器の編年と地域間交渉に関する一考察　─北見市（旧常呂町）栄浦第二遺跡9号竪穴オホーツク下層遺構出土土器群の再検討─」『比較考古学の新地平』同成社、2010年、pp.709-718）

　網走市モヨロ貝塚から出土したオホーツク土器を対象として、道東部のオホーツク土器の型式編年を検討するとともに、道北部との地域差や型式交渉について考察した。土器の分類方法は初出の二つの論文のものをほぼそのまま踏襲したが、分類名称の一部を変更している。また、分析対象も本書第Ⅳ部の

資料を加えて大幅に増やし、編年対比などの結論についても一部を修正するなど、本章は書き下ろしに近い内容になっている。

第3章　アムール河口部・サハリン出土オホーツク土器の編年（「江の浦式土器の再検討」『間宮海峡先史文化の復元と日本列島への文化的影響』東京大学常呂実習施設・ハバロフスク州郷土誌博物館、2005年、pp.185-211。及び「サハリン出土オホーツク土器の編年　―伊東信雄氏編年の再検討を中心に」『北東アジア交流史研究』塙書房、2007年、pp.173-199)

　本章は、初出の二つの論文の内容をまとめて加筆訂正したものである。アムール河口部ニコラエフスク空港1遺跡の出土資料を対象として、アムール河口部におけるテバフ式土器とオホーツク土器の型式編年を考察するとともに、その結果と第Ⅱ部第2章の道北部編年を参照しながらサハリンのオホーツク土器の型式編年についても検討を加え、編年対比をおこなった。

第4章　元地式土器に見るオホーツク文化と擦文文化の接触・融合（「元地式土器に見る文化の接触・融合」『北東アジアの歴史と文化』北海道大学出版会、2010年、pp.297-313)

　北海道北端部に分布する元地式土器、及び稚内市シュプントー遺跡から出土した土器の分析を元に、道北端部におけるオホーツク文化と擦文文化の接触と融合の過程について考察した。

第5章　オホーツク土器と続縄文土器・擦文土器の編年対比（書き下ろし）

　第Ⅱ部第1章〜第4章の総括として、各地域のオホーツク土器の編年と、併行する時期の続縄文土器と擦文土器の編年を対比し、両者の併行関係を明らかにした。あわせて、オホーツク土器編年に関する先行研究から本論が何を継承し、発展させたのかについても述べている。なお、オホーツク土器と擦文土器の型式学的な影響関係に関する記述において、筆者論文（「オホーツク土器と擦文土器の出会い」『異系統土器の出会い』同成社、2011年、pp.175-196)の一部を引用している。

第Ⅲ部　北海道とサハリン・アムール下流域の交流

第1章　続縄文文化・オホーツク文化・擦文文化における北海道とサハリン以北の交流（「続縄文後半期・オホーツク期・擦文期における「サハリン・ルート」の交流」『北海道考古学会2015年度研究大会「サハリン・千島ルート」再考』北海道考古学会、2015年、pp.33-46。及び「紀元一千年紀前後におけるサハリンと北海道の先史文化交流」『第31回北方民族文化シンポジウム網走報告書　環北太平洋地域の伝統と文化　1.サハリン』一般財団法人北方文化振興協会、2017年、pp.13-18)

　アムール河口部からサハリンを経由して北海道に至る北回りの先史文化交流に関して、紀元前一千年紀から続縄文文化期・オホーツク文化期・擦文文化期までの時期を対象として、研究の現状を整理して各時期の交流の内容を評価するとともに、今後の研究の方向性について展望した。内容は、初出の二つの論文をまとめて加筆訂正したものである。

第2章　オホーツク文化とアイヌ文化の関係（「オホーツク文化とアイヌ文化」『季刊考古学』第133号、2015年、pp.80-81）

　アイヌ文化の文化要素のなかにオホーツク文化に由来するものが認められるか否か、という問題について研究の現状を整理するとともに、オホーツク文化の終焉からサハリンアイヌ・千島アイヌの形成に至る過程を考察する際の基本的な枠組みについて、再確認をおこなった。

第Ⅳ部　モヨロ貝塚出土のオホーツク土器（資料編）

第1章　市立函館博物館所蔵のモヨロ貝塚出土オホーツク土器（書き下ろし）

第2章　北海道立北方民族博物館所蔵のモヨロ貝塚出土オホーツク土器（書き下ろし）

　第1章・第2章ともに書き下ろしである。ここに掲載した土器については、以前から目録等によってその概略を知ることは可能であったが、詳細な実測図が公開されるのは本書初となる。

*

　本書は、2005年に東京大学大学院人文社会系研究科に提出した博士学位論文に変更を加え、第Ⅱ部第4章以下の部分を追加したものである。また、本書の内容は下記の研究助成（いずれも研究代表者は筆者）による研究成果の一部である。

　平成10年度〜平成11年度　科学研究費補助金（奨励研究（A）)「続縄文時代の広域編年と交流　―東北・北海道・サハリン―」

　平成12年度　笹川科学研究助成金「ロシア・アムール川河口部における考古学的調査　―オホーツク文化の起源・展開・終末問題及び大陸諸文化との関係に関する研究」

　平成13年度　笹川科学研究助成金「極東沿岸地域を舞台とした先史文化交流史の解明　―オホーツク文化を中心として―」

　平成14年度〜平成15年度　科学研究費補助金（若手研究（B））「オホーツク文化の展開・地域差と終末過程に関する考古学的研究」

　平成19年度〜平成22年度　科学研究費補助金（基盤研究（B））「北東アジア史からみた中世アイヌ文化形成過程の考古学的研究」

　平成19年度　科学研究費補助金　特別研究促進費　「サハリン中世遺跡のデータベース作成」

　平成19年度〜平成20年度　三菱財団人文科学研究助成「紀元一千年紀における間宮海峡先史文化の研究　―日本列島と大陸を繋ぐ「北回りの交流」の成立過程―」

　平成23年度〜平成27年度　科学研究費補助金（基盤研究（B）「擦文文化期における環オホーツク海地域の交流と社会変動」

　平成28年度〜平成29年度　科学研究費補助金（基盤研究（B）「アイヌ文化形成史上の画期における文化接触　―擦文文化とオホーツク文化―」

第Ⅰ部

続縄文土器の編年

第1章　宇津内式土器の編年

第1節　はじめに

　宇津内式土器は、北海道の網走地域を中心に分布する続縄文時代前半期の土器型式である。本章の目的は、宇津内式土器の編年を中心として、縄文晩期末から続縄文後半期直前までの網走地域における土器編年を検討することにある。

　研究史を簡単に振り返ってみよう。1933年に河野広道が「北海道式薄手縄紋土器群」として「前北式」「後北式」を提唱して以来（河野1933b）、1950年代までは網走地域の当該期の土器群に対する名称としては「前北式」（河野1933b、河野1958）「後北式北見型」（河野1958）が用いられてきた。山内清男によって「続縄紋式」が提唱され（馬場ほか1936、山内1939）、その時代区分が北海道の研究者間に浸透するのと前後して、1960年代には「前北式」「後北式」について再検討が始まる。特に「前北式」とされてきた各種の土器群に対しては、道内各地で新たに発掘された資料を標式として新しい型式が設定されていった。宇津内式土器は言うまでもなく斜里町宇津内遺跡（米村・金盛1973）出土土器群を標式とする型式であるが、これは宇津内遺跡の報告で「Ⅱ群a類」・「Ⅱ群b類」に分類された土器群（金盛1973）に対して、宇田川洋がそれぞれ宇津内Ⅱa式・宇津内Ⅱb式という土器型式を設定したものである（宇田川1977）。宇津内遺跡の資料は良好なまとまりを示しており、これにより当該期の網走地域の型式様相が具体的になったことから宇津内式の型式名が定着し、現在に至っている（注1）。

　宇津内式土器の細別編年に関する研究の現状についても確認しておこう。縄文晩期後葉の幣舞式土器と宇津内式土器との間については、晩期末〜続縄文初頭に相当する数型式を間に挟んで設定する意見が多い（宇田川1982、大沼1982a、大沼1989、金盛1982、森田1996）。宇津内式土器そのものについては、佐藤達夫による道東の続縄文土器編年（佐藤1964）を基礎として、宇田川が宇津内Ⅱa1式・Ⅱa2（古）式・Ⅱa2（新）式・Ⅱa3式、Ⅱb1式・Ⅱb2式の6つの細別型式を設定している（宇田川1977、同1982、同1985）。宇田川の細別型式が時期差ととらえうるかについて慎重な立場をとる意見もあるが（金盛1982）、設定された型式組列に対しては概ね妥当という評価がなされている。さらに、宇津内Ⅱb式に後続する型式としては、後北C_1式土器を置く意見が一般的である（大沼1982a、大沼1989、金盛1982）。

　以上のような研究の現状をみた場合、型式の細別はすでにやり尽くされ、編年も確定している印象を受けるかもしれない。確かに本章で筆者がおこなう編年には、屋上に屋を架する部分がなくはない。しかし筆者の意図は少し違うところにある。すなわち、先学の編年では注目されてこなかった型式学的特徴に着目すると、宇津内式土器の系統的変遷はもとより、恵山式を除く続縄文土器全体の系統と地域差が一つの法則性の元にすっきりと整理できる、というのが筆者の主張である。その型式学的特徴というのが、文様の縦の割りつけ原理と文様単位である（注2）。無論、筆者の視点で編年を再検討した場合

第Ⅰ部　続縄文土器の編年

でも先学の編年が大きく揺らぐわけではないのだが、従来想定されていた型式組列では説明しきれなかった矛盾は解消できるようになる。もっとも、時間的序列としての編年を部分的に修正することは本論の副次的な産物に過ぎない。宇津内式、ひいては続縄文土器全体の文様構造や型式変遷、さらに型式間の交渉に対する理解が深まるという点にこそ、本論の価値がある。

　以上のように本章の主眼は、文様の縦の割りつけ原理と文様単位を検討することによって、宇津内式土器の器形と文様とを結びつけている規則の構造と、その変遷過程を明らかにすることにある。上述のように本章で用いる分析の視点・手法は、特に後北式系統の編年・地域差を把握する上でも有効であるのだが、宇津内式以外の続縄文土器については次章以下で検討することとして、とりあえず本章では宇津内式土器を中心に、網走地域における縄文晩期末〜続縄文前半期までの型式群の変遷過程を時系列順に明らかにしてゆく。

第2節　網走地域における縄文晩期末〜続縄文初頭の土器群

1．概要

　宇津内式土器について検討する前に、網走地域の縄文晩期後葉の土器型式について概観しておきたい。道東部の縄文晩期後葉〜晩期末の土器編年は、幣舞式→緑ヶ岡式とされている（澤1969、鷹野1981）。網走地域において、幣舞式土器がまとまって出土した例としては北見市栄浦第二遺跡13号竪穴ホ号床面（以下、栄浦第二13ホ号と略）出土土器群（藤本編1972）（図1）があり、この土器群は幣舞式でも後半段階に位置づけられている（佐藤1972a、鷹野1981、大貫1995）。一方、網走地域の、縄文晩期末〜続縄文初頭に位置づけられる土器群については出土例が少なく、佐藤達夫（佐藤1964）、宇田川洋（宇田川1982）、金盛典夫（金盛1982）らの検討にもかかわらず、内容には不明な部分が多かった。

　しかし近年、北見市栄浦第二・第一遺跡（武田編1995）においてある程度の量が出土したことにより、具体的な検討が可能となってきた（図2）。この土器群は、かつて工字文・変形工字文のモチーフを有する土器として佐藤や金盛らが言及した各遺跡の土器群（佐藤1964、金盛1982）と同種の土器を多く含んでいる。これら栄浦第二・第一遺跡の土器群のうち、「栄浦第一遺跡」（注3）である程度まとまった状況で出土した土器群については、大貫浩子（大貫1995）が幣舞式土器や釧路地域の緑ヶ岡式土器と対比しつつ編年を検討している。

　大貫によれば「栄浦第一遺跡」の土器群は1群・2群・3群の三者に大別可能で、1群土器は「縄文時代晩期終末」の「緑ヶ岡式」併行に、2群土器は「続縄文時代初頭」に、3群土器は「続縄文に属する」と位置づけられ、特に1群と2群以下の間には型式差・時期差が認められるとされている。大貫の分類は型式組列としては首肯できるが、現在までのところ、時期差を証明するような細別毎の遺構や層位のまとまりははっきりしていない。そのため本章では、大貫の言う1群土器と2群1類土器を一括して扱うことにする。なお、大貫の2群2類は後述の「元町2式」に比定されるものであり、また3群は文様が地文の縄文のみの土器であり編年の決め手を欠くので、検討対象から除外しておく。

　以下では大貫の論考に依拠しつつ、栄浦第二・第一遺跡の土器群（注4）を中心に、網走地域におけ

14

第 1 章　宇津内式土器の編年

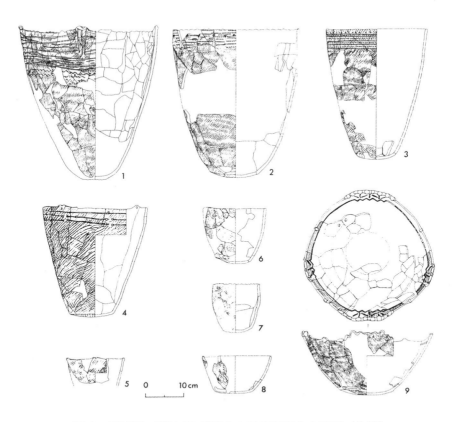

図 1　栄浦第二遺跡 13 号竪穴ホ号床面出土土器群（抜粋）

器種	0単位	2単位	4単位
大型深鉢	4		2
小型深鉢	3		1
大型浅鉢			1
小型浅鉢			1※
小型舟形		1※	
計	7	1	5

※は突起が片側によった特殊な単位（大型浅鉢）、あるいはその可能性があるもの（小型舟形）
個体数は佐藤 1972a：Tab.4 に同書の Fig.279-1 を加えたもの

表 1　栄浦第二遺跡 13 号竪穴ホ号床面出土土器群の文様単位別個体数

15

第Ⅰ部　続縄文土器の編年

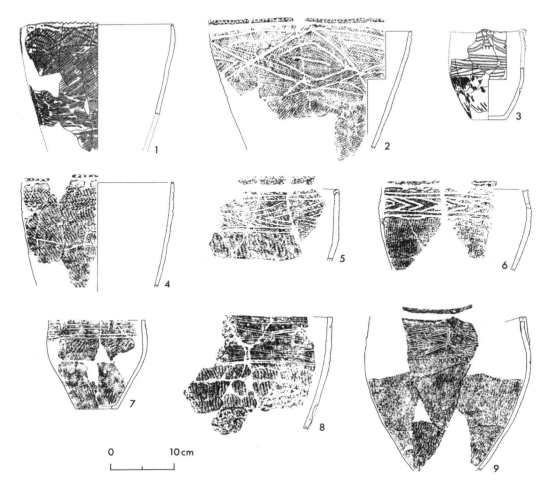

図2　栄浦第二・第一遺跡の土器群

る縄文晩期末〜続縄文初頭の土器群について概観してみたい。

2．型式学的特徴

栄浦第二・第一遺跡の土器群の型式学的内容に関して、大貫の記述に従いつつ、栄浦第二13ホ号土器群（幣舞式後半段階）との対比を中心として以下にまとめてみよう。

a) 器種・器形

栄浦第二13ホ号土器群が基本的に深鉢、浅鉢、「舟形鉢」の3器種を含むのに対し、栄浦第二・第一遺跡の土器群には「舟形土器」は認められず、浅鉢もわずかしか認められないようである。器種の単純化が生じているといえよう。ただし、釧路地域の緑ヶ岡式では「舟形土器」が存在するようであり（鷹野1983）、器種組成については資料の増加を待ってさらに検討する必要がある。

器形は、栄浦第二13ホ号土器群は底部が全て丸底ないし丸底風の平底であるのに対し、栄浦第二・第一遺跡の土器群は平底が多い。

b）文様

栄浦第二13ホ号土器群は、口縁部に地文として縄文が施されているが、栄浦第二・第一遺跡の土器群の口縁部には地文の施されているものとないものがある。大貫の指摘通り、「幣舞的な文様から変化したものには一部に地文をそのまま残したものが残り、亀ヶ岡式の影響を受けているものには地文が無いという傾向がある」（大貫1995:533）のが見て取れる。

栄浦第二・第一遺跡例に見られる工字文・変形工字文のモチーフや羽状の沈線文はこの土器群を特徴づけるものであり、栄浦第二13ホ号土器群には認められない（注5）。

一方、釧路地域の緑ヶ岡式（鷹野1981）と比較すると、特に文様要素が異なっているのも大貫の指摘通りである。すなわち栄浦第二・第一遺跡の土器群には綾くり文、貝殻腹縁文、条痕文がほとんど見られない。

3．編年と類例

以上にみたように、栄浦第二・第一遺跡の土器群には栄浦第二13ホ号土器群（幣舞式後半段階）とは異なる種々の型式学的特徴が認められる。文様の特徴や後の時期につながる要素の存在などから考えて、やはりこれらは時期差として解釈できよう。よって栄浦第二・第一遺跡の土器群は縄文晩期後葉よりも新しく、縄文晩期末〜続縄文初頭に位置づけられることになる。網走地域における類例としては、工字文・変形工字文や羽状の沈線文を持つ土器群だけに注目した場合でも佐藤・金盛・大貫のあげた各遺跡に加え、北見市常呂川河口遺跡（武田編1996：第126図13、第152図1・2・4、第204図3など）、斜里町尾河台地遺跡（金盛ほか1983：第228図1・3・4）、斜里町オンネベツ川西側台地遺跡（松田1993：第69図12〜16）などの例がある。ほかにも、常呂川河口遺跡ピット329bで確認された土壙墓副葬一括出土土器群（武田編2002）は、小型の副葬土器が多くやや特殊な例となるが、この時期のまとまりを明確に示す例としてとらえうる。このように細別型式としての全体像は今ひとつはっきりしていないが、この常呂川河口遺跡ピット329bの例からみても、一時期を構成する「段階」として「栄浦第二・第一遺跡の土器群」を設定することは可能と考えられる。

他地域の土器型式と対比した場合、まずは隣接する釧路地域の緑ヶ岡式土器・フシココタン下層式（澤・西編1975、宇田川1977、澤1982）が時期的にも型式的にも近い土器群として比較対象となる。前述のように特に緑ヶ岡式とは器種組成・文様などの型式学的な特徴がやや異なるようである。フシココタン下層式とは共通点も多いが、この型式の内容は明確ではないため具体的な対比は難しい。他にもこの「栄浦第二・第一遺跡の土器群」に対比しうる、いわゆる在地系の土器群は道央部を中心に全道的に拡がっており、編年を論じる際には全道的な広域編年対比が必要となる。この問題に関しては福田正宏らが精力的に取り組んでおり、東北地方や北海道における非在地系の型式との対比についてはかなりの精度で明らかになってきている（福田1999、福田2000、高瀬・福田2001、福田2003）。福田らによれば、栄浦第二13ホ号土器群は大洞A′式と、栄浦第二・第一遺跡の土器群は砂沢式とそれぞれ併行するとされ

第 I 部　続縄文土器の編年

る。筆者はこれらの併行関係を十分に理解しているとは言い難いが、両者の間に時期差を認める意見には賛同したい。しかし、全道各地に分布する在地系土器群相互の関係については未だに不明瞭な部分も多い。各地で乱立する型式名の整理など、これら在地系土器群の系統・地域差の再検討（注6）は今後の課題であり、「栄浦第二・第一遺跡の土器群」を細別型式として設定しうるか否かという問題の結論もここでは保留しておくことにしたい。

4．文様単位（口唇部突起数）の問題

　宇津内式に至る型式変遷をトレースするために、この時期の文様単位について確認しておこう。栄浦第二13ホ号と栄浦第二・第一の土器群の間で口唇部突起の変化をみると、口唇部の突起が小型化し、衰退していく傾向にある。また、浅鉢・「舟形土器」の衰退ないしは消滅に伴って、突起群が片側に寄った特殊な単位は消滅し、さらに、2単位・2＋2単位は鉢・深鉢に引き継がれるようである。以下に具体的に示しておく。

　栄浦第二13ホ号土器群の各個体について、口唇部突起数に基づき文様単位数の分類をおこなうと表1のようになる。0単位（平縁、ないしは「小鋸歯状」口唇（佐藤1972a：377））と4単位の個体が多数を占めるが、「小型舟形鉢」（佐藤前掲）の2単位と、大型浅鉢に見られる、大型突起一対と、片側に寄った小型突起一対の特殊な単位を有する個体が一個体ずつある。栄浦第二13ホ号以外の網走地域の幣舞式では、他に大型突起一対と小型突起一対の「2＋2単位」の例がある。

　一方、栄浦第二・第一遺跡の土器群では、完形の個体が少ないため口唇部の突起数ははっきりしないが、平縁の例と突起を有する例がある。類例である斜里町ピラガ丘遺跡第 II 地点（米村ほか1972：52上）や北見市中ノ島遺跡（久保1978：Fig.87）の資料からすると、2単位、4単位、2＋2単位が存在すると思われる。特に注目すべき文様として、突起から縦に垂下する貼付文があげられる。この文様は、栄浦第二13ホ号例にはないが、同時期の他の例では特に「舟形土器」（鷹野1983）などにみられ、主に2単位もしくは2＋2単位の突起に付加される。この貼付文は、栄浦第二・第一遺跡の土器群では少数ではあるが深鉢に認められ、後述するように宇津内式の成立直前期の土器群まで存続する。

　以上をまとめると、幣舞式後半段階にみられる2単位、4単位、2＋2単位の突起・文様単位は、やや衰退しながらも栄浦第二・第一遺跡の土器群へと受け継がれるとみることができる。

第3節　宇津内式成立直前期の土器群

1．概要

　縄文晩期末～続縄文初頭の土器群（ここで言う栄浦第二・第一遺跡の土器群）と、宇津内式土器との間にもまだ介在する型式があることは、冒頭に述べたように宇田川や金盛らによって指摘されている。しかしながら、それら宇津内式成立直前期の土器群については、資料がごく限られていたこともあり、型式として設定可能かどうか不明確であった。しかし近年、美幌町元町2遺跡・元町3遺跡（荒生・小林1986、荒生・小林1988、荒生1988、荒生1994、以下、「元町2・3遺跡」と略する）でその間を埋める型式

第1章　宇津内式土器の編年

学的内容の土器群がややまとまって出土し、宇津内式土器の成立過程を解明する上で重要な資料が提供されることになった（図3）。ここではそれらの内容を検討する。

　なお元町2遺跡の報告者である荒生健志は、出土した続縄文前半期の土器群（「第V群土器」）を型式学的特徴を元に1〜5類に分類している（荒生・小林1986）。ここで主として取り上げるのは、2〜4類の土器群となる（図3）。

2．型式学的特徴とその分類

　元町2・3遺跡出土土器群は、栄浦第二・第一遺跡の土器群と宇津内式の間を埋めるような型式学的内容を持つ、と述べた。個々の型式学的属性から元町2・3遺跡出土土器群を分析する場合には、各属性を以下の三つのグループに分類して考えると土器群の内容と性格を理解しやすくなる。

属性I：縄文晩期末〜続縄文初頭の土器群と共通し、宇津内式にはない属性

　前段階の土器群と共通する属性である。これらの属性には、幣舞式以来の在地系の属性と、道東以西の土器群に由来する非在地系の属性の二者がある。在地系属性には文様要素としての沈線文と、口縁部突起の頂部より垂下する貼付文があげられる。一方、非在地系属性としては頂部に刻みを施す口唇部の突起（いわゆる「B状突起」に近い形態）（図3-1・3・4・7）、工字文・変形工字文のモチーフ（図3-1・3）があげられる。

　また、原体LRの縄文による地文、口唇上の縦の刻み目（図3-2・5）、1〜3本程度の水平の平行線モチーフからなる口縁部文様意匠（図3-4）などは宇津内式にも少数認められるため、属性Iとするには多少問題があるが、縄文晩期末〜続縄文初頭と共通する古手の属性であることは認められてよいであろう。

属性II：元町2・3遺跡独自の属性

　口縁部に水平2列に施された突瘤文（図3-1・5）は、元町2・3遺跡の土器群を特徴づける文様である。また、口唇直下でわずかに括れて口唇部付近で外反する器形（図3-1・2・3・5）、口唇部に平坦面を作り出し、その外縁または内縁と外縁に刻み目を施す文様（図3-3・6〜10）、斜めの平行線モチーフからなる口縁部文様意匠（図3-6・8）、円盤形の貼付文（図3-7）は宇津内式にも少数ずつ認められるが、これらの属性は網走地域では元町2・3遺跡の段階で特徴的にみられるようである。

属性III：宇津内式と共通し、縄文晩期末〜続縄文初頭の土器群にはない属性

　元町2・3遺跡出土土器群の属性のうち、宇津内IIa式前半の土器群に特徴的な属性と共通するものとしては、原体RLの縄文または原体Rの撚糸文による地文、水平1列の突瘤文、多数の水平平行線モチーフからなる縄線文（文様帯下端に縄端による刺突列をめぐらせる例が多い）、口唇下を横にめぐる貼付文があげられる。

3．編年の検討

　上に分類した属性I・II・IIIは、それぞれ栄浦第二・第一遺跡の土器群、元町2・3遺跡の土器群、宇津内式土器に特徴的な属性である。元町2・3遺跡の土器群は、一個体のなかでこれらの属性I・II・

第Ⅰ部 続縄文土器の編年

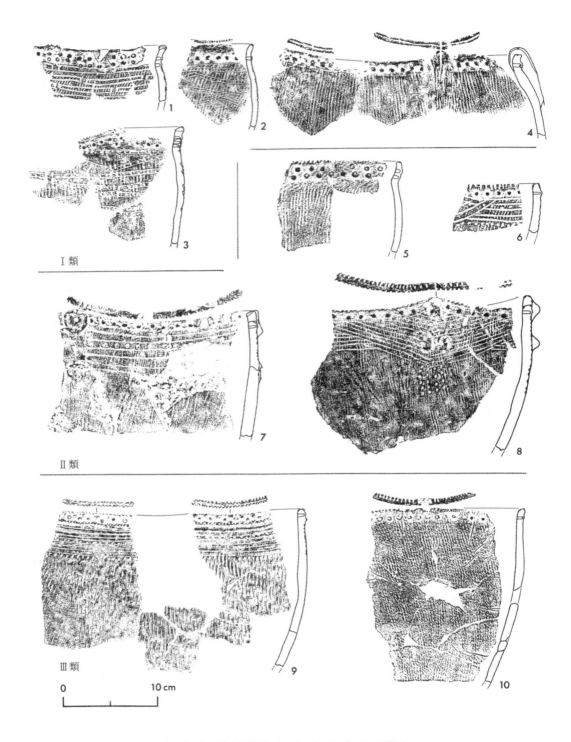

1・5・6・10：元町2　2・3・4・7・8・9：元町3

図3　元町2遺跡・元町3遺跡の土器群（「元町2式」土器）

Ⅲを複数あわせもっており、そのことこそが元町2・3遺跡の土器群の性格をあらわしている。すなわち、元町2・3遺跡の土器群は縄文晩期末〜続縄文初頭の土器群と宇津内式との間のギャップを埋めるような型式学的内容を有しているといえる。

もっとも、属性Ⅰ・Ⅱ・Ⅲのあらわれ方は個々の土器でやや異なっており、属性Ⅰ・Ⅱ・Ⅲをそれぞれ指標として、縄文晩期末〜続縄文初頭の特徴が認められるⅠ類土器、元町2・3遺跡独自の属性が特徴的なⅡ類土器、宇津内Ⅱa式とほぼ同じ内容を有するⅢ類土器と、3つのタイプを設定することも可能である（図3）。

これらの3タイプは、型式組列としてはⅠ類→Ⅱ類→Ⅲ類として把握できる。しかし3タイプ間で共通する特徴もあるし、各個体内では属性Ⅰ・Ⅱ・Ⅲが併存しており、これら3タイプを時期差を有する段階や細別型式として設定するのは難しい。よってここではこれらの3タイプで一型式としてのまとまりをなすととらえておく。すなわち本章ではこの元町2・3遺跡の土器群を「元町2式」と仮称し、縄文晩期末〜続縄文初頭の土器群と宇津内Ⅱa式との間に位置する土器型式として設定する。この「元町2式」の特徴を一言で表現するならば、「全体としては宇津内Ⅱa式に近い印象を受けるが、個々の要素に前段階の特徴やこの段階特有の特徴を含む土器群」となろう。

属性Ⅰ〜Ⅲという型式学的特徴の分類を元に、Ⅰ〜Ⅲ類の土器分類を仮設した。これらⅠ〜Ⅲ類土器は細別型式として設定することはできなかったが、この3タイプの分類によって、栄浦第二・第一遺跡の土器群と宇津内式土器の間の変遷過程が比較的スムーズであることが理解できると同時に、両者の間には独自の特徴を有する土器型式が存在することが明らかになったと思われる。

4．分布と層位的出土例

「元町2式」土器の例としてまずあげられるのは斜里町尾河台地遺跡42号竪穴のセット資料（図4-1〜3）である。図4-1は、2列の突瘤文、及び中空の施文具を斜め上方に刺突してつけた刺突文を有する。筆者による元町2・3遺跡の分類で言えばⅡ類に比定される。図4-2は2単位のB状突起に一列の突瘤文、3条の沈線文を有する。筆者分類Ⅰ類である。図4-3は4単位の突起と突起下の縦の貼付文、及び口縁部に一列の突瘤文を有する。これも筆者分類Ⅰ類としてよい。このセットの中には一般的な宇津内Ⅱa式は含まれておらず、この時期の土器型式のまとまりの実在を示す資料といえる。

網走地域におけるその他の例としては、栄浦第二遺跡（藤本編1972:Fig.9）（図4-5）、常呂川河口遺跡（武田編1996:pit121、pit144例など）、網走市南8条（松下ほか1964:Fig.9）、女満別町昭和遺跡（大場・奥田1960:第58図9）、斜里町チプスケ遺跡（田沢ほか1959:第13図版E-18）などの各例があげられる。各資料とも断片的ではあるが、この「元町2式」が元町2・3遺跡だけに限定されるのではなく、網走地域の中で広く分布していることがわかる。この点も筆者が縄文晩期末〜続縄文初頭の土器群と宇津内Ⅱa式の間に一型式を設定する根拠の一つである。

北見市中ノ島遺跡（久保1978）で「第3群土器」に分類されている土器群の一部は、この「元町2式」と同時期であると思われるが、中ノ島遺跡例は釧路地域や道央地方の土器群とも強いつながりを持っているため、分析は次章でおこなう（注7）。常呂川河口遺跡（武田編1996:第380図1など）などの例に

第 I 部　続縄文土器の編年

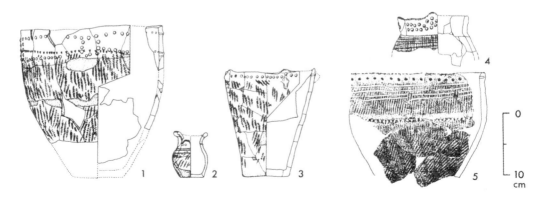

1・2・3：尾河台地42号竪穴　4：栄浦第二13ハ号竪穴埋土　5：栄浦第二

図4　「元町2式」土器

ついても同様である。

　層位的な出土例としては、まず元町3遺跡（荒生1994）の例がある。ここではP-47ピットがP-45ピットに切られている。各々の一括出土土器はP-47（Ⅱ類）→P-45（宇津内Ⅱa式）である。

　一方、栄浦第二遺跡13号竪穴ハ号埋土出土例（藤本編1972）（図4-4）はⅡ類に分類できる。この資料は、層位的関係にはやや問題が残るものの、下層のホ号床面出土土器（幣舞式後半）、上層のロ号住居址床面出土土器・イ号床面出土土器（いずれも宇津内Ⅱa式）の間層にあたる位置から出土しており、参考になろう。

5．文様単位数（口唇部突起数）

　「元町2式」の文様単位についても確認しておこう。完形土器が少ないため単位数ははっきりしないが、平縁（0単位）の土器が多く、突起を有する土器では2単位と4単位が存在するようである。先述の「突起から縦に垂下する貼付文」が存在することからも明らかなように、元町2・3遺跡の土器群の文様単位数は縄文晩期末～続縄文初頭の土器群からの伝統を残しているが、特に栄浦第二13ホ号土器群と比較すると、「元町2式」では明らかに0単位（平縁）の割合が増加している。すなわち、先述したように、幣舞式からこの元町2・3遺跡の土器群にかけて、土器の口唇部に2ないしは4の単位の突起をつけるという割りつけが衰退していくことがわかる。この文様の縦の割りつけ原理の衰退は、後続する宇津内Ⅱa式初頭の時期にもっとも進行し、口唇部に突起を有する土器は一時期ほぼ消滅する。

第4節　宇津内Ⅱa式土器の編年

1．概要

　宇津内式土器の編年については、宇田川によって六つの細別型式からなる編年が示されていること

第1章　宇津内式土器の編年

を本章の冒頭で確認した。すでに述べたように宇田川編年は佐藤達夫の編年を基礎としたものであるが、その佐藤編年は、「この時期の細別は、隆起線文の変遷に即して行いうるように思われる」（佐藤1972a：90）と述べられているとおり、貼付文の変遷すなわち発達過程に主に注目したものであった。宇田川編年でも貼付文の発達過程が編年の柱となる型式組列として位置づけられ、個々の器形・文様要素の消長がその柱と組み合わされて編年が構成されている。

　佐藤と宇田川の編年で示された型式組列は十分な説得力を持つもので、いくつかの層位的出土例によってその正しさは追認されてきた（宇田川1985）。しかし同時に、遺構毎の一括出土例が増加するにつれて、再検討の必要性も生じてきている。特に宇津内Ⅱa式においては、貼付文を持つ土器と持たない土器が一時期のセットを構成する場合が多く、佐藤と宇田川の編年ではこれらのセットの位置づけがやや難しくなってきたのである。このように佐藤と宇田川の編年における問題点は、一括土器群に含まれる個々の土器に施された各種文様が「多相組成」（林1990）を示していることに対して、合理的な説明が困難になってしまうところにあると思われる。

　以上の問題点を踏まえて以下の分析では、佐藤と宇田川の編年によって示された「貼付文の発達過程に基づく型式組列」を尊重しつつ、それらの組列をも包括するような法則性－文様の縦の割りつけ原理と文様単位の系統性－に着目し、これら先学による編年の問題点を克服しようと試みる。

２．文様の縦の割りつけに基づく分類

　宇津内式Ⅱa式土器で基本となる文様単位数は０単位、４単位、２＋２単位の３種類である（図5）。

　０単位は、平縁で、文様の縦の割りつけを持たないものである（Ptype）（図7-1～3）。

　４単位は、平縁で、口縁～胴部文様として、同じ形状の文様を４ヶ所均等に配置したものである。平縁ではなく、４単位全て同じ突起を有する土器も少数ではあるが存在する。平縁・突起有りのいずれの例も口縁部に貼瘤文を４ヶ所配置する例が多い（Qtype）。

　２＋２単位は、90°毎の４ヶ所を割りつけの基点にするが、吊耳を１対貼付したり、口唇上の突起の１対を大型化することなどによって向かい合う組どうしに差異を生じさせ、土器の側面－面観を強調するものである（SFtype）（図6-2、図7-7・9・10・12・13・14）。突起が４単位均等で吊耳を持たないものでも、口縁部・胴部文様が180°の対どうしで大きく異なる例はこの２＋２単位としてよいだろう。

　宇津内Ⅱa式には、これらの単位数の他に２単位の例も多く認められる。これらは器形・文様の特徴から２種類に分類できる。１種は、平縁で、貼瘤文などの比較的小さい１対の文様を施したもので、Qtypeの文様が１対欠落したものとしてとらえることができる（QPtype）（図7-4・8）。他の１種は１対の吊耳もしくは突起を有し、90°横の位置には対となる文様を有さないものである。SFtypeの「正面」の文様が欠落したものとすることができる（SPtype）（図6-1、図7-6（注8）・11）。このように、見かけ上が２単位の宇津内式土器は、４単位もしくは２＋２単位の割りつけを基本としており、４単位・２＋２単位それぞれのバリエーションとしてとらえることができる。

　一方、単位数としては２＋２単位だが、平縁で、かつ対となる文様どうしの差がごく僅かなものがある。これもQtypeのバリエーションとしてとらえられるであろう（QFtype）（図7-5）。

23

第Ⅰ部　続縄文土器の編年

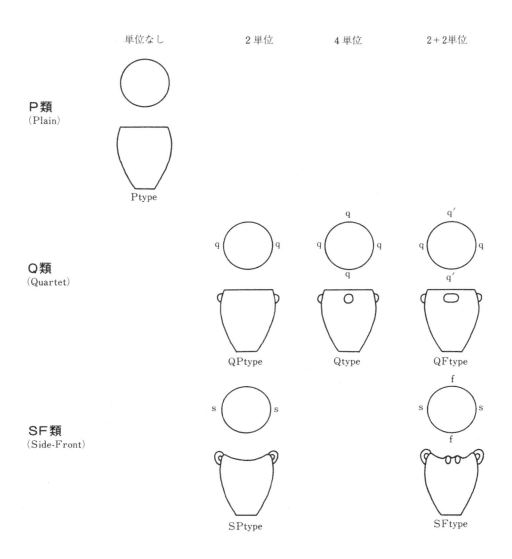

qは4単位均等の文様、fは「正面」に位置する文様、sは「側面」に位置する文様をあらわす
図5　文様の縦の割りつけに基づく宇津内Ⅱa式土器の分類

　また、例外的なものとして、5単位の例があるが、これは鈴木公雄の言う「追いまわし施文」（鈴木1968、今村1983）であって、一定した縦の単位数に基づく割りつけは意識されていないといえよう。すなわち、Ptypeのバリエーションとすることができる。
　このように、文様の縦の割りつけ原理と単位数をもとにして宇津内Ⅱa式土器を分類すると、以下のようになる（図5）。

P類（Ptype）

　　一定の単位数をもたないもの。

Q類（Qtype・QPtype・QFtype）

　　4単位とそのバリエーションからなるもの。

SF類（SFtype・SPtype）

　　側面 - 正面観を強調した2＋2単位と、そのバリエーションからなるもの。

　型式学的特徴からすると、Q類はP類から、SF類はQ類からの発展形としてとらえることも可能である。また後述するように、宇津内Ⅱb式土器はSF類のみから構成される。よって、型式学的にはP類→Q類→SF類の変遷が仮定できる。

3．遺構一括出土土器群の検討

　文様の縦の割りつけ原理を基準に宇津内Ⅱa式土器を分類した場合、P類・Q類・SF類の三者に分類が可能であり、その型式学的変遷はP類→Q類→SF類と仮定できた。これらの三者は一括土器としてはどのようなまとまりを有するのであろうか。遺構に伴って2個以上の完形土器が出土した一括出土例（注9）を対象に、P類・Q類・SF類の三者が、一時期におけるセットとしてはどのような組み合わせを有するのか見てみよう（表2）。

Ⅰ群：P類・Q類のみから構成され、SF類を含まないセット

　斜里町ピラガ丘遺跡第Ⅱ地点24号竪穴床面出土土器群（米村ほか1972）は、P類2例・Q類1例のみから構成され、このセットの好例となっている。先述のように、「元町2式」の多くがP類・Q類からなる事実も、この時期の存在を示唆している。

Ⅱ群：P類・Q類とSF類が混在するセット

　栄浦第一遺跡Pit58a（藤本編1985）はP類・Q類・SF類を全て含み、このセットの好例となっている。先に仮定したP類→Q類→SF類という変遷を考慮すると、このⅡ群はP類を含むセットと含まないセットに分けられる可能性がある。

Ⅲ群：SF類のみから構成されるセット

　宇津内遺跡A地点10号竪穴床面出土土器群は4例全てSF類であり、このセットの存在を示している。

　表2はセット内におけるP類・Q類・SF類の3者の組み合わせパターンを基準に各セットを序列化したものである。

　この表2の序列を編年とする前に、口縁部・胴部に施された貼付文についても検討しておこう。

4．貼瘤文・貼付文と縦の単位

　貼瘤文・貼付文は宇津内式土器に特徴的な文様のひとつであり、佐藤や宇田川がその変遷過程を想定して編年の指標とした文様である。これら貼瘤文・貼付文を、文様の縦の割りつけ原理と関連させながら分類してみよう（表3）。

第Ⅰ部　続縄文土器の編年

遺跡・遺構	P	QP	Q	QF	SP	SF
尾河台地41号石組周辺	○					
ピラガ丘第Ⅱ24号床面	○	+				
常呂川河口21号床面	+	+				
尾河台地40号石組周辺	+		+			
栄浦第一7A号埋土	○	○			+	+
栄浦第一Pit58a	+	+		+	+	+
宇津内A地点9号床面	+				+	
栄浦第二17号床面	+					
尾河台地31号床面		+				
岐阜第二15号A面床面		+				○
宇津内B地点2号床面			+		+	
常呂川河口Pit470			+		○	○
中ノ島H-46　2号墳墓			+			+
栄浦第一14号床面			+			◎
常呂川河口Pit260				+	+	
宇津内B地点1号床面				+	+	
尾河台地12号墓					◎	
宇津内B地点3号床面					○	
尾河台地19号床面					○	
尾河台地6号墓					○	
尾河台地11号墓					○	
尾河台地7号床面					○	+
栄浦第一8号埋土					+	+
栄浦第一Pit35c					+	+※
TK67Pit32					+	+
ピラガ丘第Ⅱ27号床面					+	+
尾河台地29号床面					+	+
尾河台地7号墓					+	○※
宇津内A地点10号床面					+	◎
栄浦第一4F号埋土						○
栄浦第二Pit87						○

＋・○・◎はそれぞれ1個体・2個体・3個体をあらわす。

※栄浦第一Pit35cのSFtypeは「側面」の文様が脱落した特殊な例。
　尾河台地7号墓のSFtypeは宇津内Ⅱb式を含む。

表2　文様の縦の割りつけに基づく宇津内Ⅱa式土器の分類

第1章　宇津内式土器の編年

遺跡・遺構	P類	O類				SF類				
		貼瘤・貼付なし	貼瘤のみあり	縄線平行貼付	縦4単位貼付	貼瘤・貼付なし	貼瘤のみあり	縄線平行貼付	縦2単位貼付	縦2+2単位貼付
尾河台地41号石組周辺	○									
ピラガ丘第Ⅱ24号床面	○									
常呂川河口121号床面	+		+							
尾河台地40号石組周辺	○									
栄浦第一7A号埋土	○	+					+		+	
栄浦第二Pit58a	+		+							
宇津内A地点9号床面	+	+							+	
栄浦第二17号床面	+		+						+	
尾河台地31号床面				+						
岐阜第二15号A面床面		+				○		+		
宇津内B地点2号床面			+				◎			
常呂川河口Pit470			+				+		+	
中ノ島Ⅰ-46　2号墳墓		+								○
栄浦第一14号床面		+	+							
常呂川河口Pit260					+				+	
宇津内B地点1号床面					+				+	
尾河台地12号墓		+			+				○	
宇津内地点3号床面					+?		+			
尾河台地19号床面				+			+			
尾河台地6号墓		+			+				+	
尾河台地11号墓							○			
尾河台地7号床面					+				+	
栄浦第一8号埋土		+			+				+	
栄浦第一Pit35c		+			+					
TK67Pit32										
ピラガ丘第Ⅱ27号床面										
尾河台地29号床面										
尾河台地7号墓					+					
宇津内A地点10号床面							○		○	○
栄浦第一4F号埋土										○
栄浦第二Pit87					+				+	○

＋・○・◎はそれぞれ1個体・2個体・3個体をあらわす。

表3　表2の分類と貼付文の意匠及び単位との関係

第Ⅰ部　続縄文土器の編年

a）貼瘤文

　円形や、縦長・横長の楕円形をした瘤状の貼付文である（図7-5・8）。口唇に接していたり、口唇より上部にせりだしているものは、貼瘤文と言うよりはむしろ口唇上の突起であるので、表3では貼瘤文として扱っていない。

b）貼付文

ア）縄線文に平行する貼付文

　縄線文に平行して（多くの場合は水平に）貼付文が施されているもの。縦の単位は意識されていない。

イ）縦2単位の貼付文

　180°向かい合う位置に一対の同じ意匠の貼付文が施されているもの（図6-1・3、図7-7・11・12）。互いに横に連結する例もあるが、縦の単位としては2単位といえる。多くの場合では、2ないし2＋2単位の口唇部突起によって割りつけられた縦の単位に従って施されているため、表3の中の例では平縁に施された例はないが、平縁に施される例も例外的に存在する。ただし、いずれの場合にも縦2単位の貼付文は側面ないしは正面を強調する結果となるため、SF類に分類できる。

ウ）縦4単位ないしは2＋2単位の貼付文

　90°毎に縦の文様単位を有する貼付文（図6-2・4、図7-10・13・14）。4単位すべて同じ意匠のものと、180°の対どうしで意匠が異なる2＋2単位のものがある。互いに横に連結する例も多い。ほとんどの場合、2や4、2＋2単位の口唇部突起によって割りつけられた縦の単位に従って施されるため、SFtypeに特徴的な文様であるが、平縁に4単位の貼付文が伴うなど、Qtypeに分類できる例も例外的に存在する。

　ここで注意しておくべきことは、貼瘤文・貼付文は、ア）の縄線文に平行する貼付文を除きほぼ全て口縁部の突起、すなわち縦の単位に従って割りつけられている点である。すなわち、貼付文を含む文様の縦の割りつけを第一に規定しているのは口唇部の突起であり、貼瘤文・貼付文の意匠を分析する際にはその点に注意を払わなければならない。逆に言えば佐藤と宇田川が着目した「貼付文の発達過程」は、「文様の縦の割りつけ原理」に規定された法則性の中に包摂される現象であるともいえるのである。

　次に先の表2の序列はそのままに、各セット内の土器の貼瘤文・貼付文の意匠を分類すると表3になる。注目すべきは先のⅡ群（P類・Q類とSF類が混在するセット）において、P類を含むセットには4ないしは2＋2単位の貼付文を持つ土器がみられない点である。すなわちP類の土器と4ないしは2＋2単位の貼付文を持つ土器は共伴しない可能性が高い。

5．宇津内Ⅱa式土器の編年

　以上の分析から、宇津内Ⅱa式の各セットは、以下の4段階に編年できる（図7）。

Ⅰ期

　セットがP類・Q類のみからなる時期。ピラガ丘遺跡第Ⅱ地点24号竪穴の例からみると、セット中のP類の割合がQ類より多いようである。

第 1 章　宇津内式土器の編年

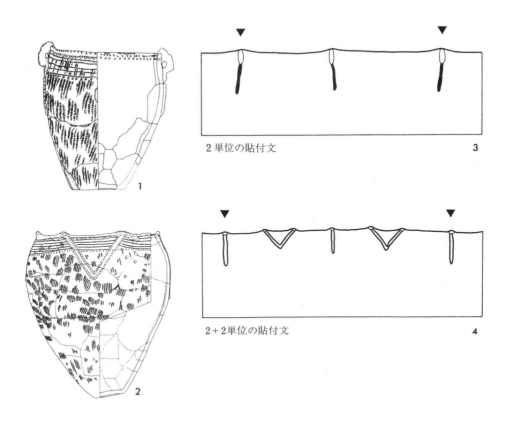

縮尺不同。3 は 1 の、4 は 2 の展開図。1：尾河台地 19 号　2：尾河台地 29 号

図 6　宇津内Ⅱa式土器の貼付文の展開図

Ⅱ期

　Ⅰ期のセットにSF類が加わる時期。ただしセット中に占めるSF類の割合がP類・Q類よりも少ないようである。4 ないしは 2 ＋ 2 単位の貼付文を持つSF類はまだ存在しない。栄浦第一遺跡 7 A 号住居址埋土（藤本編 1985）、同 Pit58a が代表的な例である。

Ⅲ期

　Ⅱ期のセットのP類が消滅し、4 ないしは 2 ＋ 2 単位の貼付文を持つSF類が出現する時期。セット中に占めるSF類の割合がQ類よりも多くなるようである。代表的な例として、北見市岐阜第二遺跡 15A 住居址床面（藤本編 1972）、栄浦第一遺跡 14 号住居址床面（武田編 1995）がある。

Ⅳ期

　Ⅲ期のセットのQ類が消滅し、SF類のみになる時期。後続する宇津内Ⅱb式がほぼSFtypeのみからなる点を考慮すると、新しい時期になるほどセット中のSPtypeの割合が減少し、SFtypeが増加すると仮定できる。ただし、尾河台地 7 号墓（金盛ほか 1983）のセット中では、宇津内Ⅱb式とともにⅡ

29

第 I 部　続縄文土器の編年

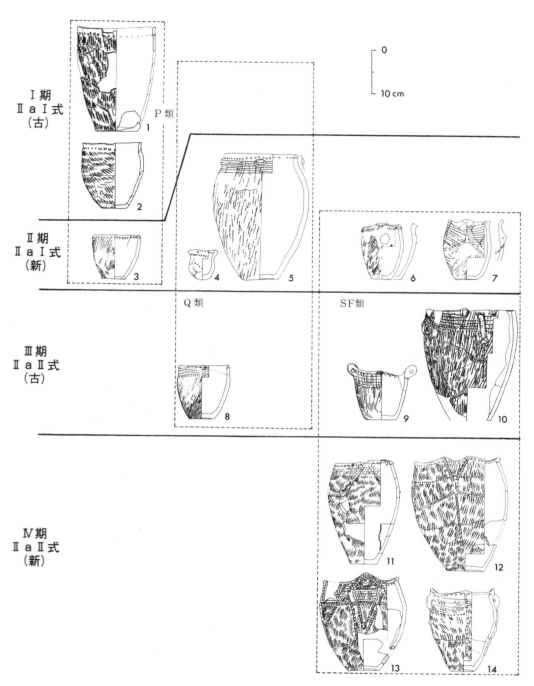

1〜3：Ptype　4・6：QPtype　5：QFtype　6・11：SPtype　9：SFtype（貼瘤文のみあり）
7・12：SFtype（2 単位の貼付文）　10・13・14：SFtype（2+2 単位の貼付文）
1・2：尾河台地 41 号　3〜7：栄浦第一 Pit58a　8〜10：岐阜第二 15 号 A　11〜14：宇津内 A10 号

図 7　宇津内 II a 式土器編年図

a 式の SPtype が存在しており、後述する北見市岐阜第三遺跡 22 号竪穴（藤本編 1977）の例からみても、宇津内 II a 式では SFtype のみでセットが構成されるまでには至らないようである。宇津内遺跡 A 地点 10 号住居址床面などが代表的な例である。

　I ～IV 期の分類基準にあてはまらない内容のセットもある。セットを構成する個体数が少なく、一時期における本来のセットの様相が確認できないことに原因の多くが求められると思われる。ただし、北見市常呂川河口遺跡ピット 470 の例（武田編 2002）などのように、ある程度の個体数を有していても分類基準を満たさないセットもある（表 3）。この常呂川河口遺跡ピット 470 を例に取れば、このセットは縦の単位の分類では III 期に含まれるが、4 ないしは 2 ＋ 2 単位の貼付文を持つ土器を含んでいない。これは II 期～III 期の中間的な様相を示している。

　このように筆者の I ～IV 期の編年は、各期の分類基準を満たさないセットが散見される、という点で検討の余地を残しているともいえる。しかし、各期の分類基準を満たさない中間的な内容をもつセットの存在は、宇津内 II a 式における型式学的変遷の連続性の強さを反映したものであって、宇津内 II a 式における型式学的変遷の過程は、縦の文様の割りつけ原理を柱とする型式の構造が緩やかに変化するかたちで推移していくものであると筆者は考える。少なくとも、従来の編年よりも本章の編年の方が宇津内式土器の変遷のすがたを実態に即してとらえていることは明らかであろう。

　以上の I ～IV 期の各段階を細別型式として再編成してみよう。型式としてのまとまり、という点で、P 類と 2 ＋ 2 単位の貼付文を有する土器とが共伴しないことを重要視してみたい。すなわち I・II 期と III・IV 期の間に細別型式を設定して、それぞれ宇津内 II a I 式・II a II 式とし、それぞれに古段階・新段階を設定する（図 7）。つまり、

　　・I 期……宇津内 II a I 式古段階
　　・II 期……宇津内 II a I 式新段階
　　・III 期……宇津内 II a II 式古段階
　　・IV 期……宇津内 II a II 式新段階

　のようになる。

6．「元町 2 式」土器との関係

　「元町 2 式」と、宇津内 II a I 式古段階は、器形・文様の上で非常に共通点が多く、両者の変遷はスムーズにとらえられる。詳述はしないが、例えば、前節で分類した元町 2 遺跡・元町 3 遺跡 III 類と、尾河台地遺跡 40 号石組周辺出土の土器群（金盛ほか 1983：第 152 図 1・2）を比較してみれば共通点が多いことは明らかである。

　「元町 2 式」土器と宇津内 II a 式土器との間の変遷をとらえる上で注意すべき点は、両型式間における縦の文様単位の関係である。「元町 2 式」土器では突起を有する例が存在し、それらの単位は 2 単位、4 単位である。それに対し、宇津内 II a I 式古段階のセットには 4 単位の Qtype こそ見られるものの、平縁の例であって突起を有する例は確認できない。突起がみられるようになるのは、次の宇津内 II a I 式新段階からである。宇津内 II a I 式新段階にみられる 2 ＋ 2 単位の突起と、「元町 2 式」の 2 ないしは

第Ⅰ部　続縄文土器の編年

4単位を直接連続させることで、これらの間に位置する宇津内ⅡaⅠ式古段階の実在を否定することも一見可能なようにみえるが、筆者は以下に記すような理由から、縄文晩期以来の2ないしは2＋2単位の突起と、宇津内式のそれを直接連続させることはせず、平縁のみからなる宇津内ⅡaⅠ式古段階を実在するものとみなす。

「元町2式」土器に見られる突起の形態の多くはB状突起、ないしは突起の頂部より垂下する縦の太い貼付帯を伴う突起であり、縄文晩期末〜続縄文初頭の土器群の伝統を受け継ぐものである。このような形態の突起は、宇津内Ⅱa式には認められない。また、「元町2式」には、B状の刻みや縦の貼付帯を伴わない4単位の突起も、栄浦第二遺跡13ハ号埋土の例などに存在する。しかし、宇津内Ⅱa式の突起の配置・形態はこれらとは異なっており、4単位均等の突起というのはまれである。宇津内Ⅱa式の4単位＝Qtypeは平縁が基本であって、例外的に見られる4単位ほぼ均等の突起を有する例は2＋2単位のSFtypeのバリエーションと考えられるものが多く、それらは第Ⅲ期以降に位置づけられる。

このように、「元町2式」土器に見られる2ないし4単位の突起は、縄文晩期からの伝統上に位置づけられるものであって、これらの突起は幣舞式以降衰退し、宇津内ⅡaⅠ式古段階には一旦消滅する。その一方、宇津内ⅡaⅠ式新段階以降に見られる2ないしは2＋2単位の突起の形態は、縄文晩期的な特徴を有しておらず、「元町2式」との間にはわずかであるが空白・断絶が生じる。

ちなみに以上のように考えると、縄文晩期の2ないし2＋2単位と宇津内式のそれは系統的に連続しないことになるが、文様単位以外の点では道東部の型式変遷には強い系統性が認められるわけであるから、文様単位の断絶のみを強調することにあまり意味はない。突起の消滅をもって編年の一段階が設定できる、という事実こそが重要である。また、このような「平縁化」は道東部のみならず全道的な傾向として指摘できるようであり、その点も注意を要する。

第5節　宇津内Ⅱb式土器の編年

1．宇津内Ⅱa式とⅡb式の差

宇津内Ⅱb式について検討する前に、宇津内Ⅱa式とⅡb式の差異について金盛の指摘（金盛1973、同1982）を引用するとともに、少し補足を加えてみよう。

a）器形

口唇部断面形が、Ⅱa式は平らか丸味を帯びているのに対し、Ⅱb式では鋭角をなす（金盛1973）。

底部はⅡa式が平底・上げ底両方の形態を有するのに対し、Ⅱb式では上げ底のみになる（金盛1973）。

この2点に加えて、ここでは壺型の器形はⅡa式にほぼ限られる点を指摘しておきたい。

b）文様

Ⅱa式は突瘤文を有するものが多く、Ⅱb式では失われる（金盛1982）。

貼付文は、Ⅱa式は断面形が半円形であるのに対し、Ⅱb式の断面は三角形で、器面に縦横にめぐらされる（金盛1973）。

ここでは以下の点を補足しておく。

　地文の原体は、Ⅱa式がRLの縄文の例を主体にしながらも、LRの縄文、Rの撚糸文の例を含むの
に対し、Ⅱb式では条が縦走するRLの縄文の例にほぼ統一される。

　施文順は、千代肇や金盛も指摘している（千代1984、金盛1996）が、Ⅱa式の多くが地文→貼付文・
貼瘤文→縄線文→突瘤文・縄端圧痕文の順であるのに対し、Ⅱb式では、多くの例が地文→縄線文→貼
付文と、縄線文と貼付文の施文順序が逆になっている。これは、口縁部の縄線文が、いわば「地文化」
してしまったことを意味する。

　貼付文の形状としては、断面形の差異の他に、貼付文上に施された縄端の刺突の、細かさに差がある。
Ⅱb式の貼付文上の刺突は施文の間隔が細かく、施文も浅い。これはⅡb式の次の段階での「微隆起線化」
につながってゆく。

　貼付文の意匠をみると、Ⅱb式では口唇部直下に貼付文が口唇に沿ってめぐっているという特徴があ
る。縦の単位については後述する。

　宇津内式土器がⅡa式・Ⅱb式の2型式に大別されることについては、異論はないであろう。しかし
言うまでもないがⅡa式とⅡb式は型式学的な連続性が強い。実際に尾河台地遺跡7号墓のセット内で
はⅡa式とⅡb式が共伴している。Ⅱa式・Ⅱb式が共伴するという事実は、Ⅱa式・Ⅱb式の連続性を
よくあらわすと同時に、共伴例がこの1例のみであることはまた、Ⅱa式・Ⅱb式という大別の正しさ
を示してもいると筆者はとらえている。

２．縦の文様単位数

　宇津内Ⅱb式土器（図8）について、Ⅱa式と同じ基準で縦の文様単位による分類をおこなうと、
ほぼ全ての個体がSF類に分類される。宇津内ⅡaⅡ式新段階との違いは、SPtypeがほぼ消滅し、
SFtypeのみでセットが構成される点である。特に口唇部の突起数に注目すると、一部の例外を除き、
全ての例が2＋2個、または2＋4個（「正面」に位置する突起が2個1組となっている）の突起を有する
ようになる。

　また、口縁部・胴部文様にも変化が現れる。口唇直下に貼付文が付加されることは先に述べたが、そ
れ以上に重要な点は、2＋2単位の口縁部～胴部文様の各単位と単位をつなぐ中間部に、新たに貼付文
による縦の割りつけが加わることである（SF＋4type）（図8-1～3・6～8）。新たに割りつけられた
部分の意匠には、口縁部に縦の貼付文が短く施されるものと、同心円状の貼付文が2＋2単位の単位間
を連結するように施されるものがある。このように、新たな割りつけが加わるSF＋4typeであるが、
2＋2単位の割りつけ原理そのものは変化していない。

　なお、後述するように、後続する後北C₁式併行の土器型式では全ての個体がSF＋4typeとなるので、
型式学的にはSFtypeからSF＋4typeへという変遷が仮定できる。

３．遺構一括出土土器群の検討

　遺構に伴う一括土器群内におけるSFtypeとSF＋4typeのあり方を示したのが表4である。表から

第Ⅰ部　続縄文土器の編年

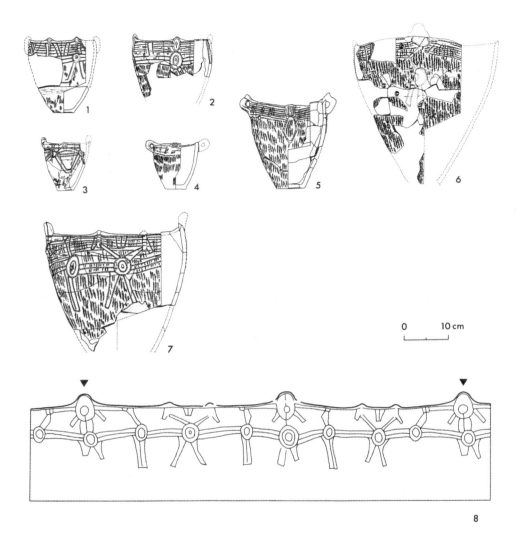

8は7の展開図。　4・5：SFtype　1〜3・6・7：SF+4type

図8　尾河台地遺跡27号竪穴床面出土土器群（宇津内Ⅱb Ⅰ式）

は、SFtype主体のセットからSF＋4type主体のセットへ、という連続的な変遷を読みとることも可能である。ただし、岐阜第三遺跡22号竪穴（藤本編1977）の例ではⅡa式に近いSPtypeと、SF＋4typeが共伴している点を考慮すると、SFtype・SF＋4typeを指標として宇津内Ⅱb式の細別型式を設定するのは難しいようである。ここでは、宇津内Ⅱb式土器の型式学的変遷の最終段階では、2＋4個の突起を有するSF＋4typeがセットの主体を占めるようになることを指摘するにとどめたい。

4．微隆起線を有する土器群

宇津内Ⅱb式に関連しては、これまで検討してきた土器群よりもやや新しい様相を示す一群がある。

第1章　宇津内式土器の編年

遺跡・遺構	SP	SF	SF+4
岐阜第三22号床面直上	+	+	+
常呂川河口Pit261		○	
宇津内A地点5号床面		○	
尾河台地26号床面		○	+
栄浦第一Pit16a		+	+
宇津内A地点3号床面		+	+
尾河台地3号床面		+	+
尾河台地27号床面		○	●
尾河台地9号床面		+	◎
宇津内A地点2号床面			○
尾河台地15号床面			○

＋・○・◎・●はそれぞれ1個体・2個体・3個体・
5個体をあらわす

表4　遺構一括出土宇津内Ⅱb式土器分類表（文様の割りつけによる）

貼付文上の刻みが消滅し、貼付文がいわゆる「微隆起線」になる土器群である。それらの土器群の縦
の文様単位数は、口縁部の突起は2＋2単位（多くの例は2＋4個）であり、全ての土器がSF＋4type
に分類される。

　これらの土器群は、型式学的には二つのタイプに分類可能である。

　微隆起線土器Ⅰ類：SF＋4typeの宇津内Ⅱb式土器の、貼付文が微隆起線に変化したもの（図8‐2）。
口縁部縄線文が消滅する例もある。

　微隆起線土器Ⅱ類：Ⅰ類の土器の地文として帯縄文が施されるもの（図9‐2）。口唇直下の微隆起線
が横に2本施されるようになる。口縁部・胴部の微隆起線は横・斜めへの連関を強め、より複雑化する。

　これらの土器群は、型式学的には微隆起線土器Ⅰ類→Ⅱ類という変遷が仮定できる。編年については、
出土数が少なくまとまった出土例もあまり確認されていないので、細別型式として設定しうるか否か判
断が難しい。ここでは以下のように考えておこう。

　まず微隆起線土器Ⅰ類については、尾河台地遺跡27号竪穴では一般的な宇津内Ⅱb式と共伴しており、
細別型式としては宇津内Ⅱb式の範疇内でとらえるのが妥当であろう。

　微隆起線土器Ⅱ類については、一般的な宇津内Ⅱb式との直接的な層位的関係がとらえられる例はな
い。しかし、後述する後北C₁式との関係も含めると、以下の状況が確認できる。

ア）一般的な宇津内Ⅱb式と共伴する例がない。

イ）岐阜第二遺跡Pit28（藤本・宇田川編1982）（図9）や栄浦第一遺跡pit106（武田編1995）では、微
隆起線土器Ⅱ類と後北C₁式が共伴する。

ウ）常呂川河口遺跡では、Pit22a（宇津内Ⅱb式）を切ってPit22（後北C₁式）が構築されている。

　以上のア）〜ウ）の事例からすると、これら微隆起線土器Ⅱ類は、これまでに検討した宇津内Ⅱb式

第Ⅰ部　続縄文土器の編年

に後続する別型式の土器群と考えてよいだろう。そうなると後北C₁式との関係が問題となってくる。次節でさらに検討しよう。

第6節　宇津内式土器と後北 C₁ 式土器の関係

　微隆起線土器Ⅰ類において生じた、擬縄貼付文から微隆起線への変化は、道央部の後北B式土器からC₁式土器への変遷で認められる、同様の変化と同期したものであろう。また、微隆起線土器Ⅱ類では、帯縄文が施され、微隆起線が複雑さを増すなど、後北C₁式土器との「折衷」ないしは「融合」ともいうべき内容が見て取れる。このように個々の文様に注目した場合、微隆起線土器Ⅱ類は一見、宇津内Ⅱb式土器から後北C₁式土器へとスムーズに連続・交替する過程の中の最終段階として位置づけられるようにも思われる。後北C₁式との前後関係はどのように理解すべきなのであろうか。

　実は、微隆起線土器Ⅱ類の文様割りつけ原理においては、後北式の系統とは異なる宇津内式の伝統が維持されている。後北C₁式土器と隆起線土器Ⅱ類が共伴している岐阜第二遺跡 pit28（図9）を例に、両型式の文様の割りつけ原理について分析し、比較してみよう。

　まず後北C₁式（図9-1・3）である。胴部の文様帯に施された文様は、縦・横両方の単位に分割してとらえることができる。横方向の単位の構成についてみると、図9-3で横方向の3段の帯に分割された中央の単位をaとすれば、下の段はaの横方向の線対称の単位a'、上の段はaの横方向の線対称が変形した単位a''としてとらえることができる。一方、縦方向の単位は、口唇部突起を基準に土器を縦に8等分した単位の一つをbとすると、bに隣り合う縦の単位は、bの縦方向の線対称の単位b'としてとらえられる。これは突起を中心とした、b＋b'という縦の文様単位が4つあるものとしてまとめることも可能である。このように、胴部文様帯において、横方向には文様単位が多段化（注10）し、縦方向には各単位が線対称な四つの単位で構成される文様構成を持つ土器は、後北C₁式では一般的なものである。

　もう一方の微隆起線土器Ⅱ類（図9-2・4）についてみよう。まず文様の縦の割りつけであるが、口唇上の突起は2＋2単位で、宇津内Ⅱb式と同じである。また、各突起の下部にみられる同心円＋長方形の微隆起線による意匠も、宇津内Ⅱb式土器と基本的に同じであり、2＋2単位を構成している。しかし、2＋2単位の、各突起下の縦のモチーフをつなぐ斜めの微隆起線は線対称的に構成されており、後北C₁式の縦の割りつけ原理の影響が認められる。一方、横の割りつけであるが、地文には横方向の帯縄文が施され、後北C₁式と同じ多段化された胴部文様帯が意識されている。しかし微隆起線の文様は、横方向の2単位から構成されているとみることも可能ではあるが、上・下の「単位」間で幅・文様意匠の差が大きく、多段化もしていない。すなわち、文様の横の割りつけ原理についても後北C₁式の影響が認められるが、後北C₁式そのものとは異なっているといえる。

　以上のように、微隆起線土器Ⅱ類の文様の割りつけ原理は、後北C₁式の影響を受けつつも宇津内Ⅱb式の伝統が維持されたものになっている。

　本章で微隆起線Ⅱ類とした土器群は、従来「江別C₁式」（藤本1982a：19）、あるいは「後北C₁式に

第 1 章　宇津内式土器の編年

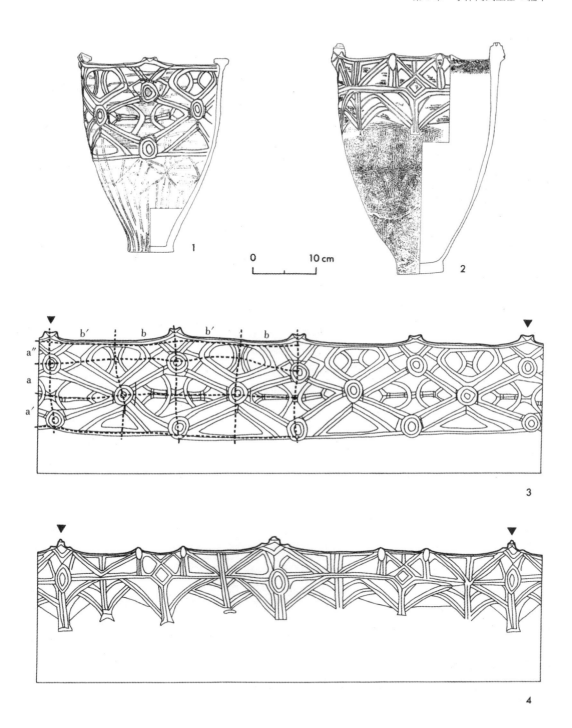

3は1の、4は2の展開図。1：後北 C₁ 式　2：宇津内 II b II 式（微隆起線土器 II 類）

図 9　岐阜第二遺跡 Pit28 出土土器群

第Ⅰ部　続縄文土器の編年

相当する土器群」（金盛1982）としてとらえられてきた。微隆起線土器Ⅱ類の器形や個々の文様、割り
つけ原理に認められる後北 C₁ 式の影響をどう評価するかという点が問題になってこよう。本章では、
微隆起線土器Ⅱ類には宇津内Ⅱb式の文様の割りつけ原理の伝統が維持されている点を重視し、後北
C₁ 式とは別型式ととらえておきたい（注11）。具体的には、以下のように細別型式を設定する。

　・宇津内ⅡbⅠ式…前節で検討した宇津内Ⅱb式と微隆起線土器Ⅰ類

　・宇津内ⅡbⅡ式…微隆起線土器Ⅱ類

　すなわち宇津内Ⅱb式の定義を従来よりも拡大し、網走地域では後北 C₁ 式と宇津内ⅡbⅡ式が共伴す
るととらえるわけである。このように宇津内ⅡbⅡ式土器は、後北 C₁ 式が網走地域に分布を拡大し、
影響を強める（注12）中にあって、宇津内式の系統上に位置する土器型式の最終末のすがたである、と
いう位置づけが与えられよう。後北 C₁ 式と宇津内Ⅱb式の関係をこのようにとらえる点において、筆
者の編年対比は、従来の見解とは異なることになる（注13）。

　一方、土器製作時における異系統文様の伝習、という面に着目すると、宇津内ⅡbⅡ式と後北 C₁ 式では、
帯縄文・微隆起線などの製作技法上はほとんど差がないにも関わらず、文様の割りつけ原理が異なって
いる点が注目される。すなわち、後北 C₁ 式の製作技術を持つ土器製作者が、宇津内Ⅱb式の文様の割
りつけ原理に従って土器を製作したことになる。宇津内ⅡbⅡ式の出土例が少ないこともあって多くを
述べることはできないが、一つの土器製作集団の中で、ごく短期間の間であるが、文様の割りつけ原理
を異にする二つの土器型式が作り分けられていた可能性（注14）などが考えられよう。このように、宇
津内ⅡbⅡ式土器と後北 C₁ 式土器の間で認められる土器の関係は、その背景となる道東部と道央部の
間での人や土器の動きを考える上で、興味深い問題を提起する。

　なお、宇津内ⅡbⅡ式の類例としては、栄浦第一遺跡 pit106、常呂川河口遺跡 pit32 などの例があり、
先述したように栄浦第一の例では、やはり後北 C₁ 式と共伴している。

第7節　続縄文前半期網走地域の土器編年と文様割りつけ原理

1．編年と型式変遷過程のまとめ

　以上、宇津内式土器の検討を中心に、網走地域における縄文時代晩期末から続縄文時代前半期に至る
土器編年を概観してきた。本章で検討・設定した土器型式を時系列順に並べると以下のようになる。

　・幣舞式後半段階（栄浦第二13ホ号）

　・「栄浦第二・第一遺跡の土器群」（注15）

　・「元町2式」

　・宇津内ⅡaⅠ式　古段階・新段階

　・宇津内ⅡaⅡ式　古段階・新段階

　・宇津内ⅡbⅠ式

　・宇津内ⅡbⅡ式（後北 C₁ 式併行）

　なお本論では、文様の割りつけ原理と文様単位数の問題を、重要な鍵として編年をおこなってきた。

第1章　宇津内式土器の編年

上記の型式群における、文様の縦の割りつけ原理と文様単位数の変遷についてまとめると以下のようになる。

ア）幣舞式後半段階にみられた4単位、2および2＋2単位の口唇部突起は、栄浦第二・第一遺跡の土器群から「元町2式土器」にかけて衰退し、宇津内ⅡaⅠ式古段階ではほぼ消滅する。

イ）宇津内ⅡaⅠ式古段階では、縦の文様単位は一定の単位数なしの例と4単位の例のみであり、文様の縦の割りつけ自体もあまり意識されていないが、ⅡaⅠ式新段階以降、2＋2単位の口唇部突起の発達とともに口縁部・胴部文様にも側面－正面観を強調した縦の割りつけ原理が次第に強く働くようになり、宇津内ⅡaⅡ式古段階では口縁部・胴部に貼付文による2＋2単位の文様が出現する。

ウ）宇津内ⅡaⅡ式新段階になると、文様の縦の割りつけ原理は全て2＋2単位を基本としたものになる。

エ）続く宇津内ⅡbⅠ式になると、口縁部・胴部文様における縦の単位間に新たに縦の割りつけを加えた土器が出現する。次の宇津内ⅡbⅡ式では、全ての土器がこの種の割りつけを有するようになる。

2．文様の割りつけ原理が有する性格とその評価

　本章では上記の型式編年案に加えて、文様割りつけに関する以下の事象にも注目した。それは、異系統文様・技術が新たに伝習される際に、在地の文様の割りつけ原理の伝統・系統性が土器製作者のなかで保持される点である。具体的には、網走地域の宇津内ⅡbⅡ式では後北 C_1 式の製作技術と宇津内Ⅱb式の文様割りつけ原理が一つの土器の中に共存していることに注目し、その現象の解釈として、一つの土器製作集団内で異なる系統の土器型式が作り分けられている可能性を指摘しておいた。

　近年、土器の製作技術論的側面に注目することにより、土器製作者のレヴェルでヒト・土器・情報の動きを解読しようとする研究が盛んである（石井1997a）。これらの研究で核となる方法とは、土器型式間で交渉が生じる際に、土器の諸属性の中に「伝わりやすい属性」と「伝わりにくい属性」があることを仮定した上で、特に後者の「伝わりにくい属性」が伝習・模倣されているか否かに着目して土器製作者の接触強度・様態を判断する、というものである。先に筆者が提示した「作り分け」の解釈もこの方法論の延長線上にある。詳述すれば以下のようになろう。

　宇津内ⅡbⅡ式には非在地系の特徴が多くもたらされている。とりわけ「帯縄文」の施文技法や、微隆起線の細かな特徴など、「伝わりにくい属性」に分類できる特徴がほぼ正確に伝習されている点からすると、その背景として後北式系統と宇津内式系統の土器製作者どうしの直接的な接触が想定できる。しかしその一方で、「視覚的」属性で本来は「伝わりやすい」はずの文様割りつけ原理は完全には受け入れられず、在地の伝統が保持されている。技術論的には一見矛盾するようなこの現象は、「情報を受容する側の意志」という視点を導入することにより解釈可能となる。すなわち、宇津内ⅡbⅡ式の製作者が伝統的な文様割りつけ原理を維持しようとするのを、ある種の「価値判断」に基づく意図的な行為としてとらえるのである。

　このように、本章では近年の方法論を援用しつつ、そのような方法論から推定される型式の伝播のパターンとは一見矛盾するような現象がある点を指摘した。筆者はそれをある種の「価値判断」として解釈したが、実は論理的には別の解釈も可能である。それは、「文様割りつけ原理は一見したところわか

第Ⅰ部　続縄文土器の編年

りにくい属性であるから、『視覚的属性』であっても、『伝わりにくい属性である』」という考え方である。このように解釈すれば本章での現象も製作技術論で説明可能となるが、今度は別の問題が浮上する。すなわち、ある属性に対し「伝わりやすい」／「伝わりにくい」という分類を客観的におこなうことは難しい、という問題である。これは実際に過去の土器作りの場を観察できない以上やむを得ないともいえるが、実際に属性の「伝わりやすさ」の客観的判定が難しくなるのであれば、土器の製作技術論的分析に基づいて復元された情報伝達のありかたを一般化・モデル化する際には問題が生じることになってくる（注16）。

　ただし、誤解のないように言っておくと、筆者は近年盛んにおこなわれている製作技術論的分析や、それに基づいたモデル化をおこなうこと自体に対して批判的態度をとるつもりはない。むしろその可能性を認め、今後そのような視点・方法を積極的に活用したいと考えている。ここで指摘したかったのはそのような方法を実際に運用する際の留意点である。

注

（1）「前北式」「後北式北見型」として把握されてきた道東の土器群が、今日提唱されている続縄文土器型式へと整理・編年されてゆく学史的経緯については、大沼忠春（大沼1977、1982c）、金盛典夫（金盛1982）、工藤研治（工藤1994）らが詳細にまとめている。

（2）土器の文様における縦の割りつけ原理と単位数の問題を取り上げる上で、筆者は鈴木公雄（Suzuki1970）、谷井彪（谷井1979）、今村啓爾（今村1983）の論考を参考にした。むろん、文様の割りつけ原理や単位に関する理解に手落ちがあれば、全て筆者の責任である。

（3）常呂町教育委員会の報告書で「栄浦第一遺跡」とされている地点であるが、これはそれ以前に刊行された東京大学の報告書では栄浦第二遺跡に含まれている部分に相当する。この錯誤の原因は、北海道教育委員会作成の遺跡分布地図に遺跡の範囲が誤って記載されていたことによる（武田編1995：3）。

（4）これは常呂町教育委員会の報告書で言う「栄浦第一遺跡」から出土した土器群となるのだが、注3に記したような錯誤があり紛らわしいので、掲載報告書の題名を採用して「栄浦第二・第一遺跡の土器群」と呼称する。

（5）ただし図1-4の土器のモチーフは、工字文を模した可能性がある。

（6）縄紋晩期末〜続縄文初頭における在地系土器群の系統問題に関連して興味深いのは、先にも引用した大貫の発言、すなわち「幣舞的な文様から変化したものには一部に地文をそのまま残したものが残り、亀ヶ岡式の影響を受けているものには地文が無いという傾向がある」という点である。実はここで「幣舞的な文様」とされている菱形の沈線文は「北部亀ヶ岡式土器」である聖山式に由来するものであるから（福田2000）、どちらも元々の系統は「亀ヶ岡式」に由来する文様であることになる。しかし幣舞式経由の非在地系文様と、それ以外の非在地系文様との間で扱いに差が認められるとすれば興味深い事実となろう。その背景としては、当時、網走地域の土器製作者においては「幣舞的な文様」はすでに「異系統」としての評価を失っており、それらとは別に新しく導入された非在地系文様のみが「異系統」と認識され評価されていたことなどが想定されよう。このような想定は、東北地方から道央部を経由して道東部へ至る情報伝達のルートや情報流入の時期といったものを再検討する契機となろう。

（7）中ノ島遺跡例が、縄文晩期末と宇津内式との間の時期に位置づけられることは、金盛がすでに指摘しているところで

ある（金盛 1982）。

（8）図7-6の土器は、吊耳と思われる突起を1個のみしか有しておらず、他に口縁部文様にも縦の割りつけはないが、SPtypeのバリエーションとしておく。

（9）以下の資料は、遺構に伴う一括土器としてとらえるには疑問があるか、遺構に伴うか否か不明であったため、本章では分析対象には含めていない。天塩川川口遺跡3号竪穴（森田 1967）、オムサロ遺跡78号住居址（因幡 1977）、住吉遺跡C竪穴（大場・奥田 1960）、尾河台地遺跡1号竪穴、谷田遺跡の全例（金盛・松田 1988）。

（10）この胴部文様における「多段化」については、金盛のすでに指摘するところである（金盛 1982）。

（11）このように、文様の割りつけ原理に基づいて宇津内式・後北式の型式区分をおこなう理由は、後述するように、宇津内式・後北式それぞれの胴部文様の割りつけ原理が、各々連続的・系統的に変遷していることによる。すなわち、文様の割りつけ原理は、宇津内式と後北式の伝統・系統を把握し、両者を区分するための指標として有効になる。よって、本章では宇津内式・後北式の型式区分の上でも文様の割りつけ原理を重要視する立場をとっておきたい。なお、「共存する諸系統の土器を一括して、一型式としてよぶのが適当かどうか」という問題については、佐藤達夫による検討があり（佐藤 1974）、本稿でも参考にしている。

（12）後北式土器の割りつけ原理は、宇津内IIbI式の時期にすでに道東部に波及している（岐阜第三遺跡22号竪穴の例（藤本編 1977：Fig.68-1）など）。逆に、後述のように、道央部の後北C₁以前の土器群にも、道東部の影響とみられる2＋2単位の文様が認められる。このように、道東部・道央部間での文様割りつけ原理の影響関係は宇津内IIbII式・後北C₁式以前の時期から始まっているようである。

（13）筆者は、以前の論文（熊木 1996）で、金盛（金盛 1982）らの見解に従うかたちで、宇津内IIb式と後北C₁式を前後関係としてとらえる立場をとった（熊木同上：第3表及び註35）が、本文で述べたように訂正しておきたい。ちなみに熊木 1996で「宇津内IIb式」としたのは、本章でいう宇津内IIbI式に相当する。

（14）網走地域の後北C₁式を搬入品とみるならば、後北C₁式と宇津内IIbII式とは土器製作集団が異なる、という反論が可能かもしれない。しかし本文で述べたように宇津内IIbII式と後北C₁式とは製作・施文技法上の共通項が多く、宇津内IIbII式の製作者が後北C₁式を製作する場合に技術的な困難があるようには思えない。さらに近年、常呂川河口遺跡において後北C₁式がややまとまって、宇津内IIbII式よりも多く出土した状況を考慮するならば、網走地域の後北C₁式の全てが搬入品であるという見方は逆に不自然となるであろう。

（15）栄浦第一遺跡1群・2群土器を細別型式として設定する際の問題点は、本文に述べたとおりである。本章では栄浦第一遺跡1群・2群土器を、網走地域のこの時期の段階を代表する土器群として括弧付きで提示する。

（16）これは、如何に「伝わりにくい属性」といっても、その認定は胎土分析等の理化学的な分析を除いて、第三者の我々が肉眼で土器そのものを観察することによっておこなわれている、というパラドックスが存在することと関係しよう。逆に言えば過去の土器製作者が搬入土器のみから（製作者どうしの接触なしに）整形・調整・施文などの「伝わりにくい」技法を復元し、模倣する可能性は皆無とは言えないのである。もっとも、実際にはそのような可能性が低いことは、近年の認知考古学理論が「暗黙知」・「身体技法」等の観点から説明しており（石井 1997a 参照）、そこは筆者も大筋で異論はない。ここではそのような認知考古学理論を実際の考古学的事象に適用する際の難しさを指摘しておくに止める。おそらく今後、属性の「伝わりやすさ」／「伝わりにくさ」の分類をおこなうにあたっては、理論的・演繹的に規定するだけではなく、実際の考古資料・民族資料から事例を集め、帰納的に判断する作業が欠かせなくなるであろう。

第Ⅰ部　続縄文土器の編年

第2章　下田ノ沢式土器の編年と型式交渉

第1節　はじめに

　下田ノ沢式土器は、厚岸町下田ノ沢遺跡出土土器を標式として澤四郎が1969年に設定した土器型式であり（澤1969）、続縄文前半期の釧路～南千島地域を中心に分布する。先行する興津式土器と共に、釧路地域における続縄文前半期を代表する土器型式である。併行する網走地域の宇津内式土器とは、「文様構成、縄線文、突起、地文などで」（藤本1979：132）類似しており、両者は「近縁関係」にあることが指摘されている（藤本前掲）。

　しかし、下田ノ沢式土器は現在においてもまとまった資料が少なく、土器型式の実態や、宇津内式との関係（工藤1994）については未だ不明な点が多い。例えば、宇津内Ⅱa式と型式学的に近い下田ノ沢Ⅰ式は、宇津内Ⅱa式とは別型式として認識できるのか否かという問題や、そこからどのようなプロセスを経て地域色が強化され、下田ノ沢Ⅱ式と宇津内Ⅱb式が成立するのかという問題等、解決すべき課題は山積している。

　具体的な検討に先立ち、道東部の土器型式交渉について概観しておこう。まず型式学的内容を見ると、興津式期で確立したように見えた網走・釧路間の地域差は下田ノ沢Ⅰ式期になると再び縮小し、下田ノ沢Ⅰ式の側がほとんど一方的に宇津内Ⅱa式の影響を被り、下田ノ沢Ⅰ式はあたかも宇津内Ⅱa式の地域的変異であるような型式内容となる。しかし、次の下田ノ沢Ⅱ式期では宇津内Ⅱb式との型式差は再び拡大し、宇津内Ⅱb式と下田ノ沢Ⅱ式が接触する地域では同一遺跡内で両系統の型式が併存するようになる。さらに同一土器個体内に両系統の文様が折衷される例も出現する。このように、下田ノ沢Ⅰ式・宇津内Ⅱa式の時期と下田ノ沢Ⅱ式・宇津内Ⅱb式の時期とでは両型式間の型式学的関係に変化が生じている。以上のような興津式・下田ノ沢式の型式学的な実態を、宇津内式と比較対照しつつ把握するのが本章の第一の目的である。

　もう一つの目的は、上記のような型式変遷と連動した、型式分布圏および型式交渉経路の変化をトレースすることにある。分布圏に関しては、まずは宇津内Ⅱa式の分布拡大があり、次の時期には下田ノ沢Ⅱ式の分布圏が同Ⅰ式よりも東にシフトする等といった現象が起こる。さらにそれと連動して型式交渉の舞台・経路も、道東部全域から知床半島南岸地域を中心としたものへと変化する。このように、下田ノ沢式と宇津内式の間で起こる、型式分布圏と型式間交渉経路の変遷をトレースするのが本章の第二の目的となる。

第2節　研究小史と分析方法

　興津式土器・下田ノ沢式土器の編年と、網走地域との横の影響関係については、それぞれ研究の蓄積

下田ノ沢報告[1]	三津浦報告[2]	興津Ⅱ報告[3]	興津Ⅲ報告[4]
―	Ⅱ群1類	Ⅲ群2類	Ⅲ群3類（興津式）
1群1類			Ⅲ群4類（下田ノ沢Ⅰ式[古]）
		Ⅲ群3類	Ⅲ群5類（下田ノ沢Ⅰ式[新]）
1群2類	Ⅱ群2類	Ⅲ群4類	Ⅲ群6類（下田ノ沢Ⅱ式[古]）
			Ⅲ群7類（下田ノ沢Ⅱ式[新]）

（1）は澤編1972、（2）は澤・西編1976、（3）は澤編1978a、（4）は澤編1979及び澤1982

表5　澤四郎による興津式〜下田ノ沢式土器編年研究の経過

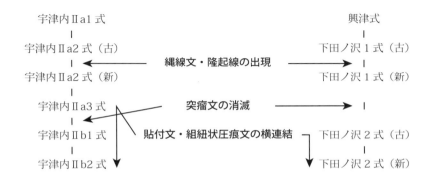

図10　宇田川洋による宇津内式・下田ノ沢式土器編年の内容

がある。本章の内容はそれらを基礎とする部分も大きいので、まず初めに重要な先行研究である澤の編年、及び宇田川洋の編年について回顧してみよう。

　興津式・下田ノ沢式の型式設定と編年研究の経緯については、設定者の澤による解説がある（澤1982）。それによると、はじめに存在が意識されていたのは興津式であり、1963年には続縄文前半期の土器型式として位置づけられた（澤1963）。1969年の下田ノ沢式の設定（澤1969）の後、下田ノ沢Ⅰ式とⅡ式の細別は1972年に発表され、その時点では「興津式に併行もしくはそれより少し遅く位置する」土器型式として認識されている（澤1972）。その後、釧路市三津浦遺跡（澤・西編1976）と3次にわたる釧路市興津遺跡調査（澤・西編1977、澤編1978a、澤編1979）の出土資料の分類がおこなわれる過程で、各型式の編年が進み、釧路地域続縄文前半期の土器型式変遷が具体的・連続的に描かれるようになっていった。以上の編年研究の経過を、土器型式の対照というかたちで表にすると表5のようになろう。この表で見ると一目瞭然であるが、資料の増加に伴い、型式の細別に重点が置かれて研究が進められてきたことが理解されよう。比較的限定された小地域内で型式設定をおこなった上で、型式のさらなる細別

第Ⅰ部　続縄文土器の編年

を追究するという型式設定の方法に則って研究が進められたことがわかる。

　一方、澤らの地域編年研究と併行して、釧路地域の土器編年を他地域の編年に対比させる試みもおこなわれてきた（大沼1977、宇田川1977、宇田川1982など）。道東部の続縄文土器編年研究の流れについては工藤研治の論考（工藤1994）があるので詳細はそちらに譲りたい。ここで取り上げておきたいのは、宇津内式土器と下田ノ沢式土器の編年対比をおこなうにあたって重要な視点を提起した宇田川の編年（宇田川1982）である。なお、宇田川の一連の下田ノ沢式土器編年は、1977年の『北海道の考古学2』上で発表された、いわば「旧編年」と、1982年の「道東の続縄文土器」論文で発表された「新編年」があるが、本章で取り上げるのは「新編年」の方である。

　宇田川の編年は、まず宇津内式の編年が提示されたあと、興津式・下田ノ沢式の編年がそれに対置されて述べられるという構成が取られている。興津式・下田ノ沢式の具体的な型式細別は、種々の文様要素の有無・消長に重点を置き、宇津内式との併行関係にも留意しながら説明がなされている。宇津内式、興津式・下田ノ沢式のそれぞれの編年に着目した場合には、個々の文様要素等の有無・消長などがばらばらに取り上げられているようにも見えるが、実はこの編年のなかでは、宇津内式、興津式・下田ノ沢式の型式細別において共通の指標が用いられている。具体的にまとめてみると、図10のようになろう。

　宇田川は下田ノ沢土器編年について、「宇津内文化と類似する部分と、やや異質な面をもっている」（宇田川1982：125）と説明している。宇津内式と下田ノ沢式が近縁関係にあることは宇田川の研究より前から指摘されてきたが、両型式の伝統に配慮しつつ（「やや異質な部分」）、両型式の変化内容がある部分で一致するという視点（「類似する部分」）を宇田川が具体的に示したことで、続縄文前半期道東部の土器編年の枠組みが新たに形成されることになったわけである。

　下田ノ沢式土器をめぐる型式編年研究は以上のように進められてきたが、1980年代前半以後は、資料の増加が少ないこともあり研究に進展はほとんど見られていない。現在求められているのは、両型式の系統と交渉－すなわち宇津内式と下田ノ沢式は通時的には各々いかなる系統的変遷をし、共時的には各時期においてどのような型式交渉がなされたのか－を明らかにし、両型式の編年を縦と横の構造体として記述することである。

　宇津内式と下田ノ沢式の間にある型式差をこのような視点から解明するためには、まずは網走地域とは異なる、釧路地域の系統の流れをはっきりさせなければならない。具体的には澤の編年を再トレースして型式細別を再検討する作業である。澤や宇田川の編年と重複する記述も必要で煩瑣になるが、下田ノ沢式の縦の系統と、宇津内式との横の関係を明らかにする上で不可欠な部分である。系統や地域差をはっきりさせないまま特徴的な個々の要素についてのみ着目して「宇津内式」・「下田ノ沢式」のレッテルを貼り付け、そこから各々の縦の細別をおこなうに止まるのであれば、各型式に対する理解は不十分なままであり続け、土器型式の地域構造とその動態を把握するという目的の達成は困難になる。ちなみに本章で縦の細別をおこなうにあたっては基本的に先学を踏襲し、より細かい細別はおこなわないが、細別基準を明確にすることにより型式への理解を容易にするつもりである。

　次に釧路・網走の両地域間における型式交渉について検討してゆくが、これは宇田川の編年でいわば「暗示」されていた宇津内式・下田ノ沢式間の影響関係について、より詳細な検討をおこなうことを意

味する。両型式の関係を研究するに際しては、下田ノ沢式＝釧路地域、宇津内式＝網走地域という図式的な把握で二つの土器型式と地域を等質にとらえる、という先験的かつ単純な二分法的理解へと進むのではなく、道東部における土器型式の内容・型式間交渉を資料の実態に即して検討することが求められる。

　なお、前章では宇津内式土器の編年が文様の縦の割りつけ原理と文様単位数の変遷を鍵として組み立てられることを示した。筆者は下田ノ沢式も大筋では宇津内式と同様の変遷過程を経るという見通しを抱いているが、下田ノ沢式土器は完形資料や遺構一括資料が少なく、現状では前章での方法に基づく分析はできない。よって、方法的には不統一な部分があるが、本章ではやむを得ず他の視点から型式内容について整理をおこない、編年を再検討する。ちなみに下田ノ沢式と宇津内式の間では、特に下田ノ沢Ⅱ式期以後において、文様の縦の割りつけ原理と文様単位数の変遷に関する地域差が顕在化するようである。詳細は後述する。

第3節　釧路地域の編年

1．興津式

a）概要

　興津式（図11）は、釧路地域では標式遺跡の興津遺跡でややまとまって出土しているが、下田ノ沢Ⅰ式と混在しており、型式としてのまとまりが今ひとつ不明確なままであった。しかし、近年の幣舞遺跡（石川編1994、石川編1996）の調査では、縄文晩期から連続し、また下田ノ沢Ⅰ式をほとんど混じえずに、興津式がまとまって出土した。この幣舞遺跡の資料によって興津式の内容と編年上の位置はより鮮明になったと言えよう。

　興津式を特徴づけているのは、口縁部がややくびれて外反する器形、沈線文の消失、「横走」する地文、口唇部突起下のボタン状突起・垂下する貼付文などであろう。以下に興津式の特徴について、澤と宇田川の指摘に基づきつつ、再確認してみたい。

b）型式学的特徴

ア）器形

　「基本的には深鉢と壺からなっている」（澤1982：95）。深鉢については、縄文晩期末〜続縄文初頭の時期の深鉢では直線的に開く器形が多いのに対し、興津式では胴部がやや張り出して湾曲し、口縁部がややくびれる器形が増加する。丸底及び丸底気味の小型の壺がこの型式にとりわけ特徴的な器形であるが、下田ノ沢Ⅰ式では姿を消すようである。なお、後続の型式よりも薄手の器壁を持つ傾向にあるが、縄文晩期末からの伝統であろう。

イ）山形突起及び文様単位数

　平縁の他に、山形突起及び突起下の貼付文を有する例がある。山形突起の頂部に刻みを有する例があるが、いわゆる「B状突起」の名残であり縄文晩期からの伝統である。文様単位数は、4単位・2単位が多いが、平縁で貼付文を持たない0単位や、2＋2単位の例もある。2単位が縄文晩期の「舟形土器」からの伝統であることは、網走地域の「元町2式」での例と同じである（第Ⅰ部第1章参照）。

第Ⅰ部　続縄文土器の編年

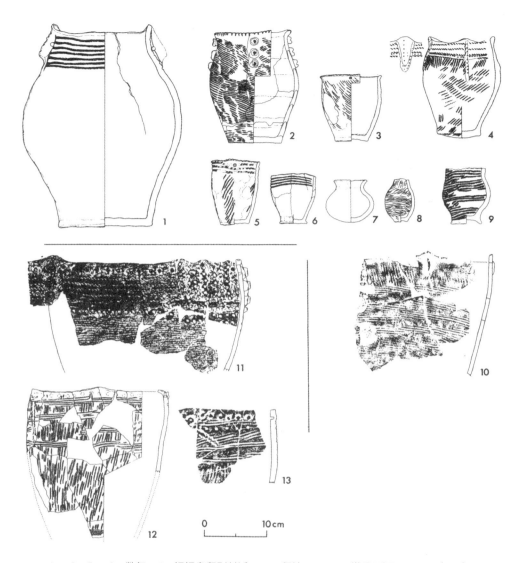

1～3・5～9：幣舞　4：択捉島留別付近、10：興津　11・12 常呂川河口　13：中ノ島

図11　興津式土器（上段）と網走地域の関連資料（下段）

ウ）地文

　縄文の条を長めに施文するいわゆる縦走縄文・横走縄文の他、条の短い(幅の狭い)斜縄文もある。また、横走するいわゆる「帯縄文」の例はこの型式に特徴的なものである。原体はRLとLRの両者がある。他に撚糸文や無文の例などがあり、やや変化に富む。

エ）文様要素

　山形突起下部のボタン状貼付文、垂下する貼付文が特徴的であり、その他、口縁部に縄線文を施す例

も多いが、地文のみの例が目立つのもこの型式の特徴といえる。縄文晩期末～続縄文初頭に見られた口縁部の沈線文はかなり減少するようである。突瘤文については、幣舞遺跡のまとまりが示すように興津式ではまだみられず、釧路地域では突瘤文が施された段階から下田ノ沢Ⅰ式と考えてよいようである。

c）興津式の地域差

興津式は道東部太平洋側～根釧原野～知床半島南岸の地域を中心に分布する。釧路地域以外の道東部では、羅臼町・標津町・中標津町（大沼1972）のいくつかの遺跡群で、ある程度まとまった出土が確認されている。南千島にも出土例がある（椙田1993など）。なお、後述するように、網走地域でも北見市常呂川河口遺跡（武田編1996）や北見市中ノ島遺跡（久保1978）で関連資料が出土している（図11-11～13）。

興津式における地域差を示すものとして、横走する帯縄文が施された土器（以下、「帯縄文系」興津式）の存在をあげておきたい。これら「帯縄文系」興津式は、釧路及びそれ以西の地域に認められ、羅臼町や標津町では確認できない（注1）という地域差がある。横走する帯縄文は宇田川や工藤義衛らの指摘どおり道央部ないしそれ以西との関係でとらえられるので（宇田川1982、工藤1986、乾1991、川内谷1998）、「帯縄文系」興津式の分布にあらわれた地域差は道央部との交渉を反映した結果であるといえる。

2．下田ノ沢Ⅰ式

a）概要

興津式と下田ノ沢Ⅰ式（図12）の区分となる基準について、澤は「器壁がやや厚くなり、撚糸文を施すものが多く、貼付帯はやや細くなる。突瘤文はほとんど全部の土器に認められる」（澤1982：99）と述べている。興津式からの変遷は漸移的であるが、文様要素から言えば、前述したとおり突瘤文の出現を重要なメルクマールのひとつとしてよいと思われる。

b）型式学的特徴

ア）山形突起及び文様単位数

山形突起及び吊耳状貼付文を有する例が多いが、平縁も存在するようである。山形突起の頂部の刻みが残る例もある。完形土器が少ないため文様単位数ははっきりしないが、基本的には宇津内Ⅱa式と同じで、0単位、4単位、側面－正面観を強調した2単位及び2＋2単位、の各例が存在するようである。

イ）地文

地文となる縄文は興津式の伝統を維持する傾向にあるが、口縁部に水平の縄線文が数条施文される土器にはRLの縦走縄文が施される場合が多いようである。これは宇津内Ⅱ式特有の組み合わせであり、宇津内Ⅱa式からの影響が考えられる。横走する帯縄文は残存するが、量的にはまれになる。撚糸文の例は興津式よりも増加する。

ウ）文様要素及び文様構成

突瘤文、縄線文、貼付文が主要な文様要素である。これらの文様要素は全体として宇津内Ⅱa式からの影響を被っており、型式学的な類似度は強まっている。文様要素について、下田ノ沢Ⅰ式と宇津内Ⅱa式とを区別する細部の特徴を以下にあげておく。

第Ⅰ部　続縄文土器の編年

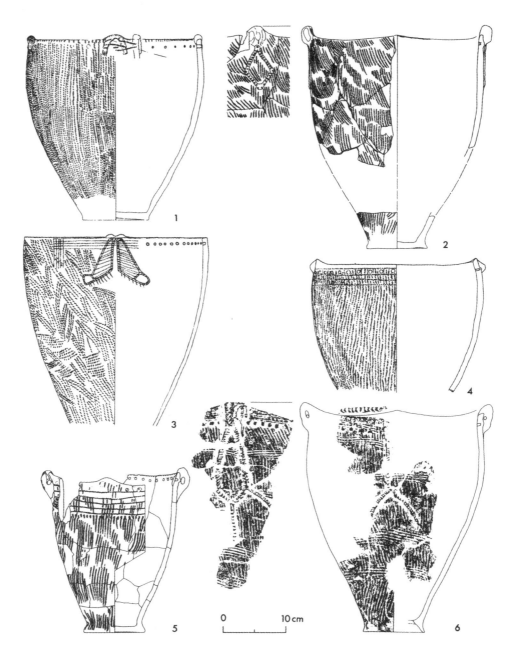

1・3・4：下田ノ沢　2・5・6：興津

図12　下田ノ沢Ⅰ式土器

突瘤文は、宇津内Ⅱa式のそれと比べた場合、施文具の径が太く、「瘤」があまり突出せず、突瘤文どうしの間隔が広いという特徴がある。

縄線文は、宇津内Ⅱa式と比較した場合、施される例が少なく（注2）、施される例でも条数が宇津内Ⅱa式より少ない傾向にある。また、宇津内Ⅱa式に見られる縄線文下部の縄端による刺突列は省略される傾向にある。地文との関係は先に記したとおりである。

貼付文については、興津式で見られた山形突起下のボタン状貼付文・垂下する貼付文は古手のものには残るようである。宇津内Ⅱa式で一般的ないわゆる「擬縄貼付文」については、縦の単位に則って施される例もあるが、宇津内Ⅱa式と比べて施文例が非常に少ない。

宇津内Ⅱa式に比べて、各文様要素による装飾が全体的に少ない傾向にあるといえよう。

c）下田ノ沢Ⅰ式の細別について

下田ノ沢Ⅰ式の細別には、澤と宇田川の両案がある。澤の細別は、興津遺跡Ⅲ次報告（澤編1979）のⅢ群4類・5類をそれぞれ「古手」・「新しい手」に読み替えたものである。細別基準ははっきり明記されていないが、提示された図版から判断すると、口唇面の文様に基づく細分のように思われ、RLの縄の側面圧痕を施す例が5類（新しい手）、それ以外の例が4類（古手）となっているようである。一方、宇田川の細別は先に見たとおり、縄線文・擬縄貼付文の出現がメルクマールとなっている。一方の極に興津式、もう一方に下田ノ沢Ⅱ式を置き、その間の変遷過程を想定して下田ノ沢Ⅰ式の細別をおこなうという型式学的方法が採用されており、加えて宇津内式編年との統一が図られている点に特徴があるといえる。

筆者は、文様の縦の割りつけを基準にした細分が適当だと考えるが、先述の通り現状では資料的制約から証明が難しい。細別自体は可能だと思われるが今後の課題としておく。

3．下田ノ沢Ⅱ式

a）概要

下田ノ沢Ⅰ式とⅡ式（図13上段）の区分で問題になるのは、突瘤文（Ⅰ式の特徴）と2本1単位の縄線文（Ⅱ式の特徴）とが一個体に併存する土器群の位置づけであろう。このような土器の区分についても澤と宇田川では見解がやや異なっている。澤の区分では、明記されてはいないけれども2本1単位の縄線文の出現が重要なメルクマールになっているようであり、突瘤文を有していてもⅡ式に分類されている例がある。一方、宇田川の区分では前述のとおり突瘤文の消滅が基準の一つになっている。いずれにしても下田ノ沢Ⅰ式からⅡ式への変遷は漸移的であり、層位的所見や一括資料が期待できない現状では細別には困難が伴う。ここでは暫定的に、宇田川の基準、すなわち突瘤文の消滅を主要な基準とする立場をとっておきたい。というのも、下田ノ沢Ⅰ式と宇津内Ⅱa式、下田ノ沢Ⅱ式と宇津内Ⅱb式とが交渉関係を保ちつつ併行することがほぼ首肯される現状では、編年が確定している宇津内Ⅱa式・Ⅱb式の細別基準（突瘤文の消滅はその一つ）を参照した方がより確実と考えられるからである。

第Ⅰ部　続縄文土器の編年

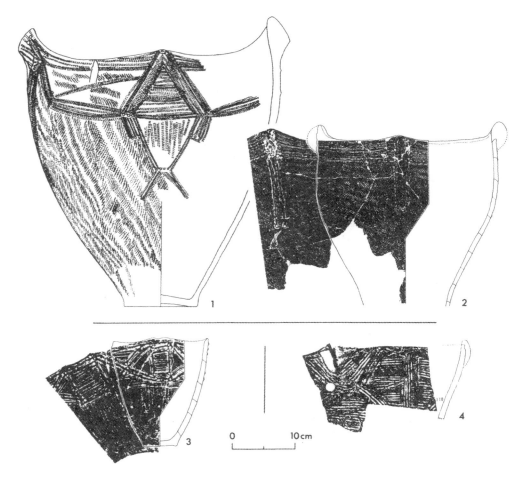

1：下田ノ沢　2：幾田　3・4 相泊

図13　下田ノ沢Ⅱ1式土器（上段）・
後北B式と下田ノ沢Ⅱ1式の「折衷」土器（下段左）・
下田ノ沢式の伝統を残す後北C₂・D式土器（下段右）

b）型式学的特徴

ア）文様単位数

　大多数の例は2＋2単位となっている。2単位などが存在する可能性もあるが、はっきりしない。平縁の例も存在するようであるが、特異な例か否かは資料数が少ない現状では判断できない。宇津内Ⅱb式で出現する、2＋2単位の、単位と単位の中間部にさらに割りつけ単位が付加される「SF＋4単位」（第Ⅰ部第1章参照）は、釧路地域の資料では確認できない。

イ）地文

　条の短い（幅の狭い）斜縄文が大多数を占めるようになる。原体はLRが多いようであるが、RLもある。

下田ノ沢Ⅰ式で認められた条を長めに施文するいわゆる縦走縄文の例は、下田ノ沢Ⅱ式ではみられなくなり、いわば「先祖帰り」的な様相を呈する。他に撚糸文・無文の例も少数ある。

ウ）文様要素及び文様構成

貼付文・縄線文とも宇津内Ⅱb式との差が拡大する。後節（表6）に宇津内Ⅱb式との差をまとめておく。

4．下田ノ沢Ⅱ式と後北C₁式

澤は、釧路地域における下田ノ沢Ⅱ式と後北C₁式の関係を前後関係ととらえ、「下田ノ沢Ⅱ式から、後北C₁式への交替」（澤1982：100）と位置づけている。この澤の見解を再検証してみよう。

まずは、羅臼町相泊遺跡（注3）で出土した例である（涌坂編1996）（図13-3）。この土器の地文、縄線文、貼付文上の刺突は下田ノ沢Ⅱ式と共通するが、貼付文の意匠は後北式の系統に属する。横の割りつけが多段化されていないところからすると、いわゆる後北B式に併行する可能性が高い。このことから、下田ノ沢Ⅱ式といわゆる後北B式がほぼ並行することは認められてよいだろう。

次に問題となるのは南千島色丹島出土例（甲野ほか編1964：図版242、市立函館博物館編1994：図版207）である。澤は、この色丹島出土例を「後北C₁式を下田ノ沢Ⅱ式の製作手法で模倣したのではないか」と性格づけている（澤1982：99）。筆者も澤と同様に、この土器の胎土・器形・口縁部突起などは下田ノ沢Ⅱ式そのものである一方、文様意匠は後北C₁式に由来すると考えるが、そうであるならば、少なくとも南千島では、後北C₁式の段階まで下田ノ沢Ⅱ式の伝統が存続していることになる。しかし残念ながらこの時期の土器セットのあり方は不明であり、この色丹島例のような土器がまとまって存在するのか、ごく稀な折衷・模倣の例であるのか確認できない。ただし、少なくとも南千島では下田ノ沢Ⅱ式の伝統を強くとどめる土器が後北C₁式の段階まで存在するのは確実と見てよい。よって、ここでは前節で取り上げた一般的な下田ノ沢Ⅱ式を「下田ノ沢Ⅱ1式」として設定し、それに後続する、ここで述べたような南千島例に代表される下田ノ沢式系統の土器群を「下田ノ沢Ⅱ2式」として仮設したい。

なお、下田ノ沢Ⅱ式の伝統は、相泊遺跡出土例（澤ほか1971：Fig.32-110）（図13-4）に見られるように、一部地域では後北C₂・D式の初頭の段階までわずかながら残存するようである。この相泊遺跡出土例では口縁部にみられる吊耳状突起がそれに該当する。この例なども、先立つ時期の「下田ノ沢Ⅱ2式」の存在を示唆していると考えてよいだろう。

5．釧路地域の系統のまとめ

釧路地域の土器型式編年について検討してきた。釧路地域の系統的変遷を、他地域、特に網走地域からの影響に着目してまとめてみよう。

縄文晩期末～続縄文初頭の土器群（緑ヶ岡式及びその直後の土器群）から興津式への型式学的変遷は比較的スムーズである。ただし、「帯縄文系」興津式が南西部地域に偏るという地域差は、道央部以西の影響として注意すべきである。次の下田ノ沢Ⅰ式の段階になると、宇津内Ⅱa式の影響を被るようになる。これは突瘤文・縄線文などの文様要素及び文様意匠に止まらず、一部で地文にまで及び、宇津内Ⅱa式の地域的変異とも言えるような様相となる。しかし続く下田ノ沢Ⅱ1式では、宇津内式との型式差

第Ⅰ部　続縄文土器の編年

は再び拡大する。特に地文が釧路地域の伝統に戻る点は注目される。以上の変遷過程において、釧路地域の伝統として維持されている要素として地文をあげておきたい。興津式〜下田ノ沢Ⅱ1式を通じて、縄文の条の短い斜縄文と撚糸文は時期によって盛衰はあるものの維持されている。この特徴は、宇津内式の地文がいわゆる縦走縄文へと傾斜を深めていくのとは異なるものであり、特に宇津内ⅡbⅠ式と下田ノ沢Ⅱ1式を対比する際に重要になってくる。

　以上、釧路地域の変遷はとぎれのない漸移的なものであるが、下田ノ沢Ⅰ式の段階で網走地域との関係（型式学的類似）が一旦強まり、その後再び網走地域から離れて独自性を増す、という内容を有している。一方、網走地域では、変化が系統的かつ累積的で、最終的には道央部の後北式系統との関係を強める方向へと変化しており、釧路地域とは型式変化の契機や方向性が異なっている。

　なお、文様の縦の割りつけ原理については前述のように、釧路地域と網走地域は基本的には一致した変遷過程を経ると思われるが、特に宇津内Ⅱb式・下田ノ沢Ⅱ1式の段階ではこの部分でも差が拡大するようである。

第4節　釧路地域・網走地域間における型式交渉とその推移

1．併行関係の確認

　釧路地域と網走地域の併行関係は以下のようになる（宇津内式土器の細別は第Ⅰ部第1章参照）。

- 興津式－「元町2式」
- 下田ノ沢Ⅰ式－宇津内ⅡaⅠ式〜ⅡaⅡ式
- 下田ノ沢Ⅱ1式－宇津内ⅡbⅠ式
- 下田ノ沢Ⅱ2式－宇津内ⅡbⅡ式（後北 C_1 式併行）

ここでは道東部における各々の型式の分布圏と交渉経路、および土器そのものにあらわれた型式間交渉内容の変遷について、時系列順に検討する。なお、続縄文土器型式の分布圏の通時的な変化については、大沼忠春が分布図の形で発表しており、本章でも参考にしている（大沼1982a）。

2．興津式と「元町2式」の型式交渉 （図14上段）

a）地域差の顕在化①突瘤文など

　縄文晩期末〜続縄文初頭の、緑ヶ岡式及びその直後の土器群を共通の母胎として（注4）、網走地域には「元町2式」、釧路地域には興津式がそれぞれ成立する。両型式間でもっとも大きな型式学的差は突瘤文の有無であるが、他に器形や地文にも差が少しある。この段階になると網走・釧路地域間の地域差がそれ以前よりも明瞭になるといえよう。

b）地域差の顕在化②帯縄文

　前節で興津式には「帯縄文系」土器の有無という地域差があり、それは道央部との交渉を反映したも

第2章　下田ノ沢式土器の編年と型式交渉

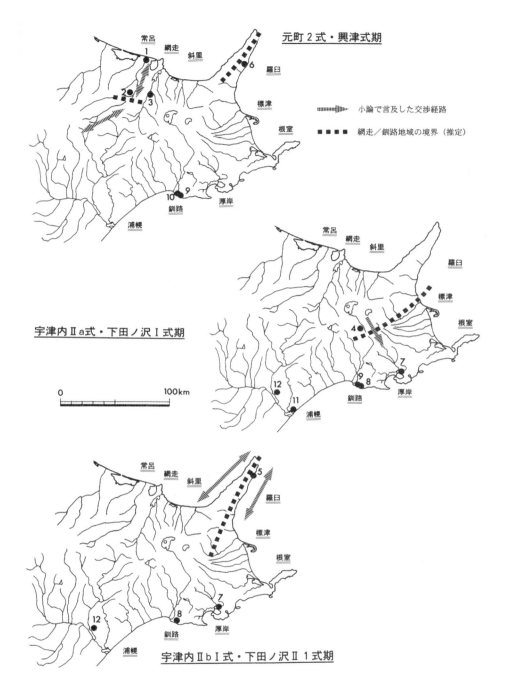

1：常呂川河口　2：中ノ島　3：元町2　4：矢沢　5：相泊　6：チトライ川北岸　7：下田ノ沢
8：三津浦　9：興津　10：幣舞　11：十勝太若月　12：池田3

図14　土器型式分布域と交渉経路の推移、及び本文中で言及した遺跡の位置

第Ⅰ部　続縄文土器の編年

のであることを述べた。興津式と「元町2式」の交渉について検討する前に、網走地域の帯縄文の様相について確認してみよう。

　この時期の網走地域で主体となるのは「元町2式」であるが、「元町2式」の標式遺跡である美幌町元町2遺跡（荒生・小林1986）は網走川をややさかのぼった内陸、すなわち釧路に近い地点に位置する点に注意しておきたい。その元町2遺跡周辺では横走する帯縄文は認められない。帯縄文が認められるのは、網走川以西の常呂川流域である。北見市常呂川河口遺跡（武田編1996）では、図11-11のような、「元町2式」に横走縄文が施されたと言えるような土器が出土している。さらに、同じ常呂川流域の北見市中ノ島遺跡でも、この常呂川河口遺跡と同様の突瘤文と横走する帯縄文を有する土器（図11-13）が、典型的な「帯縄文系」興津式、「元町2式」と混在する形で出土しており（注5）、網走地域と釧路地域の交渉が確認できる。さらに、これら「突瘤文＋横走帯縄文」を有する土器群は常呂川流域のほか、富良野市三の山2遺跡（杉浦1986）やえりも町東歌別遺跡（扇谷1963）でも確認されている。富良野やえりもと網走地域を結びつけるには現状ではやや飛躍があるかもしれないが（注6）、ここでは網走地域との交渉が釧路地域に加え道央部との間にもあったことを示す例として位置づけたい。

　このように、常呂川流域では帯縄文を有する資料が存在し、釧路及びそれ以西の地域との交渉が明確であるのに対し、より東の網走～斜里地域では元町2遺跡の様相が示すとおり道央部や釧路地域との交渉は相対的に乏しいようである。すなわち、網走地域においても釧路地域と同様に帯縄文に係わる地域差が存在するといえる。

c）網走地域・釧路地域と道央部の関係

　道東部における「帯縄文」の存在が示すのは、道東部－道央部間の型式交渉であり、それらの交渉は、帯縄文の偏在にあらわれているとおり、釧路・網走地域とも、より道央部に近い地域で活発におこなわれていることが確認できた。重要なのは、道東部－道央部間の交渉のみならず、釧路－網走地域間の交渉も、中ノ島遺跡の事例が示すように常呂川流域等の道東部・道央部間の境界域側でより頻繁におこなわれていたと考えられる点である。釧路－網走地域間の交渉に道央部が何らかの形で関わりを有していたことをうかがわせる。

　一方、釧路地域と網走地域との型式接触は、東側の羅臼でも認められるようである。例えば羅臼町チトライ川北岸遺跡（涌坂編1985）では「元町2式」と興津式の両者が出土している。しかし出土量は少なく、型式交渉の詳細は不明である。

3．下田ノ沢Ⅰ式と宇津内Ⅱa式の型式交渉（図14中段）

a）分布圏の変化

　興津式・「元町2式」のそれぞれに後続して下田ノ沢Ⅰ式・宇津内Ⅱa式が成立するが、道東部での分布圏をみると下田ノ沢Ⅰ式のそれは興津式よりやや縮小し、逆に宇津内Ⅱa式の方は「元町2式」より拡大するようである。興津式・「元町2式」期において両者が混在していた地域で確認してみよう。常呂川流域と羅臼町では、ほぼ宇津内Ⅱa式のみの出土となるようである（注7）。また、標津川をややさかのぼった中標津町は、前段階では興津式の分布圏であって「元町2式」は認められないようで

あるが、この時期には下田ノ沢Ⅰ式・宇津内Ⅱa式の両者が確認されている。これらの例は宇津内Ⅱa式の分布圏拡大の証左となろう。一方、釧路川上流に位置する弟子屈町矢沢遺跡（澤・松田編1977、澤編1978b）で下田ノ沢Ⅰ式を混じえず宇津内Ⅱa式のみが出土していることは注目に値する。弟子屈町ではそれ以前の様相がはっきりしないので宇津内Ⅱa式の分布圏拡大の例としてはあまり適当ではないが、釧路川上流での遺跡分布は、網走川流域と釧路川流域をつなぐ内陸の交渉経路を示唆する一例として重要である。

　一方の下田ノ沢Ⅰ式は、前述の通り常呂川流域や羅臼町では姿を消すものの、池田町（横山編1993）・浦幌町（石橋ほか1975）～釧路地域～標津町といった道東部太平洋岸～根釧原野の地域では引き続き分布が認められるようである。

b）網走地域からの影響増大

　次に下田ノ沢Ⅰ式と宇津内Ⅱa式の型式交渉についてみてみよう。下田ノ沢Ⅰ式は全体として宇津内Ⅱa式の影響を強く受けていることは前述のとおりである。そのことに加えて釧路地域の三津浦遺跡や下田ノ沢遺跡（澤編1972）などでは、胎土・文様が網走地域と共通し在地のものとは全く異なる、搬入品と考えられる宇津内Ⅱa式が少数ではあるが存在する。一遺跡内の各個体について宇津内式の影響度をみた場合には、在地色の強いものから地文及び文様要素・文様構成が宇津内Ⅱa式に近い例まで入り混じっており漸移的な様相を呈している（注8）。

　一方の網走地域では、下田ノ沢Ⅰ式の搬入は認められず、また下田ノ沢Ⅰ式の影響を受けたような土器も確認できない（注9）といったように、釧路地域とは対照的な様相を示している。

　以上のような下田ノ沢Ⅰ式が宇津内Ⅱa式の影響を一方的に被るという状況は、先に見た宇津内Ⅱa式の分布圏拡大と連動した動きとみることができよう。

c）交渉経路の変化

　前段階の興津式期に常呂川流域の経路で認められた、釧路地域－網走地域間の交渉を絡めた道東部－道央部間の交渉は、この時期になるとやや衰退するようである（注10）。その一方で、釧路川上流で宇津内Ⅱa式がまとまって出土している点は、新たに網走川流域－釧路川流域間の交渉経路が活発化したことを示唆するものとして重要である。釧路地域で確認されている宇津内Ⅱa式の搬入土器は、この経路を介在してもたらされた可能性が考えられよう。

4．下田ノ沢Ⅱ1式と宇津内Ⅱb1式の型式交渉（図14下段）

a）分布圏の変化

　下田ノ沢Ⅱ1式は確認されている遺跡数がごく少ないので確実なことは言えないが、分布の中心は南千島を含めた根釧原野以東へと移動するようである（澤1982、大沼1982a）。ただし、釧路地域以西の池田町池田3遺跡（横山編1993）でも下田ノ沢Ⅱ1式は確認されており、分布圏は今後の調査の進展を待って判断する必要がある。一方、宇津内Ⅱb1式の分布圏は宇津内Ⅱa式期とほぼ同じと思われるが、東側では、分布境界域が再び羅臼側に押し戻されるという若干の変化が見られる。

第Ⅰ部　続縄文土器の編年

	宇津内ⅡbⅠ式（U）	下田ノ沢Ⅱ1式（S）
器形	底径は狭く、口縁部はやや内灣し、全体的に細長い	底径が広く、口縁部は大きく開く
地文	RL縦走のみ。無文はない	条の短い斜縄文で、LRが多い。撚糸文や無文もある
貼付文	口唇直下に横環する。SF+4単位がみられ、同心円モチーフなどが発達する	口唇直下にはなく、胴部にも発達しない。SF+4単位は存在しない。交点に竹管文様の刺突を施す
縄線文	1本ずつの意匠。施文順は貼付文より先	2本1組の意匠。施文順は貼付文の後

表6　宇津内ⅡbⅠ式土器と下田ノ沢Ⅱ1式土器の対比

型式	下田ノ沢系宇津内ⅡbⅠ式				宇津内系下田ノ沢Ⅱ1式	
図15の番号	1	2	3	4	5	6
器形	U	U	U	U	S	S
地文	U	U	U	U	S	S
貼付文	U	U	U+S	U+S	U	U
縄線文	S	U+S	U	S	S	S

（U・Sの略号については表6を参照）

表7　「下田ノ沢系宇津内ⅡbⅠ式」と「宇津内系下田ノ沢Ⅱ1式」の内容と系統

b）相方向的な型式交渉

　宇津内ⅡbⅠ式・下田ノ沢Ⅱ1式の分布境界域となる羅臼町では宇津内Ⅱb式・下田ノ沢Ⅱ1式が一遺跡内に混在する。具体的には、宇津内ⅡbⅠ式そのもの、下田ノ沢Ⅱ1式そのものに加えて、一個体中に両型式の特徴を併せ持った「折衷的な」土器（図15）の三者が混在している。この「折衷的な」土器群について検討してみよう。

　まず、宇津内ⅡbⅠ式・下田ノ沢Ⅱ1式そのものの型式学的特徴について器形・文様別にまとめてみた（表6）。次にいくつかの「折衷的な」土器においてこれらの属性がどのように組み合わさっているかをみたのが表7である。組合せパターンは大きく2種類に分けられる。すなわち、宇津内ⅡbⅠ式の器形・地文の上に下田ノ沢Ⅱ1式的な装飾（貼付文・縄線文）が認められるタイプ（「下田ノ沢系宇津内ⅡbⅠ式」・図15上段）と、逆に下田ノ沢Ⅱ1式の器形・地文の上に宇津内ⅡbⅠ式的な装飾（貼付文）が認められるタイプ（「宇津内系下田ノ沢Ⅱ1式」・図15下段）である。ここで重要なのは、組合せパターンは完全にランダムにはならず、器形と地文とは必ず同一系統がセットになっている点である。すなわち、どちらかの系統の「器形・地文」のベースの上に文様要素が折衷する、というパターンとなっているわけである。この時期の羅臼町周辺の土器製作者の間では二つの系統が完全に意識・区別されており、その上で何らかの意図を持って文様要素が二つの系統間で交換されていた、と見ることができよう。

第 2 章　下田ノ沢式土器の編年と型式交渉

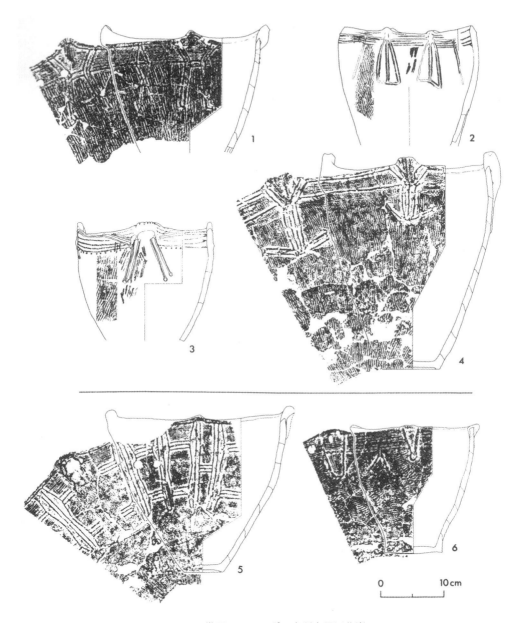

1～3・6：幾田　4・5：ポン春刈古丹川北岸

図15　「下田ノ沢系宇津内Ⅱb Ⅰ式」土器（上段）と「宇津内系下田ノ沢Ⅱ1式」土器（下段）

57

第Ⅰ部　続縄文土器の編年

　しかしながら、二つの系統が「対称的・拮抗的に」併存する状況は、主に羅臼町周辺で認められるのみで、他の地域ではきわめて稀にしか確認されていない。オホーツク海岸沿いの斜里町〜網走市〜北見市常呂町では、下田ノ沢Ⅱ1式そのものと「下田ノ沢系宇津内ⅡbⅠ式」の出土は認められるが、「宇津内系下田ノ沢Ⅱ1式」はきわめて稀にしか確認できないようである（注11）。逆に羅臼町以東・以南では、宇津内ⅡbⅠ式そのものは存在するようであるが、「下田ノ沢系宇津内ⅡbⅠ式」を確認することはできなかった。

c）交渉経路の変化

　下田ノ沢Ⅱ1式・宇津内ⅡbⅠ式の交渉経路であるが、羅臼町〜斜里町〜網走市・北見市常呂町と西にくるに従い下田ノ沢Ⅱ1式・「下田ノ沢系宇津内式」の出土割合が逓減すると思われる点から、オホーツク海沿岸の経路が想定できる。内陸の経路については資料の少ない現状では判断が難しい。中標津では下田ノ沢Ⅱ1式と宇津内ⅡbⅠ式が混在しているようである（大沼1972）。前段階で認められた網走川流域と釧路川流域の交渉経路については、存続を示すような資料はない。ただ、もし仮に内陸経路が存在したとしても、下田ノ沢式系の傾斜的分布状況から見ると、交渉経路がオホーツク海沿岸の方に集約されていることは認められてよい。このような交渉経路の変化は、前述した下田ノ沢Ⅱ1式の分布圏の変化と関連する可能性があろう。

5．釧路地域における後北C₁式と在地の系統のゆくえ

　前節までにみたとおり、道東部では後北C₁式と併行して宇津内ⅡbⅡ式が存在し、さらに南千島においては「下田ノ沢Ⅱ2式」の存在が推定される。

　宇津内ⅡbⅡ式と後北C₁式の関係については第Ⅰ部第1章で述べたが、網走地域ではこの時期、後北C₁式の分布が拡大すると共に型式学的影響も強くもたらされ、宇津内ⅡbⅡ式は文様の縦の割りつけ原理に関する特徴以外はほぼ後北C₁式に準ずる内容となる。なお、第Ⅰ部第1章では触れなかったが、道央部では宇津内ⅡbⅠ式の時期になると、宇津内式系の土器の出土がわずかながら増加する（例えば深川市北広里3遺跡（葛西1994・葛西2002）、札幌市N316遺跡（羽賀編1994：25図11-2・3）、中富良野町本幸遺跡（富良野工高郷土史研究会編1968）など）、後北式と宇津内式の相互交渉が宇津内ⅡbⅠ式以後は強まる傾向にあることがわかる。

　一方で釧路地域では、西に隣接する浦幌町十勝太若月遺跡（石橋ほか1975）で後北C₁式がまとまって出土するなど、後北C₁式の分布拡大が認められるが、下田ノ沢Ⅱ式の伝統を残す「下田ノ沢Ⅱ2式」は釧路地域では確認されていない。すなわち、釧路地域における後北C₁式の分布拡大は、現状では相互交渉の確認できない一方的な「交替」としてとらえられるようである。この交替は、澤が指摘したように（澤1982）、先立つ時期に下田ノ沢Ⅱ1式の分布圏が東にシフトしたことと関連づけられると思われる。ただ、どちらが原因でどちらが結果であるかは今後の検討が必要となろう。

　南千島では「下田ノ沢Ⅱ2式」に見られるように下田ノ沢式と後北式の交渉の痕跡がみとめられる。しかしながら、文様要素から地文に至るまで共通性の高い後北C₁式と宇津内ⅡbⅡ式との関係と、文様モチーフ等の類似しか認められない後北C₁式と「下田ノ沢Ⅱ2式」との関係とは、類似度・関係の

強さが異なっている。この点を考慮するならば、後北C₁式－宇津内ⅡbⅡ式－「下田ノ沢Ⅱ2式」というような、宇津内ⅡbⅡ式を間に介した間接的な交渉が存在していた可能性を考えるべきかもしれない。なお、このような間接的な交渉の背景として、下田ノ沢Ⅱ1式期において発達したオホーツク海沿岸の交渉経路がこの時期にも利用されていたと考えると、道央部－網走地域－根室～南千島地域の関係を図式的かつ容易に理解できるようになると思われる。

第5節　型式交渉の背景

　下田ノ沢式土器と宇津内式土器の型式交渉の推移をトレースしてきた。これら二つの型式の型式交渉と交渉経路、型式の分布圏の変化についてまとめておこう。

ア）縄文晩期末～続縄文初頭の時期においては道東部内の地域差はそれほどはっきりしていなかったが、次の興津式・「元町2式」の時期になってくると道東部内で地域差がはっきりしてくる。一つは突瘤文の有無や器形・地文等の地域差で、これは道東部内の南北、すなわち釧路・網走地域で異なる差であり、地域差として大きなものである。もう一つは帯縄文に関わる地域差で、こちらは主に道東部内の東西、すなわち常呂川流域・釧路川流域とそれ以東で異なる地域差であり、道央部との型式交渉がその背景にある。このようにこの時期の道東部内の地域差は、南北と東西の差が重層するやや複雑な構造となっている。なお、釧路－網走地域間の交流自体も常呂川流域等の道央部に近い側で活発におこなわれていた点からすると、釧路地域・網走地域・道央部の三者間交流がこの時期に重要な意味を有していたことがうかがえる。

イ）下田ノ沢Ⅰ式・宇津内Ⅱa式の時期になると、網走地域の系統、すなわち宇津内Ⅱa式の分布圏が拡大する一方、釧路地域の系統すなわち下田ノ沢Ⅰ式の分布圏は縮小する。型式内容も、それと連動するように網走地域側からの影響が強まって地域差は縮小し、下田ノ沢Ⅰ式は宇津内Ⅱa式の地域的変異とも言えるような内容となる。また、道央部との型式交渉はこの時期には影を潜める一方、網走川流域－釧路川流域という内陸を通るやや東寄りの交渉経路が新たに活発化する。

ウ）下田ノ沢Ⅱ1式・宇津内ⅡbⅠ式の時期になると釧路・網走地域間の地域差が再び拡大する。両系統の接触が盛んな羅臼町周辺では一つの遺跡内に両型式の土器が併存するほか、一個体内で文様要素が折衷する土器も認められる。両系統の型式交渉は羅臼町周辺以外でも認められるが、羅臼町周辺から離れるに従い折衷的な土器が逓減する傾向がある。このような地理的傾斜の状況から推測すると、この時期の交渉経路はオホーツク海沿岸を中心とするものであった可能性が高い。

エ）後北C₁式の時期になると道東部では道央部からの影響が強まる。ただし網走地域では在地の系統が残り、後北C₁式と宇津内ⅡbⅡ式が併存するのに対し、道東部太平洋側では在地の系統は著しく衰退して後北C₁式との「交替」が起こり、在地の系統は南千島地域において「下田ノ沢Ⅱ2式」が確認されるのみとなる。宇津内ⅡbⅡ式の側は道央部との相互交渉が認められる点からすると、この時期の地域間交渉は後北C₁式（道央部）－宇津内ⅡbⅡ式（網走地域）－「下田ノ沢Ⅱ2式」（根室・南千島地域）

第Ⅰ部　続縄文土器の編年

というような構造・経路でおこなわれていた可能性が考えられる。

　以上のように続縄文前半期の道東部においては、網走－釧路地域間でも、道東部－道央部間でも土器型式交渉の様態が時期ごとに変動していることが明らかになったといえよう。また、土器型式の分布圏と交渉経路についても、型式交渉の変動と密接に連動しながら変化していることを指摘してきたつもりである。

　以上、新たに判明した土器型式の実態を、従来の研究と対比させて評価すると、以下のような新視点が導き出されよう。

オ）これまで宇津内式と下田ノ沢式はそれぞれ等価なものとして扱われ、網走地域・釧路地域を代表する型式として対比されたり、「宇津内・下田ノ沢式」と一括されて道央部・道南部の諸型式と対置されたりすることが多かったように思われる。無論、このような理解は大筋では正しい。しかし細かく見ると、宇津内式と下田ノ沢式とはその存続期間全体を通じて同じ関係を有していたわけではないし、両型式と道央部との関係も時期によって様々に変化していることが明らかになった。特に、宇津内Ⅱa式期には型式的にも分布上も宇津内式系統の勢力が強まる一方で、下田ノ沢式系統の独自性は衰退する点、また続く時期では宇津内式系統が次第に後北式系統との関係を強めていく一方で、下田ノ沢式系統はいったん失った独自性を回復し、道央部との関係を強めない方向に変化してゆく点などは、これまであまり注意されなかった点（注12）として留意する必要があろう。網走地域＝宇津内式・釧路地域＝下田ノ沢式という図式で二分法的に理解してしまうと、型式の実態を見誤る恐れがあることを指摘しておきたい。

カ）上のような型式の実態と関連して、道央部との道東部の型式交渉の推移についても新たな事実が明らかになった。縄文晩期末～続縄文初頭の時期では道央部と道東部の地域差は少なく、続く「元町2式」・興津式期でも道央部・網走地域・釧路地域の交渉は常呂川流域等の道央部に近い地域で活発におこなわれていた。しかし次の時期には釧路地域の系統がやや衰退するのと連動して、次第に地域間交渉の経路・構造が道央部－網走地域－釧路・南千島地域というあり方に変化し、道央部と道東部太平洋側の関係が相対的に希薄になる。そして道東部太平洋側には後北C₁式が単独で（在地の系統と併存しない形で）侵入する。このように続縄文前半期では、当初は道央部と道東部で一体性が強かったが、まずは道央部・道東部という形で地域差が顕在化し、続いて道央部－網走地域－釧路・南千島地域という構造へと変化する。このような変化の背景には、道東部内および道央部－道東部間でのヒト・土器・情報の流れの変化があると考えられる。

　では、上記オ）カ）の背景としては、どのような社会の変化が想定されうるであろうか。この問題に答えるのは容易ではないが、いくつかの可能性を指摘しておきたい。

　一つは網走地域の人口増（注13）である。宇津内Ⅱa式の分布と影響力が拡大する背景としてはまずこの可能性が考えられる。また、この人口増説は、交渉経路の変化、すなわち宇津内式系統と道央部の関係が累積的に強化される一方、釧路地域と道央部間の情報の流れが相対的に希薄になることへの説明としても魅力的である。ただし現状では現時点ではデータが不足しており、遺跡数・遺跡規模の分析か

第2章　下田ノ沢式土器の編年と型式交渉

ら人口増説を検討するのは難しいし、そもそも考古学的資料から人口の増減を証明すること自体、かなりの困難を伴うことは否めない。ここでは今後分析をおこなう際に、人口増説が検討価値のある一視点となりうることを指摘するに止めたい。

　もう一つは、南千島地域の発展である。道央部－網走地域－釧路・南千島地域という地域構造・情報の流れが成立するもう一つの背景としては、釧路地域から南千島地域へと下田ノ沢式系統の中心地が移動し、それに伴って下田ノ沢式系統と道央部とは直接的な交渉が途切れ、下田ノ沢式系統にとっては網走地域との交渉が地域間交渉のメインルートとなった、というような推移が想定される。もっともこのような想定を裏付けるような考古学的データが南千島地域で得られているわけではなく、筆者の想定も思いつきのレヴェルに過ぎない。一応、南千島で出土している資料の現状をみておくと（杉浦1999）、絶対数が不足しており確言するのはためらわれるが、続縄文前半期では下田ノ沢式系統が優勢である一方で、宇津内式系統も若干出土している。さらに下田ノ沢II式～後北 C_2・D 式にかけての資料がやや目立つようである。以上の現状と先の筆者の想定との間には、とりあえず矛盾はない。

　さらに想像を逞しくすれば、南千島地域発展の背景としては、人口の自然増、あるいは釧路地域からの移動による増加等が考えられるが、この実態も全く不明である。とりあえず、釧路地域から南千島地域へヒトが移動したような考古学的データ（下田ノ沢 I 式期以後、継続性が途切れるような遺跡が多いような状況）は全く確認できていない。さらに、先に想定した網走地域の人口増と、ここで想定した南千島地域の発展の間にある関係も明らかではない。

　以上、本章では土器型式そのものの実態はかなりの程度明らかにすることができたが、その背景となる社会の変化については、（それが土器型式のみの検討によって明らかになるわけではないのは自明のことであるが）十分に明らかにすることは出来なかった。この問題については今後の研究に委ねられる部分が大きいが、本章で得られた成果は、続縄文時代における地域性の変化プロセス、すなわち前半の「地方色の豊かな時代」から後半の「斉一性の強い時代」（藤本1982b：13）へと推移してゆく過程を解明するための基礎データとして、有意義なものとなるであろう。

注

（1）後続する下田ノ沢 I 式の時期では、伊茶仁チシネ第一竪穴群に帯縄文の例がある（榀田・榀田編1992：第24図7）。
　　よって、この段階の羅臼町・標津町周辺地域にも「帯縄文系」興津式が分布する可能性はあるが、釧路地域以西よりもその割合が少ないことは認められてよいと思われる。

（2）宇津内IIa式でも縄線文は施される例とされない例があるが、新しくなるに従って施される例が増加する傾向にある。下田ノ沢 I 式の場合にも同様の傾向が認められるか否かは現状では確認できない。

（3）相泊遺跡については、かつては「合泊」（澤ほか1971）が正式な表記とされていたが、現在では「相泊」（涌坂編1996）という表記が採用されているということである。本書では後者に統一した。なおこの件については宇田川洋・涌坂周一両氏のご教示を得た。

（4）前章で筆者は、網走地域におけるこの時期の土器群を「栄浦第二・第一遺跡の土器群」としてまとめた。その際に触

第Ⅰ部　続縄文土器の編年

れたが、この段階でも網走地域・釧路地域間で若干の地域差は存在するようである。むろん、「元町２式」・興津式期と比較した場合にはその地域差は小さいと言えるのだが、本文で述べているような地域構造の成立に関わる問題として注意が必要である。

（5）これらの土器は下田ノ沢Ⅰ式であって、「元町２式」より新しい時期のものという考え方もできよう。しかし図11-11の土器の存在や、中ノ島遺跡では後続の宇津内Ⅱa式がほとんど出土していない点からすると、中ノ島遺跡におけるこれら「突瘤文＋横走帯縄文」土器群の大部分は興津式・「元町２式」併行で、図11-11のような「折衷的」性格の土器とみてよいように思われる。

（6）これら富良野・えりもの土器群の編年に関しては、宇田川（宇田川1982）や大沼（大沼1982b、1982c）の他に、工藤義衛、乾芳宏、川内谷修が詳細な検討をおこなっており（工藤1986、乾1991、川内谷1998）、それらの編年案ではこれらの土器群を下田ノ沢Ⅰ式（の古手）併行と位置づけている。確かに、えりも町東歌別遺跡の「東歌別式」の一部は、貼付文の特徴からすると下田ノ沢Ⅰ式の時期まで下る可能性があり、そのように考えた場合には、この時期、えりも方面や十勝川流域内陸部に向かって下田ノ沢Ⅰ式の分布拡大があったと位置づけることができよう。すなわち、釧路経由の侵入ないし影響拡大である。しかし筆者は前注5）で述べたとおり、これらの土器は前述の各研究者の見解よりやや古く、大部分は「元町２式」併行だと考えている。すなわち、この時期・地域の、特に突瘤文に関しては、網走地域もしくは道央部（前段階の道北〜日本海側に分布するいわゆる「メクマ式」（大場・菅1972）や「琴似式」（千代1965）などからの流れ）経由の波及を推定している。

　なお、今後この地域の編年を考える際には、先行する縄文晩期末〜続縄文初頭の時期の資料との系統関係や連続性について配慮する必要があると思われる。現状ではこの地域及び周辺における当該期や後続時期の資料が非常に少ないため、系統・編年の詳細は不明とせざるを得ない。

（7）ただし常呂川流域では前注5）の通り下田ノ沢Ⅰ式が残る可能性がある。

（8）ちなみに、これら「宇津内式の影響度」の差を時間差と考える積極的な証拠はない。

（9）前注5）・前註7）のとおり、中ノ島遺跡等、常呂川流域の遺跡例は下田ノ沢Ⅰ式を含む可能性がある。しかしその場合でも下田ノ沢Ⅰ式の影響は宇津内Ⅱa式成立期の一時的・地域的なもので、宇津内Ⅱa式の後半までは及ばないと思われる。

（10）芦別町滝里33遺跡では宇津内Ⅱa式の影響を受けていると思われる土器が出土している（佐川編1993：図Ⅳ-20-３）。一方、量的にはまれであるが下田ノ沢Ⅰ式には帯縄文が残存する。これらのことから、この時期においても道東部－道央部間の交渉は多少なりとも存続していると考えられる。しかし、全体としては道央部からの直接的な型式学的影響は稀になり、型式交渉は衰退するようである。

（11）北見市トコロチャシ跡遺跡では「宇津内系下田ノ沢Ⅱ１式」が１個体出土している（宇田川・熊木編2001：Fig.26-３）。

（12）もっともこの点に関しては、宇津内Ⅱb式を「後北式北見型」として把握していた河野広道の系統認識（河野1958）を改めて再評価する必要があると筆者は考えている。

（13）逆に、釧路地域での人口減があったとする想定も論理的には成立しよう。しかし資料がかなり限られる現状では、興津式〜下田ノ沢Ⅰ式にかけての釧路地域で遺跡数や遺跡規模の変化を問題にすることはかなり難しい。むしろ、網走地域の「元町２式」〜宇津内Ⅱa式にかけての人口増を問題にする方が、（現状では本文中に述べたとおり困難が多いが）データ的には取り組みが容易であろうし、実感としてもイメージしやすいであろう。

第3章　後北C₂・D式土器の展開と地域差

第1節　はじめに

　後北 C_2・D式土器は続縄文後半期の土器型式であり、その分布は北海道全域のみならず、北はサハリン南部・南千島、南は東北地方から越後平野に至る広い範囲で出土が確認されている。そのような広域的な分布を示す一方で、この型式は地域差が少なく内容が斉一的であることから（藤本1979、藤本1982b、石附1979、金盛1982、その他）、それを根拠の一つとして、この時期には広域にわたるヒトの移動・交流が活発化したという解釈が先学によって導き出されている（上野1992、石井1997b、石井1998、その他）。

　以上のような認識と解釈は、続縄文前半期との比較で考えた場合、後北 C_2・D式期の性格を適切に示したものといえる。しかし、ある意味当然ではあるが、広範囲に分布する後北 C_2・D式土器を細かく検討すれば地域差を指摘することができる。だが後北 C_2・D式土器における地域差は資料的制約もあってこれまで明確に指摘されたことはなく、むしろ「斉一性」と「広域拡散」の側面がやや強調されてきたきらいがあった。

　本章では最近資料が増加しつつある北海道東部の後北 C_2・D式土器について、地域編年を検討し、道央部との対比を試みる。目的は、後北式の系統が道東に波及し定着する過程を段階的にトレースすることにある。また、土器そのものの検討によって地域差の内容を具体的かつ詳細に解明する一方で、そこから推察される土器製作者間の交流実態とその変遷にも迫ってみたい。

　分析の手順であるが、まずは北見市トコロチャシ跡遺跡出土資料を対象として型式分類と編年をおこなう。最初にこの遺跡から分析を始める理由は、ここでは複数の土器が一括して副葬された墓がいくつか確認されており、編年に好都合だからである。次に、このトコロチャシ跡編年を軸として、特に古い段階の細別型式を追加しつつ道東部全体の編年をまとめる。さらに道央部の編年との対比をおこない、細別型式毎の地域差とその背景について考察する。なお、これら一連の型式分類と編年対比で軸となるのは、やはり文様の縦の割りつけ原理と文様単位の分析である。

　なお、この型式には大小様々の深鉢や注口付土器等、いくつかの器種が認められるが、ここでは大型・中型の深鉢のみを分析対象とした。小型の鉢や注口付き土器は文様割りつけ原理が深鉢とは異なっていて型式の変遷過程がとらえにくい、というのがその理由である。

第2節　トコロチャシ跡遺跡出土土器の分析

1．文様要素と文様割りつけ原理

　まずは編年の重要な指標となる、文様要素と文様割りつけ原理について概観しておこう。

第Ⅰ部　続縄文土器の編年

a）文様要素

　文様を構成する要素のうち、基本となるのは以下の5つである（図16）。

　①口唇部の刻み目：先端の角張った工具で施文された断面三角形の太い刻みを基本とする。

　②口唇部直下の貼付文：口唇部直下に、口縁に沿って貼付される。条数は1～2条が多く、まれに3条の例もある。側縁に強い調整が施されて微隆起線の形態をなすものと、調整が弱くやや太い断面形となり、刻み目が付けられるものがある。刻み目の工具は①と同じものが用いられるようである。

　③文様帯部分の帯縄文：RLを原体とする。0段多条を用いている（「前々段多条」）と思われるが、rの本数は確認できなかった。一回の施文単位は長さ10cm弱、条数が3～5条のものが多い。条数が6条以上の例もあるが、新しい段階のものに限られるようである。施文技法の退化を示すものであろう。

　④帯縄文に沿う微隆起線：帯縄文に沿って施される。側縁に強い調整が施されて断面が薄い三角形を呈する。

　⑤帯縄文・微隆起線に沿う列点文：③・④や②に沿って施文される点列である。①・②と同じ工具が用いられるようである。

　以上、トコロチャシ跡遺跡では①～⑤の全てを有するものがある一方、全てを持たない無文の例もある。普遍的な文様は③の帯縄文であり、これを欠く例はまれである。他に多用される文様要素は①・②・④であり、この①～④の組み合わせで文様が構成される例が多い。⑤はやや少数である。

　以上の基本要素の他に、やや例数は少ないが、注目すべき文様要素を2つあげておく（図16）。

　⑥口縁部のOI円形刺突文・突瘤文：直径3～6mmの棒状の工具によって施される刺突文である。工具の先端は平坦なものが多いが、中空（竹管状）の例もある。刺突の結果、内面に突瘤を作る例が多く、他に貫通する例や刺突が浅めで突瘤を生じない例もある。この⑥は北大Ⅰ式へと連続する新しい文様要素である。

　⑦胴部下半の帯縄文：③と同じ原体・施文技法で施される。この⑦を持つ例は①～⑤の要素全てを併せ持つという特徴がある。トコロチャシ跡遺跡の中では古い文様要素である。

　以上7種類の文様要素のうち、③以外は時系列上で変化が認められる属性であり、編年の指標となる。詳細は後述する。

b）文様割りつけ（図17～図19）

　大型・中型の深鉢では、最初に文様帯の下縁に帯縄文を水平に施文し、文様帯の範囲をまず決めている。文様帯の上縁にもめぐらせる例もあるが、まれである。範囲が決められた後、文様帯内に種々の意匠の文様が充填されるが、これらの意匠は「対称軸」と「単位文様」という二つの側面から分析すると系統・編年の理解がしやすくなる。

　「対称軸」は、文様帯内に縦横に設定しうる対称軸（分割線）であり、文様帯内における意匠の分割・反復の構造を把握するために仮設する、作業用の補助線である。後北C₁式からの変遷をとらえるための分析手法であるので、詳細は後述する。

　「単位文様」とは文様構成上の単位を指す。まずはもっとも基本的な構成である4単位の例からみて

第3章　後北C₂・D式土器の展開と地域差

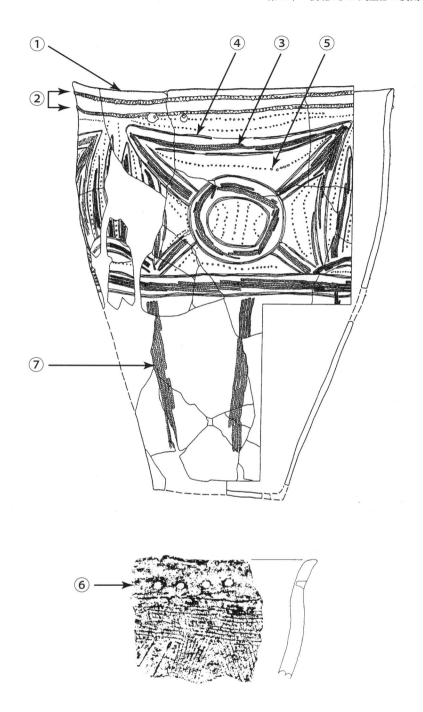

①：口唇部の刻み目　②：口唇部直下の貼付文　③：文様帯部分の帯縄文　④：帯縄文に沿う微隆起線
⑤：帯縄文・微隆起線に沿う列点文　⑥：口縁部のOI円形刺突文・突瘤文　⑦：胴部下半の帯縄文

図16　後北C₂・D式土器の文様要素

第Ⅰ部　続縄文土器の編年

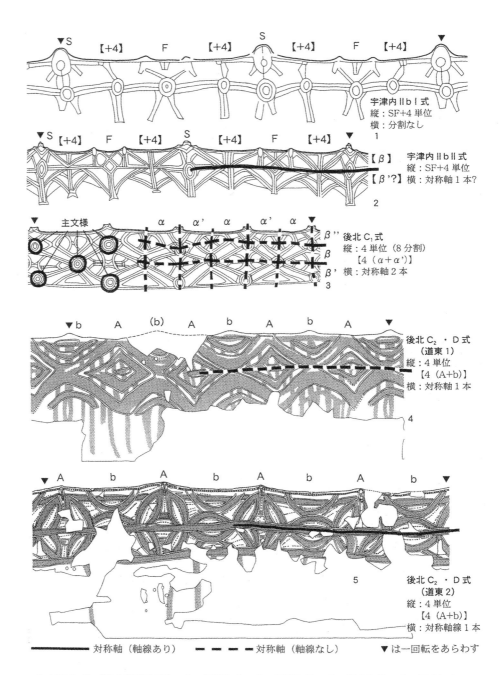

1：図8-8（第Ⅰ部第1章）　2：図20-6　3：図30-5　4：図20-8　5：図21-1

図17　後北式土器文様展開模式図1

第 3 章　後北 C₂・D 式土器の展開と地域差

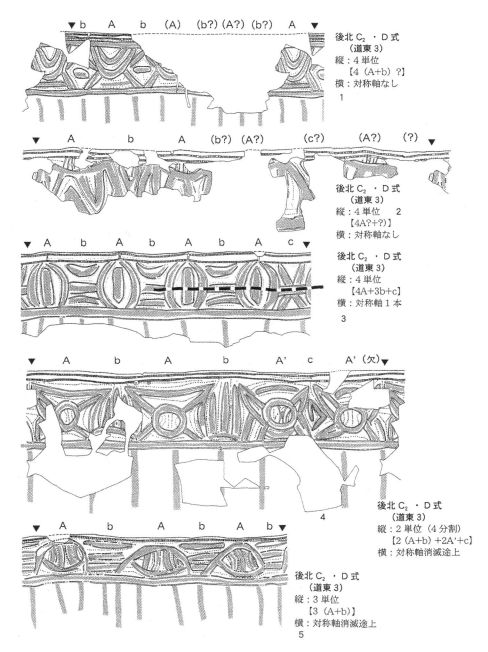

1：図 21-5　2：駒井編 1964Fig.66-1　3：図 21-4　4：図 21-7　5：図 21-6

図 18　後北式土器文様展開模式図 2

第Ⅰ部　続縄文土器の編年

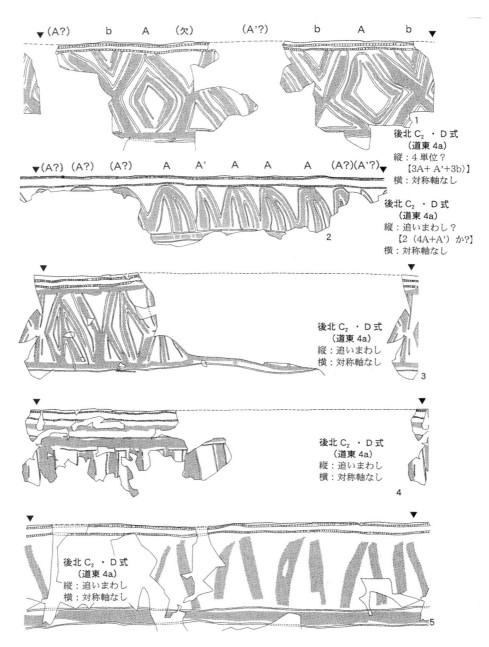

1：図21-13　2：図21-14　3：図21-12　4：駒井編1964Fig.66-3
5：宇田川・熊木編2001Fig.43-9

図19　後北式土器文様展開模式図3

みよう。一見してわかりやすいのは口縁に4単位の突起がある場合で、これらの例では4単位の突起が割りつけの目印となる。例えば図18-3では、各々の突起の下部に括弧状の意匠Aが配置され、それらの意匠の間にb・cが充填される。林謙作の命名に則り、突起下の単位文様を「主文様」（ここではA）、主文様の間に充填される文様を「副文様」（ここではb・c）と呼ぼう（林1988）。この図18-3の例では、主文様Aが4単位、副文様は4ヶ所等分に配置されているものの、1ヶ所のみ変則的（c）と、やや変則的な4単位となっている。図18-2は欠損部分が多く詳細不明であるが、やはり4単位の口縁部突起を基調とした、やや変則的な4単位だと思われる。

　突起がない平縁の例でも、主文様・副文様が4単位を構成する例がある。図18-1は欠損部分が多いが、主文様・副文様が正確に割りつけられており、確実な4単位としてよい。図18-4は、4等分の割りつけがなされているものの、各単位は各々微妙に異なっている。すなわち、主文様にはAとA'の2種類、副文様はbとcの2種類があり、副文様1ヶ所が脱落している。記号化すると、

A＋b＋A＋b＋A'＋c＋A'（＋欠）

となる。これはcを1ヶ所補えば、

2（A＋b）＋2（A'＋c）

すなわち、Aを基調とした左半周と、A'を基調とした右半周、の2単位とまとめることもできる（林1988）。しかし筆者は後述するように、2単位であることを強調するよりも、4単位の退化とみたほうが文様の変遷過程を理解しやすいと考えている。図19-1は主文様の割りつけが等分ではなく1ヶ所がやや異なっており、副文様も1ヶ所脱落している。一応4単位とみることができるが、主文様・副文様の区別もあいまいになってきており、かなり退化した印象を受ける。以上のように主文様・副文様は共に4単位を基本としているが、トコロチャシ跡では主・副の各4ヶ所が合同となっている例はまれで、どこかが不揃い・不完全な例が多い。編年上注目すべき点である。

　4単位以外の特異な例として、3単位の主文様・副文様を持つものがある（図18-5）。割りつけは正確な3等分ではないが、主文様・副文様の意匠は各々共通性が高く、主／副の区別・単位がはっきりと認められる。

　以上に見たのは全て主文様・副文様によって単位が構成される例である。これらの例のうち、施文順が確認できた例では全て主文様→副文様の順となっている。すなわち、主文様・副文様という分類は製作者の意識とも合致しているといえよう。

　次に等分原理の割りつけを持たないものや、主文様・副文様の区別が認められない場合についてみよう。図19-2では主／副の区別はないが、三叉の鋸歯文が「単位文様」となっている。割りつけは等分原理に則らない「追いまわし」である（注1）。図19-3では「く」の字・逆「く」の字がモチーフとなっているが、かなり奔放に意匠が描かれており「単位文様」を認めるのが困難になっている。図19-4・5に至っては「単位文様」と呼ぶべきまとまりはなく、縦縞・鋸歯文といった単純なモチーフを「追いまわし」で繰り返している。

　以上、「単位文様」には4単位の主文様・副文様を基本とするものから、「単位文様」を追いまわし施文するもの、さらに「単位文様」自体がほぼ解消されたものまで漸移的なバリエーションが認められた。

第Ⅰ部　続縄文土器の編年

後述するようにこれらは時間的な変遷としてとらえることができよう。

２．トコロチャシ跡遺跡出土土器の分類

　以上の文様要素・文様割りつけ原理や、その他の属性を指標として、遺構一括資料にも注目しながら、トコロチャシ跡遺跡出土資料の型式分類をおこなう。

ａ）トコロチャシ跡１群土器：ⅩⅥ-18 ピット群出土土器群（図21- 5 〜 7 ）

　ⅩⅥ-18 ピット群出土土器群（ⅩⅥ-18 ピット a 床面および上面・ⅩⅥ-18 ピット b ・ⅩⅥ-17 ピット出土土器群）は、出土地点が接近していると同時に、型式学的なまとまりも強い土器群である。特徴をまとめてみよう。

　ア）器形は口唇部断面形が尖っている。

　イ）文様要素は、全例が要素①〜⑤の全てと⑦を有する。要素②の内容は、刻み目を持つ貼付文が１条の例と２条の例がある。

　ウ）全ての例で「単位文様」に主文様・副文様の別があり、文様割りつけも一つの例外を除き全て４単位を基本とする。

ｂ）トコロチャシ跡２群土器：ⅩⅢ-21 ピット出土土器群の一部（図21-12・14）

　４点の深鉢が出土しているが、１点（図21- 4 ）は１群と全く同じ特徴を持つ。他の３点についてまとめてみよう。

　ア）器形は口唇部断面形が尖っている。

　イ）文様要素を１群と比べると、⑤・⑦を欠いている。①を欠く例も１点ある。要素②の内容は、刻み目を持つ貼付文２条の例のみである。

　ウ）「単位文様」をみると、例外的な１点（宇田川・熊木編 2001：Fig・23- 2 ）を除き、主文様・副文様の別がないものが１点（図21-14）、「単位文様」そのものが消滅しかかっているのが１点（図21-12）となっており、文様割りつけは両者とも「追いまわし」である（注２）。

ｃ）トコロチャシ跡３群土器：１・２・４群とは異なる特徴を持つ発掘区出土土器群（図22- 1 ）

　トコロチャシ跡遺跡の発掘区から出土した土器群には、１群・２群と同じ特徴を有するものもあるが、異なっている一群もある。その一群から、後述の４群（OI 円形刺突文・突瘤文を有する例）を除いてまとめたのが３群となる。

　ア）器形は口唇部断面形が平坦面を持つものが特徴的であるが、尖るものもある。

　イ）文様要素①〜④がみられるが、２群と比べて要素②や④を欠く例が特徴的となる。要素②の内容が微隆起線となる例も特徴的といえよう（注３）。

　ウ）「単位文様」はほぼ消滅し、文様割りつけは「追いまわし」のみとなる。

ｄ）トコロチャシ跡４群土器：口縁部の OI 円形刺突文・突瘤文を有する発掘区出土土器群（図22-11 〜 14）

　要素⑥、すなわち口縁部の OI 円形刺突文・突瘤文を有する例は、先学に従い３群に後続するものとする（上野 1974、田才 1983）。北大Ⅰ式直前に位置づけられる土器群である。

　ア）器形は全例とも口唇部断面形に平坦面を持つものとなる。

第3章　後北C₂・D式土器の展開と地域差

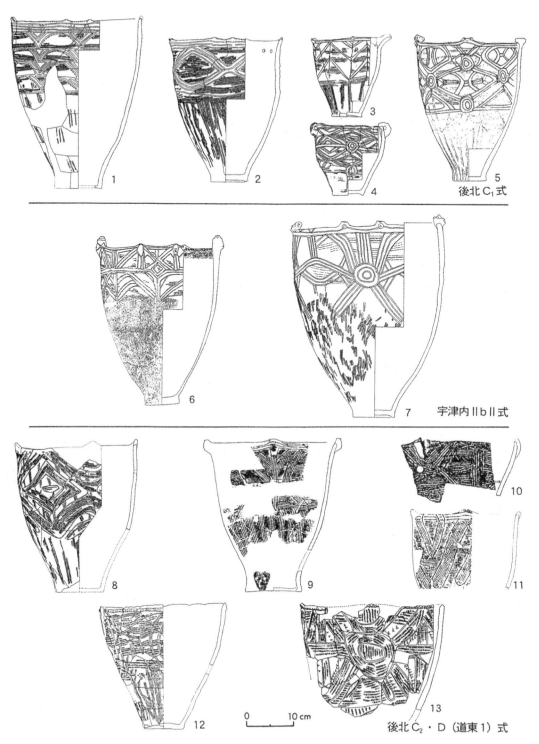

1・11：栄浦第二　2・7：栄浦第一　3・5・6：岐阜第二　4・8：常呂川河口　9：別当賀一番沢川
10：相泊　12：トコロチャシ南尾根　13：内藤

図20　北海道東部の後北式土器編年1

第Ⅰ部　続縄文土器の編年

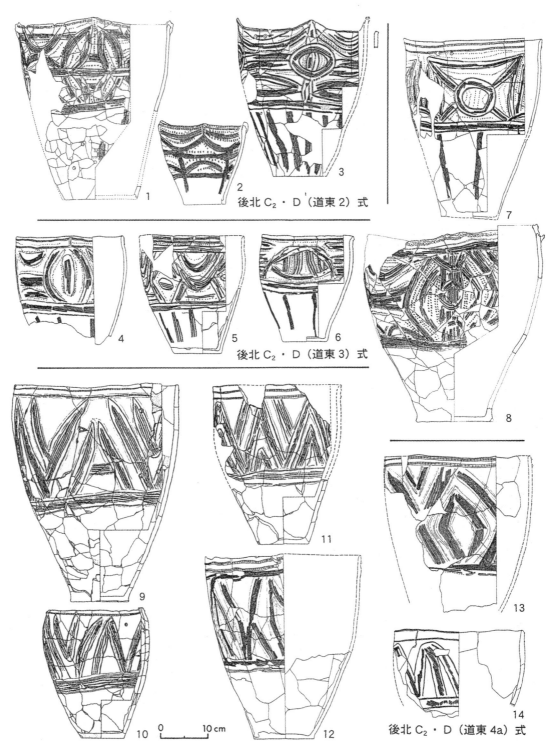

1・3・8：常呂川河口　2：伊茶仁ふ化場　4〜7・12〜14：トコロチャシ跡　9〜11：オシャマップ川

図21　北海道東部の後北式土器編年2

第3章　後北 C_2・D 式土器の展開と地域差

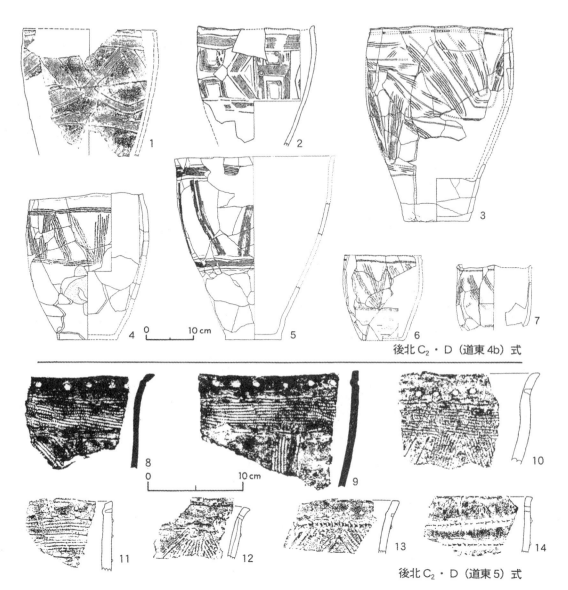

後北 C_2・D（道東4b）式

後北 C_2・D（道東5）式

1・11〜14：トコロチャシ跡　2：開成4　3：オシャマップ川　4・6・7：栄浦第一
5：史跡常呂遺跡（ST-09）　8・9：モヨロ貝塚　10：常呂川河口

図 22　北海道東部の後北式土器編年 3

第Ⅰ部　続縄文土器の編年

イ）文様要素は要素⑥を有する。他の要素は 3 群に準ずる。

ウ）「単位文様」・文様割りつけも 3 群に準ずる。

3．トコロチャシ跡編年の検証

　以上に設定したトコロチャシ跡 1 群〜 4 群までの型式組列は非常に連続的である。問題は各群を時期差として、すなわち細別型式のまとまりとして分離・設定しうるかであろう。筆者は後北 C₂・D 式の編年の柱となるのは文様割りつけ原理であると考えるが、先の分類で述べてきたように文様割りつけ原理だけが編年のメルクマールとなるのではなく、他の様々な諸属性も編年の指標となりうる。ただし各属性が変化するタイミングや速度は不揃いであるので、ある一つの属性を細別のメルクマールとするならば、別の属性を基準とした場合との齟齬が生じることになる。属性の数だけ細別編年が提起される、という事態を避けるためには、各属性の組み合わせを明らかにし、型式変遷の実態を正しく把握しなければならない。繁雑な手続きを要するが、型式学的変遷の実態と細別の妥当性を検証するためには不可欠な作業である。またこれは、破片資料では文様の割りつけ原理を把握できないという点に弱点を抱える、筆者の方法を補完するための分析でもある。

　ここでは編年のメルクマールとなりうる属性として、特に以下の 4 項目に着目した。各属性の a 〜 d は新→古の順に配列してある。

　　属性 1 ：口唇部断面形態

　　　　　　a：水平ないし内傾する平坦面を持つ。

　　　　　　b：丸みを帯びるか尖っている

　　属性 2 ：口唇部の刻み目

　　　　　　a：刻み目がない

　　　　　　b：刻み目がある

　　属性 3 ：口唇下部の貼付文

　　　　　　a：貼付文なし

　　　　　　b：刻みのない貼付文（微隆起線）が 1 〜 2 条めぐる

　　　　　　c：刻みのある貼付文が 2 条以上めぐる

　　　　　　d：刻みのある貼付文が 1 条めぐる

　　属性 4 ：体部文様要素の組成

　　　　　　a：帯縄文のみ

　　　　　　b：帯縄文＋微隆起線

　　　　　　c：帯縄文＋微隆起線＋列点文（微隆起線を欠くものを含む）

　属性 3 について解説しておこう。a の貼付文なしは型式学的にもっとも新しく位置づけうる属性である。続くのが b の刻みのない貼付文（微隆起線）である。1 条・2 条の例があるが、どちらも例数が少ないので一つにまとめた。c・d の刻み目のある貼付文については、1 条が古く 2 条が新しい傾向にあることが道央部以南の資料で指摘されている（上野・加藤編 1987、木村 1999）。

第3章　後北C₂・D式土器の展開と地域差

1
		口唇部刻み目		計
		無	有	
口唇部	平	13	9	22
形態	尖	12	36	48
	計	25	45	70

2
		口唇下部貼付文				計
		3a	3b	3c	3d	
口唇部	平	12	3	6	1	22
形態	尖	10	3	28	7	48
	計	22	6	34	8	70

3
		体部文様要素			計
		4a	4b	4c	
口唇部	平	3	19	0	22
形態	尖	9	25	14	48
	計	12	44	14	70

4
		口唇部形態		計
		平	尖	
口唇部	無	13	12	25
刻み目	有	9	36	45
	計	22	48	70

5
		口唇下部貼付文				計
		3a	3b	3c	3d	
口唇部	無	14	1	9	1	25
刻み目	有	8	5	25	7	45
	計	22	6	34	8	70

6
		体部文様要素			計
		4a	4b	4c	
口唇部	無	5	19	1	25
刻み目	有	7	25	13	45
	計	12	44	14	70

7
		口唇部形態		計
		平	尖	
口唇下部	3a	12	10	22
貼付文	3b	3	3	6
	3c	6	28	34
	3d	1	7	8
	計	22	48	70

8
		口唇部刻み目		計
		無	有	
口唇下部	3a	14	8	22
貼付文	3b	1	5	6
	3c	9	25	34
	3d	1	7	8
	計	25	45	70

9
		体部文様要素			計
		4a	4b	4c	
口唇下部	3a	10	12	0	22
貼付文	3b	0	6	0	6
	3c	1	21	12	34
	3d	1	5	2	8
	計	12	44	14	70

10
		口唇部形態		計
		平	尖	
体部	4a	3	9	12
文様要素	4b	19	25	44
	4c	0	14	14
	計	22	48	70

11
		口唇部刻み目		計
		無	有	
体部	4a	5	7	12
文様要素	4b	19	25	44
	4c	1	13	14
	計	25	45	70

12
		口唇下部貼付文				計
		3a	3b	3c	3d	
体部	4a	10	0	1	1	12
文様要素	4b	12	6	21	5	44
	4c	0	0	12	2	14
	計	22	6	34	8	70

13

表8　トコロチャシ跡遺跡出土後北C₂・D式土器属性クロス集計表

第Ⅰ部　続縄文土器の編年

　トコロチャシ跡遺跡の報告書（宇田川・熊木編2001）記載の「大型」・「中型」深鉢のうち、４群およ
び無文の土器を除いた70個体（完形・破片）全てについて属性１〜４を判別し、各２種をクロス集計し
たのが表8-1〜12、全４種をまとめてクロス集計したのが表8-13である。

　まずトコロチャシ跡１群・２群の区分を検討しよう。１群のメルクマールとなりうるのは属性４ｃ（列
点文）である。属性１との関係をみると（表8-10）、１ｂ（尖る口唇部）とのみと結びついている。属性
２とでは（表8-11）、大部分は２ｂ（口唇部刻み目あり）と結びつく。属性３とでは（表8-12）、３ｃ・３ｄ
（刻み目のある貼付文）とのみ併存している。このように属性４ｃの列点文は各属性の古い群とのみ結び
ついており、トコロチャシ跡遺跡ではもっとも古い群のメルクマールとして最適であることがわかる。
次に、道央部以南で古いと指摘された属性３ｄ（刻み目の有る貼付文１条）がトコロチャシ跡１群のメル
クマールとなるかについてみる。属性１・２・４との結びつきをみると（表8-7〜9）、確かに３ｄは
古手の群と結びつく傾向にあるが、３ｃ（刻み目のある貼付文２条）と比較した場合古い群との結びつき
がそれほど明確ではないことがわかる。後述するように属性３ｄはおそらくトコロチャシ跡１群以前に
盛行する属性で、その後は少数となり４群まで残存するのであろう。

　次にトコロチャシ跡２群・３群の区分である。３群に特徴的とみたのは属性１ａ（平坦面のある口唇部）
である。属性２〜４との関係をみると確かに新手の群と結びつく傾向は確認できる（表8-1〜3）。し
かし属性１ａと併存しないのは１群の特徴である属性４ｃ（列点文）のみであり、他の属性との関係は相
対的なものである。他に３群に特徴的とした属性には３ａ、３ｂ、４ａがあり、やはり新手の群と結びつ
くが相対的な傾向に止まる。すなわち２群から３群への変遷は、属性４ｃを除く全ての属性が各々緩や
かに変化していくという漸移的なものといえる。すなわち、２群から３群の間には新旧の属性を併せ持
ち細別の判断が付きにくい例が存在することになる。このような場合、新旧の判断は属性の組み合わせ
に基づいておこなうべきであって、ある単独の属性をメルクマールとして強引に細別をおこなえば変遷
の実態と齟齬を来すことになろう。表8-13で言えば、太枠で囲った範囲が各々１〜３群として区分で
きる個体であり、太枠に入らない部分が２群・３群のどちらに含めるべきか判断の難しい個体となる。

　４群については円形刺突文・突瘤文の他に、属性１ｂ（尖る口唇部）の消滅がメルクマールとなる。サ
ンプル数が少ないため集計データを提示しなかったが、４群における属性２・３・４のあり方は３群に
ほぼ準ずるものと思われる。

　以上、トコロチャシ跡遺跡の後北C₂・D式土器をトコロチャシ跡１〜４群に分類し、型式編年を検
証した。型式学的にはひとつながりの漸移的な変遷といえるが、属性の組み合わせをみた場合、１群・
４群は細別型式として他から分離しうることが確認できた。２群・３群は極めて漸移的な関係にあるが、
属性の組み合わせに基づいて段階を設定することは可能であった。

第３節　北海道東部の編年

１．後北C₁式土器・宇津内ⅡbⅡ式土器

　道東部の後北C₂・D式全体を検討する前に、道東部網走地域でこれらに先行する、後北C₁式と宇津

内IIbII式（図20-1～7）についてまとめておこう。両者は併行関係にある異系統の土器型式で、遺跡や遺構内で共伴する。なお、これらの型式ついては第I部第1章でも触れたので参照されたい。

a）器形

口径に比して器高が高く、底径が狭いという全体的に細長い深鉢形が一般的である。ただし、次の後北C_2・D式につながるような、口径・底径の広い鉢形に近いプロポーションの土器もこの型式から存在するようである。口唇部断面形は尖っている例が大多数である。底部は上底の例が多い。

b）文様要素

体部・胴部下半とも地文に帯縄文が施される。口唇部直下には微隆起線が複数めぐる。体部には微隆起線によって意匠が描かれる。

c）文様割りつけ

後北C_1式と宇津内IIbII式で大きく異なるのが文様割りつけである。

後北C_1式の割りつけ（図17-3）

縦の文様割りつけであるが、口縁部の突起は4単位である。2単位の吊耳をもつ宇津内IIbII式との折衷的な例（図20-4）もある。体部の文様は、口縁部突起を割りつけの軸として、8分割を基本とする4ないし8単位の割りつけがなされている。これは8等分線の「対称軸」を基線とした線対称の意匠ないし「単位文様」の重畳、とみることができる。一方、横の文様割りつけは多段化したものであるが、これも2本以上の「対称軸」を基線とした、線対称の意匠ないし「単位文様」の重畳とみることが可能である。

なお「単位文様」については、「単位文様」が線対称ないしは重畳して反復するという構成が基本となる。「主文様」・「副文様」の区別が可能な例もあるが、後述する後北C_2・D式とは異なり、「主文様」が文字通りデザインの上で支配的な位置を占めているわけではない。

宇津内IIbII式の割りつけ（図17-2）

まず縦の文様割りつけである。口縁部の突起であるが、正面－側面で意匠の異なる2＋2単位（第I部第1章参照）の突起が施されている。体部の文様はこの突起を軸とした2＋2単位を基本とし、さらにそれらの各単位間（4ヶ所）にも割りつけが施されている。このような割りつけ（「SF＋4単位」（第I部第1章参照））は、宇津内IIbI式（図17-1）の伝統に連なるものである。ただし宇津内IIbII式では意匠が線対称化しており、後北C_1式の強い影響下にあることも事実である。一方横の割りつけも同じように線対称化が進んでいるが、後北C_1式と比べると線対称は不完全で多段化もしていない。

「単位文様」についてふれておこう。そもそも宇津内式系の「単位文様」のあり方は、突起（縦の単位）下に「主文様」、縦の単位間をつなぐ部分に「副文様」という構成となっている。図17-1の場合は、主文様が正面のFと側面のS及び両脇の（＋4）であり、それら「主文様」を横に連結する水平の貼付文が「副文様」である。宇津内IIbII式の場合は後北C_1式の影響を受けてそれらの原則がわかりにくくなっているが、図17-1と図17-2を比較すれば、図17-2の「主文様」がSとF、「副文様」が（＋4）であることが理解できよう。このように「主文様」・「副文様」の区別は、もともと宇津内式系の系統で盛行してきた文様単位の構成であることを指摘しておきたい。

第Ⅰ部 続縄文土器の編年

2. 後北 C₁ 式土器とトコロチャシ跡 1 群土器の間

以上の後北 C₁ 式土器・宇津内ⅡbⅡ式土器と、先に検討した後北 C₂・D 式トコロチャシ跡 1 群土器の間には型式学的なギャップが存在する。その隙間に位置する、すなわち後北 C₂・D 式のもっとも古い段階に相当する道東の土器群については、これまで報告例が稀で実態が不明確であったが、近年、北見市常呂川河口遺跡（武田編 1996、同 2000、同 2002）や羅臼町相泊遺跡（澤ほか 1971、涌坂編 1996）を中心に出土例が散見されるようになり、様相が判明しつつある。以下、道東部におけるこれら後北 C₂・D 式の古い段階の土器群を、二つのグループ（常呂川河口 1 群土器・同 2 群土器）に分けて内容をみてゆく。

常呂川河口 1 群土器（図 20- 8 ～ 13）

a）器形

細長い深鉢形が多いが、底径は広くなり平底化する。口縁部が広く開く鉢形に近い器形も存在する。口唇部断面形はやや角張っている。

b）文様要素

地文は前段階を踏襲し、体部・胴部下半とも帯縄文が施される。口唇部直下の貼付文は、微隆起線が複数めぐるものと、貼付文がないものがある。刻み目のある貼付文はこの段階から出現するようであるが、稀な例である。体部の文様は、地文に重ねて、帯縄文とそれに沿う微隆起線、ないしは帯縄文のみで文様意匠が描かれる。列点文はこの段階で出現するようであるが、稀である。

c）文様割りつけ

この土器群の大きな特徴は、一部の土器で文様割りつけが縦横とも崩れる点にある。

口縁部の突起は 4 単位の例が多いが、平縁の例もこの段階から出現している。体部の文様割りつけは、縦に 8 分割が可能な線対称の意匠を踏襲する例が多いが、縦横の「対称軸」線が明瞭で幾何学的な意匠からなる後北 C₁ 式的なもの（図 20-10）と、縦横の「対称軸」がやや不明瞭で、かわりに 4 単位の「主文様」・「副文様」という構成が際だってくるものが併存する（図 20- 8（図 17- 4））。横の「対称軸」が 3 段以上の例はなくなる。なお、横の「対称軸」がない例（図 20-11）が存在することは注目に値する。

「単位文様」についてみると、完形に近い資料では「主文様」・「副文様」の別が確認できる例が多い。主／副の別が不明瞭で「単位文様」のみで構成される、後北 C₁ 式的な文様割りつけと思われる例（図 20-10）もあるが、資料が少なく詳細は不明である。

以上のような文様割りつけの「崩れ」は、先述の宇津内ⅡbⅡ式の記述と対比させてみれば、道東部の伝統に由来するものであることが理解できよう。特に「対称軸」が不明瞭になる点と、「主文様」・「副文様」の顕在化が道東部的な特徴である。

なお、図 20-12・13 は器形・文様要素とも次の段階に近いが、地文が存在することからこの段階に含めた。型式学的に新しい例といえる。

常呂川河口 2 群土器（図 21- 1 ～ 3）

a）器形

プロポーションは常呂川河口 1 群を踏襲しており、底径が広い深鉢形・鉢形が確認されている。口唇部断面形は 1 群とは異なり尖る。

b）文様要素

　体部の地文は消滅し、胴部下半にのみ残る。口唇部直下の貼付文は、 １条の刻み目のある貼付文の例が多く、 ２条の例は少ないようである。体部の文様は帯縄文とそれに沿う微隆起線ないしは帯縄文のみで文様意匠が描かれ、全ての例に列点文が施される。

c）文様割りつけ

　常呂川河口１群の段階で一部に混乱がみられた文様割りつけは、ここで再び後北式の伝統へと収束する。口縁部の突起は４単位である。平縁等の例があるか否かは資料が少なく不明である。文様の割りつけは、縦横の「対称軸」線が復活する。特に図17- ５（図21- １）の例では横の「対称軸」線が他の体部文様より先に施文されており、文様帯の横の分割が強く意識されていたことがわかる。これは、後北 C_1 式の文様構成（「対称軸」を基線とする縦８分割・横多段の割りつけ）の伝統に則るものであり、前段階で混乱がみられた文様割りつけが再び後北式の系統へと収斂していく様子が読みとれる。結果として文様構成は４単位ながらも幾何学的（線対称・重畳が基本）となり、「主文様」・「副文様」の区分がややわかりにくい構成に逆戻りする。

３．道東細分型式の設定

　これまでに検討してきた各土器群を整理し、道東１式～５式の細別型式名を設定すると表10のようになる。前述のようにトコロチャシ跡２群・３群は極めて漸移的な関係にあるので、これらは細別型式とはせず道東４ａ式・４ｂ式の「段階」として設定した。トコロチャシ跡以外の遺跡から出土した土器を加えて道東部の土器編年図を提示しておく（図20～図22）。

　後北 C_1 式～後北 C_2・D（道東５）式までの型式変遷をわかりやすく示すため、主な属性の変化をまとめてみた（表11）。表を一瞥すると各土器群はスムーズに変遷しているようにも見えるが、道東１式の段階で型式変遷の流れに乱れが生じる点に注意しておきたい。具体的には、先に指摘した文様割りつけ原理の混乱や、平らな口唇部断面形態、口唇部直下の貼付文を欠く例などがこの段階の変則的な特徴である。このような変則的変遷が持つ意味は、道東部と道央部の編年を対比し、地域間の共時的関係を検討することによって明らかになるであろう。次節で考察する。

　各細別型式の、出土状況のまとまりについて確認しておこう。道東１式・２式および５式は出土が少なく遺跡や遺構、層位でのまとまりは確認されていない。道東３式は前述の通りトコロチャシ跡遺跡ⅩⅥ-18ピット群でのまとまりがある。深鉢はわずか３個体であるが、他の時期の資料が含まれていないことには注目できる。道東４ａ式・４ｂ式のまとまった資料にはトコロチャシ跡ⅩⅢ-21ピット、斜里町オシャマップ川遺跡（松田編1995）の資料がある。トコロチャシ跡ⅩⅢ-21ピットの方は、前述の通り深鉢４個体中の１個体が道東３式、他は道東４ａ式に比定できる。一方、オシャマップ川遺跡の方は、深鉢６個体中５個体が４ａ式、 １個体が４ｂ式に分類できる。このようなあり方は、両者とも道東４ａ式のまとまりを示すと同時に、前者は前段階からの・後者は後段階への漸移的な変遷の流れを示すものとして矛盾無く解釈が可能であると考えている。すなわちこれらの例も、細別編年の妥当性を補強するものととらえうるであろう。

第Ⅰ部　続縄文土器の編年

石本 1984	大沼 1982b	上野 1992	大島 199	鈴木 1998	佐藤 2000
前葉	初	←	Ⅰ類	−	Ⅱe
中葉	一般的	K135Ⅶ1 群	Ⅱ類	a / b / c	Ⅲ-1-a / Ⅲ-1-b
		K135Ⅶ2 群			
後葉	後葉	←	Ⅲ類	d / e	Ⅲ-2-a / Ⅲ-2-b
	末	←	Ⅳ類 / Ⅴ類	f	Ⅲ-3-a / Ⅲ-3-b

表 9　後北 C₂・D 式土器編年対比表

	鈴木 1998	道東型式名　　（本文中の仮称）
Ⅰ期	−	道東 1 式＝　常呂川河口 1 群
Ⅱ期	a 段階	道東 2 式＝　常呂川河口 2 群
	b 段階	
	c 段階	道東 3 式＝　トコロチャシ跡 1 群
Ⅲ期	d 段階	道東 4a 式＝　トコロチャシ跡 2 群
	e 段階	
	f 段階	道東 4b 式＝　トコロチャシ跡 3 群
		道東 5 式＝　トコロチャシ跡 4 群

表 10　道東部後北 C₂・D 式土器編年と鈴木編年の対比

第3章　後北C₂・D式土器の展開と地域差

表11　道東部後北C₂・D式土器の属性一覧表

型式名	器形									文様単位・割りつけ										口唇下貼付文				突瘤文円刺文		文様要素							
	器高/口径比		底径		口唇断面		口縁部突起			縦の単位数				横の対称軸数			単位文様									体部文様					地文		
	幅広	細長	狭	広	尖	平	2(+2)	4	0	4or8(8分割)	4	2など	0	複数軸線あり	1:1軸線あり	なし	主・副文様	単位文様のみ	単位文様なし	刻みあり2条	刻みあり1条	刻みあり	貼付なし	なし	あり	地文+微隆起線	地文+帯縄+微隆起線	帯縄+微隆起線	帯縄+微隆起線列点文※1	帯縄文のみ	全面	胴部下半のみ	地文なし
C₂式	+	●	●		●		+	●		●				○	○		○	○				●		●		●					●		
C₂・D（道東1）式	+	●	●		◎	△	+	●		●				○	○		○					●	○	●		●					●		
C₂・D（道東2）式	+	●	●		●			●	?		●			●			◎	△	?		+		○	●			+	●				●	
C₂・D（道東3）式	+	●	●		●			△	◎		◎	△			○	○	●			●	+	△		●			+	●				●	+
C₂・D（道東4a）式		●	●		◎	△		?	●			△	●		○	●	○		○	◎	+		△	●				+	◎	△			●
C₂・D（道東4b）式		●	●		△	◎		+	●				●		○		+		△		○		●	●				+	○	○			●
C₂・D（道東5）式		●	●		?	●			●				●		●	●	○	●			○		●		●			+	○	○			●

※1：微隆起線を欠くものもある

● ：排他的（8割以上）　○（◎・△）：普通的（8割〜2割）（優勢／劣勢の判断が可能な場合は◎／△で区別）　＋：例外的（2割以下）　？：未確認・不明瞭だが存在する可能性が高いもの

※・●・○（◎・△）・＋の判断は、道東3・4a・4bについてはトコロチャシ跡遺跡の定置的データを主な基準としているが、他の型式では定量的データが得られないため感覚的な判断に基づいている。

第Ⅰ部　続縄文土器の編年

第4節　北海道中央部との編年対比

1．各研究者の編年との対比

　後北C₂・D式土器の編年については、近年、いくつもの細別案が提示されている（大沼1982b、石本1984、大島1991、上野1992、鈴木1998、佐藤2000、鈴木2003）。それぞれの編年を対比すると表9のようになろう（注4）。なお、これら先学の編年の対象範囲は様々で、対象遺跡・地域を限定したもの（石本1984、大島1991、鈴木1998）や道内の地域差の存在を暗示したものがある（大沼1989・佐藤2000、鈴木2003）。ただし冒頭に述べたように、地域差の存在・内容が積極的・具体的に明言された例はない。

　本章ではこれら先学の編年の中から、鈴木信の編年（図24・図25）（注5）を道央部編年として採用し、道東部編年との比較をおこなう。鈴木編年を採用する理由は次の2点である。一つは鈴木編年の対象地域が道央部に限定されているため、地域差の比較対象として好適だからであり、もう一つは鈴木編年で指摘された型式変遷の着眼点が、筆者が指摘したそれに近いため編年対比がしやすいからである。後者については地域差を考える上で重要なので、内容を確認しておこう。

　かつて筆者は、後北式土器群の変遷過程を文様割りつけ原理の観点から概観してまとめたことがある（熊木1997）。具体的な図版の提示がなく不親切だったため意図が十分に伝わらなかったかもしれないが、そこで提起した型式変遷観が本章の基礎になっている。多少長くなるが引用しておこう。

　　「胴部文様の横方向の分割は、後北A式に認められる帯縄文や列点文などによる分割において確立し、続く後北B式では貼付文によって分割が行われ、後北C₁式においてもっとも多段化して発達する。その後、後北C₂・D式において衰退し、分割がみられなくなってゆく。これらの変遷は連続的にとらえられる。

　　一方、胴部文様の縦方向の分割においては、続縄文初頭では分割がみられないが、後北A式前後から4単位の分割、後北B式前後からC₁式にかけて8単位や、8分割に基づいた各単位が線対称の4単位の分割が認められるようになる。（中略）後北C₂・D式の時期になると、これらの縦の単位の分割も衰退し、4単位から、次第に縦の単位があいまいになり、ついには縦の単位もなくなり北大式へと続く。このように、後北式においては胴部文様の縦の割りつけ原理も、全体として連続的に変化する」（熊木1997：31）

　一方、鈴木の説明は以下のとおりである。

　　「後北C₂・D式深鉢の文様構成の変化は、文様帯の縮減に第一の原因があり、平縁化に第二の原因がある。それは、区画文Ⅱ-1が区画文Ⅱ-2に変化して帯間が減少し、器面の分割が単純化することであり、区画文Ⅰが波頂から下るため平縁になると文様割付けの基線となりえなくなることである」（鈴木1998：335）

第 3 章　後北 C₂・D 式土器の展開と地域差

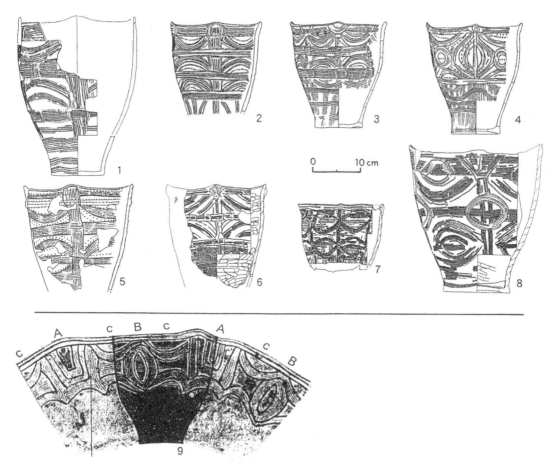

1：南川2　2：瀬棚南川　3・4：聖山　5：柏原18　6：フゴッペ洞窟　7・8：蘭島餅屋沢　9：択捉島留別

図23　後北 C₂・D 式 I 期の土器（上：道央部・道南部　下：南千島択捉島）

用語や分析手法の細かい点は異なるが、後北 C₂・D 式の変遷をとらえる際の視点は大筋で共通していることがわかるであろう。

2. 鈴木編年と道東部編年の対比

では実際に鈴木編年と道東部編年を、文様割りつけ原理の比較によって対比させてゆこう。

実は鈴木編年では、道東 1 式に併行する、後北 C₂・D 式初頭の時期が検討対象外とされているので、ここは他の研究者による編年を参考にする。この時期に相当するのは石本省三の「前葉」、大沼忠春の「後北 C₂・D 式初め」、大島秀俊の「I 類」、佐藤剛の「IIe」である（図23）（注6）。文様割りつけ原理を見ると、全例とも縦は 4 ないし 8 本、横は 2 本以上の「対称軸」が認められ、幾何学的な（線対称や重畳となる）ないし 8 単位で文様が構成されている。これは後北 C₁ 式の幾何学的な文様構成に則った

83

第Ⅰ部 続縄文土器の編年

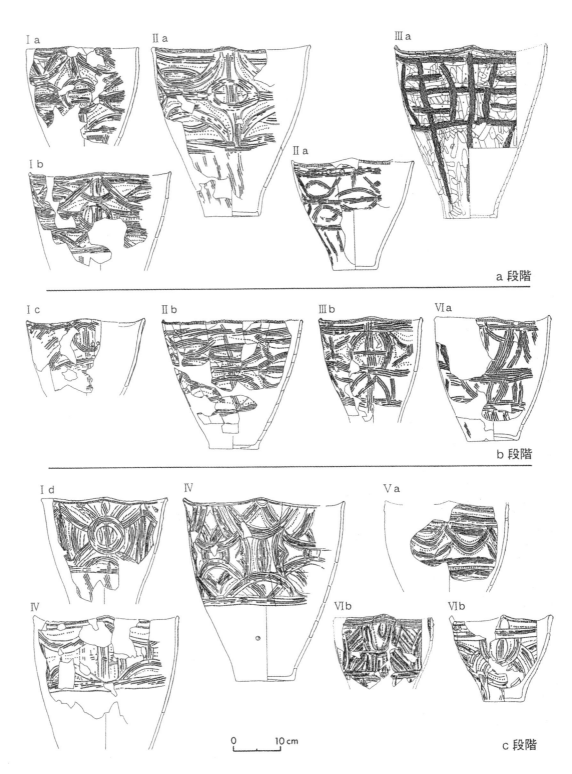

図24 鈴木信による道央部の編年1

第3章 後北 C₂・D 式土器の展開と地域差

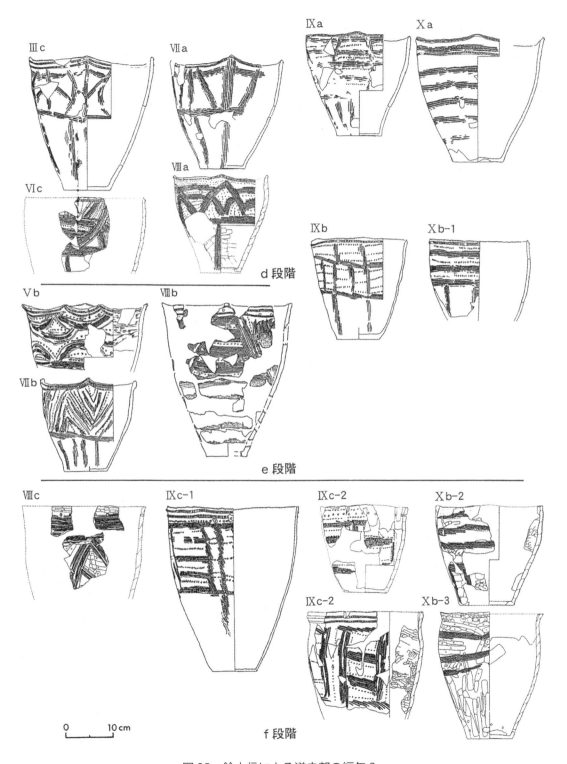

図 25 鈴木信による道央部の編年 2

第Ⅰ部　続縄文土器の編年

ものであるが、道東1式ではそれらの構成が道東部の伝統に引きずられてやや崩れているのに対し、道央部以南では後北C₁式の伝統がより強く保持されている点が特徴的である。

　以後は鈴木編年との対比である。鈴木のa段階・b段階は横の「対称軸」線が施され文様帯の横の分割が明確な時期である（鈴木の用語で言えば「区画文Ⅱ-1」が施される段階）。道東2式に相当する。鈴木c段階は横の「対称軸」線は消滅するが（「区画文Ⅱ-2」）、線対称の軸となる「対称軸」自体は残存しており、線対称の単位文様が施されている段階である（「帯間1-2の上下2段」）。道東3式にほぼ相当しよう。d段階以降は対比がやや難しい。d段階・e段階には縦の単位が存在している（「縦位帯上」や「波頂下」に「充填文Ⅰ」が施される）一方、f段階では縦の単位が消滅しているので、その点からはd・e段階が道東4a式に、f段階が道東4b式・道東5式に対応するとみることができる。しかし道東部では縦の単位の崩壊が早く、道東4a式の段階で縦の単位がほとんど崩れているため対応する道央部・道東部の型式間で文様割りつけはかなり異なってくる。

　細別型式の併行関係は以上である（表10）（注7）。併行する型式間では、文様割りつけの上でも地域差は少なくないが、さらに地文や列点文のあり方、口唇部形態など、後述のように文様割りつけ以外の細かい属性についてもかなりの違いがみられる。これらの差は一見それほど大きくないようにも見えるから、一方の編年を誤りとみて解体し、もう一方を軸として強引に再編成してしまうことも可能なように錯覚しがちである。しかし鈴木・筆者のいずれに合わせるにしろ、合わせられた方の地域の編年には大きな無理・矛盾が生じるであろうことはここまでの検討で明らかである。逆に言えば地域差を無視した強引な解釈の入り込む隙がないよう、地域毎の細別・型式変遷過程の検討を詳細かつ厳密におこなってきたわけである。

第5節　地域差とその背景

1．地域差における画期

　前節で後北C₂・D式土器の地域編年と併行関係を検討し、道央部－道東部間で文様割りつけに地域差が存在することを明らかにした。ここでは地域差の内容をより細かく検討し、地域差が時間とともに変化してゆくことを明確にしておきたい。

　道央部－道東部間で、「型式の類似度」が変化する時期－これは土器型式をめぐる地域間交渉の変化を反映していると考えられる－を画期として後北C₂・D式土器の編年を再編成すると、3期の全道的な時期区分が設定できる（表10）。

Ⅰ期

　大沼編年の「初め」、本章の道東1式に相当する時期である。道央部－道東部の地域差が保たれながら、後北C₂・D式土器が成立する時期といえる。

a）文様割りつけ・文様単位

　道央部以南では後北C₁式の文様割りつけが強く保持されているのに対し、道東部では在地の伝統が

残った結果、割りつけがやや崩れており、地域差が明瞭である。具体的には、縦横の「対称軸」の不明瞭化、「主文様」・「副文様」の顕在化が道東1式の特徴である。

b）その他の属性

器形は口唇部断面が角張る例が見られることを含め地域差は少ないようである。文様要素では、道央部以南では胴部上半に地文が残る例が少なく、列点文を有する例が多い、などの差が認められる。

Ⅱ期

鈴木編年a～c段階、本章の道東2～3式に相当する。道央部－道東部間の地域差が縮小し、類似度が強まる時期である。

a）文様割りつけ・文様単位

道央部・道東部ともに主文様・副文様の区別がある4単位が支配的となり、地域差は縮小する。ただし、道東3式において平縁化や単位崩壊の兆候が認められるように、次の地域差拡大の萌芽はこの時期の後半段階にはもう現れてくる。

b）その他の属性

器形の分析は本章ではおこなっていないが、実は深鉢の器形にも地域差があり（熊木2001）、道央部ではやや幅広く、道東部ではやや細長い傾向が認められる。ただし全体としてはそれほど顕著な地域差は認められない。

Ⅲ期

鈴木編年d～f段階、本章の道東4a～5式に相当する。道央部－道東部間の地域差が再び拡大する時期である。

a）文様割りつけ・文様単位

道央部では4単位の口縁部突起・文様割りつけが終末期近くまでほぼ維持されるのに対し、道東部では平縁化・文様割りつけの「追いまわし」化がこの段階の初期にほぼ完了する。

b）その他の属性

もっとも顕著な差は胴部下半の地文と体部の列点文で、道央部では一部残存するが道東部ではほぼ消滅する。他に口唇直下の貼付文の様相にもやや差が見られ、道東部ではいち早く省略が進む。前段階に見られた器形の差は縮小する傾向にある。

2．地域差の変遷とその背景

「斉一性を持って全道に拡がる」とされる後北C$_2$・D式土器であるが、細かく地域差や時期差を検討した結果、初めに東西の地域差を引き継ぎながら成立し、その後は地域差が縮小し、さらに再び拡大するという型式内部の展開が認められた。以上のような型式変化の背景はいかなるものであろうか。本章で明らかにした土器型式変遷から読みとることのできる土器製作者の様相について、可能な限り描写してみたい。

a）地域差縮小の背景（Ⅰ期～Ⅱ期）

Ⅰ期からⅡ期にかけての地域差縮小は、従来指摘されてきた「後北C$_1$式から後北C$_2$・D式土器にか

第 I 部　続縄文土器の編年

けての分布域拡大」という流れに沿った現象であるといえよう。その背景は、道央からの情報、あるいは土器製作者そのものの流入が増大していった過程として一般的には解釈が可能であるが、ここでは以下の点に着目しておきたい。

　第一点は、地域差の縮小が段階を追って進行している、ということである。すでに指摘したように、後北式の道東部（網走地域）への拡大は、少なくとも三つの段階を経て進行している。具体的には、後北 C₁ 式の段階で後北式の直接的な影響が顕在化して 2 系統の土器が併存する状況が生まれ（後北 C₁ 式・宇津内 IIbII 式）、続いて 2 系統は融合して地域色のある道東 1 式が成立し（後北 C₂・D 式 I 期）、その後に地域差自体がほぼ解消される（同 II 期）という段階を踏んでいる。これは、道央部からの情報ないし土器製作者そのもの（注 8）を受け入れる道東部の側が、彼我の違いを意識しながら自らの伝統との間で調整をはかり、徐々に道央の文様割りつけ原理を受け入れていく過程とみなすことができる。だとすればこの時期の道東部では道央部からの影響が強まるのは確かであるが、特に網走地域においては、道央部の土器製作集団が在地の集団と丸ごと入れ替わってしまう、というような急激な人間集団の交替・侵入はなかったとみることができよう。

　次に注目すべきは、大沼忠春も指摘するように（大沼 1989）、この時期の道東部の遺跡数・資料数が少ない点である。前述のとおり道東 1 式・2 式の資料が量的にある程度まとまって出土したのは現状では北見市常呂川河口部遺跡・羅臼町相泊遺跡のみであり、この時期の遺跡の規模・土器出土量は極端に少ない。さらに道東部では、道東 1 式・2 式前後の時期に型式の継続性が絶たれている遺跡が多い点に注目すべきである。例えば北見市岐阜第二遺跡（藤本編 1972、藤本・宇田川編 1977、藤本・宇田川編 1982）、北見市岐阜第三遺跡（藤本編 1977）、斜里町オシャマップ川遺跡、羅臼町幾田遺跡（宇田川編 1975、涌坂編 1989）では、宇津内式・下田ノ沢式と道東 4a 式以後の後北 C₂・D 式がまとまって出土しているが、道東 1 式・2 式の資料は皆無である。本章で検討したトコロチャシ跡遺跡でもやはり道東 1 式・2 式はない。一方、北見市栄浦第一遺跡（藤本編 1985、武田編 1995）、北見市トコロチャシ南尾根遺跡（藤本編 1976、武田編 1986）や前述の常呂川河口遺跡、相泊遺跡では多少なりとも継続性が認められるものの、道東 1 式・2 式の出土量は前後する型式と比較して極端に少ない。

　このように遺跡数・遺跡規模・土器出土量の全てが減少するという現象から想定できることの一つは、人口の減少であろう（藤本 1988：62）。もちろん、遺跡数と人口の相関関係については型式毎の継続時間や居住・生業形態等の複雑な問題があり軽々に論じられるものではないが（今村 1977、今村 1997）、ここまでの厳密な細別型式の検討によってこの「人口減少」に該当する時期にも一定の時間幅が与えられるだろうし、遺跡数・遺跡規模・土器出土量のいずれもが少ない点は、人口減少を示すそれなりの根拠となりうるだろう。

　実は筆者は、人口の減少を契機としてこの時期の道東部に後北式土器の分布が拡大してくるのではないかと推測している（注 9）。ただしこれはまだ思いつき程度の発想であり、具体的な因果関係の解明など今後の課題が多い。

b）地域差拡大の背景（III 期）

　II 期後半にすでに萌芽的に見られた地域差は、III 期で顕在化する。具体的には、道東部でいち早く文

様割りつけ原理が崩れ、文様要素の省略が進む。これは、いったんは受け入れられた道央部の文様割りつけ原理が道東には定着しなかったことを意味している。文様要素の省略と併せて、この時期には道央部からの文様に関する「情報の流れ」ないしある種の「規制」が弱まったと解釈できよう。ただしそのことによって道東部の文様は無秩序かつ急速な崩壊を迎えるわけではなく、変化は段階的に進み、その間道東部内では型式学的な統一性が保たれている。道央部からの影響減少の背景として、道央部－道東部間で人的交流の停滞があったかどうかまでは知り得ないが、道東部内部では交流が保たれつつ、地域差が醸成されていったという説明は可能であろう。道東部でこの時期に遺跡数が増加することは先に述べたが、それを手がかりに想像を逞しくするならば、この時期における道央部からの影響の減少は、道東部内部での人口増加とそれに伴う道東部内の交流活発化と関連している、という解釈が可能かもしれない。

第6節　今後の展望と課題

1．千島列島の位置づけについて

　後北C$_2$・D式土器といえば東北地方への「南下」現象に注目が集まりがちであるが、本章のように道央部－道東部の地域差を考える際には、南千島地域に目を向け、道東部とのつながりを考えることも重要である。例として南千島択捉島留別出土の、道東1式相当の土器（図23-9）が持つ意義を指摘しておこう。この土器の文様単位は後北式的に解釈すると、図のように「主文様」A・B各2単位と、つなぎの「副文様」cが4単位の構成になるが、実はこれは宇津内式・下田ノ沢式のSF（Side-Front）type（第I部第1章）とほぼ同じ割りつけである。主文様Aの意匠が宇津内式・下田ノ沢式的であることも含め、この土器は網走地域の道東1式よりもさらに宇津内式・下田ノ沢式の伝統を強く残すものといえよう。これは先立つ後北C$_1$式併行期に認められる、網走地域をいわば「緩衝地帯」とした道央部－道東部網走地域－南千島地域という地域間交渉の構造（第I部第2章参照）が、少なくとも後北C$_2$・D式I期まで継続していることを示している。すなわち、道央部－道東部という地域差は北海道内で完結しているわけではなく、道央部－道東部－南千島という構図で理解すべきものなのである（宇田川2001）。この図23-9以外にも南千島地域からは後北C$_2$・D式土器が多数出土しており（杉浦1999に詳しい）、なかには道東部ともかなり特徴を異にする土器も認められるようである。千島列島を続縄文文化のひとつの地域圏として検討してゆく必要性が痛感されよう。現状ではこれ以上の分析は不可能であるが、今後の課題として指摘しておきたい。

2．後北C$_2$・D式土器の地域差とその意義

　後北C$_2$・D式土器はこれまで全道的な「斉一性」を持つとされてきたが、特に文様割りつけ原理の差に基づいて細かく分析してみると、道央部－道東部間では地域差が存在することが明らかになった。ただし、後北C$_2$・D式における地域差の内容は、続縄文前半期における道央部－道東部間の地域差（C$_1$式以前の後北式土器群と宇津内式土器の差）とは質的に異なるものであることは論を待たない。具体的に

第Ⅰ部　続縄文土器の編年

言うと、続縄文前半期の道央部－道東部間では互いに型式学的な排他性が強く土器型式差は明瞭であるが、後北C₂・D式では文様割りつけ原理以外の特徴は共通性が高く、一見しただけではわからないほど類似度が強い（注10）。このように続縄文前半期と後半期では土器の「地域差」に質的な差異が認められるのであって、本章での指摘によって、続縄文土器における地域色豊かな前半期・斉一性の強い後半期、という大局的な構図が揺らぐわけではもちろんない。

　では、本章で後北C₂・D式の地域差を指摘してきた意義は何であろうか。一つは、後北C₂・D式期における地域間交渉の具体的な実態を明らかにした点にあろう。結果として少なくとも３段階の変化があることを明らかにした。重要な点はすでに述べたように、地域差の解消は段階を追って進むことと、その後再び地域差が拡大することにある。縄文時代以来続く伝統的な西・東の土器型式の境界（藤本1979、瀬川1999など）を完全に解消し、全道一円で同レベルのコミュニケーションを維持するのは容易ではなかったことが理解されよう。

　本章の意義の二つめは、続縄文土器の型式学的変化を把握する上での、方法論的な成果である。前章までに指摘してきたが、続縄文土器における通時・共時の関係を構造的に把握するためにもっとも有効な手段の一つに、文様割りつけ原理の検討がある。本章の中では、文様要素等が他系統の影響を受けて変化する一方で、文様割りつけ原理は在地の伝統を維持する事例（後北C₂・D（道東１）式）や、一旦は受け入れられた他系統の文様割りつけ原理が、定着せずに崩壊してしまう例（後北C₂・D（道東４a）式以後）を指摘した。ここからは、後北C₂・D式においては文様割りつけ原理はもっとも変化しにくい、すなわち異系統間で伝習されにくい特徴の一つであることがわかる。すでに前章までに、宇津内式や後北式の文様割りつけ原理が強い系統性を保ちつつ変化していくことを指摘しておいたが、本章でもそのことを追認する結果となった。土器文様変化の一般的な法則性や、「土器の属性間に質的差異を見いだそうとする」（石井1997a:22）方法論を吟味してゆく上で、本論の成果が有意義なものとなるであろう。

【追記】

　本章の冒頭では「後北C₂・D式土器における地域差は…これまで明確に指摘されたことはなく」と述べているが、これは本論文の初出当時（2001年）の状況を述べたものであり、その後、後北C₂・D式土器の地域差について考察した論文が発表されている。ここでは代表的なものとして、小野2011と高瀬2014を挙げておく。

注

（1）図19-2の二叉の鋸歯文A’をAの変異ではなく副文様としてみた場合、2（4A＋A’）という2単位（左半周／右半周）の割りつけが成り立つ可能性もあるが、欠損部分が多く確認できる。ここでは本文のように「追いまわし」ととらえておく。

（2）例外的な1点は注口付き鉢の文様に準じたもので、主文様・副文様の別がある2＋2単位である（熊木2001:Fig.83-1）。

（3）口唇直下貼付文の刻み目について、かつて筆者は八戸市出土の注口付き鉢を資料紹介した際、「口唇下の隆起線に刻みがない点」を北大Ⅰ式の特徴とした（熊木2000e:10）。しかしながら言葉に足らない点があったので補遺訂正したい。本文中にあるように、刻みのない隆起線は後北C₂・D式（道東４b式・道東５式）においてすでに出現しているので、

90

先の資料紹介での説明は不適切であった。ただし問題の八戸市資料の隆起線は、これら道東4ｂ式・道東5式にみられる細めの「微隆起線」とはやや異なり、北大Ⅰ式の口縁部等に特徴的にみられる、「やや太めの」平行隆起線に近い特徴を有している。よって結果として、この八戸市資料が北大Ⅰ式であるという認識自体に変更はない。なおこの八戸市資料は、厚手の器厚や縄文の施文技法からみても北大Ⅰ式に位置づけるのが妥当であると考えている。

（4）編年対比は次のようにおこなった。まず石本・上野・佐藤の編年については各論文中で大沼編年との対比がおこなわれているので参照した。大島と大沼の対比は鈴木の見解に従っている。それ以外の、鈴木と上野、佐藤と鈴木の対比については各論文に提示されている図版を基に筆者がおこなった。誤りがあるとすれば全て筆者の責任である。

（5）鈴木の編年には1998年発表のものと2003年発表のものがあるが、後北C₂・D式の編年に関する部分についてはほぼ同じなので、ここでは本章論文の初出当時（熊木2001）に引用した1998年発表の方をそのまま採用した。

（6）道央部の資料数が少ないことからここでは道南部の資料を多く用いた。よってこの段階の編年対比は、道央部－道東部間の対比という意味では検討の余地を残している。

（7）なお筆者と鈴木の編年でもっとも考え方が異なるのは円形刺突文に対する考え方である。鈴木はｅ段階後半から円形刺突文が施され、施されない土器と一部併存するとする。一方筆者は円形刺突文の無・有で道東4式・5式を細別している。北大Ⅰ式土器でも円形刺突文が施されない例がある点を考慮に入れれば、鈴木の主張にも一定の根拠があるといえよう（鈴木2003）。現段階ではまとまった資料が少ないので、今後の資料の増加を待って判断したい。

（8）広範囲かつ厳密な観察はおこっていないが、網走地域においては後北C₁式・宇津内ⅡｂⅡ式の段階ですでに両者の間に文様施文技法上の顕著な差は無くなっている（第Ⅰ部第1章参照）。だとすれば、以後の「地域差の縮小（斉一化）」が土器製作者の移動を伴わずに、「みようみまね」（林1990）による模倣によってのみなされたとみるのも論理的には可能であろう。しかし「斉一化」の実態は道央部からの一方的な影響増大という性格が強く、その背景には道央部からの土器製作者の流入があった可能性が高いと筆者は考えている。

（9）ただし、道央部でも本章で言うⅠ期の資料は極端に少ないようであり、その点は検討の余地を残している。

（10）このように、土器型式（様式）の地域差にも、それぞれレベルの異なる各種の違いがあることが、田中良之・松永幸男や都出比呂志によって詳しく指摘されている（田中・松永1984、都出1989）。

第Ⅰ部　続縄文土器の編年

第4章　鈴谷式土器編年再論

第1節　再論の理由

　鈴谷式土器は、伊東信雄がサハリンの先史時代土器編年を検討する際に、代表的な遺跡である鈴谷貝塚の名を採って設定した土器型式である（伊東1942）。鈴谷式土器をめぐっては、オホーツク文化の成立過程に関わる問題として、各研究者が様々な意見を述べてきた（熊木1996参照。その後の主な論文には、菊池1998、小野・天野2002、Василевский2002b、前田2002がある）。しかし、現在でも基本的な型式編年についてすら意見の一致を見ていない。

　鈴谷式をめぐる議論が混沌としているのはなぜか。理由の第一は、伊東の設定した鈴谷式に、縄線文・櫛目文、平底・丸底など器形・文様上様々なバリエーションが含まれていたことにあろう。異なる文様要素・器形を持つ土器群を同時期と認定し、同一の型式にまとめた点こそが伊東編年の優れた点であったが、それが逆に議論の余地を生む結果にもなってきた。すなわち、様々なバリエーションを持つ鈴谷式土器に対して、型式の定義や細別から型式の背景にある土器や人の動きに至るまで、多岐に及ぶ内容が議論され、多様な解釈が提示されてきたのである。

　鈴谷式に対する各研究者の解釈には齟齬が多数あるが、一部では共通理解も生じつつある。それは、鈴谷式の縄線文は続縄文土器の系統である一方、櫛目文はサハリン以北の伝統に連なるものであり、二つの系統が混淆する鈴谷式期の土器様相は南北の交流を反映している、という認識である。このような鈴谷式期の南北交流を経て、次の十和田式の時期にオホーツク文化が成立することから、オホーツク文化の成立プロセスに直接関わる問題として、鈴谷式期の南北の地域差と交渉が重要視されてきたのである。

　筆者も以上の問題意識のもと、過去に私見を述べたことがある（熊木1996。以下「旧編年」と略）。北海道北端部の編年については現在でも変更の必要性を感じていないが、最近、サハリンの新資料に接して、鈴谷式全体の型式変遷はもっと平易に説明できることに気づいた。「旧編年」を含めた従来の細別が、主として文様要素（縄線文／櫛目文）や底部形態（平底／丸底（注1））に基づいていたのに対し、新たに施文の粗密、文様帯幅の広さなどの視点を加えることによって、型式変遷全体を「複雑から単純へ」という一貫した流れで説明できるようになったのである。こうして「旧編年」ではうまく説明できなかった、サハリン資料を含めた鈴谷式全体の編年をすっきりと理解できるようになった。その結果、鈴谷式の型式変遷は南北交流が段階的に進行するプロセスであることが、よりはっきりとしてきた。

　以上の理解に到達する以前の「旧編年」では、型式学的対比が煩雑で一貫性がなかったり、サハリン資料の検討が不十分であるなどの至らない点があった。また筆者自身の続縄文土器研究の進展によって訂正が必要になった部分もある。さらに紙幅の都合から、先学の見解との異同に関する説明を十分に尽くしていなかった。本章ではこれらの点を修正しながら、新しい型式変遷観に基づき、鈴谷式土器の編

年を再検討してみたい。

第2節　基礎データの確認

　鈴谷式土器の編年が難しい理由の第一は、同時期であることが確実な一括資料が少ないことにある。層位的・地域的なまとまりがはっきりしないため、編年の決め手を欠いてきたのである。そこで本章ではまず、具体的な型式細別をおこなう前に、筆者が編年の拠り所とする層位や分布のデータを再確認しておくことにする。細別編年の根拠を論理的に示すことこそ、議論を生産的にする早道と考えるからである。

1．戦前のサハリン調査成果

　伊東は鈴谷式土器を設定する際に、サハリン資料の文様要素について以下のデータを提示した。

データ a：サハリンの鈴谷式には縄線文と櫛目文の2種がある。これらの文様は同一遺跡において混在し、また一つの土器で両方の文様を持つものがあるので、「同時的存在であることは明らか」である（伊東 1942：7）。

データ b：その一方、サハリン南部（アニワ湾沿岸の鈴谷貝塚など）では縄線文が多く、サハリン中部西海岸（来知志遺跡など）では櫛目文が多いという地域差がある。

　ちなみに伊東は、縄線文の土器と櫛目文の土器が、地域差あるいは時期差として「二型式に分たるべきものかも知れない」という見通しも示している（伊東前掲：8）。なお、器形については、縄線文土器・櫛目文土器とも尖底・丸底と平底の両者があるとされているのみで、地域差・時期差については明言されていない。

　一方、新岡武彦は、戦前のより詳細な調査成果をもとに伊東の設定した鈴谷式を再検討している（新岡1970）。新岡は鈴谷貝塚の土器が四つ以上の群に分類できることを示し、これらの土器群を一括して「鈴谷式」とすることに疑問を投げかけたのである。この論考で提示されたデータのうち、筆者が特に重要と考えるのは以下の2点である。

データ c：サハリン中部西海岸には櫛目文・尖底・小型という土器がまとまって出土する遺跡が存在する。恵須取式（図29-6～11）は、それらの土器を標式として新岡が設定した土器型式である。

データ d：鈴谷貝塚第2層では、櫛目文や撚糸文以外の文様要素、特に刻文を特徴とする土器群が櫛目文・撚糸文と併存して出土する。

　以上のデータa～dが基礎となって、鈴谷式の型式編年研究が進められてきたのである。戦後、ロシア側から新情報が追加されつつあるが情報は限られており、現在でもこれらデータa～dは層位・分布上の基礎データとしての重要性を失っていない。現在でも多くの研究者が依拠しているデータといえよう。

　鈴谷式の型式編年をめぐる意見の対立は、実は、このデータa～dの後に追加された情報に対する

第Ⅰ部　続縄文土器の編年

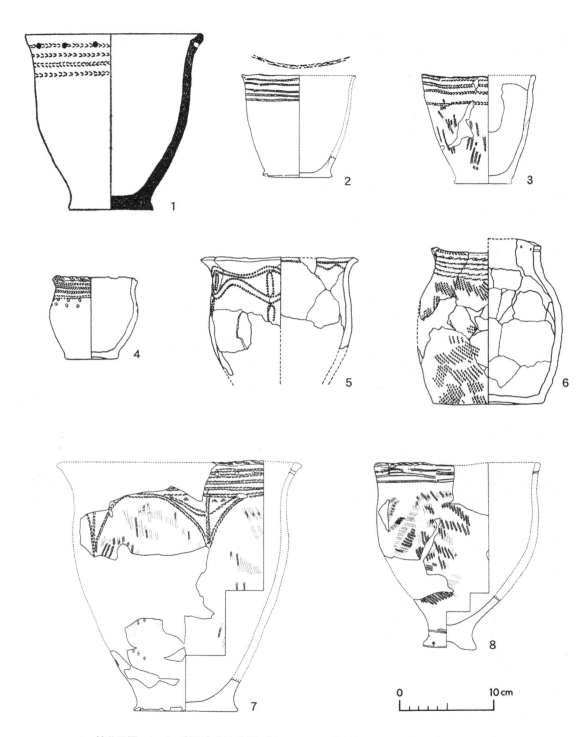

1：鈴谷貝塚　2・3：利尻富士町役場Ⅰ類　4〜6：香深井B　7・8：利尻富士町役場Ⅱ類

図 26　鈴谷式土器タイプ A1

第 4 章　鈴谷式土器編年再論

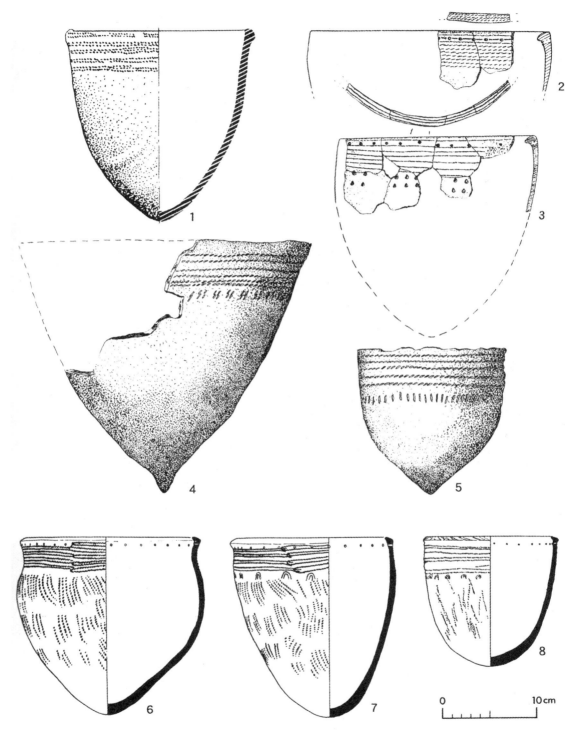

1：鈴谷貝塚　2・3：テルペニエI　4・5：スタロドゥプスコエII 2 号住居址　6〜8：オンコロマナイ

図 27　鈴谷式土器タイプ A2

第Ⅰ部　続縄文土器の編年

解釈の相違が主な原因となって生じているのである。それらの戦後のデータであるが、ここでは大きく三者－ロシア側の調査報告、北海道の出土資料、最近報告されたサハリン中部西海岸ウスチ・アインスコエ遺跡竪穴の資料－にまとめておこう。そのうち、北海道の出土資料とウスチ・アインスコエ遺跡の資料について以下で再確認し、筆者の編年の根拠を明示する。ロシア側の調査報告については詳細不明な部分が多いので基礎データとはせず後述する。なお、ロシア側の報告については、最近、菊池俊彦が要点を簡潔にまとめているので参照されたい（菊池1998）。

2．北海道の出土資料

　北海道北端部の鈴谷式（注2）は、各研究者が指摘しているとおり以下のデータeがサハリンと異なり、地域差が認められる。

　　データe：道北端部の鈴谷式では、胴部に縄文を施す例が多い。また、櫛目文や刻文など、縄線文以外の文様要素を有する例はほとんどない。

　「旧編年」では、これら道北端部の鈴谷式のうち、代表的な3つの遺跡（礼文島香深井B遺跡（大場・大井編1981）（図26-4～6）、利尻島利尻富士町役場遺跡（内山編1995）（図26-2・3・7・8）、稚内市オンコロマナイ遺跡（泉・曽野編1967）（図27-6～8）の資料を対象に編年を試みた。「旧編年」の要点を再掲しておく。

　　データf：道北端部の底部形態に注目すると、ほぼ平底のみからなる遺跡（香深井B、役場）と丸底のみからなる遺跡（オンコロマナイ）の2者にはっきりと分かれ、平底と丸底は一つの遺跡で混淆しない（注3）。

　　データg：道北端部の口縁部文様と地文を分析すると、異同はわずかではあるが、役場遺跡Ⅰ類（図26-2・3）と香深井B遺跡、役場遺跡Ⅱ類（図26-7・8）とオンコロマナイ遺跡がそれぞれ近い関係にある。両者の主な違いは、香深井B遺跡では口縁部の刺突文や地文の縄文がない例が各々2割程度あるのに対し、役場・オンコロマナイの両遺跡ではそれらの文様がほぼ完備されているというもので、香深井B遺跡の特徴の方がサハリンの資料に近い（注4）。

　　データh：役場遺跡Ⅰ類とⅡ類では、前者が層位的に古い。

　「旧編年」では以上のデータf～hをもとに、役場Ⅰ類・香深井B→役場Ⅱ類→オンコロマナイという型式変遷を設定し、さらに平底・丸底という製作技法上の大きな差を重視し（注5）、役場Ⅰ類・香深井B・役場Ⅱ類と、オンコロマナイという2大別を設定した。この部分に関しては現在でも筆者の考えに全く変更はない（注6）。

3．ウスチ・アインスコエ遺跡竪穴出土土器

　最近、サハリンのウスチ・アインスコエ遺跡で1993年度におこなわれた調査の概要が報告され、竪穴住居跡から出土した鈴谷式土器が公開された（山浦2002a）（図28、図29-1～5）。これらの土器の多くは竪穴住居跡床面から出土したとされている。破片が多く、全てを同時期と見なすのには問題が残る

第 4 章　鈴谷式土器編年再論

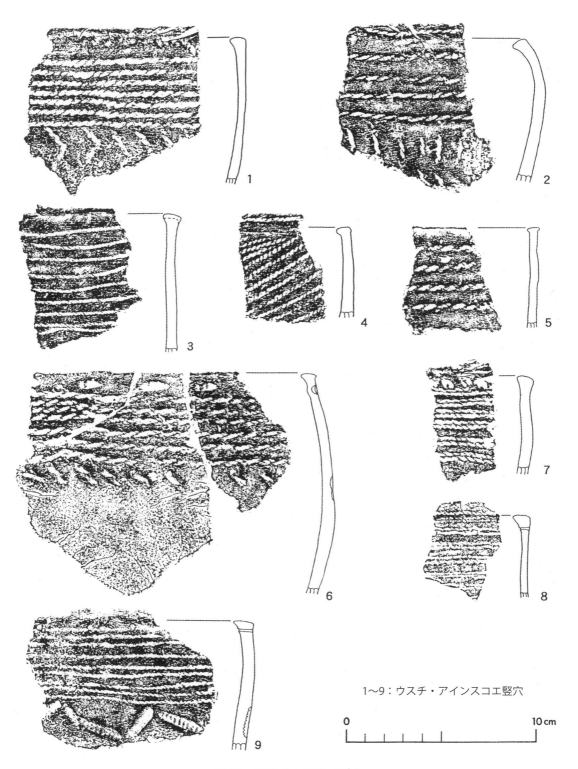

1～9：ウスチ・アインスコエ竪穴

図 28　鈴谷式土器タイプ A

第Ⅰ部　続縄文土器の編年

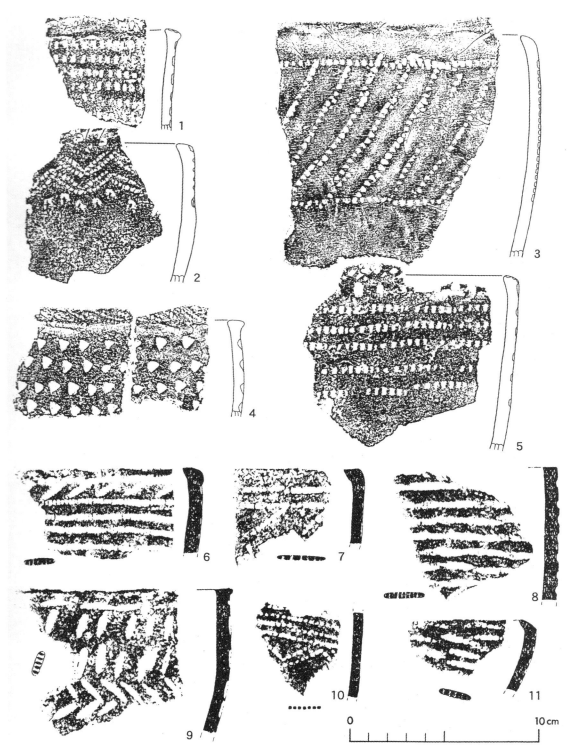

1～5：ウスチ・アインスコエ竪穴　6～11：恵須取川口第3号

図29　鈴谷式土器タイプB

第 4 章　鈴谷式土器編年再論

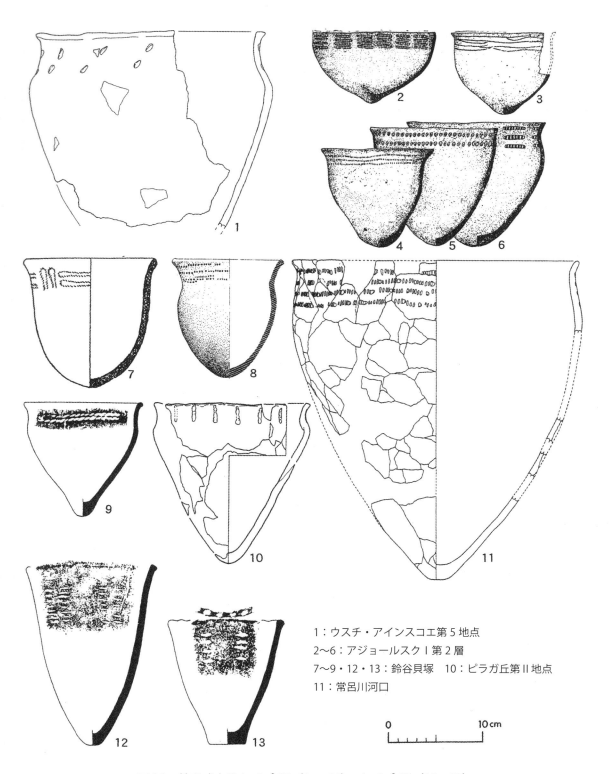

1：ウスチ・アインスコエ第 5 地点
2〜6：アジョールスク I 第 2 層
7〜9・12・13：鈴谷貝塚　10：ピラガ丘第 II 地点
11：常呂川河口

図30　鈴谷式土器タイプ C1（1〜11）・タイプ C2（12・13）

第Ⅰ部　続縄文土器の編年

かもしれない。しかし、層位的にある程度まとまっていること、型式的にも後述のように共通性が認められることなどからすると、少なくとも図28・図29-1～5の土器は全てほぼ同時期である可能性が高いと考えられる。

　報告者の山浦は、これらの土器を縄線文（図28）と櫛目文（図29-1～5）の二つの群に分類している。まずは縄線文を持つ群について、筆者が注目する点をあげておこう。

　　データ i：ウスチ・アインスコエ竪穴の縄線文土器の文様には、口唇下の OI 刺突文（図28-8・9）や、
　　　　　　　2本一組の縄線文（図28-7・8）など、北海道やサハリン南部に多いとされてきた文様要
　　　　　　　素・モチーフが数多く認められる

　このデータ i は、上記データ b と抵触するようにも思われる。これは後に考察する。

　次に縄線文・櫛目文の両群に共通する特徴として、以下の点に注目しておきたい。

　　データ j：ウスチ・アインスコエ竪穴資料全体の特徴として、幅の広い文様帯、幾重にも重ねられた
　　　　　　　文様要素を挙げることができる。具体的には、文様要素列が水平、斜めなどに幾重にも重
　　　　　　　ねられた口縁部文様帯、口縁部文様帯の下縁に施された縄の圧痕列や櫛目文列（図28-1・
　　　　　　　2・6・9、図29-2）、口唇面にも施された文様が、共通する特徴である。

　ウスチ・アインスコエ竪穴資料では、縄線文・櫛目文という文様要素の違いを超えてデータ j の特徴が共有されている点が重要である（前田2002：189）。また、注目すべきは、データ j が北海道北端部の鈴谷式を特徴づける属性でもある、という点である。実はこの点に鈴谷式土器の型式細別のヒントがあると筆者は考える。

第3節　編年の再検討

1．型式細別

　以上のデータ a～j を基礎とし、やや不確実な情報に基づく推論を交えながら、鈴谷式の型式細別と編年を考察してゆくことにする。まずは鈴谷式をいくつかのタイプに分類する。

タイプA

　2本一組の縄線文モチーフと、幅の広い口縁部文様帯を特徴とするタイプ（図26～図28）。型式学的特徴は以下のとおりである。

ア）2本一組の縄線文モチーフを含む。

イ）縄線文モチーフが水平に幾重にも重ねられ、口縁部文様帯の幅が広くなる。

ウ）口縁部文様帯の下縁に縄の圧痕列等の施文が施される例がある。

エ）口唇部下に、貫通する、もしくは突瘤となる細い刺突文列を持つ例がある。

オ）口唇面にも施文される例がある。

　サハリンの出土例を確認しておく。縄線文の土器は多数出土しているが、タイプAはそのうちの一部であり、別のタイプ（後述するタイプC）とすべき縄線文土器も存在する。タイプAのややまとまった出土例は、鈴谷貝塚や留多加貝塚（伊東1942：付図第一（2））などのサハリン南部の遺跡のほか、前

述のウスチ・アインスコエ遺跡竪穴やテルペニエⅠ遺跡（Герус1979）（図27-2・3）といった中部西海岸・東海岸でも確認されている。従来、縄線文の土器はサハリン南部に多いとされてきたが（データb）、ウスチ・アインスコエ、テルペニエⅠはサハリン中部の例であり（データi）、注意が必要である。底部形態については平底と丸底が確認されている。丸底がまとまって出土したとみられる例には前掲のウスチ・アインスコエ竪穴・テルペニエⅠの資料があるが、他の遺跡では出土状況が不明であり、サハリンでは平底と丸底が排他的に出土するのか否か確言できない。逆に、平底と丸底が共伴するという積極的なデータもない。

　一方、北海道では、道北端部の鈴谷式が全てこのタイプに含まれる。前述のように道北端部とサハリンの差は、地文の縄文の有無である。また道北端部では平底（タイプA1）と丸底（タイプA2）に細別が可能で、前者が古い（データe・f・g・h）。

タイプB

　文様要素の配置法はタイプAと共通するが、文様要素が櫛目文からなるタイプ（図29）。櫛目文の土器のうち、ウスチ・アインスコエ遺跡竪穴例のような文様構成を持つタイプを一括する。型式学的特徴は以下のとおりである。

ア）文様要素は主に櫛目文からなるが、型押文に近い例や、刺突文も存在する。

イ）文様要素列が水平・斜めなどに幾重にも重ねられ、口縁部文様帯の幅が広くなる。

ウ）口縁部文様帯下縁にも装飾列が施される例がある。

エ）口唇面にも施文される例がある。

　サハリンの出土例を確認しておく。やはりタイプBも、従来、櫛目文土器とされてきた資料の一部であり、全ての櫛目文土器がタイプBとなるわけではない。タイプBの出土例はやや少ないが、サハリン中部・南部で確認されている。中部西海岸ではウスチ・アインスコエ遺跡竪穴例の他に、恵須取川口第3号遺跡（新岡1940）発見の土器群、すなわち「恵須取式」の標式資料のうちの、多くの例（図29-6〜11）がこのタイプに相当する。南部では留多加出土例（東北大学文学部考古学研究室編1982：図版N046）、鈴谷貝塚の例（馬場1940：第27図左上段）などがある。タイプBの底部形態は、上記の資料で確認できた例は全て丸底である。しかし確認例はごく限られており、平底が存在する可能性もある。

　なお、北海道ではタイプBの出土は確認されていない。

タイプC

　施文が減少し、文様構成が単純化されたタイプ（図30）。

　このタイプにはタイプA・B以外の縄線文・櫛目文土器が含まれる。他にこのタイプに特有の例として刻文が縦に重ねられる土器を含めておく。結果的にタイプCの文様は多くのバリエーションを含むことになるが、全体の特徴は以下のようにまとめられる。

ア）文様要素には縄線文、櫛目文、刻文等がある。

イ）文様要素が水平に連続する例では、水平列の数が少なく、口縁部文様帯の幅が狭くなる。

ウ）口縁部文様帯下縁や口唇面に施文がない。

エ）縄線文を持つ例では、2本一組のモチーフがかなり崩れているか、1本単位の施文のみとなる。

第Ⅰ部　続縄文土器の編年

時期区分	土器のタイプ	器形	北海道	サハリン		
				南部西海岸 ～アニワ湾岸	南部・中部の東海岸	中部西海岸
Ⅰ期	A1(・B?)	南部では平底	役場Ⅰ類 香深井B 役場Ⅱ類	鈴谷（図26：1）		※1
Ⅱ期	A2・B	丸底	オンコロマナイ	鈴谷（図27：1）	テルペニエⅠ スタロドゥプスコエⅡ 2号	ウスチ・アインスコエ 竪穴
Ⅲ期前半	C1	丸底主体	常呂川河口 ピラガ丘	アジョールスク　2層 蘭泊・多蘭泊（東北大学資料）	＋	＋
Ⅲ期後半	C2			鈴谷（図30：12・13）	スタロドゥプスコエⅡ 1号	

＋は断片的に資料が確認されていることを示す。

※1　タイプBとほぼ同じ土器群が、丸底・櫛目文主体で分布することが予想される。恵須取川口第3号遺跡資料の大半はこの段階に当てはまる可能性が高い。

表12　鈴谷式土器編年表

	道北端部		サハリン南部		共通する特徴
	型式名	地域的特色	型式名 （遺跡名）	地域的特色	
早期	メクマ式・種屯内Ⅰ群	変形工字文等の 沈線文 口縁部無文帯	遠淵式・アニワA・ アニワB （ユージナヤ2）	－	OI刺突文・IO突瘤文 （OI刺突文がやや 優勢） 1～3条程度の縄線文 地文の縄文
前期前半	声問川大曲Ⅲ群B類	地文の撚糸文	アニワC・アニワD （ブレドレフリャンカ）	地文なし	IO突瘤文 4条以上の縄線文

※　早期・前期前半の地域区分は宇田川洋による5期区分に準じたものだが、早期は一部を改変している。

※　OIは器面外側から、IOは器面内側からの刺突をあらわす。

表13　宗谷海峡地域の続縄文土器（熊木2003より転載）

オ）櫛目文を持つ例では、縦方向にも櫛目文が揃えられている例がある（図30-2・6）。

カ）刻文を持つ例では、いわゆる「舟形刻文」を縦に重ねる例（菊池1971で「短刻線」とされたもの）が特徴的である（図30-12・13）。

　タイプCには種々の文様要素が含まれるが、施文が減少し、文様構成が単純化されている、という点で共通しており、この点がタイプA・Bと異なっている。

　なお、タイプCの土器群の器形と文様の組み合わせに注目すると、タイプA・Bと器形や文様が近いもの（図30-1～11）と、器形が縦に長く、文様は縦に重ねられた刻文が特徴的なもの（図30-12・13）に細別が可能なようである。前者をタイプC1、後者をタイプC2としておく。底部形態は、タイ

プ C1・タイプ C2 とも丸底が多いようであるが、平底もある。

　タイプ C の出土例であるが、サハリンでは中部・南部で確認されている。まず南部では多くの遺跡で出土している。アジョールスク I 遺跡第 2 層（Васильевский, Голубев1976、Шубин1979、菊池 1998）でまとまって出土している完形の土器群（図 30- 2 ～ 6）はタイプ C1 の好例であろう。東北大学所蔵の蘭泊、多蘭泊出土の土器群（東北大学文学部考古学研究室編 1982：図版 N037 ～ N045）は、図録掲載資料では 1 点（同上：図版 N040）を除く 8 点がタイプ C1 としてよい。鈴谷貝塚（大場 1967）ではタイプ C1（図 30- 7 ～ 9）のほか、タイプ C2（図 30-12・13）が出土している。中部では、来知志（アインスコエ）出土の例にタイプ C1 が認められる（東北大学文学部考古学研究室編 1982：図版 N034・N035、前田 2002：図 24-33）（図 30- 1）。

　タイプ C は北海道でも 2 例出土している。北見市常呂川河口遺跡例（武田編 2002）（図 30-11）と、斜里町ピラガ丘遺跡第 II 地点例（米村ほか 1972：62）（注 7）（図 30-10）で、いずれもタイプ C1 である。2 例とも東部オホーツク海側の出土であり、道北端部のタイプ A を出土する遺跡群からは、タイプ C は全く出土していない。

　以上、鈴谷式土器をタイプ A・B・C に分類した。ある意味当然ではあるが、各タイプの間には中間的な土器群も存在する。例えば、伊東がデータ a で明らかにしたとおり、タイプ A・B の折衷例は従来から注目されていた。また、スタロドゥプスコエ II 遺跡 2 号住居址出土例（Васильевский, Голубев1976）（図 27- 4・5）はタイプ A と言えようが、図から判断する限り 2 本 1 組の縄線文がやや崩れるなどタイプ C にも近い様相を呈している。ほかにタイプ B と C の中間的な例もある。しかし、このような中間的な土器の存在は、タイプ A・B・C が全て同時期であることを示しているのではない。以下、出土状況等から各タイプの編年を検討し、細別型式を設定してみよう。

2．編年

　まずはタイプ A と B の関係である。タイプ B はサハリン南部では出土しているようであるが、北海道では全く出土していない。これはタイプ B の分布が北にやや偏っていることを示唆している。先のデータ b・データ c と突き合わせても、タイプ A・B の分布の中心がそれぞれ南と北に偏っているという見方は可能であろう。一方、ウスチ・アインスコエ竪穴ではタイプ A とタイプ B の両方が床面から出土している。共伴と言い切るには多少の問題があるが、型式学的な類似性やタイプ A・B の折衷例の存在からみても、同時期の可能性は高いと考えられる（注 8）。以上の点からすると、タイプ A と B の関係は、分布範囲は大きく重なるものの基本的に地域差で、両者はほぼ併行すると考えられる。併行関係をもう少し詳しくみておこう。前述のとおりタイプ A は細分可能で、少なくとも北海道では平底（タイプ A 1）が古く、丸底（A 2）が新しい。サハリンのタイプ A でも同じ細別が可能か確言できないが、ウスチ・アインスコエ竪穴例・テルペニエ I 例の丸底のまとまりを考慮すれば、同じ基準（平底／丸底）による細別が仮設できる。だとすればウスチ・アインスコエ竪穴資料は丸底主体であるから、厳密にいえばタイプ A 2 の時期でのみ、タイプ A と B の併行関係が確認できたことになる。

　次にタイプ A・B と C の関係である。タイプ C は北海道～サハリン中部まで広い範囲で出土しており、

第Ⅰ部　続縄文土器の編年

タイプA・BとCの関係が地域差だとは考えにくい。一方で、北海道北端部の出土例はタイプAのみ、ウスチ・アインスコエ遺跡竪穴例はタイプA・Bのみで、双方とも同じ遺跡・遺構からタイプCは出土していない。このような出土状況は、タイプA・BとCの関係が時期差であることを示唆している。問題はどちらが古いかであるが、タイプC1がまとまって出土したアジョールスクⅠ遺跡第2層では、タイプC2は無いようだが、タイプA・Bと思われる土器破片も出土している。このような出土状況は、タイプA・B～タイプC1～タイプC2という型式組列を示唆している。続縄文土器の系統に連なるタイプAが、十和田式土器に近いとみられるタイプC2より古いことは確実であるから、この型式組列は古～新の順序で解釈できる。

　以上、タイプA・B・C全体の編年をまとめると、A1 → A2・B → C1 → C2となろう。地域別に代表的な遺跡・遺構を挙げると表12のようになる。なお、タイプC1とC2の細別を前半・後半の「段階」として扱っているのは、細別の根拠がやや弱いからである。

第4節　鈴谷式土器の変遷過程および他型式との関係

　次に表12に基づいて鈴谷式土器の変遷・展開過程をトレースし、タイプA・B・C間の変遷や交渉、さらに他の土器型式との関係について考察してみたい。

1．成立からⅠ期まで

a）先行する続縄文土器と鈴谷式土器の型式学的関係

　道北端部の鈴谷式タイプA1と、先行する続縄文土器の関係については「旧編年」ですでに述べたし、別稿（熊木2003）でもまとめ直す機会があった。ここではその概要を記すとともに「旧編年」の一部を訂正し、別稿で省略した説明を付記しておく。

　続縄文初頭から宇津内ⅡaⅠ式期にかけて、北海道北端部にはいわゆる「メクマ式」（大場・菅1972）や稚内市声問川大曲遺跡Ⅲ群B類土器（土肥・種市1993）といった土器型式群が分布する。一方、同時期のサハリン南端部には「遠淵式」（伊東1937、伊東1942）や「アニワ文化」に伴う土器群（Василевский2002a）が認められる。道北端部とサハリンで多少の地域差はあるものの、これらの土器型式群は系統的にも分布的にもひとつながりのものといえる（表13）。「旧編年」でも述べたように、これらの型式群と鈴谷式タイプA1との間には系統的な関連性が認められる。両者の型式学的な関係を再確認しておこう。

　検討対象とするのは、時期的にはもっとも近い関係にある声問川大曲Ⅲ群B類土器（宇津内ⅡaⅠ式併行）（図31）と、古手の鈴谷式土器である香深井B遺跡出土土器群（図26-4～6）である。両者の型式学的な類似点を以下にまとめる。

ア）器形

　両者とも、底部中央が内面に向かってやや凹む、上底の例がある。底面外面には縄文を施文する例があるが、これも両者共にある。

イ）文様割りつけ原理

第4章　鈴谷式土器編年再論

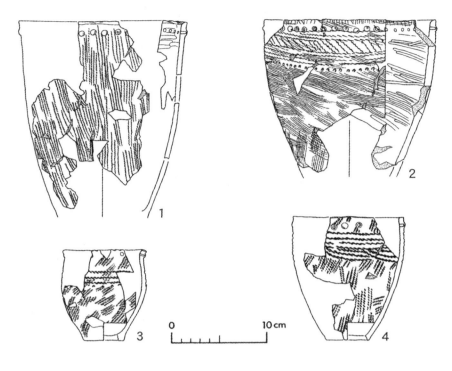

図31　声問川大曲遺跡Ⅲ群B類土器

　両者とも文様を縦に割りつけることはなく、全て「追いまわし」施文である。声問川大曲Ⅲ群B類土器に縦の割りつけがないのは、宇津内ⅡaⅠ式古段階との横つながりで説明ができる。一方、香深井B遺跡例に縦の割りつけがないのは、縦の系統（声問川大曲Ⅲ群B類からの流れ）ととらえるべきか、横の影響すなわちサハリン以北（タイプBの祖形？）との関連で説明すべきなのか、結論を下すのは難しい。筆者は、併行期のサハリンの様相（後述）から推察してこの時期の南北交渉はまだ活発ではないと考えているので、縦の系統の可能性が強いと推測している。

ウ）文様帯・文様要素

　口縁部の文様帯・文様要素に共通点がある。文様帯の幅やそこに施された水平線の意匠、縄線文という文様要素の類似については言うまでもなかろう。さらに、声問川大曲例・香深井B例ともに縄線文からなる口縁部の文様帯が欠落する例があるのだが、欠落例の割合が前者は41.6％、後者は46.9％と組成が似通っており（熊木1996）、これも偶然ではないとみられる。また、口唇部に施文される例が多数見られるという点にも共通性がある。

b）鈴谷式土器と他の続縄文土器の編年対比

　以上のように、声問川大曲Ⅲ群B類土器と香深井B遺跡出土土器群の間には、型式学的な関連性・系統性は認められるとしてよい。問題は両者の時間的関係である。「旧編年」では、鈴谷式タイプA2が大沼忠春のいう「一般的な後北C_2・D式」（大沼1982b）と併行するとし、そのことから鈴谷式タイ

第Ⅰ部　続縄文土器の編年

プA1と声問川大曲Ⅲ群B類等の間には、数型式分（続縄文前期後半〜中期相当分）の時間的間隙がある、と位置づけた。筆者は現在でもこの編年観自体は概ね妥当と考えているが、鈴谷式タイプA2と後北C₂・D式の併行関係が確実であるとした点はやや性急であったと反省している。現状では鈴谷式と後北式の詳細な編年対比は困難であり（注9）、結果的に鈴谷式タイプA1と声問川大曲Ⅲ群B類等との時間的関係についても結論を留保せざるを得ない。ここでは、声問川大曲Ⅲ群B類等と鈴谷式が直接連続するとした場合（「連続説」）と、両者間に間隙を認めた場合（「間隙説」）の比較検討をしておく。最近、「連続説」に近い立場の編年が示されている（小野・天野2002、前田2002）が、以下に述べるように筆者は現在でも「間隙説」（「旧編年」の編年観）に分があると考えている。

　まずは「連続説」である。鈴谷式タイプA1は、前段階の声問川大曲Ⅲ群B類等からの伝統（系統的な類似）が認められるが、続縄文前期後半〜中期にかけての、併行することになる続縄文土器の諸型式（後北A式・同B式、宇津内ⅡaⅡ式、宇津内ⅡbⅠ式など）からの影響は全くと言ってよいほど確認できない。とりわけ、先に述べたように、文様の縦の割りつけというこの段階から続縄文土器全体に盛行してゆく属性が全く認められない点は重要である。道北端部ではこれらの諸型式も断片的ながら出土しているから、「連続説」では鈴谷式の成立過程での接触を想定しなければならないが、その痕跡は全くない。無論、土器製作者による意図的な「作りわけ」等の可能性は皆無ではない。しかし直前の続縄文土器伝統を受け継ぎながら、鈴谷式の段階で突然併行する続縄文土器型式との関係が完全に断ち切られるという説明はかなり不自然である。

　次に「間隙説」である。この場合、道北端部では一旦型式連続が途絶え、鈴谷式タイプA1の段階でサハリンから鈴谷式が南下してくるという過程が想定される。問題は、タイプA1の段階ですでにサハリンと道北端部の間に地域差（胴部縄文の有無等）が存在する可能性がある点である。すなわち、サハリンから道北端部に鈴谷式が侵入してくるとする「間隙説」が正しいのであれば、侵入の時点では宗谷海峡間に顕著な地域差は認められないはずであり、矛盾が生じる。この問題点に対しては、古手の鈴谷式タイプA1（香深井B等）の特徴の方サハリンに近い、という事実が有効な反論となる。あとはサハリンのタイプA1例にも縄文が確認できれば問題はほぼ解決する。サハリン南部のクズネツォーヴォ（宗仁）Ⅰ遺跡では、タイプAで胴部に縄文を持つ土器が確認されている（小野・天野2002：112、カシツィン2003：図4-4〜13）。またタイプBの例ではあるが、ウスチ・アインスコエ竪穴例の口唇部には縄文が施されている（図29-4）。これらの例は、サハリンの鈴谷式にも縄文が一定の割合で存在する可能性を示唆している。

c）サハリン北部の様相

　さて、この時期におけるもう一つの大きな問題は、サハリン中部以北、及び櫛目文の土器の様相である。わずかに1点ではあるが、香深井B遺跡から櫛目文のある土器が出土している点から見て、Ⅰ期にも櫛目文が存在したことは確実である。現状では想像に近いが、Ⅰ期のサハリン中部には、櫛目文を主体とする形で、タイプBに近い文様を持つ丸底の土器が分布していたと仮定しておこう。この推論の根拠は2点ある。1点は、サハリン中部に櫛目文、南部に縄線文が多いというデータbと、サハリン中部に櫛目文の土器がほぼ単純で出土するというデータcである。次の時期のウスチ・アインスコエ

竪穴例では櫛目文と縄目文の比率は拮抗しているようであり、櫛目文の方が特に多いということはない。にもかかわらずデータb・cが成立するのは、サハリン中部に縄線文が拡大するのはⅡ期の比較的短い期間のみであって、他の時期では櫛目文が卓越していたからではないだろうか。もう1点は底部形態の問題である。Ⅱ期に丸底が卓越する前提として、Ⅰ期の櫛目文土器が丸底で、その影響がⅡ期に鈴谷式タイプA2にも及んだという過程が想定しうる。

　なお、櫛目文の土器に関連して興味深いのが、サハリン北部東海岸のハンツーザ出土土器群（山浦1985）（図32-1〜15）の問題である。以前にも述べたが（熊木2000a）、このハンツーザ資料のうち、櫛目文を持つ土器群（図32-1〜9）はアムール河口部の「初期鉄器時代河口部類型」（臼杵ほか1999）（図32-16・17）とほぼ同じ土器群である一方、鈴谷式の櫛目文土器とは相違点も多い（前田2002）。しかし山浦も述べるように、文様要素や施文のモチーフの点でハンツーザ資料は鈴谷式タイプBとの共通点もあり、両者の間には何らかの関係があると推定しうる。その関係が通時的なもの（時期差）か共時的なもの（併行する隣接型式）か、あるいはその両方に跨るものかは全く不明であるが、ハンツーザの施文が鈴谷式タイプBよりもより複雑で密集している、という点に着目すると、タイプBよりやや古いことが想定しうる。この仮定も未だ想像の域を出ないが、鈴谷式タイプBの成立過程を解明するヒントとなろう。

2．Ⅱ期

　Ⅱ期での大きな変化は、鈴谷式タイプA2の縄線文土器がサハリン中部まで拡大し、ほぼ全ての底部形態が丸底化することである。サハリン中部と南部・北海道北端部との交渉が密接になったと解釈できよう。南北交渉活発化の影響は、前述のようにウスチ・アインスコエ竪穴例では櫛目文と縄目文の比率が拮抗する形であらわれ、道北端部側では底部形態が丸底化する形であらわれている。しかしこの時期でも北海道に櫛目文が存在しない点は、櫛目文＝北部中心・縄線文＝南部中心という地域差がこの時期まで温存されていることを示している。タイプB・タイプA2という細別型式が並立し、両者が明瞭に分離できる点はその現れといえる。

3．Ⅲ期から終末まで

　Ⅲ期になるとサハリンでは文様構成が単純化し、鈴谷式タイプC1が成立する。北海道では、北端部の遺跡群ではタイプC1が出土せず継続性が絶たれるが、道東オホーツク海沿岸でわずかではあるが新しくタイプC1が確認されるようになる。Ⅲ期のこのような変化は、北の櫛目文・南の縄線文という並立構造が崩れ、両者が融合して地域差が消滅する動きとしてとらえることができよう。また北海道で出土が激減する点からすると、この変化を縄線文伝統の衰退とみることも可能であろう。なお鈴谷式タイプC1は確認例こそ少ないがサハリン中部でも出土しており、Ⅲ期での変化が鈴谷式の分布域全体で生じたことがわかる。

　一方、タイプC1に後続するとみられる鈴谷式タイプC2は、タイプC1より狭い範囲でしか確認されていない。筆者が確認できた資料は、まとまった例としては鈴谷貝塚（大場1967）とスタロドゥプスコエⅡ遺跡1号住居址（Козырева1967）の例のみで、北海道やサハリン中部では確認できていない。資料数が限られる現状では分布域の縮小として扱ってよいか否か確言できないが、この問題は後述のよう

第Ⅰ部 続縄文土器の編年

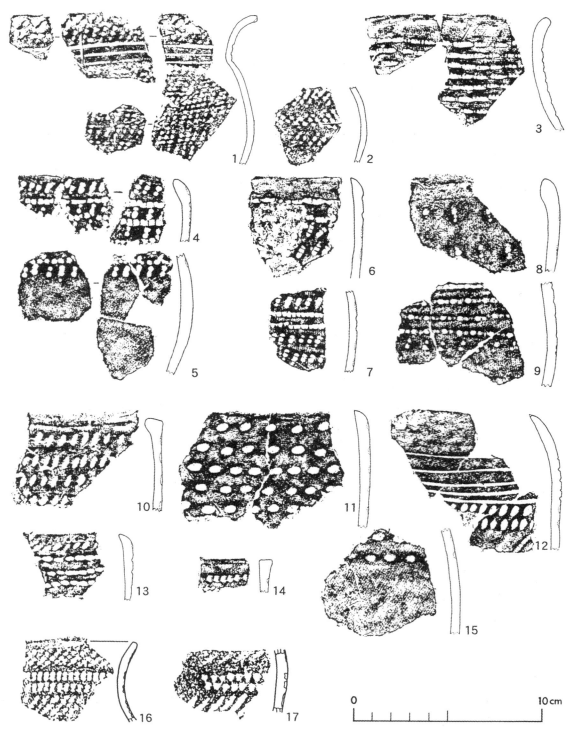

1～9：ハンツーザ（櫛目文）　10～15 ハンツーザ（刺突文）　16・17：ウゴールナヤ

図32　サハリン北部ハンツーザ・アムール河口部ウゴールナヤ出土土器

に重要である。

　次にオホーツク土器である十和田式の成立に関する問題について触れておこう。鈴谷式タイプC2の器形・文様と、後続する十和田式のそれとの間に型式学的な関連—特に「短刻線」の文様と「砲弾型」の器形に見る共通性—を認める意見がある（菊池1971、天野1977、山浦1985）。筆者もこの見解に賛同したいが、この点に関連性を認めたとしても鈴谷式タイプC2と古手の十和田式（天野1998、熊木2000b、天野・小野2002）の関係をとぎれのない型式変遷とみるのは難しい。両者がスムーズにつながるのか否か、つながらないとしたら第三の型式の影響があるのか否かなど、鈴谷式と十和田式の関係に関しては、現状でも不明な部分が多い。

　なお、十和田式土器の成立問題に関しては、分布の問題も重要である。十和田式の分布はサハリン南西端〜北海道北端を中心とする狭いもので（天野・小野2002）、先立つ鈴谷式や、後続するオホーツク刻文系土器と比較すると分布域の狭さが際だっている。このように分布域が縮小する背景や、かつて鈴谷式が分布していた地域（サハリン南東部やサハリン中部以北など）に十和田式や他の未確認の土器型式が分布するのか否か、という問題は、十和田式、ひいてはオホーツク文化の成立過程を考える上で避けては通れない案件であろう。鈴谷式タイプC2の時期に分布が縮小するように見えることとあわせ、今後の課題としたい。

第5節　各研究者の編年案および「旧編年」との対比

　ここでは、近年、各研究者が提示した編年案、及び筆者自身の「旧編年」と、本章の編年との異同についてコメントしておこう。

　大井晴男はオホーツク文化の成立過程に関して、「いわゆる鈴谷式土器によって示されるグループ」と「いわゆる十和田式土器によって示されるグループ」との間に「スタラドゥプスコエⅡ遺跡を残したグループ」を介在させる、との案を示した（大井1981：546-547）。大井の議論は人間集団の異同を問題にしており、本論で扱う土器編年とは対象や方法論が異なっているため単純な比較はできない。しかし筆者の編年は大井と考え方が近い部分があり、大井の議論からは有益なヒントを得ている。ただし大井は北海道の「いわゆる鈴谷式土器によって示されるグループ」と「スタラドゥプスコエⅡ遺跡を残したグループ」とを時間的にほぼ併行させているようであり、鈴谷式タイプAとCを時期差とし、両者間に連続する型式変遷を想定する筆者とはその点で意見を異にする。

　また筆者の編年は、小野裕子・天野哲也の編年と結論（遺跡単位の新旧関係）が一致する部分が多い（小野・天野2002）。しかし、筆者の土器の見方や型式編年の方法は小野・天野とは異なっており、特に小野・天野が示した「縄目文土器」が古く「櫛歯文土器」が新しい、との編年観は、「複雑から単純へ」という筆者のそれとの開きが大きい。結果としてウスチ・アインスコエ竪穴資料の位置づけや、鈴谷式タイプC2と十和田式の関係に関する部分などで齟齬が生じている。ただし、鈴谷式の変遷を「『縄目文』のグループ」と「『櫛歯文』のグループ」が接触するプロセスとみる、という小野・天野の問題設定の一部には同意する。筆者も「旧編年」の時点からこの枠組みで土器型式の編年をとらえてきた。

第Ⅰ部　続縄文土器の編年

　前田潮による編年（前田 2002：187-192）からは、一貫した型式変遷の流れを読みとることが困難なように思われる。また道北端部の資料の位置づけに関しては事実認定の段階から筆者との隔たりが大きい。ただし筆者は、タイプ A とタイプ B の施文のモチーフ・配置法が近いという点について、前田編年からきわめて重要な示唆を得ている。

　種市幸生による編年と筆者のそれとでは、オンコロマナイ例と香深井 B 例の序列が逆転している（種市 1997：95）。種市編年の論拠は、オンコロマナイ遺跡内で丸底→平底という変遷が想定できる、という点にあるようである（種市 1980：206）。筆者の考えは本文及び注 6 で言及したので繰り返さない。

　筆者自身の「旧編年」と本論の違いであるが、もっとも大きな進歩は鈴谷式タイプ C1 を提唱した点にある（注 10）。「旧編年」の時点で筆者はタイプ C1 という細別型式の存在をほとんど意識しておらず、結果としてアジョールスクⅠ遺跡第 2 層の土器群をオンコロマナイに併行させるという誤りを犯してしまった。タイプ C1 という細別型式の設定と、それによって示された「複雑から単純へ」との変遷観こそが本章の要点である。

第6節　成果と課題

　従来、縄線文の鈴谷式はサハリン南部〜北海道北端部を中心に、櫛目文の鈴谷式はサハリン中部〜南部を中心に分布すると考えられてきた。そのこと自体は今日でも正しいと考えられるが、縄線文＝南部、櫛目文＝北部という二分法的な理解が支配的になってしまったためか、縄線文・櫛目文をさらに細別するという発想は近年まで生まれてこなかった。しかし、縄線文＝南部、櫛目文＝北部という単純なとらえ方では、ウスチ・アインスコエ竪穴資料や北海道東部の櫛目文例をうまく説明できなくなってきている。一方、最近の各研究者の編年ではこの問題に配慮はされているが、土器そのものの系統的な変遷観の提示が不十分であると筆者には思われるし、各地域・遺跡での土器出土状況を説明しきれていない部分がある。同じ問題点は残念ながら「旧編年」の一部にも存在していた。

　本章では「複雑から単純へ」という変遷観を新たに提示し、遺跡での出土状況を基にそれを検証することによって、以上の問題の解決を試みた。その結果、櫛目文と縄線文というかたちで北と南に分かれていた 2 つの型式が段階を追って融合してゆく、というプロセスが明らかになってきた。続縄文土器の北方進出に端を発する縄線文と、サハリン以北・以西の伝統に連なる櫛目文が融合してゆくという動きは、鈴谷式に後続するオホーツク文化の系譜や成立過程と関連する流れとして注目される。

　しかしオホーツク文化の成立・展開は、もう少し広い範囲での動向を視野に入れて考えなければならない。本文にも触れたように、鈴谷式〜十和田式〜刻文系土器に至る時期の状況がある程度具体的に判明しているのは、十和田式の分布するサハリン南西端〜北海道北端部においてのみである。これ以外の地域、特にロシア極東地域との接点であるサハリン北部やアムール河口部、鈴谷式の段階では遺跡が存在するサハリン南東部などでは、十和田式の併行期にいかなる動きがあったのか不明のままである（臼杵・熊木 2003）。オホーツク文化の成立過程を考える上で、鈴谷式から十和田式への変化プロセスを追うことがもっとも重要であることは疑いないし、本論もその点について一定の成果を収めたと考えてい

る。しかしオホーツク文化の成立・展開がロシア極東地域の動向と無関係ではあり得ない以上、今後は周辺地域との交渉を含めた広い範囲のなかでオホーツク文化の成立過程をとらえ、解明していく必要があろう。

【追記】

最近、筆者と福田正宏・國木田大は鈴谷式期に関する年代測定と検討をおこなったが（熊木ほか2017）、その結果の一部には本章の型式編年と相容れない部分が認められた。具体的な内容については第Ⅲ部第1章にて述べるが、どちらかの結果に誤りがあるとしても現在の資料の状況ではそれを具体的に指摘するのは難しく、矛盾の解消は困難である。ここでは結論に齟齬が生じている現状を指摘するに止め、その解決は今後の検討課題としておきたい。

注

（1）鈴谷式の底部形態には様々なバリエーションがある。本章では煩雑さを避けるため、いわゆる「乳房形」の尖底と文字通りの丸底の器形を一括し、丸底として扱うことにする。

（2）これら北海道の出土土器群について、一部を既存の型式（遠淵式・メクマ式）に含める見解もあるが（菊池1981）、筆者は岡田宏明などと同様（岡田1967）、すべて鈴谷式に含める立場をとっている（熊木1995）。なおサハリンとの地域差を重視して新たな型式を設定する山浦清の立場は理解できるが（山浦1985）、ここは同一型式の地域差ととらえておく方が型式の実態に近く、全体状況を把握しやすいと考えられる。

（3）香深井B遺跡では2例（大場・大井編1981：第532図19・第574図）、役場遺跡でも2例（内山編1995：第10図50・第13図109（本文図26-8））丸底ないしそれに近い例があるが、4例中3例はミニチュアないし小型の土器、あるいは特殊な器形である。オンコロマナイ遺跡には平底とされる土器が2例がある（泉・曽野編1967：Fig.1-5・Fig.2-6）が、底面が小さく不安定な形態をしており、上記2遺跡の平底例とは形態・製作技法ともに異なる。筆者は丸底の先端が土器製作時につぶれた結果の「平底」であると考えている。なお、前田潮は役場遺跡とオンコロマナイ遺跡の平底例（内山編1995：第13図108（本文図26-7）・泉・曽野編1967：Fig.2-6）について「はじめ丸底に成形し、その後、底部の外側から粘土を巻きつけて平底に仕上げる」と述べているが（前田2002：190）、筆者の観察ではそのような技法は確認できなかった。

（4）これに近い指摘は、大井晴男によって当時すでになされていた（大井1981：544-545）。

（5）筆者は現在では、大別の根拠として、製作技法上の差以上にデータfの事実が重要であると考えている。

（6）実は当時すでに、香深井Bとオンコロマナイが時期差であるとの指摘はなされており（大井1981）、さらに香深井B→オンコロマナイという編年が山浦によって提示されていた（山浦1985）。そこにあえて筆者が「旧編年」を提出した意図は、他の続縄文土器との型式学的対比や、土器以外の編年に頼らなくとも、鈴谷式土器自体の層位的出土例と型式学的検討に基づいて編年を行うことは可能であるという、方法上の転換を示すことにあった。しかし、筆者の意図と成果はその後に発表された各研究者の編年（種市1997：95、前田2002、小野・天野2002）では重要視されていない。「旧編年」以後の各研究者の編年と筆者の間には、編年そのものの違いもさることながら、方法論上も隔たりがある点に注意されたい。

第Ⅰ部　続縄文土器の編年

（7）ピラガ丘遺跡第Ⅱ地点例の文様については、報告書では「縦に押捺した縄目文」（米村ほか1972：62）とある。しかし筆者の観察では施文原体は先端が4叉、もしくは5叉となる櫛目文で、縦に施文した後、器面調整等によって表面が一部磨り消されているように見受けられた。なお、この土器の実測と掲載に関しては斜里町教育委員会の松田功氏の協力を得ている。この場をお借りしてお礼を申し上げる。

（8）この推論はデータcと矛盾していると思われるかもしれない。この点については本文中に後述する。

（9）ここで「旧編年」で述べた後北C₂・D式との編年対比を訂正しておく。「旧編年」では、オンコロマナイ出土土器に施されていた同心円のモチーフ（岡田1967：Plate25）を根拠に、本論で言う鈴谷式タイプA2と大沼編年の「一般的な後北C₂・D式土器」を併行させた。しかしこれはやや軽率であった。なぜならば同心円のモチーフ自体は、道東北部の編年で言えば宇津内ⅡaⅡ式（第Ⅰ部第1章）から後北C₂・D式Ⅱ期（第Ⅰ部第3章）にわたって継続的に認められるのに対し、オンコロマナイ例の文様はある時期にピンポイントで比定できるほど特徴的なものではないからである。

　一方「旧編年」でも引用したが、常呂川河口遺跡57号竪穴では、床面よりやや浮いた位置から鈴谷式タイプC1（図30-11）と北大Ⅰ式が、床面から筆者編年の後北C₂・D道東4a式が出土している（武田編2002）。「旧編年」では出土状況から、この鈴谷式は後北C₂・D式と同時期か、それ以後に位置づけられると考えたが、これもやや早計であった。というのも、この出土例から3者中の2者のみを抜き出し、併行と位置づけるならば層位に対する恣意的な解釈となるからである。一方、報告者の武田修は、この三者の土器が「極めて近い時間関係」にあったことを想定している（同上：78）。武田の見解にも補足が必要であろう。なぜならは、筆者の編年からすると後北C₂・D道東4a式と北大Ⅰ式が同時期であるとは考え難く（第Ⅰ部第3章）、この例を3者の併行としてとらえるならば型式編年や他の遺跡の出土状況と齟齬が生じてしまうからである。現在、筆者は、武田のいう「極めて近い時間的関係」は「廃棄の同時性」ととらえるべきで、廃棄時に複数時期にわたる資料が混入したと考えている。しかし、それを直接証明するデータがないことも事実である。よってこの常呂川河口遺跡例の扱いについては今後の研究に委ねたいと思う。

　上記以外の遺跡のデータからは、タイプAの鈴谷式が「後北式のいずれかに伴うという以外に、確定的なことはいえない」（熊木1996：16）のが現状である。よって本論では「旧編年」の編年対比を撤回し、「鈴谷式タイプAは、後北C₂・D式前後と併行する可能性がある」との立場まで後退することにする。

（10）「旧編年」の時点で筆者は、鈴谷式タイプC2を細別型式として設定しうる可能性については意識していたが、他の鈴谷式との関連について説明不能であったため明言を避けていた。「タイプC1」という細別の意識が欠けていたため、合理的な説明ができなかったのである。

112

第Ⅱ部

オホーツク土器の編年

第1章　香深井Ａ遺跡出土オホーツク土器の型式細別と編年

第1節　はじめに

　北海道北部のオホーツク土器型式編年を構築する際にもっとも重要となる資料は、礼文島香深井Ａ遺跡（注1）（大場・大井編1976、大場・大井編1981）の出土土器群であろう。この土器群は、出土量が道北部のなかで随一であるとともに、土器群を包含していた複数の土層が「きわめて明らかな層位的関係をもって堆積」（大井1982a：（上）23）していたと報告されている。型式編年の検討に適した条件を有しているという意味で、まさに避けては通れない資料である。

　この香深井Ａ遺跡出土土器群に対しては、すでに大井晴男が「型式論的変遷」に関する考察をおこなっている（大井1982a）。大井はこの論文の中で後述するような独自の「型式論」を展開して伊東信雄によるサハリンのオホーツク土器編年（伊東1942）を批判し、さらには伊東編年が立脚していたと考えられる、山内清男による土器型式編年の方法（山内1932、山内1937、山内1964）についても「方法論をして有効ではありえない」（大井1982a：（下）33）との評価を下した。

　この大井の説（以下、大井「型式論」と略）に対しては、すでに林謙作の反論がある（林1991）。ただし林の反論は縄文土器研究の事例を根拠としたもので、オホーツク土器そのものの分析に基づいた直接的・具体的な反論ではなかった。また、代案となる編年の提示という形で大井と異なる見解がこれまでにいくつか発表されたが（右代1991、柳澤2008など）、そこでは大井「型式論」に対する有効な批判はほとんどなされておらず、議論はかみ合っていない。大井「型式論」は香深井Ａ遺跡の調査成果と直結しているのであるから、香深井Ａ遺跡出土資料を用いて大井とは異なる編年を論じるならば、大井「型式論」に対する批判的検討が必要となるはずである。

　このような現状を踏まえ、近年、榊田朋広・福田正宏と筆者は大井「型式論」の抱える方法論的な問題について批判した（榊田ほか2007）。この論文に対しては、大井と近い方法論的立場をとる小野裕子・天野哲也が反論を試みているが（小野・天野2008）、議論が抽象的な内容に終始した感があり、結論は平行線を辿っている（注2）。もっとも、議論がかみ合わなかった責任の一端は、大井「型式論」に対して具体的な資料に基づいた批判を提出しなかった筆者らにもあった。

　以上の現状認識と反省点を踏まえ、本章では香深井Ａ遺跡出土土器、ならびに大井「型式論」の再検討を中心に据えて、道北部のオホーツク土器編年を具体的な資料に基づいて再構成する（注3）。分析・記述に煩瑣な部分があるが、大井「型式論」への反論を具体的に述べる必要があったので、止むを得ず微に入った議論を展開した。読者のご寛恕をお願いする次第である。

第Ⅱ部　オホーツク土器の編年

第2節　大井晴男による「型式論」について

　はじめに、大井による香深井A遺跡出土土器群の分析と、大井「型式論」の要点について再確認しておこう。

　大井はまず、香深井A遺跡で確認された各魚骨層（魚骨層Ⅰ～Ⅵ）について、「相互の間に資料の混淆が起る可能性はほとんどない」（大井1982a：（上）23-24）ことを強調した。そしてそのような層位的関係を前提とした上で、同遺跡出土オホーツク土器の「器形」と口縁部の「文様要素」につい図33・図34上段のような分類をおこない、各魚骨層別に集計した（図34下段）。この集計結果から導き出された考察と結論は以下のようなものであった。

　ア）香深井A遺跡の「器形」と「文様要素」は、それぞれ漸移的に推移し、同一の層位中には複数の型式学的特徴が共伴する。例えば、図34下段の魚骨層Ⅲでは、沈線文系・刻文系・刺突文系の文様要素が共伴している。

　イ）よって、伊東がおこなったように（伊東1942）、「器形」かつ／または「文様要素」を指標としてオホーツク土器の型式細別をおこなうならば、複数の型式が香深井A遺跡の各魚骨層中で共伴することとなる。伊東は土器型式を「互いに重複しないものとして、縦の関係で編年」（大井1982a：（上）37）していたわけであるが、そのような型式編年は香深井A遺跡の調査成果とは矛盾する。よって、伊東の方法でオホーツク土器の型式を設定するならば、それらの各型式は「編年的」単位とはならない。

　ウ）香深井A遺跡での型式変遷がオホーツク土器一般の変遷と異なっていたと考える理由はないので、以上のような「漸移的な型式論的変化」はオホーツク土器全般の特徴とすることができる。

　以上の大井「型式論」に対し、筆者は下記の点について議論の余地があると考える。

　第一は、層位と型式のクロスチェックに関する問題である。大井「型式論」は、香深井A遺跡の層位間で混淆がないことを前提として成立している。しかし、そもそも層位と型式は「相互に他を前提とする意味での循環関係にある」（大塚2000：56）わけであるから、「層位は型式に優先する」という前提を無条件に採用することはできないはずである。

　もっとも大井は、香深井A遺跡の「型式論的変遷」が順調であること、すなわち図34下段のセリエーショングラフが順調に推移している点も層位に混淆がないことの傍証となる、とも述べている。その論理からすると型式学的見地からも層位の検証が一応はおこなわれており、一方的に層位を優先させているわけではないというべきかもしれない。それでは香深井A遺跡で認められるとされる、「複数の細別型式の共伴」（3型式以上の共伴）は他の遺跡でも確認できるのであろうか。筆者はむしろ、1型式単純の、あるいは2型式のみから構成されている遺跡など、細別型式間の「区切り」で遺跡が断絶する例を示すことによって、大井の説に疑問を投げかけてみたい。

　問題の第二は、型式変化を実態に即してとらえているか、という点である。大井は土器型式のあり方について、「一定の型式論的特徴をそなえた一群の土器がそのままの形である期間存続するわけではない」としている（大井1982a：（上）37）。しかし実は、大井「型式論」で分析されているのは様々な型式

116

第1章　香深井A遺跡出土オホーツク土器の型式細別と編年

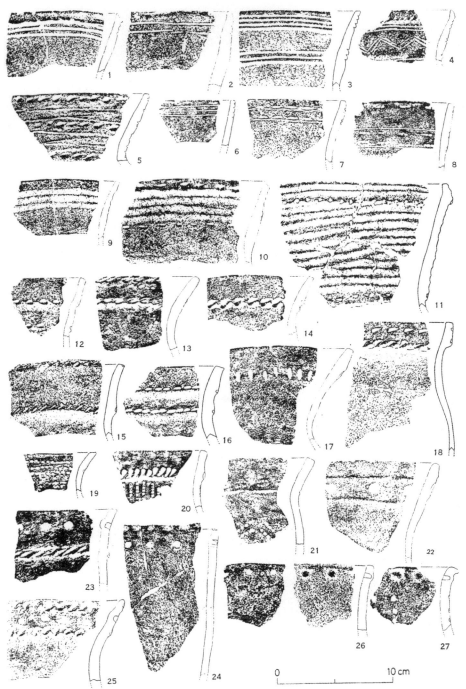

1～4: 沈線文　5～8: 沈線文＋刻文等　9～11: 摩擦式浮文　12～14: 爪形文
15～18: 刻文　19～22: 型押文　23～25: 円形刺突文　26・27: 突瘤文

図33　大井による文様要素分類（大井 1982a）

第Ⅱ部　オホーツク土器の編年

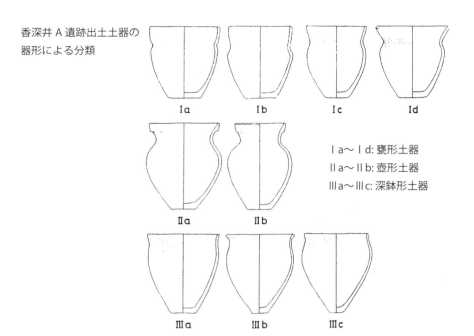

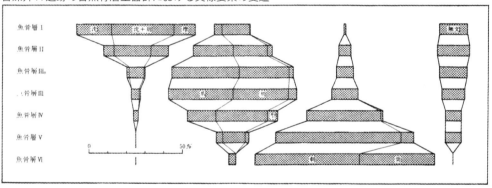

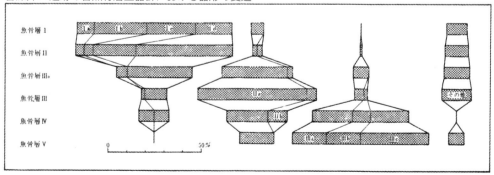

図34　大井による器形分類（上）と香深井A遺跡の各魚骨層における属性の変遷（下）（大井1982a）

学的特徴を備えた、言うなれば「属性の束」としての「土器そのもの」ではない。そこでは各属性群が「文様要素」と「器形」というわずか二つの指標に還元・単純化され、しかもそれら二つの指標が各々独立した形で分析されているだけである（林1991）。

　確かに、口縁部文様要素を型式細別の指標とした大井の判断は大筋では正しい。しかし我々が土器型式を認知し弁別する際には、一つないし二つの指標のみを基準とする場合は少なく、時期差を敏感に反映するいくつかの属性を構造的に把握して型式のすがたをイメージし、判断している場合が多いのではないだろうか（林1990）。このように「複数の属性の組み合わせ」に着目してオホーツク土器を分析した場合、後述のように刺突文系の土器と刻文系の土器の関係は相対的に排他的であるが、刻文系と沈線文系の土器の関係は相対的に漸移的であるなどという評価が可能となり、型式間の関係は一様ではなくなる。すなわち、型式設定の基準や方法如何では、香深井A遺跡における土器型式変化の実態は、大井の言うような「全く一連の漸移的な推移」ではないことになる。このように本論では、大井「型式論」とは逆に型式変化の実態が「単調ではない」ことを明らかにする。「単調ではない」とは、型式変化は「一定の型式論的特徴をそなえた一群の土器がそのままの形である期間存続する」という説明に近くなる時期もあるし、また逆に「複数の型式論的特徴が（中略）重複しながら漸移的に推移してゆく」（大井1982a：（上）37）というあり方に近くなる時期もある、という意味である。

　話が少々複雑になったので単純化して整理し、何を検証するのかについて見通しを示しておこう。

　大井「型式論」では、A、B、Cという三つの型式は時間的に併存しつつ、A：B：Cの割合が変化する、というかたちで変遷することになっている（注4）。それに対し筆者は、このA、B、C型式の変化はA→B、次にB→B'、さらにB'→Cと言う順で起こることを示す。そして少なくともAとCについては型式学的な関連性が薄く、さらにAとCは層位的にも共伴する可能性が低いことをいくつかの遺跡例から論証する。A、B、Cの三者が併存する時期がないのであれば、大井の言うような「型式論的変遷」は成立し難いことになる。さらに筆者はAとBの「類似する度合い」と、BとCの「類似する度合い」とが異なることを示し、AからCに至る型式変化の過程は「全く一連の漸移的な推移」だったのではなく、型式変化そのもの、さらには型式変化を生じさせた背景がAからCに至る期間内で一様ではなかった可能性を示唆する。以上が本章の趣旨である。

　本章の構成であるが、まず先に香深井A遺跡出土土器に対して型式学的な再検討をおこない、大井とは異なった型式細別を設定する。次に香深井A遺跡以前と以後の諸型式を補完して道北部の土器型式編年全体を再構成する。さらに香深井A以外の遺跡での出土状況と香深井A遺跡の「層位的関係」とを対比して両者の矛盾を指摘し、香深井A遺跡の「層位的関係」には再検討の余地が残されていることを指摘する。以上の順序で道北部のオホーツク土器編年を再検討してゆく。

第3節　香深井A遺跡出土土器の型式学的再検討

1．分類対象となる属性と分類項目

　ここでは香深井A遺跡出土土器（注5）の型式学的特徴を新たに分類し直して再検討する。

第Ⅱ部　オホーツク土器の編年

　まずは時間軸に沿って変化する属性を抽出する。そのような属性として挙げられるのは、やはり「器形」と口縁部「文様要素」であり、それらに含まれる諸属性が型式細別の指標として有効であることは疑いない。問題は、それらの諸属性のなかから時期差を敏感に反映しているものをうまく抽出し得るか否か、そして抽出した属性を時系列に沿った組列へと誤りなく配列できるか否かであろう。

　ここではまず「器形」「文様要素」をより詳細な属性に分解し、各属性について大井とはやや異なる分類を試みる。なお各属性中の分類項目の配列順は、基本的に古手の特徴から新手の特徴へ、という順序に並べてあるが、この配列順については後ほど検証する。

口縁部文様要素（図35・表14）

　大井の分類を基本としてさらに細別をおこない、図35および表14のように15の項目を設定する。複数の文様要素が併存する場合は、より珍しい方の（少数例の）項目へ分類する。

　なお大井の分析結果によれば、表14の「無文」（15）は各時期を通じて一定程度見られることが判明しているので、図35・表14の「突」（1）から「貼」（14）までを時間軸に沿った旧→新の配列として仮設する。

口縁部施文位置（図36）

　口縁部のどの位置に施文されているか、という属性である。大井分類でもこの属性は意識されているが、文様要素との相関が強いためか、大井の分類では「文様要素」に含めて記述されている。ここでは文様要素から独立させ、図36のように分類項目を設定する。この属性を分類基準に採用する主な意図は刻文系の土器を細別することにある。

　「直下」・「屈曲」は刺突文系文様、「下縁」は刻文系文様にそれぞれ特有の施文位置である。「面」は複数の文様列が口縁部の広い面積にわたって施文される例を基本とする。沈線文系文様に特有の施文位置であるが、刻文系文様が施文される例も少なからず存在する。なお、刺突文系文様が「直下」・「屈曲」の位置以外に施文されている例は「面」に含めた。

　ここでは図36-5の「施文なし」を除いた図36-1（「直下」）から図36-4（「面」）までを旧→新の配列として仮設しておく。

口縁部肥厚帯の形（図37）

　大井の「器形」分類では、器形のモデルを設定し、実際の器形がどのモデルにもっとも近いかを判別するという方法を用いている。しかしこの方法は判別が主観的になりやすく、また、分類の基準に複数の属性（土器のプロポーション、肥厚帯の有無等）が採用されているため判別基準がわかりにくい、という問題がある。よって、ここでは大井の「器形」に関する諸属性を、「口縁部肥厚帯の形」と「プロポーション」の二種類に分けて再構成する。

　口縁部肥厚帯の形については図37のように分類する。「無1」と「無2」は本来「肥厚帯なし」として一括すべきかも知れないが、型式組列を編年上有効なものとするために断面形によって分けた。

　ここでは図37-1（「無1」）から図37-4（「無2」）までを旧→新の配列として仮設しておく。

土器上半部のプロポーション（図38）

　プロポーションの分類には、モデルではなく計測値による比率尺度を用いる。完形土器が少なく上半

第1章　香深井A遺跡出土オホーツク土器の型式細別と編年

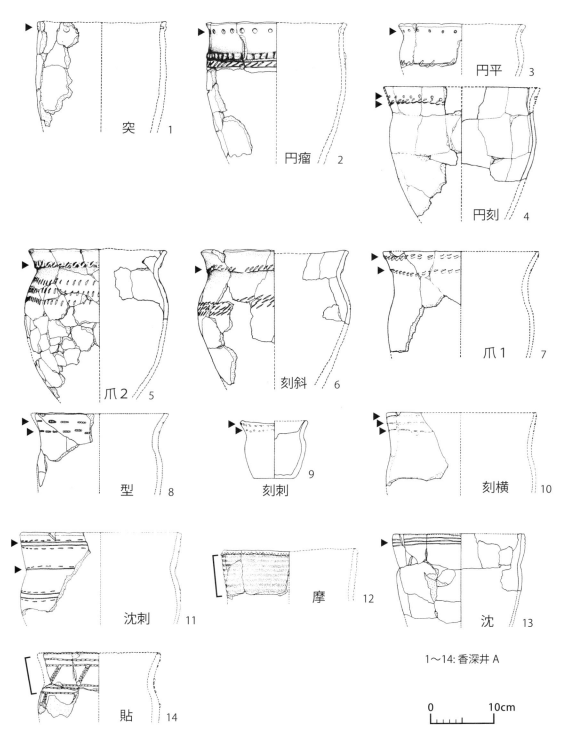

図35　口縁部文様要素の分類

第Ⅱ部　オホーツク土器の編年

大分類	番号	略号	名称	説明	大井分類との対応
刺突文系文様	1	突	突瘤文	器面の内面から断面円形の施文具を刺突し、外面に瘤を作る	「突瘤文」と同じ
	2	円瘤	円形刺突文（内面瘤あり）	断面円形で棒状ないし竹管状の施文具を器面外面から刺突し、内面に瘤を作る	「円形刺突文」の一部
	3	円平	円形刺突文（内面瘤なし）	2と同じ施文具・施文法を用いているが、内面に瘤を作らない	「円形刺突文」の一部
	4	円刻	円形刺突文と刻文系文様の併存	1～3の刺突系文様と、刻文系文様が併存するもの	「円形刺突文」の一部
刻文系文様	5	爪2	2本の指による爪形文	親指と人差し指など、相対する二本の指の爪を用いて施す。つまんでひねるものと、ほとんどひねらないものがある	「爪形文」の一部
	6	刻斜	縦～斜め方向の刻文	棒状の施文具の先端を器面上で縦～斜め方向に動かして刻みつける	「刻文」の一部
	7	爪1	1本の指による爪形文	一本の指の爪で刻みつける	「爪形文」の一部
	8	型	型押文	先端が櫛歯状に分かれた施文具をスタンプのように押捺する。なお「型」と他の種類の刻文系文様が併存する例はここに分類する	「型押文」の一部
	9	刻刺	刺突文	1～3以外の施文具で刺突する。器面上で施文具を動かさない点で6・10と異なる	「刻文」・「型押文」の一部
	10	刻横	横方向の刻文	棒状の施文具の先端を器面上で水平に動かして刻みつける。なお「刻横」と他の種類の刻文系文様が併存する例はここに分類する	「刻文」の一部
沈線文系文様	11	沈刻	沈線文と刻文系文様の併存	刻文系文様と、13の沈線文が併存するもの	「沈線と爪形文・刻文・型押文が複合施文される場合」と同じ
	12	摩	摩擦式浮文	太い棒状の施文具あるいは指などで器面をなでつけてできる凹面の線を隣接させ、複数の凹凸線を作出する。刻文が併存する例も含む	「摩擦式浮文」と同じ
	13	沈	沈線文	12を除く、様々な太さの沈線文。口唇部外縁に刻みを併存する例を含む	「沈線文」と同じ
その他の文様	14	貼	貼付文	道東部のオホーツク土器に多く見られる、細い粘土紐を貼り付けた文様	「貼付式浮文」※と同じ
	15	無	無文	胴部にいずれかの文様があっても、口縁部が無文のものはここに含める。多くの例は胴部を含めて全くの無文	「無文」

※大井1982aでは省略されている。大場・大井編1981では記載がある。

表14　口縁部文様要素分類一覧表

第1章　香深井A遺跡出土オホーツク土器の型式細別と編年

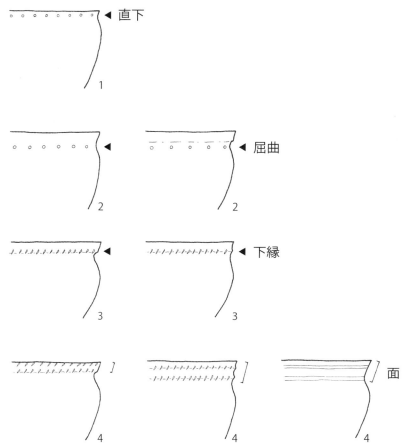

番号	略号	名称	説明
1	直下	口唇の直下	口唇の直下に文様を水平に巡らせる。刺突文系文様に特有の施文位置。複数の文様要素が併存する場合でも、刺突文系文様がこの位置に施文されている場合はここに分類する
2	屈曲	頸部の屈曲部	口唇部よりかなり下の、頸部の屈曲部に文様を水平に巡らせる。刺突文系文様に特有の施文位置。複数の文様要素が併存する場合でも、刺突文系文様がこの位置に施文されている場合はここに分類する
3	下縁	肥厚帯の下縁	断面方形もしくは稜状の肥厚帯の、下縁部にのみ文様を巡らせる。口唇部外縁にも施文される例は4に分類する。刻文系文様に特有の施文位置
4	面	口縁部の面	1〜3以外。すなわち、肥厚帯の有無とは無関係に、口縁部の全面もしくは一部に水平方向に文様が施文される。多くの場合、文様要素列は複数になる。沈線文系文様に特有の施文位置であるが、刻文系文様がこの施文位置に施される場合も多い。なお、刺突文系文様が1・2以外の位置に施文される場合はここに分類する
5	無	施文なし	口縁部に施文がないもの

図 36　口縁部施文位置の分類

123

第Ⅱ部　オホーツク土器の編年

部しか遺存していない例が多いので、土器上半部のプロポーションのみを分析対象とする。

　図38のように頸部のもっとも括れた部分の径をa、胴部最大径をb、口縁部からaまでの高さをc、口縁部からbまでの高さをdとし、頸部の括れ度合い（a/b）と口縁部の高さ比（c/d）を算出する（注6）。大井のモデルに従えば、古い方から大井のⅢ群（a/bが大きくc/dが小さい）→Ⅱ群（a/bとc/dがともに小さい）→Ⅰ群（a/bとc/dがともに大きい）、という型式変化が想定できる。

　実際の土器の計測値をプロットしたのが図38のグラフである。データの分布は散らばっており、グループ別の凝集は形成されていない。すなわちプロポーションの変異は漸移的になるので、分類は任意の基準でおこなうことになる。ここでは時系列に沿った変化を把握するため、プロポーション以外の属性との相関を参考に分類基準を設定する。

　プロポーションと他の属性の相関関係を示したのが図39のグラフである。大井のモデルから予測された器形変化との相関が強いのは、文様要素（図39上段のグラフ）と口縁部施文位置（図7中段のグラフ）である。この二者のうち各グループ別の凝集がより明確なのは後者すなわち口縁部施文位置との相関であるので、これを分類基準に採用する。

　口縁部施文位置の「直下・屈曲」例と「下縁」例、「下縁」例と「面」例の各2グループ間に対して線形判別関数を用いた判別分析（注7）をおこなうと、図40のようになる。グラフ中の境界線に挟まれた四つの領域をA・B・C・Dとすると、領域Cは「下縁」、領域Dは「面」を主体とする領域となる。領域Aでは「直下」・「屈曲」と「面」が共存するが、器形全体の類似を示すものではないと考えられる（注8）。よって領域Aの土器のうち「直下」・「屈曲」のものをA1、それ以外のものをA2とする。一方領域Bでは「直下」・「屈曲」を主体としながら「下縁」も共存する。この共存は漸移的変化をあらわす可能性がある。

　以上、領域Aの土器は施文位置を基準にプロポーションA1とA2に分け、領域B・C・Dの土器はそのままプロポーションB・C・Dと読み替え、計5種類の分類項目を設定する。旧→新の序列はA1・B→C→D・A2と仮定されよう（注9）。

2．属性の組み合わせと細別型式の設定

　4種類の属性をクロス集計したのが表15である。古手の属性は別の古手の属性と、新手の属性は別の新手の属性と結びつく傾向にあり、各種類の序列間に不整合はほとんど生じていない。意図的に属性間の相関が強くなるよう設定した分類もあるので、この結果はある部分では当然ではあるが、前節で仮設した属性の新旧関係は検証できたといえる（注10）。すなわち、いずれの属性も型式細別の指標として有効であることが立証されたといえよう。

　次に、これら各属性の組み合わせに基づき細別型式を設定する。まずは頻繁に見られる属性の組み合わせパターンを抽出してみよう。4種類の属性全ての組み合わせパターンと該当する個体数を示したのが表16である。個体数の分布傾向をまとめてみよう。

ア）刺突文系文様のグループでは、文様要素「刺突文系」・施文位置「直下」・肥厚帯「無1」・器形「B」の組み合わせが圧倒的に多い。図40のグラフに見たように「直下」の個体の場合、プロポーション

第1章　香深井A遺跡出土オホーツク土器の型式細別と編年

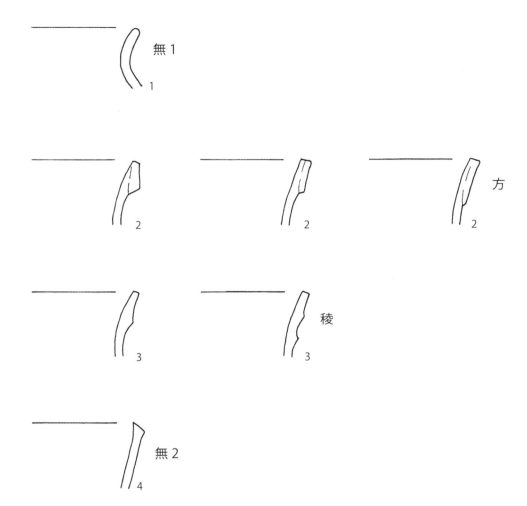

番号	略号	名称	説明
1	無1	肥厚帯なし（1）	肥厚帯を持たないもののうち、口唇部近くで緩やかに外反する例。口唇面は丸みを帯び、面取りはない。刺突文系文様と結びつく
2	方	断面が方形もしくは三角形の肥厚帯	断面が方形、もしくは三角形の肥厚帯を有する例。断面がやや厚手のものから、薄くて幅広のものまで多少の変異がある。肥厚帯の段数は1段が多い。壺型の器形と結びつく例が多い
3	稜	断面が稜状の肥厚帯	口縁部の下縁部分に薄手で断面が稜状の肥厚帯を有する例。紐状の粘土を貼り付けて稜部分を作る例と、ナデ等の調整によって稜部分を作る例の両方がある。肥厚帯の段数は1段のほか、複数の段を持つ例も多い
4	無2	肥厚帯なし（2）	肥厚帯を持たないもののうち、口縁部が直線的に立ち上がる例。大きく緩やかに外反したり、口唇部近くで内灣する例もある。口唇面に面取りが施され、外傾する例が多く見られる。刺突文系以外の文様と結びつく

図37　口縁部肥厚帯の分類

第Ⅱ部　オホーツク土器の編年

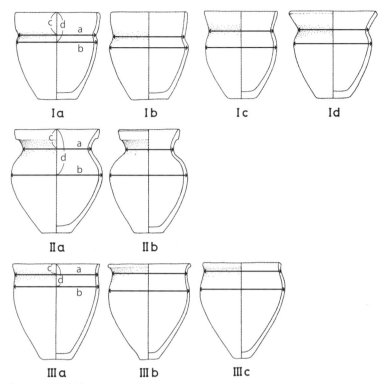

くびれ度＝a/b　高さ比＝c/d
器形ⅠとⅡの判別はくびれ度と高さ比で、ⅡとⅢの判別はくびれ度で、ⅠとⅢの判別は高さ比で行えると仮定できる

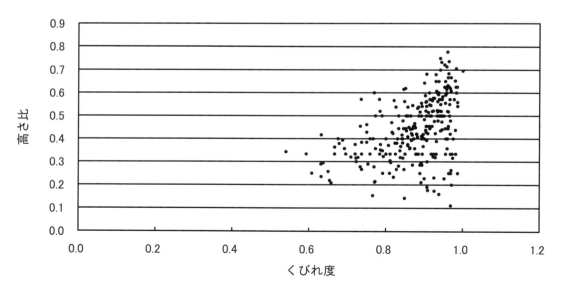

図 38　器形（土器上半部プロポーション）の分類

第1章　香深井A遺跡出土オホーツク土器の型式細別と編年

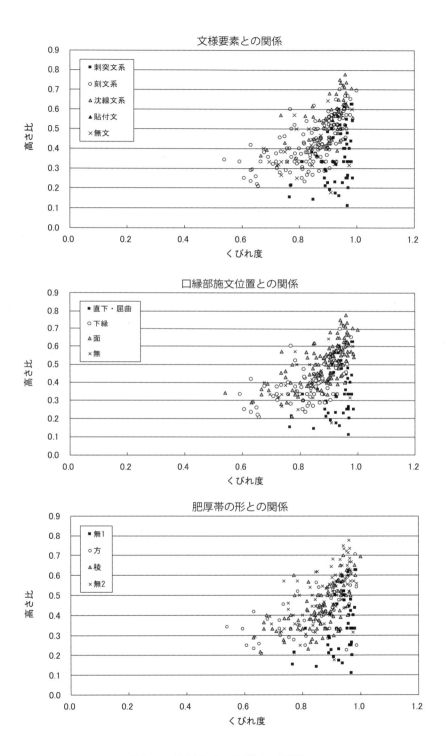

図 39　器形と他の属性との相関

第Ⅱ部 オホーツク土器の編年

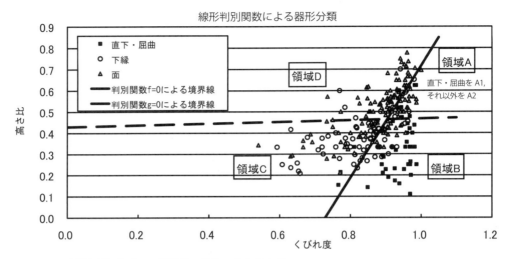

くびれ度a/bをx、高さ比c/dをyとしたとき
直下・屈曲グループと下縁グループの正準判別関数 f=13.443x-5.083y-9.800
下縁グループと面グループの正準判別関数 g=-0.375x+9.192y-3.947
※f・gとも係数は標準化されていないもの

標準化された正準判別関数係数

	f	g
くびれ度a/b	1.079	-0.033
高さ比c/d	-0.605	1.020

※直下・屈曲／下縁の判別ではくびれ度が、下縁／面グループの判別では高さ比が重要な説明変数と言える

正準判別関数による分析結果1

		判別関数による予測		合計
		直下・屈曲	下縁	
元データ	直下・屈曲	37 (82.2%)	8 (17.8%)	45 (100.0%)
	下縁	14 (21.9%)	50 (78.1%)	64 (100.0%)

※元データのうちの79.8%が判別関数により正しく分類された

正準判別関数による分析結果2

		判別関数による予測		合計
		下縁	面	
元データ	下縁	51 (79.7%)	13 (20.3%)	64 (100.0%)
	面	41 (31.5%)	89 (68.5%)	130 (100.0%)

※元データのうちの72.2%が判別関数により正しく分類された

図40 線形判別関数による器形分類

第1章　香深井A遺跡出土オホーツク土器の型式細別と編年

表15　属性のクロス集計表

口縁部施文位置

口縁部文様要素	直下	屈曲	下縁	面	無	計
突	3 (100.0%)					3 (100.0%)
円瘤	49 (80.3%)	9 (14.8%)		3 (4.9%)		61 (100.0%)
円平	8 (66.7%)	2 (16.7%)		2 (16.7%)		12 (100.0%)
円刻	2 (14.3%)	4 (28.6%)		8 (57.1%)		14 (100.0%)
爪2			27 (75.0%)	9 (25.0%)		36 (100.0%)
刻斜			36 (57.1%)	27 (42.9%)		63 (100.0%)
爪1			21 (44.7%)	26 (55.3%)		47 (100.0%)
型			7 (41.2%)	10 (58.8%)		17 (100.0%)
刻刺			5 (20.8%)	19 (79.2%)		24 (100.0%)
刻横			2 (11.1%)	16 (88.9%)		18 (100.0%)
沈刻				50 (100.0%)		50 (100.0%)
摩				17 (100.0%)		17 (100.0%)
沈				15 (100.0%)		15 (100.0%)
貼				1 (100.0%)		1 (100.0%)
無					41 (100.0%)	41 (100.0%)
計	62 (14.8%)	15 (3.6%)	98 (23.4%)	203 (48.4%)	41 (9.8%)	419 (100.0%)

口縁部肥厚帯の形

口縁部文様要素	無1	方	稜	無2	計
突	3 (100.0%)				3 (100.0%)
円瘤	54 (80.3%)	4 (6.6%)	3 (4.9%)		61 (100.0%)
円平	9 (75.0%)	2 (16.7%)	1 (8.3%)		12 (100.0%)
円刻	4 (28.6%)	2 (14.3%)	8 (57.1%)		14 (100.0%)
爪2	14 (38.9%)	20 (55.6%)	2 (5.6%)		36 (100.0%)
刻斜	20 (31.7%)	37 (58.7%)	6 (9.5%)		63 (100.0%)
爪1	13 (27.7%)	26 (55.3%)	8 (17.0%)		47 (100.0%)
型	4 (23.5%)	7 (41.2%)	6 (35.3%)		17 (100.0%)
刻刺	4 (16.7%)	9 (37.5%)	11 (45.8%)		24 (100.0%)
刻横	4 (22.2%)	7 (38.9%)	7 (38.9%)		18 (100.0%)
沈刻	6 (12.2%)	7 (14.0%)	37 (74.0%)		50 (100.0%)
摩		1 (5.9%)	16 (94.1%)		17 (100.0%)
沈				15 (100.0%)	15 (100.0%)
貼				1 (100.0%)	1 (100.0%)
無			11 (26.8%)	27 (65.9%)	41 (100.0%)
計	70 (16.7%)	76 (18.1%)	137 (32.7%)	136 (32.5%)	419 (100.0%)

プロポーション

口縁部文様要素	A1	B	C	D	A2	計
突		2 (100.0%)				2 (100.0%)
円瘤	4 (7.7%)	43 (82.7%)	4 (7.7%)	1 (1.9%)		52 (100.0%)
円平	2 (20.0%)	6 (60.0%)		2 (20.0%)		10 (100.0%)
円刻	1 (12.5%)	2 (25.0%)	1 (12.5%)	4 (50.0%)		8 (100.0%)
爪2		4 (19.0%)	10 (47.6%)	2 (9.5%)	5 (23.8%)	21 (100.0%)
刻斜		10 (27.0%)	20 (54.1%)	5 (13.5%)	2 (5.4%)	37 (100.0%)
爪1		9 (24.3%)	11 (29.7%)	5 (13.5%)	12 (32.4%)	37 (100.0%)
型		2 (20.0%)	2 (20.0%)	1 (10.0%)	5 (50.0%)	10 (100.0%)
刻刺		5 (26.3%)	5 (26.3%)	5 (26.3%)	4 (21.1%)	19 (100.0%)
刻横		2 (13.3%)		5 (33.3%)	8 (53.3%)	15 (100.0%)
沈刻		2 (6.1%)	4 (12.1%)	3 (9.1%)	24 (72.7%)	33 (100.0%)
摩			1 (14.3%)	2 (28.6%)	4 (57.1%)	7 (100.0%)
沈		2 (25.0%)	1 (12.5%)	1 (12.5%)	4 (50.0%)	8 (100.0%)
計	7 (2.7%)	89 (34.4%)	59 (22.8%)	36 (13.9%)	68 (26.3%)	259 (100.0%)

口縁部肥厚帯の形

口縁部施文位置	無1	方	稜	無2	計
直下	60 (96.8%)		2 (3.2%)		62 (100.0%)
屈曲	10 (66.7%)	3 (20.0%)	2 (13.3%)		15 (100.0%)
下縁		44 (44.9%)	54 (55.1%)		98 (100.0%)
面		26 (12.8%)	68 (33.5%)	109 (53.7%)	203 (100.0%)
無		3 (7.3%)	11 (26.8%)	27 (65.9%)	41 (100.0%)
計	70 (16.7%)	76 (18.1%)	137 (32.7%)	136 (32.5%)	419 (100.0%)

プロポーション

口縁部施文位置	A1	B	C	D	A2	計
直下	5 (8.8%)	47 (82.5%)	3 (5.3%)	2 (3.5%)		57 (100.0%)
屈曲	1 (11.1%)	5 (55.6%)	1 (11.1%)	2 (22.2%)		9 (100.0%)
下縁		11 (17.2%)	40 (62.5%)	10 (15.6%)	3 (4.7%)	64 (100.0%)
面	1 (0.8%)	26 (20.2%)	15 (11.6%)	22 (17.1%)	65 (50.4%)	129 (100.0%)
計	7 (2.7%)	89 (34.4%)	59 (22.8%)	36 (13.9%)	68 (26.3%)	259 (100.0%)

プロポーション

口縁部肥厚帯の形	A1	B	C	D	A2	計
無1	6 (9.7%)	50 (80.6%)	3 (4.8%)	3 (4.8%)		62 (100.0%)
方	1 (2.0%)	7 (14.3%)	25 (51.0%)	7 (14.3%)	9 (18.4%)	49 (100.0%)
稜		19 (24.4%)	25 (32.1%)	14 (17.9%)	20 (25.6%)	78 (100.0%)
無2		13 (18.6%)	6 (8.6%)	12 (17.1%)	39 (55.7%)	70 (100.0%)
計	7 (2.7%)	89 (34.4%)	59 (22.8%)	36 (13.9%)	68 (26.3%)	259 (100.0%)

文様要素	施文位置	肥厚帯の形	プロポーション	個体数	各文様要素内での割合	分類
刺突文系文様	直下	無1	A1	5	6.9%	(刺突文系パターンへ追加)
			B	47	65.3%	刺突文系パターン
			C	2	2.8%	
			D	1	1.4%	
		稜	C	1	1.4%	
			D	1	1.4%	
	屈曲	無1	A1	1	1.4%	
			B	3	4.2%	
			C	1	1.4%	
			D	2	2.8%	
		方	B	2	2.8%	
	面	方	A1	1	1.4%	
			D	2	2.8%	
		稜	B	1	1.4%	
			C	1	1.4%	
			D	1	1.4%	
刺突文系文様計				72	100.0%	
刻文系文様	下縁	方	B	2	1.4%	(刻文系パターンⅠへ追加)
			C	22	15.8%	刻文系パターンⅠ
			D	5	3.6%	
			A2	2	1.4%	
		稜	B	9	6.5%	(刻文系パターンⅠへ追加)
			C	18	12.9%	刻文系パターンⅠ
			D	5	3.6%	
			A2	1	0.7%	
	面	方	B	2	1.4%	
			C	3	2.2%	
			A2	4	2.9%	
		稜	B	8	5.8%	
			C	3	2.2%	
			D	6	4.3%	(刻文系パターンⅡへ追加)
			A2	17	12.2%	刻文系パターンⅡ
		無2	B	11	7.9%	
			C	2	1.4%	
			D	7	5.0%	(刻文系パターンⅡへ追加)
			A2	12	8.6%	刻文系パターンⅡ
刻文系文様計				139	100.0%	
沈線文系文様	面	方	B	1	2.1%	
			A2	3	6.3%	
		稜	B	1	2.1%	
			C	2	4.2%	
			D	1	2.1%	
			A2	2	4.2%	
		無2	B	2	4.2%	
			C	4	8.3%	
			D	5	10.4%	(沈線文系パターンへ追加)
			A2	27	56.3%	沈線文系パターン
沈線文系文様計				48	100.0%	
総計				259		

表16　属性の組み合わせパターン

		口縁部文様要素						計
		爪2	刻斜	爪1	型	刻刺	刻横	
組み合わせパターン	刻文系Ⅰ	12 (24.0%)	20 (40.0%)	13 (26.0%)	2 (4.0%)	3 (6.0%)		50 (100.0%)
	刻文系Ⅱ	3 (7.1%)	4 (9.5%)	14 (33.3%)	3 (7.1%)	7 (16.7%)	11 (26.2%)	42 (100.0%)

表17　刻文系パターンⅠ・パターンⅡにおける口縁部文様要素の組成差

細別型式	文様要素	施文位置	肥厚帯の形	プロポーション
刺突文群	「円刻」を除く刺突文系文様	直下	無1	A1・B（B主体）
刻文Ⅰ群	「刻横」を除く刻文系文様	下縁	方・稜	B・C（C主体）
刻文Ⅱ群	全ての刻文系文様	面	稜・無2	D・A2
沈線文群	全ての沈線文系文様	面	無2	D・A2

表18　細別型式の定義

「B」と「A1」は同一カテゴリー（判別関数fによる境界線の右側）であるから、器形「A1」も同一グループとしてよい。これらの組み合わせ、すなわち「刺突文系」・「直下」・「無1」・「A1」または「B」を「刺突文系パターン」とする。

イ）刻文系の文様を持つグループでは、刺突文系・沈線文系のグループと比べて分布が分散している。しかし上位4組の組み合わせは、文様要素「刻文系」・施文位置「下縁」・肥厚帯「方」または「稜」・プロポーション「C」と、文様要素「刻文系」・施文位置「面」・肥厚帯「稜」または「無2」・プロポーション「A2」の二種類にまとめられる。図40のグラフに見たように、「下縁」の個体におけるプロポーション「B」と「C」、「面」の個体におけるプロポーション「D」と「A2」はそれぞれ同一カテゴリー（判別関数gによる境界線の上／下）であるから、前者の組み合わせは、「刻文系」・「下縁」・「方」または「稜」・「B」または「C」、後者の組み合わせは「刻文系」・「面」・「稜」または「無2」・「D」または「A2」にまとめ直すことができる。まとめ直した前者を「刻文系パターンⅠ」、後者を「刻文系パターンⅡ」とする。刻文系パターンⅠとⅡでは、前者が古く後者が新しいと想定できる。両パターンにおける文様要素の内容をより詳しくみたのが表17であるが、ここにあらわれた文様要素の組成差も、パターンⅡの方が新しいという想定と矛盾しない。なお、表17では刻文系パターンⅠに「刻横」が含まれない点について特に注目しておきたい。

ウ）沈線文系文様のグループでは、文様要素「沈線文系」・施文位置「面」・肥厚帯「無2」・プロポーション「A2」の組み合わせが多数を占める。刻文系のグループと同様にここでは器形「D」も同一カテゴリー（判別関数gによる境界線の上）としてよいので、これは「沈線文系」・「面」・「無2」・「D」または「A2」にまとめ直すことができる。これを「沈線文系パターン」とする。

第Ⅱ部　オホーツク土器の編年

　抽出した四つのパターンからさらに属性を絞り込み、表18のように刺突文群・刻文Ⅰ群、刻文Ⅱ群、沈線文群の細別型式を設定する（土器図版は図41・図42参照）。絞り込みの目的は各グループ内のバラツキを少なくして型式学的なまとまりを強めることにある。具体的には、刺突文群では「円刻」の個体を除いているが、これは「円刻」が「折衷的な印象を強く与える」点を重視した結果である（注11）。また、刻文Ⅰ群では「刻横」を除外している。

　これら細別型式間の変遷過程を文章で説明すると以下のようになろう。

　刺突文群から刻文Ⅰ群への変化：器形は頸部のくびれの強い壺型に変化し、方形または稜状の口縁部肥厚帯を有するようになる。口縁部文様要素は全て刻文系文様（「刻横」を除く）になる。口縁部文様要素は肥厚帯の下縁部にのみ施文されるようになる。

　刻文Ⅰ群からⅡ群への変化：器形は頸部のくびれが弱く口縁部の長い甕形へと変化する。肥厚帯は方形のものがなくなり、肥厚帯を持たない個体も出現する。口縁部文様要素には「刻横」が加わり、口縁部の全面に施文されるようになる。

　刻文Ⅱ群から沈線文群への変化：全ての土器から肥厚帯が消滅し、口縁部文様要素が全て沈線文系文様になる。

３．各細別型式間の関係と変化のプロセス

　各細別型式間の関係をもう少し詳しく見ておこう。属性の組み合わせによって各細別型式を定義したが、表18でも確認できるとおり、隣接する型式の間で共通する属性がある。その数は刺突文群と刻文Ⅰ群では1種（「B」）、刻文Ⅰ群と刻文Ⅱ群では2種（「刻横」以外の文様要素と「稜」）、刻文Ⅱ群と沈線文群では3種（「面」・「無2」・「D・A2」）である。単純な見方をすれば型式間で共通する属性数が多いほど、それら型式間の「類似度」は高いと言えよう。

　次は一個体中に異なる段階の属性が共存する土器、すなわち「中間的」な様相の土器の問題である。先に設定した細別型式の定義（属性組み合わせ）を分析対象となった土器全てに対し適用した結果を示したのが表19左である。分析資料数259個体（注12）のうち、68.0％に相当する176個体が細別型式の定義と一致した属性組み合わせパターンとなっている。残りの32.0％は属性の組み合わせが細別型式の定義から外れているが、その内訳を示したのが表19右である。4種の属性中3種までが本来の組み合わせで1種のみが前段階もしくは次段階の属性となる例（表19の「分類」に－または＋が付された例）が多い。隣接する細別型式の属性を2種ずつ共有する、「どっちつかず」の個体もある。これらは隣接する型式間の「中間的」な様相を示すものとしてよいであろう。特にこの「中間的」な例が多いのは刻文Ⅰ群とⅡ群の間である。一方、2段階以上離れた時期の属性が一個体中に共存する例（表19の「属性錯綜」）は稀である（全体の10％以下（注13））。

　以上の分析結果から、各型式間の関係をまとめておこう。

ア）刺突文群と刻文Ⅰ群の間では、分類の指標上共通する属性が少ないだけではなく、「中間的」な個体数も少ない。すなわち両者の間では属性が排他的に分布している。よって両者の「類似度」は低く、

文様要素	施文位置	肥厚帯の形	プロポーション	個体数	分類
刺突文系文様（「円刻」除く）	直下	無1	A1	4	刺
			B	47	刺
			C	2	刺+
		稜	C	1	刺刻I
			D	1	属性錯綜*
	屈曲	無1	A1	1	刺+
			B	3	刺+
			C	1	刺刻I
			D	1	属性錯綜*
		方	B	1	刺刻I
	面	方	A1	1	属性錯綜
			D	1	属性錯綜
「円刻」	直下	無1	A1	1	刺+
			D	1	属性錯綜*
	屈曲	無1	D	1	属性錯綜*
			B	1	刻I-
	面	方	D	1	属性錯綜※1
		稜	B	1	属性錯綜※1
			C	1	属性錯綜
			D	1	属性錯綜※1
刺突文系文様計				72	
刻文系文様（「刻横」除く）	下縁	方	B	2	刻I
			C	22	刻I
			D	4	刻I+
			A2	2	刻I+
		稜	B	9	刻I
			C	18	刻I
			D	5	刻I+
			A2	1	刻I+
	面	方	B	2	刻I+
			C	3	刻I+
			A2	3	刻I刻II
		稜	B	8	刻II-
			C	3	刻II-
			D	3	刻II
			A2	14	刻II
		無2	B	9	刻II-
			C	2	刻II-
			D	6	刻II
			A2	8	刻II
「刻横」	下縁	方	D	1	刻I刻II
	面	方	A2	1	刻II-
		稜	D	3	刻II
			A2	3	刻II
		無2	B	2	刻II-
			D	1	刻II
			A2	4	刻II
刻文系文様計				139	
沈線文系文様	面	方	B	1	属性錯綜
			A2	3	属性錯綜
		稜	B	1	属性錯綜*
			C	2	属性錯綜*
			D	1	沈-
			A2	2	沈-
		無2	B	2	属性錯綜*
			C	4	属性錯綜*
			D	5	沈
			A2	27	沈
沈線文系文様計				48	
総計				259	

分類	個体数	割合
刺	51	19.7%
刺+	7	2.7%
刺刻I	3	1.2%
刻I-	1	0.4%
刻I	51	19.7%
刻I+	17	6.6%
刻I刻II	4	1.5%
刻II-	25	9.7%
刻II	42	16.2%
沈-	3	1.2%
沈	32	12.4%
属性錯綜	23	8.9%
（うちプロポーションのみ）	(13)	(5.0%)
計	259	100.0%

刺・刻I・刻II・沈は、それぞれ刺突文群・刻文I群・刻文II群・沈線文群を指す

-…4種の属性のうち、3種までは本来の組み合わせと同じだが、1種のみ前段階の属性を含む、という意

+…4種の属性のうち、3種までは本来の組み合わせと同じだが、1種のみ次段階の属性を含む、という意

刺刻I・刻I刻II… 前者は刺突文群の属性と刻文I群の属性を各々2種ずつ含む。後者は刻文I群とII群の属性を各々2種ずつ含む。

属性錯綜 …2段階以上段階の異なる属性が共存する。
* はプロポーションのみ「錯綜」の例

「円刻」「屈曲」は本来、刺突文群と刻文I群の「中間的」属性であるが、ここでの分類では刻文I群の属性として扱った。ただし※1の例は刻文II群以降の属性と結びついているため、属性錯綜として扱っている。

表19　属性の組み合わせパターンと細別型式の関係

第Ⅱ部　オホーツク土器の編年

変化は非連続的である。

イ）刻文Ⅰ群とⅡ群の間では、分類指標上共通する属性がやや多く、「中間的」な個体数も特に多い。すなわち両者の「類似度」はやや高く、変化は漸移的である。

ウ）刻文Ⅱ群と沈線文群との間では分類指標上共通する属性が多いので、「類似度」は高く結果的に変化も漸移的といえる。ただし、文様要素の差は見た目の違いが大きいので、「類似度」の高さはそれほど意識されない（注14）。

エ）上記イ）ウ）のように、隣接する型式間では「類似度」・「漸移性」が高い傾向がある一方、刺突文群の属性と刻文Ⅱ群の属性が結びつくなど、2段階以上離れた時期の属性が共存する例は稀である。このようなあり方は、刺突文群→刻文Ⅰ群→刻文Ⅱ群→沈線文群という変化が単線的かつ不可逆的であることを示唆している（注15）。

　ここで重要な点は二点ある。一点は各細別型式間の相対的な「類似度」や「漸移性」が同じではない点である。これは、型式変化の過程や速度が一律ではないこと、さらには型式変化をもたらした要因や背景が一様ではない可能性があることを示唆している。もう一点は型式変化の進行過程が単線的かつ不可逆的であると推測される点である。これらは二点とも大井の提起した「型式論的変遷」－二つ以上の細別型式が共伴しつつ、その組成が漸移的に変化するような変遷過程－に抵触することになろう。これらの問題については、層位的検証をおこなった後、本章の最後に検討することにする。

第4節　道北部の細別型式

　香深井A遺跡の出土土器を分析し、刺突文群、刻文Ⅰ群、刻文Ⅱ群、沈線文群の4つの細別型式を設定した。しかし、道北部のオホーツク土器にはこれらの型式以前や以後に位置づけられる諸型式も確認されている。ここでは大井「型式論」の問題から一旦離れて、道北部のオホーツク土器編年全体について通観しておこう。

1．刺突文群の細別

　まずは古い段階の刺突文群土器である。すでに述べたように、刺突文群の文様要素には土器外面からの刺突文（以下OI刺突文と略）と内面からの突瘤文（以下IO突瘤文と略）がある。IO突瘤文については香深井A遺跡での資料数が少なかったためここまで問題にしなかったが、すでに香深井A遺跡の報告中でもIO突瘤文の方がより古い傾向にある（古い層ほどIO突瘤文の割合が多い）ことは指摘されていた（天野1981）。この指摘を裏付けるように、礼文島香深井5遺跡95年度発掘区（荒川ほか1997）からはまとまった数量のIO突瘤文の土器が出土している。

　ただし、香深井5遺跡のこの地点ではIO突瘤文の土器のみが出土したのではなく、ほぼ1：1の割合でOI刺突文の土器も出土している（天野1998、天野・小野2002）。ただしOI刺突文の土器も含めた香深井5遺跡の土器全体を香深井A遺跡例と比較すると、器形・胴部文様に関しても以下の差異が認められる。

134

ア）香深井 5 遺跡例（図 41- 1 ）の器形は深鉢形であり、頸部が胴部よりくびれる土器はほとんどない。香深井 A 遺跡例でも深鉢形の器形は多いが、頸部が胴部よりくびれる例も散見される。

イ）香深井 5 遺跡例では口縁部文様帯と胴部文様帯が一帯になっており、文様帯幅も狭い例が多い。一方、香深井 A 遺跡例では口縁部と胴部の文様帯が分離している例（図 41- 3 ・ 4 ）が多い。

ウ）胴部文様意匠をみると、香深井 5 遺跡例では沈線文の単独施文が特徴的であり、沈線文と刻文が組み合わされた意匠はきわめて少ない。逆に香深井 A 遺跡例では沈線文の単独施文は稀で、沈線文と刻文が組み合わされる意匠が多い（注 16）。

　両遺跡例の間では特に OI 刺突文の土器について型式学的特徴が重なる部分も多い。しかしここでは IO 突瘤文の存在と上のア）〜ウ）の差異を勘案し、香深井 5 遺跡例を刺突文群の前半段階（図 41- 1 ）、香深井 A 遺跡例（注 17）を刺突文群の後半段階（図 41- 2 〜 4 ）として位置づける。

　なお注目すべきは、上のア）〜ウ）における香深井 5 遺跡例、すなわち刺突文群の前半段階の特徴がいずれも鈴谷式土器と共通する点である。無論、この点だけをもって鈴谷式と IO 突瘤文の土器との直接的な型式連続を認めるわけにはいかないが、特にイ）の文様帯の問題などは、両型式の関係を考える上で重要であることは確かである。いずれにしろ上記のア）〜ウ）は、香深井 5 遺跡例の古さを示す特徴ということができよう。

２．沈線文群以後

　道北部における沈線文系土器には、香深井 A 遺跡の典型的な沈線文群とはやや異なる土器群がある（図 42-14 〜 16）。沈線文による鋸歯文・斜線のモチーフをもつもの（佐藤編 1994、柳澤 2001）、貼付文系文様要素を併存するものなどがそれである。このような要素は香深井 A 遺跡では魚骨層 I で出現し、「黒褐色砂質土層」においてより顕著になるように見えるので、相対的に新しい要素と考えられる。

　これらの土器群は、道北端部においては礼文島元地遺跡の魚骨層 I （大井 1972b）、礼文島浜中 2 遺跡（前田・山浦編 1992）、礼文島ナイロ遺跡（大川 1998）などで確認されているが、いずれも断片的な出土や報告で、型式としてのまとまりや全体像ははっきりしない（注 18）。よって地域差の問題はあるが、道東部により近い枝幸町目梨泊遺跡（佐藤編 1994）でまとまって出土した例からこれらの土器群（図 42-14 〜 16）について分析してみる。

　目梨泊遺跡などから出土したこれら土器群の特徴をまとめると以下のようになる。

ア）沈線文系文様が施された土器のうち、 4 割弱の個体が貼付文系文様を併存する。

イ）そのような、沈線文系文様と共存する貼付文系文様の多くは小さな円形の粘土瘤を貼り付けた粒状やボタン状の貼付文であり、道東部の貼付文期（第 II 部第 2 章参照）に特徴的な細い紐状の貼付文は比較的少数である。

ウ）同じ遺跡からは、道東部の貼付文期前半段階（第 II 部第 2 章参照）に位置づけられる土器もまとまって出土する。

　ア）に述べた貼付文系文様を併存する土器は地域差としてとらえうる可能性もあるが、香深井 A 遺跡などの状況から時期差と考えておきたい。イ）とウ）は道東部の状況から推測すると、貼付文期前半

第Ⅱ部　オホーツク土器の編年

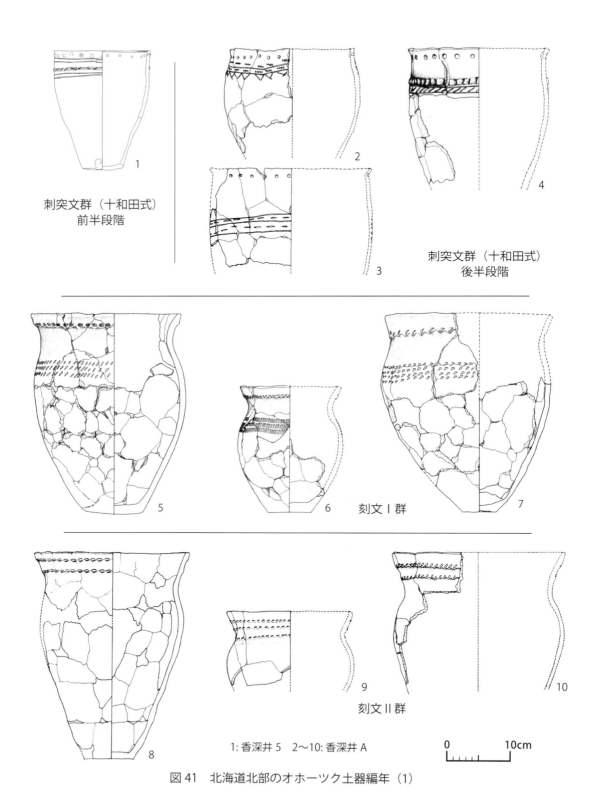

図41　北海道北部のオホーツク土器編年（1）

第1章　香深井A遺跡出土オホーツク土器の型式細別と編年

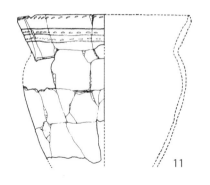 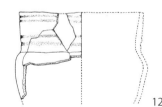 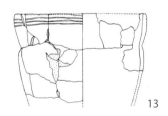

沈線文群　前半段階

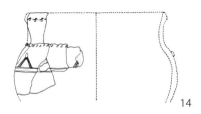 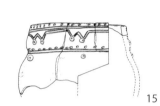 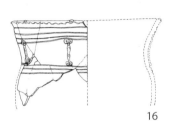

沈線文群　後半段階

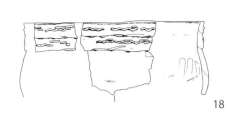

道東貼付文期前半段階併行　　道東貼付文期後半段階併行

11〜14: 香深井A　15・16: 目梨泊　17: 元地　18: 亦稚貝塚

図42　北海道北部のオホーツク土器編年（2）

第Ⅱ部　オホーツク土器の編年

段階との時期差を示すものとしてとらえることが可能であろう（注19）。

　このように目梨泊遺跡や香深井A遺跡での状況から推測すると、道東部の貼付文系文様の影響が道北部に波及する時期は、沈線文群の初期からではなく後半以後である可能性が高い（注20）。この点は編年対比上きわめて重要であり、道北部と道東部の編年対比を正確におこなうためには、沈線文群に前半・後半の細別を設定しておくことが望ましい。ただし別型式とするだけの根拠（層位や遺跡毎の明確なまとまり）は不十分であるので、ここでは香深井A遺跡の典型的な沈線文群を沈線文群土器の前半段階（図42-11〜13）、目梨泊例などの新しい要素を持つ例を沈線文群の後半段階（図42-14〜16）として仮設する。

　これ以後の道北端部（礼文島・利尻島・稚内周辺）では、道北部独自の系統は影を潜めて道東部の系統（筆者が貼付文期とした土器群）に呑み込まれるようになり、元地式土器（第Ⅱ部第4章参照）が出現するまで道北部独自の系統は顕在化しなくなる。土器の出土量もやや減少するようであり、活動が低調になった可能性が考えられる。ちなみに道北端部におけるこの時期の資料（貼付文期の貼付文系土器）は、前述の礼文島元地遺跡・ナイロ遺跡・浜中2遺跡、利尻島赤稚貝塚、稚内市オンコロマナイ貝塚等、各地でやや少数ながら散見されている（図42-17・18）。この時期における土器型式の変化や出土量の退潮については、道北部オホーツク文化集団の衰退や、道東部との関係緊密化と関連するものとして注目しておきたい。

3．細別型式の設定

　本論で検討した道北部の細別型式をまとめると以下のようになる（図41・図42）。

・刺突文群（前半段階・後半段階）
・刻文Ⅰ群
・刻文Ⅱ群
・沈線文群（前半段階・後半段階）
・道東部の貼付文期に併行する土器群（前半段階・後半段階）

第5節　各型式の層位的検討

1．各遺跡での層位的出土状況

　次に各細別型式の層位的出土状況について検討する。

　表20は本章で設定した細別型式について、香深井A遺跡の各魚骨層からの出土数を示した表である。仮に香深井A遺跡の各層位が各々全て廃棄の同時性を示していて、他の層位からの混入はないとみるならば、本章のように細別型式を設定したとしても、大井の提起した「二つ以上の細別型式の共伴」が正しいと判断せざるを得ない。しかし本章の冒頭で述べたように、2段階以上離れた細別型式の「共伴」（例えば表20の魚骨層Ⅱで認められるような刺突文群と沈線文群の「共伴」）は、本当に他の遺跡でも認められるのであろうか。あるいは逆に、各細別型式が単独で、もしくは隣接する型式を伴わずに出土する

層位	土器分類												計
	沈	属性錯綜（沈）	刻Ⅱ	刻Ⅱ−	刻Ⅰ刻Ⅱ	刻Ⅰ＋	刻Ⅰ	刻Ⅰ−	属性錯綜（刺）	刺刻Ⅰ	刺＋	刺	
魚骨層Ⅰ	13	3	3	1	1	1							22
魚骨層Ⅱ	16	4	19	6	3	3					1	2	54
魚骨層Ⅲ0			3	4		3	4		4				18
魚骨層Ⅲ		3	3	4			4	1	2		1	1	20
魚骨層Ⅳ			1	3		3	23		1	1	4	18	54
魚骨層Ⅴ										1		5	6
計	29	10	29	18	4	11	31	1	7	2	6	26	174

表20　香深井A遺跡各魚骨層における細別型式の出土数

例はないのであろうか。以下では後者の疑問点について、サハリンや道東部を含めた各遺跡の出土状況から検証する（注21）。

a）出土パターン1：刺突文群のみ出土する遺跡・遺構・出土地点

サハリン州ネベリスク地区十和田遺跡（伊東1942、伊東1982）

この遺跡から出土した十和田式の標式資料となった土器群は、量的には「僅少」（伊東1982）であるが、「鈴谷式や江の浦B式を混じへることはない」（伊東1942）とされている。これらの土器群は、報告された図版で見る限り、本論でいう刺突文群の前半段階・後半段階の両方に相当するようである。資料の規模や全体像が不明な点に問題は残るが（大井1982a：（上）注47）、刺突文群の単独出土例として扱っておきたい。

礼文島香深井5遺跡95年度発掘区（荒川ほか1997）

前述の、刺突文群前半段階の標式遺跡である。報告書分類のⅡ群A類土器が刺突文群に相当するが、これが全出土点数（口縁部で916点）の約95％を占めるという。残りの5％の中には刻文Ⅰ群・Ⅱ群土器も含まれるようだが、刺突文群が出土した第Ⅳ層からの出土は刻文Ⅰ群（？）が1点のみである。刺突文群前半段階の、ほぼ単純な出土例とみてよいであろう。

枝幸町ウバトマナイチャシ竪穴住居址（右代・小林・山田ほか1998）

報告が概報のため土器図版がなく詳細は不明であるが、出土土器1,137点のうち、多くが「オホーツク式土器前期はじめのもの」（注22）で、それ以外のオホーツク土器は出土していないと報告されている。土器の具体的内容については、「刺突文系の土器群でサハリンの十和田式に対応」し、「外側からの円形刺突文」が施文されており、「内側からの円形刺突文は、1点も見られなかった」とあるので、筆者分類の刺突文群後半段階に相当するとみられる。刺突文群後半段階の単純遺跡としてよいであろう。

枝幸町川尻北チャシ2号竪穴（大場ほか1972）

本例も概報のみのため詳細は不明であるが、報告によれば、「竪穴床面及び埋土のオホーツク文化期の資料は、（中略）全体として、一つのグループと考えてよい」とされ、具体的には、「樺太におけるいわゆる十和田式土器につながるもの」と述べられている。提示された図版（完形・口縁部で計38点）から判断する限り、刺突文群前半段階が若干含まれるようであるが、多くの土器は刺突文群後半段階に位置づけられるように思われる。いずれにしろ刺突文群の単純遺跡と見てよいであろう。

第Ⅱ部　オホーツク土器の編年

b) 出土パターン2：刺突文群を伴わず、刻文Ⅰ群段階以降の土器が出土する遺跡・遺構・出土地点

枝幸町ホロベツ砂丘遺跡（佐藤編1985）

　第1号住居址に伴う刻文Ⅰ群土器のほか、発掘区からは刻文Ⅰ群、刻文Ⅱ群、沈線文群のほか貼付文系土器群も出土している（掲載点数は完形・口縁部で計55点）。しかし刺突文群は全く報告されていない。

羅臼町相泊遺跡（澤ほか1971、涌坂編1996）

　新手の貼付文系土器を伴う住居址1軒と、刻文Ⅰ群・Ⅱ群期に併行する墓が各1基ずつ検出されている。出土した土器（澤ほかによる報告書（1971）では「文様のある土器」は201点、涌坂編の報告書（1996）では掲載点数が32点）は刻文Ⅰ群併行の土器が多数を占めており、刻文Ⅱ群併行土器が続く。新手と見られる貼付文系土器も出土している。しかし住居址・発掘区のどちらからも刺突文群は全く確認されていない。

羅臼町舟見町高台遺跡（本田ほか1980）

　1976年度の調査では、炉址状遺構および発掘区から刻文Ⅰ群及びⅡ群期に併行する土器が出土している（報告書掲載点数は完形と口縁部で54点）。他に出土したオホーツク文化関連の土器は住居址に伴うトビニタイ土器のみであり、刺突文群は確認されていない（注23）。

根室市トーサムポロ遺跡L-1地区北側（北構・須見1953、北構ほか1984）

　竪穴住居址群と小貝塚群からなる遺跡で、小貝塚群（北構・須見1953）と、刻文Ⅰ群もしくはⅡ群期に併行する土器を伴う住居址1軒（北構ほか1984）が調査されている。小貝塚群出土の土器（計213点）は道北部とはやや異なっており地域差を有するようであるが、ほぼ全例が刻文Ⅰ群・Ⅱ群に併行するとみられる。竪穴住居址出土の土器は図示されておらず点数も不明だが、覆土・床面とも「舟形刻文・太い貼付文を有する土器であり、所謂ソーメン文土器は一点も出土しなかった」と報じられている（北構ほか1984：227）。この土器群は刻文Ⅰ群もしくはⅡ群に併行するものであろう。いずれにしろ刺突文群は全く報告されていない。

c) 出土パターン3：刻文Ⅰ群を伴わず、刻文Ⅱ群以降のみ出土する遺跡・遺構・出土地点

礼文島香深井6遺跡魚骨ブロック5・6（前田・藤沢編2001）

　魚骨ブロック5は短径約5m（長径は調査区外に延び不明）・厚さ60cm弱、魚骨ブロック6は短径約3m（長径は調査区外に延び不明）・厚さ40cm弱で、間層を挟み同一地点に重なって堆積しており、前者が新しく後者が古い。魚骨ブロック6で（完形・口縁部掲載点数14点）は刻文Ⅱ群と沈線文群前半段階が相半ばする一方、魚骨ブロック5（完形・口縁部掲載点数56点・ただし混入とみられる鈴谷式1点を除く）では沈線文群前半段階が大半を占め、刻文Ⅱ群が少量（掲載数では5点）出土している。刺突文群土器（注24）、および沈線文群後半段階以後の土器はどちらのブロックからも全く報告されていない。

d) 出土パターン4：刻文Ⅱ群の後、遺跡の連続性が絶たれる遺跡・遺構・出土地点

羅臼町相泊遺跡

　前項b）を参照。

羅臼町舟見町高台遺跡

　前項b）および注23参照。

標津町三本木遺跡（北構1992、工藤1992）

　竪穴の窪み間にトレンチを入れた調査（北構1992、掲載点数は口縁部破片で10点）と、遺跡範囲確認のためのテストピット試掘（工藤1992、オホーツク土器の全出土点数332点）の報告がなされている。前者の調査で刺突文群が1点得られているほか、両調査とも刻文I群併行を中心に刻文II群併行の土器も出土している。しかし両調査ともそれ以外の型式は出土していない。

根室市トーサムポロ遺跡L-1地区北側

　前項b）を参照。

２．各型式間の時間的関係

　以上の検討結果から、各型式間の時間的関係を推定してみよう。

　出土パターン1と2は、刺突文群と刻文I群との間にある「非共伴・断絶」の事例－すなわち両型式の時期差－を示している。特に、出土パターン1＝刺突文群の単独出土例が確認されている点、パターン1・2ともに確認例がやや多い点は、刺突文群と刻文I群が基本的には共伴しない（注25）ことを明確に示している。

　一方、出土パターン3は刻文I群とII群との間に存在する同様の時期差を示している。また出土パターン4も、間接的にではあるが、刻文II群とそれ以降の土器群（道北部では沈線文群前半、道東部では沈線文期前半の土器群）との間にある同様の時期差を示唆している。このように刻文I群・刻文II群・沈線文群の関係も基本的に時期差である蓋然性が極めて高いが、各型式が単独で出土する例が確認されていない（注26）点には注意すべきであろう。すなわち、各細別型式が単独で一時期を形成していることを端的に示す証拠はないのが現状である。むしろ、隣接する型式を伴って出土するのが常態である、という可能性が高いとすらいえる。

　しかしながら、大井「型式論」で述べられたような、2段階以上離れた細別型式の「共伴」例は、香深井A遺跡以外では確認されていない。同一遺跡内で「混在」する例はあるが、短期間に形成されたとみられる層位内での共伴や、廃棄の同時性が明確である遺構内や遺物集中地点での共伴は、今のところ認められないと筆者は判断している。

　以上の検討から各型式間の時間的関係をまとめると、次のようになろう。

ア）刺突文群と刻文I群との関係：前者から後者への変化は相対的に短い時間で完了し、両型式は基本的には共伴しない。

イ）刻文I群・刻文II群・沈線文群の関係：これら三つの型式間の関係も時期差であるが、変化は相対的にゆっくりと、漸移的に進行する。ただし型式変化は刻文I群→刻文II群、次に刻文II群→沈線文群という順で起こり、共伴するのは隣接する2型式のみとなる。すなわち変遷過程は単線的かつ不可逆的であり、刻文I群と沈線文群は共伴しない。

　層位的検討から導き出された以上の関係は、先に検討した型式学的変化の過程ときわめてよく符合している。筆者が提起した土器型式変化の過程は、層位と型式、両面からのクロスチェックにより立証されたことになろう。

第Ⅱ部　オホーツク土器の編年

3．香深井Ａ遺跡の「層位的関係」との齟齬について

　以上、道北部の土器型式変化の過程を考察してきたが、本論での結論は、香深井Ａ遺跡の層位、並びにそれを根拠に提起された大井の「型式論的変遷」―二つ以上の細別型式が共伴しつつ、その組成が漸移的に変化するような変遷過程―とは多くの点で異なるものであった。

　実は大井は、筆者が先に検討したような“隣接する型式を伴わずに、比較的単純な形で土器が出土する例”があることを認めている（大井1982a：（上）43-44）。しかし大井はこのような（自説から見れば特異な）出土状況は、「若い世代による移住」の結果生じたとし、それは自説と「決して不整合な関係にあるわけではない」と説明している。しかし、ある世代を境として非連続的に型式が交替する、という状況があったとすれば、型式の「切り替え」は短期間で終了するはずであり、大井が想定するような長期にわたる複線的な細別型式の「共伴」は生じないことになる（小野1998b：（上）註30）。この点に関しては大井の説明には矛盾があろう。

　しかしながら、香深井Ａ遺跡の「層位的関係」には致命的な欠陥がある、と簡単には決めつけられないこともまた事実であろう。特に大井が指摘した、「上位の層準の資料が下位の層準に混入することは、（中略）本来ありえなかった」点（大井1982a：（上）24）は、各層の堆積状況から見て首肯できる。また大井が述べるように、文様要素と器形のセリエーショングラフ（本章の図34下段）が順調に推移する点も、各層位に大規模な混入がなかった、という大井の主張に有利であるかもしれない。

　では逆に、香深井Ａ遺跡における、小規模な層位間の混入、特に「下位の層準の資料が上位の層準に混入」した可能性を示唆する材料はどの程度あるのだろうか。ここでは以下の点に着目しておきたい。

出土土器群の大多数が破片資料である点

　大井が本章の図34下段のデータとして採用した個体の数は、文様要素のグラフでは完形を含む口縁部破片数5757点、器形のグラフでは器形を復元しうる個体数361点である。これは、大井が分析対象とした個体のうちの93％が「器形の復元できない破片資料」であることを示す。大井は破片資料を含めたこれらの土器群を「廃棄の同時性」を持つ一群としてとらえているが、果たして妥当であろうか。もし、「竪穴住居址とその生活廃棄物投棄の場としての魚骨層」（大場・大井編1981：501）が対応し、一定の場所に土器がまとまって廃棄され、他の時期・地点からの混入や攪乱がないのであれば、器形復元できる個体の割合がもう少し多くなければならないのではないだろうか。器形復元できない破片資料が多いということは、裏を返せば発掘区外に同一個体の別破片が分散されている可能性が高いと言うことである。だとすれば廃棄後に移動されているか、そもそも廃棄時にまとまって捨てられていないか、いずれかあるいは両者の可能性が疑われる。以上の論理で考えた場合、各層位における「廃棄の同時性」にはなお疑問が残るといえよう。

口縁部から復元された個体数と、底部から復元された個体数に大きな差がある点

　各魚骨層の資料中の、口縁部から復元された個体数と、底部からの個体数を魚骨層Ⅰ〜Ⅴまでの各層で比較したとすると、大井が自ら認めるように常に前者が大きく後者が小さい（大場・大井編1976：746別表1）（注27）。オホーツク土器は口径が底径よりも遙かに大きいので、土器が壊れて破片になった場合、破片の数自体はいうまでもなく口縁部の方が多くなる。しかし香深井Ａ遺跡報告では口縁部個体に対

し同一個体の同定がなされている。その同定に大きな問題はないと仮定した上で、さらに完形に近い個体が同一地点に廃棄されていたとするならば、口縁部と底部の個体数に大きな開きは生じないはずである。逆に言えば底部破片が発掘区外に廃棄されているか、発掘区外から別個体の口縁部破片が混入しているからこそ、「個体復元数のアンバランス」が生じると考えられる。よって「個体復元数のアンバランス」がある香深井Ａ遺跡の北大調査区内では、「（他の地点との）土器破片の混淆」が生じていた可能性が否定しきれない。もしこのような「混淆」があったとすれば、他の地点からの混入資料は同時期である保証はないので、やはり「廃棄の同時性」には疑問が残ることになる。

「層位を越えて接合する例がある」点

大井自らこのような例があることを述べている（大井1982a：（上）注8・注12）。

「古い魚骨層を掘りあげて作られた竪穴住居・墓壙等の揚土がどこに・どのように処理されたか」不明な点（大井1982a：（上）24）

前述した問題点を考慮すれば、これらの「揚土」がより新しい時期の魚骨層に混入している可能性は、大井の想定よりも遙かに多く見積もらねばならないと考えられる。

しかしこれらの問題点をあげつらったところで、結局は「下層から上層への資料の混入がどの程度の頻度で起こっていたかを定量的に考えることは困難」（大井1982a：（上）注12）である。水掛け論ではなく生産的な議論をするためには、今後、他の遺跡での成果を積み重ね、香深井Ａ遺跡の「層位的関係」との対比作業を継続してゆく必要があろう。

ただ本論では、大井「型式論」の根拠は、少なくともオホーツク土器に関しては、香深井Ａ遺跡の「層位的関係」のみである点を強調しておきたい。前項までに検討したように、香深井Ａ以外の遺跡では大井の説とは矛盾するような出土状況が確認されている例があるし、香深井Ａ遺跡の「層位的関係」自体にも再検討の余地が残ることは以上に明らかであろう。

では逆に筆者の型式編年が正しいとした場合、香深井Ａ遺跡の各魚骨層の土器群の内容はどのように説明が可能であろうか。多くの問題はあろうが、ここでは破片・無文資料を除いた器形復元可能な資料（表20）に対してのみ、筆者なりの解釈を試みておきたい。

ア）魚骨層Ｖ...刺突文群後半段階。

イ）魚骨層Ⅳ...この層の堆積中に、刺突文群と刻文Ⅰ群の交替が生じる。刻文Ⅱ群は刻文Ⅰ群の成立段階からすでに萌芽的に生じている可能性があるが、全体に占める割合は低い。

ウ）魚骨層Ⅲ・Ⅲ0...刻文Ⅰ群からⅡ群へと漸移的に変化する過程。刺突文系の文様は文様要素としては一部残存する（「属性錯綜（刺）」）が、型式としての刺突文群は残存しない。おそらく、この層に認められる「刺」や「刺＋」は「混入」であろう。一方、沈線文系の文様は（サハリン以北の）江の浦式からの影響として例外的に刻文Ⅰ群・Ⅱ群に併用される（「属性錯綜（沈）」）が、この時期にはまだ型式としての沈線文群は成立しない。

エ）魚骨層Ⅱ・Ⅰ...刻文Ⅱ群から沈線文群へと漸移的に変化する過程。刻文Ⅰ群は消滅する。これらの層の刺突文群もおそらく「混入」であろう。

第Ⅱ部　オホーツク土器の編年

第6節　成果のまとめ

１．道北部編年の要点

　要点を箇条書きにまとめる。

ア）道北部で出土したオホーツク土器群のなかで質量ともに随一といえるのは香深井Ａ遺跡出土土器群である。本章ではその香深井Ａ遺跡資料を対象に、文様・器形に関する４種の属性（口縁部文様要素・口縁部施文位置・口縁部肥厚帯の形・土器上半部のプロポーション）に関する分析をおこなった。その結果、これら４種の属性の組み合わせにはいくつかのパターンが認められた。それら組み合わせパターンのうちの出現頻度の高い上位４パターンを基準として、刺突文群・刻文Ⅰ群・刻文Ⅱ群・沈線文群の細別型式を設定した。

イ）香深井Ａ遺跡以前と以後の資料を含めて道北部のオホーツク土器型式全体を再検討すると、以下の細別型式が設定できる。

- ・刺突文群（前半段階・後半段階）
- ・刻文Ⅰ群
- ・刻文Ⅱ群
- ・沈線文群（前半段階・後半段階）
- ・道東部の貼付文期に併行する土器群（前半段階・後半段階）

　ただしこのうちの沈線文群の後半段階以降については、出土例が少なく、細別型式としてのまとまりがはっきりしていない。

ウ）隣接する細別型式間で型式学的特徴を比較すると、刺突文群と刻文Ⅰ群との差が相対的に大きい一方、刻文Ⅰ群と刻文Ⅱ群、刻文Ⅱ群と沈線文群とでは互いの類似度が高い。また、分類上「どっちつかず」となるような中間的な特徴を持つ土器は、隣接する型式間には認められる。しかし２段階以上離れた型式間で属性を折衷する例はきわめて少ない。

エ）各細別型式の出土状況を見ると、刺突文群のみからなる遺跡、刻文Ⅰ群から始まる遺跡、刻文Ⅱ群から始まる遺跡、刻文Ⅱ群までで一旦断絶する遺跡がある。また、香深井Ａ遺跡以外では、２段階以上離れた細別型式が同層位・遺構内で確実に共伴した例はなく、香深井Ａ遺跡の「共伴」もいくつかの点で再検討の余地がある。以上の出土状況は、各細別型式が時期差であることを示している。ただし単独でまとまった出土が確認されたのは刺突文群のみで、刻文Ⅰ群を出土する遺跡では刻文Ⅱ群が、沈線文群を出土する遺跡では刻文Ⅱ群が共伴ないしは混在して出土している。

オ）　ウ）エ）の点からすると、刺突文群→刻文Ⅰ群→刻文Ⅱ群→沈線文群という変化は、単線的かつ不可逆的な進行とみることができる。また、刺突文群から刻文Ⅰ群への変化は非連続的に、一気に交替が進んだようなかたちで進行したと考えられる一方、刻文Ⅰ群から沈線文群までの変化は漸移的に、ゆっくり進行したと推測できる。

カ）以上の検討結果に従うならば、大井が提起した土器群の「型式論的変遷」－二つ以上の細別型式が

共伴しつつ、その組成が漸移的に変化するような変遷過程－は、香深井Ａ遺跡出土土器群の実際の型式変化のあり方とは異なっているものと評価される。

２．再び大井説について

本論の冒頭で大井の「型式論的変遷」説に対する疑問点を二点あげた。その二点に対する検証過程で明らかになった大井説の問題点について、再度、総括しておこう。

一つは、「層位は型式に優先する」ことを型式設定の前提とした点である。結果として香深井Ａ遺跡の「層位的関係」がそのまま「型式論的変遷」の実態として認識されることとなった。これは、層位に関する確実なデータが限られていた当時を考えればやむを得ない部分もあるが、大井自ら意識していたように、当時すでに香深井Ａ遺跡の例と矛盾するようなデータが他の遺跡から得られていた。本章では最近の調査成果も加えて、香深井Ａ遺跡の「層位的関係」と矛盾するような出土状況が存在することをあらためて示し、また、香深井Ａ遺跡の「層位的関係」自体にも再検討の余地が残ることを指摘した。

もう一つの問題点は、型式の具体的かつ詳細な内容に踏み込まずに、土器型式を静的か・動的かの単純な二分法で定義・理解しようとした点である。大井は土器型式のあり方として、静的な、すなわち「一定の型式論的特徴を持つ一群の土器が、ある一定の期間その特徴を変えずに存続する」というすがたを否定し、複数の型式論的特徴がそれぞれ漸移的に、常に変化し続ける、という動的なすがたを想定した（大井1982a：（上）36-37）。これに対し筆者は、土器型式の変化の仕方には静的な場合も動的な場合もあるのであって、先験的にどちらか一方に決めてしまうことはできないと考える。実際、本章での分析では刺突文群から刻文Ⅰ群への変化では「静的」に近いあり方が、刻文Ⅰ群以後では「動的」に近いあり方が確認されている。

大井が型式分類の指標とした属性群－「文様要素」と「器形」－は、確かに時間軸に沿って順調に変化する属性を含んでおり、これらの属性群に着目したこと自体はまさに卓見であった。しかし我々（おそらくは土器製作者自身を含む）が細別型式を認識・弁別する際には、個々の土器の特徴をもう少し細かいレヴェルまで分解して観察し、各種属性の組み合わせによって個体どうしを比較しているのが現実ではないだろうか。本章で分析対象とした属性もわずか４種類であり十分とはいえない部分もあるが、その４種の属性を組み合わせて型式を設定することで、大井の「型式論的変遷」ではとらえきれていない型式変化の実態を具体的にトレースすることができた。すでに林が批判したように（林1991）、土器の諸属性を１～２種類の指標へと単純化し、それらの指標をもって土器型式の変遷過程を余すところなく説明できたとする大井の説には、遺憾ながらやや性急な部分があったといわざるを得ない。

３．「十和田式」の型式名称について

本論ではここまで、大井の用語との整合性をもたせるため、伊東が設定した十和田式（伊東1942）に相当する土器群に対して、「刺突文群」という名称を用いてきた。しかしこの「刺突文群」は伊東の十和田式土器と同一の型式である一方、大井による伊東編年への批判は有効ではないとの結論に達したの

第Ⅱ部　オホーツク土器の編年

で、大井の型式名称を採用する理由はなくなった。よって本論で「刺突文群」としてきた土器について筆者は、以後、学史的に優先する十和田式の型式名称を用いることとしたい。

注

（1）北海道大学北方文化研究施設が調査を実施した香深井A遺跡は、現在、名称が変更され「香深井1遺跡」として登録されている。本章では大井論文で用いられた名称との統一性を重視し、無用な混乱を避けるため、旧名称の「香深井A遺跡」を用いることとする。

（2）小野裕子は鈴木信（鈴木1998）や筆者（熊木2001）がおこなった後北C₂・D式土器の型式編年を敷衍・応用し、土器型式の地域間関係を論じている（小野2011）。小野はこの論文の中で大井「型式論」や自らがオホーツク土器の編年に用いた方法について全く触れていないが、筆者が後北C₂・D式土器の編年をおこなった際に用いた方法は、属性分析の手法に基づくという点で基本的に本論と全く同じである。小野が、なぜ自らが批判する筆者の方法を用いて続縄文土器の型式編年を論じたのか、筆者には理解できない。

（3）実は筆者は以前、発掘報告書にてオホーツク土器の分類と編年をおこなった際に、大井による方法をそのまま採用してしまったことがある（熊木1995、熊木2000b）。当時から筆者は大井の方法には多少なりとも疑問を抱いていたのだが、その時は疑問を解消できるだけの能力がなかったので、香深井A遺跡との比較のためには方法論的な統一を図った方がよいと考えて大井の方法をそのまま採用してしまったのである。筆者が報告書で集計したデータ自体は現在でも有効であるが、編年に関する考察については一部に誤りを犯してしまっている。これは筆者の未熟さによるものであり、上記報告の内容の一部、特に香深井A遺跡との編年対比の部分については撤回することにしたい。

（4）誤解のないように言っておけば、筆者は、「A：B：Cの割合が変化するというかたちでの型式学的変遷」が存在すること自体を否定するつもりはない。例えば複数の器種が認められる型式の器種組成や、隣接地域の型式群がセットとなるような組成で構成される一括土器群などの場合、このような変遷過程が認められるケースが存在しよう。ここで問題としたいのは、1系統1器種の型式組列を編年のために区分する際に適切な方法は何か、ということである。

（5）分析対象としたのは、表土層や攪乱・排土出土土器も含めた全出土土器中、口縁部〜胴部までが遺存し、報告書に復元実測図が掲載されている個体419点である。ただしこの中には、ミニチュア土器及びきわめて例外的な器形・文様を持つ数点の土器は含まれていない。また破片資料については、器形の判定が難しく、さらに資料の実見が困難であったため分析を省略している。

（6）分析対象とした419点の資料のうち、a/b、c/dの両方が測定できたのは275点である。なお刺突文系文様を持つ土器の中には、bよりaが大きい深鉢形の土器がある。このタイプの土器はbの測定個所が決められずbとdの数値が測定不能となるので、測定対象には含めていない。

（7）判別分析には、エス・ピー・エス・エス株式会社の統計ソフト、SPSS 10.0J for Windows を用いた。判別分析の対象としたのは、注6の275点から無文の35点と貼付文の1点を除いた239点である。なお前注6）で触れたbよりaが大きい深鉢形土器は、プロポーションの分類としては図40上段のグラフに示された「領域B」に含まれるとしてよいので、これらの土器20点は全てプロポーションBに追加する。よって最終的に器形分類をおこなったのは259点となる。

（8）完形土器の例が少ないので証明は難しいが、「直下・屈曲」と「面」に含まれる個体のプロポーションは、ここに取

り上げた以外の属性（器形全体の縦横比、底径／口径比、胴部屈曲部の段の有無等）で十分に判別可能と思われる。

（9）プロポーションの分類は口縁部施文位置との相関が強くなるように設定されたわけであるが、グラフや判別分析の結果が示すように両者が一対一で対応するわけではない。一対一で対応するならば分類項目を別々に設定する意味がないことはいうまでもない。

（10）ここで注目すべきは刻文系文様内における文様要素（表14- 5〜10）とその序列である。大井分類では「型押文」「刻文」が相対的にやや古く、「爪形文」がやや新しい、という集計結果がでているが、本章のより詳細な分類では異なる序列となっている。本章の序列に明らかなように、刻文系文様内において新旧の指標となるのは、文様要素の意匠の「方向」であろう。すなわち、斜め方向の意匠（「爪2」、「刻斜」）が古く、水平方向の意匠（「型」・「刻横」）が新しいといえる。ちなみに「爪1」は斜めと水平の両方があるが、この違いは漸移的で分類は難しいため区別しなかった。しかし、やはり水平方向の「爪1」の方がより新しい傾向にあるとの印象を、筆者は土器を実見した際に強く抱いている。

（11）ただし「刺突文系パターン」52個体のうち、「円刻」の土器はわずかに1個体である。

（12）前注7）参照。

（13）「属性錯綜」とした土器を実際に見た印象で判断すると、「錯綜」というより隣接段階の「中間的」様相と解釈できる例が多い。これは、プロポーション属性のみが「錯綜」となっている個体が多いのが原因であろう。プロポーションの変異は特に微少で漸移的であるから、これらの個体を直ちに「錯綜」と評価できるかは難しいといえる。逆に、属性が「錯綜」していると見た目で判断できる土器は、刺突文群と刻文II群との「錯綜」例があるもののごく少数であり、刺突文群と沈線文群との「錯綜」例は全く確認できない。また刻文I群と沈線文群の「錯綜」例は、異なる段階の共存ではなく、サハリンの型式の影響と考えた方がよい。第II部第3章で述べるように、サハリン以北では刻文I群段階の土器に沈線文が併存する例が普通に見られる。

　　要するに、分類上は「属性錯綜」とした土器も、その実態を評価してみると、実際には離れた段階の属性が共存すると認定できる個体は少ない、ということである。

（14）改めていうまでもないかもしれないが、刻文II群と沈線文群との間は表18に記した属性の差（口縁部文様要素、肥厚帯の消滅）以外にも、例えば器形上の細かい差（胴部屈曲部の段、口唇部の形）なども存在する。このような差を考慮した場合、両群の間の「類似度」はさらに低下することとなる。実際、刻文II群と沈線文群の関係は、それほど近いものとしては意識されていないというのが多くの研究者の実感ではないだろうか。もっとも、我々の価値判断には「文様要素の重視」という学史的なバイアスがかかっている可能性もあり、その点には注意を要する。

（15）刺突文群と沈線文群の間には共通するように見える属性もある（口縁部肥厚帯を持たない、器形が甕形）が、これらが両者の併存や影響関係を示すものではないことは自明であろう。

（16）天野・小野は、刺突文群土器の変遷について、古い段階の胴部文様要素には刻文と隆帯文が多く、新しい段階になると沈線文と無文が増加する傾向にあるとまとめている（天野・小野2002）。隆帯文が減少する傾向はこの指摘の通りであろう。しかし本文に述べたように、替わって増加するのは沈線文というより、正確には沈線＋刻文の意匠であろう。
　　一方、無文の増加と刻文の減少についてはそれほど顕著な傾向ではないと筆者は評価するが、筆者が鈴谷式土器の編年（第I部第4章）で着目した「縦方向に揃えられた刻文」＝短刻線（菊池1971）文が、十和田式ではIO突瘤文土器の方に比較的多く認められる点には注目しておきたい。

（17）ただし香深井A遺跡の魚骨層VIおよびその下層から出土した土器は、刺突文群の前半段階である可能性が高い。

第Ⅱ部　オホーツク土器の編年

(18) 小野裕子は、元地遺跡の魚骨層Ⅰ～Ⅰ”と香深井Ａ遺跡の「狭義の黒褐色砂質土層」の文様要素出現率を比較し、前者が相対的に新しいことを指摘している（小野1998a）。しかし土器図版が示されていないので元地遺跡例の具体的な内容については不明な部分が多く、型式学的な見地からの検証は難しい。

(19) 無論、本文中のb）c）のみをもって、これらの沈線文系土器群が筆者の貼付文期前半段階より古いことが証明できるわけではなく、両者が併行する可能性も考慮する必要がある。しかし北見市常呂町以東の遺跡で見る限り、貼付文期前半段階以後のまとまりには沈線文系の文様要素はごく一部の例外を除き認められない。目梨泊遺跡でも同様に、貼付文期前半段階には沈線文系の要素はほぼ消滅しているとみられる。

(20) 道東部で筆者が「沈線文期前半段階」に位置づけた土器群には、粒状の貼付文を有する例がある（熊木2010a：図1-7）。この点については評価が難しく、今のところ筆者は、この種の文様が道東部で早く出現することを示すものとしてとらえているが、筆者の道北部と道東部の編年対比に誤りがある可能性もある。これについては今後の課題としたい。

(21) 層位的出土状況の検討対象には道北部以外、特に道東部の遺跡も含めている。道北部と道東部では刻文Ⅱ群の段階から地域差が目立ち始めるが、道北部の刻文Ⅱ群と、併行する道東部の型式（筆者の刻文期後半段階（第Ⅱ部第2章参照））との編年対比は容易であるので、両型式は併行関係として把握できる。よって道東部の出土状況から道北部の時期と型式を推定しても大きな問題は生じないであろう。

(22) この「オホーツク土器前期はじめ」とは右代啓視による編年（右代1991）のⅠ-a期、すなわち刺突文群土器に相当するとみられる。

(23) 近隣と思われる「辻中氏宅」「村椿氏宅」の資料（大沼・本田1970）を含めた場合には刺突文群が追加される。その場合、本遺跡は「刻文Ⅱ群の後、継続性が絶たれる遺跡」にのみ分類されることになろう。

(24) 魚骨ブロック5からは「円形刺突文」を有する土器が2点出土している。報告者の佐藤昌俊と藤沢隆史は、これらの土器を「Ⅲ群Ｃ類」（筆者分類の刻文Ⅱ群・沈線文群に相当）に含めて分類しており、筆者も報告者に賛同する。その根拠は報告者の見解と同様に、これらの土器の器形が沈線文群と選ぶところがない点、さらに「円形刺突文」自体の特徴も刺突文群本来の特徴とは大きく異なっている点にある。これらの土器は「属性錯綜」ではなく、沈線文群の特異な例としてとらえるべきであろう。

(25) ただし刺突文群と刻文Ⅰ群は、時間的にも型式的にも全く非連続なわけではない。本文で「円刻」としたような、刺突文系文様と刻文系文様が同一個体中に共伴する例は、そのことを明瞭に示している。ただしこのような土器は香深井Ａ遺跡例を中心に、わずかな例が各地で散見されているに過ぎない。ここでは、刺突文群と刻文Ⅰ群の間に、多少の「漸移的」な部分があることを認めた上で、出土パターン1・2の遺跡が道北部でも確認されていることの方を重視し、両型式の間を基本的に非連続な時期差としてとらえておきたい。

(26) オンコロマナイ遺跡Ｈ-1・Ｈ-2竪穴上層出土土器群（泉・曽野編1967）は、沈線文群単独の出土例となる可能性もあるが、報告された個体数が少なく確言できない。なお浜中2遺跡1990年度調査Ｂ区では、近世アイヌの遺物、「元地式」、沈線文系土器、刻文系土器、刺突文群がそれぞれ層位的なまとまりをもって出土したとされている（前田・山浦編1992）。調査者によれば層位毎に排他的に型式が包含される状況はかなり明瞭で、型式の層位的変化をみた場合には「漸移的な量的変化を示すことがなかったことを特徴として指摘できる」（前掲書:43）というほどであったという。報告者による引用部分の記述はおそらく大井「型式論」に対する反証を意識したものであろう。ただし各層から出土した遺物の全容についての詳細データがなく、各層の具体的な型式内容について不明な部分が多いため、本例は本文では

第1章　香深井Ａ遺跡出土オホーツク土器の型式細別と編年

　データとして採用しないでおく。

（27）両者の差は、最大で3.12倍（魚骨層Ⅱ）、最小で2.57倍（魚骨層Ⅴ）である。

第Ⅱ部　オホーツク土器の編年

第2章　モヨロ貝塚出土オホーツク土器の編年

第1節　分析対象とする資料

　網走市モヨロ貝塚は、遺跡の内容からみても、また学史的な重要性からいっても、北海道のオホーツク文化を代表する遺跡といえよう。この遺跡の特色は、大型の竪穴住居跡群、貝塚、多数の墳墓群がセットとなっている点、長期間にわたる継続的な居住が認められる点、さらに大陸産・本州産の稀少遺物が多く出土した点などにあり、いずれも北海道随一の内容を誇る。さらに古くから学会に認知され、戦後の発掘調査の嚆矢となったという点で学史的にも著名な遺跡であり、これまでに幾度となく発掘調査がおこなわれ、数々の成果と大量の遺物が得られている。それらの調査成果は全てが公表されているわけではないが、主要な報告や資料目録等としては米村1935、児玉1948、名取1948、米村1950、大場1955、大場1956、大場1957、河野1958、大場1961、大場1962、駒井編1964、清野1969、米村1969、市立函館博物館編1983、宇田川編1984、網走市郷土博物館編1986、和田ほか2001、和田ほか2003、米村編2009などが刊行されており、出土資料の概要を知ることができる。

　しかし、これらのうち特に昭和26年度以前の調査等に関する報告に関しては、現在の研究水準に照らしてみると出土状況などの情報が不足しているものが多く、内容の検討は容易ではないのが現状である。また、それら昭和26年度以前の出土資料に関する報告や資料目録では、遺物の記載が一覧表や写真のみで詳細な実測図等が公表されていない例も多く、型式学的な検討も困難な状況が続いてきた。

　北海道のオホーツク土器編年を考察する上で、モヨロ貝塚の資料を避けて通るわけにはいかないであろう。なぜならば、北海道東部においては、モヨロ貝塚のように刻文期の土器がまとまって出土している遺跡は少ないからである。その中でも刻文期から貼付文期にかけて途切れなく各型式が出土している遺跡はさらに稀であるし、さらに完形土器で200個体を優に超えるような量の出土が認められる遺跡はモヨロ貝塚をおいて他にない。オホーツク土器は刻文期において広域に展開し、その後次第に地域色が強まってゆくという変遷過程を辿るのであるが、この地域化の過程をトレースする上でモヨロ貝塚の資料はまさに絶好の条件を揃えている。逆に言えばこの資料から目を背けるならば、道東部の系統を明らかにできないばかりか、広域編年対比の検討も頓挫せざるを得なくなる。モヨロ貝塚の出土資料はかくも重要であるのだが、その内容の詳細については未だ不明な部分が多いのが現状なのである。

　本章の目的は、モヨロ貝塚資料の分析を通じて、北海道東部における貼付文期以前の土器編年を検討することにある。すなわち分析対象となるのは、モヨロ貝塚から出土したオホーツク土器のうちの、前章でみた刻文Ⅰ群・刻文Ⅱ群・沈線文群の時期に相当する資料である。十和田式土器（刺突文群）と貼付文系土器は基本的に検討対象外とするが、その理由は以下のとおりである。まず十和田式土器については、道東部では十和田式土器はごく稀にしか確認されておらず（天野1978aなど）（第Ⅲ部第1章参照）、モヨロ貝塚でもほとんど確認されていないので（注1）、本章では分析対象外とした。貼付文系土器に

150

ついては、第Ⅳ部でも述べるように膨大な未報告資料に対して実測図を用意することが困難であったため、本章では沈線文群の時期から貼付文系土器への移行過程までを検討することとし、貼付文系土器、特にその後半段階の細別については詳細な検討はおこなわないこととする。

　分析の対象とした資料は、平成15年度から平成20年度にかけて実施された史跡保存整備事業による発掘調査の出土資料（和田ほか2001、和田ほか2003、米村編2009）、及び昭和26年の「モヨロ調査団」第3次発掘資料（駒井編1964）、さらに本書の第Ⅳ部に掲載した資料、すなわち市立函館博物館が所蔵する児玉コレクションの一部と、北海道立北方民族博物館が所蔵する米村喜男衞らの調査資料を主体としたコレクションの一部であり、これらの資料からそれぞれ該当する土器を抽出した（注2）。このなかでも本書第Ⅳ部の資料は、これまで詳細な実測図や型式学的属性が公表されていなかったものであり、その意味で本章は、貼付文期以前のモヨロ貝塚出土オホーツク土器について、その全体像と型式学的変遷の過程を初めて明らかにするものとなるであろう。

　道東部で貼付文期の土器が成立するまでの型式変遷過程はやや複雑である。しかしそれは、道東部には地域固有の系統があり、そこに道北部の影響が波及してくるという図式で考えると理解が容易になる。本章では道東部の系統を明らかにした上で道北部との編年対比をおこない、両地域間の型式交渉や地域型式の分布の様相を明らかにする。道北部と道東部の系統を整理し、やや複雑に見える道東部の型式変遷過程を解きほぐすことが、本章での重要な検討課題となる。

第2節　モヨロ貝塚出土資料の分類

1．属性とその分類

　まずは前章の道北部編年などを参考にしながら、時間軸に沿って変化する属性を抽出し分類する。分類項目の配列順は基本的に旧→新の時間順を想定した並びであるが、後述するように配列のあり方は道北部ほど単純ではない。

口縁部文様要素（図43）

　道北部の分類（前章の図35・表14）を一部改変し、図43のように11の分類項目を設定する。新しく加えた「刻ハ」は道東部に特徴的な文様であり、道北部では少ない。一方で道北部に多い沈線文系文様は道東部では少数である。「貼太系文様」（「貼瘤」）は確認例が1例のみの例外的な文様要素であるが、独立した項目としておく。

口縁部施文位置（表21）

　やはり道北部の分類を一部改変して表21のように三つの分類項目を設定する。後述のように、口縁部施文位置の変遷は一度「下縁」→「面」へと変化した後、一部が再び「下縁」へと逆戻りするようである。

口縁部肥厚帯（表22）

　肥厚帯の有無のみの分類とした（表22）。道北部では肥厚帯の形をさらに細分したが、道東部では形の変異が相対的に小さいため細別はおこなわなかった。地域差として注目されよう。なお、肥厚帯の変

第Ⅱ部　オホーツク土器の編年

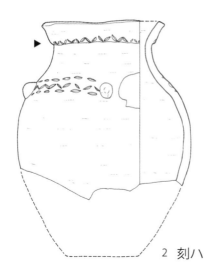
2　刻ハ

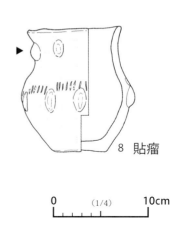
8　貼瘤

0　　(1/4)　　10cm

大分類	番号	略号	名称	説明
刻文系文様	1	爪2	2本の指による爪形文	親指と人差し指など、相対する二本の指の爪を用いて施す。つまんでひねるものと、ほとんどひねらないものがある。「爪1」が併存する例はここに分類する
	2	刻ハ	「ハ」の字状の刻文※	棒状の施文具の先端を器面上で「ハ」の字状に動かして刻みつける。「刻斜」が併存する例はここに分類する
	3	刻斜	縦〜斜め方向の刻文	棒状の施文具の先端を器面上で縦〜斜め方向に動かして刻みつける。
	4	爪1	1本の指による爪形文	一本の指の爪で刻みつける。「刻斜」が併存する例はここに分類する
	5	型	型押文	先端が櫛歯状に分かれた施文具をスタンプのように押捺する。
	6	刻刺	刺突文	棒状の施文具で刺突する。器面上で施文具を動かさない点で3・7と異なる。
	7	刻横	横方向の刻文	棒状の施文具の先端を器面上で水平に動かして刻みつける。他の種類の刻文系文様が併存する例はここに分類する
貼太系文様	8	貼瘤	貼瘤文※	やや大きめ（長径2cm程度）の楕円形粘土瘤を器面に貼り付ける
沈線文系文様	9	沈	沈線文※	様々な太さ・深さの沈線文。刻文を併存する例はここに分類する
貼細系文様	10	貼細	貼付文※	細い（幅約5mm以下）紐状の貼付文を器面に水平方向に貼り付ける。貼付文上には刻みや指によるひねりが加えられる例が多い
その他	11	無	無文	胴部にいずれかの文様があっても、口縁部が無文のものはここに含める

※は道北部の分類項目にはないもの、または道北部とは内容が異なるもの。
　貼細系文様要素は本章での分析対象外であるが、本書第Ⅳ部にて言及しているので表に含めておく。

2・8：モヨロ貝塚　　表の2・8・9以外は道北部の分類（図35・表14）と同じ。
9は胴部文様要素の例（図44）を参照

図43　口縁部文様要素の分類

遷も、「有」→「無」へと変化した後、一部が再び「有」に逆戻りするようである。

胴部文様要素（表23・図44）

胴部の文様要素について、表23・図44のように分類した。無文は各時期で一定程度認められるようであり、時期差を反映していないと思われる。

器形（図45・図46）

器形の分類には、モデルではなく計測値による比率尺度を用いる。まずは器形変化の概略を把握しておこう。モヨロ貝塚資料の器形には、器形全体が縦長で頚部のすぼまる壺形から、器形全体が横長で頚部があまりすぼまらない甕形まで、漸移的な変異が認められる。かつて大場はモヨロ貝塚資料に対して器形分類を試みたが（大場1956）、器形の時期差については明言していなかった。実はモヨロ貝塚資料では壺形の土器が新しい時期まで残るという特異な傾向があるため、資料がモヨロ貝塚例にほぼ限られていた当時では、時間軸に沿った変化傾向を指摘するのは難しかったのである。

しかし他の遺跡で出土例が増加するに従い、変化傾向が指摘できるようになってきた。まず刻文期の古手では縦長の壺形が主体となることが、道北部の資料や後述の相泊遺跡（澤ほか1971、涌坂編1996）の資料から明らかになった。一方、近年増えてきた貼付文期の住居跡出土一括資料では、横長の甕形が大多数で、縦長の壺型は稀である。すなわち、モヨロ貝塚資料を別にすれば、道東部の器形変遷は縦長壺形→横長甕形となることが明らかになってきたのである。モヨロ貝塚で多数出土している新しい時期（貼付文期）の壺形土器は、全体のなかではむしろ特殊な例であったといえよう（注3）。

以上の変遷観をもとに、時期差を反映するような器形区分を試みてみよう。器形の計測は、頚部のもっとも括れた部分の径（a）、胴部最大径（b）、器高（c）を対象におこない、頚部のくびれ度合い（a/b）と器形全体の縦横比（c/b）を算出して、縦長壺形→横長甕形という器形の変化を追いかけることとした（図45）。古手の土器のサンプルとしたのは、モヨロ貝塚資料のうちの、次の条件を全て満たしている土器である。すなわち、①口縁部に刻文系文様を有し、②胴部文様に「貼細系」（後述）文様を含まず、③口縁部に肥厚帯があるもので、77点が対象となる（注4）。なお、この77点については、さらにA：口縁部施文位置が「下縁」のみで胴部に貼付文のないもの（図45の「モヨロ刻文系A」：19個体）とB：施文位置が「下縁」で胴部に「貼太系」文様を有するものと、施文位置が「面」のもの（（図45の「モヨロ刻文系B」：58個体）に細別し、時系列上の変化をより細かく追うことを試みた。新手の土器のサンプルとしては、モヨロ貝塚では一括資料が少ないこともあり、北見市常呂川河口遺跡15号竪穴床面・埋土出土土器群（武田編1996）を用いた。サンプル数は器形全体が判明した土器40個体である。

以上の資料の算出値をプロットしたのが図45のグラフである。モヨロ貝塚の該当資料と常呂川河口15号の資料では、縦横比の値が異なる傾向にあることが明確に示されており、特にモヨロ刻文系Aと常呂川河口15号のグループ間では排他的な分布傾向が見て取れる。一方、くびれ度についても多少の差はあるが、縦横比ほどではない。図45のグラフ中の境界線は、モヨロ刻文系Aと常呂川河口15号のグループ間（実線）、及びモヨロ刻文系A＋同Bと常呂川河口15号のグループ間（点線）に対して線形判別関数を用いた判別分析をおこない、判別関数を算出して表示したものである（注5）。ここでは前者、すなわちモヨロ刻文系Aと常呂川河口15号のグループの判別関数を基本として器形の区分をお

第Ⅱ部　オホーツク土器の編年

番号	略号	名称	説明
1	下縁	肥厚帯の下縁	断面方形もしくは稜状の肥厚帯の、下縁部にのみ文様を巡らせる。口唇部外縁にも施文される例は面に分類する。刻文系文様に特有の施文位置
2	面	口縁部の面	肥厚帯の有無とは無関係に、口縁部上の全面もしくは一部に文様が施文される。多くの場合、文様要素が水平の複数列になる。沈線文系と貼太系文様に特有の施文位置であるが、刻文系文様がこの施文位置に施される場合も多い。口唇部外縁のみに施文がある例もここに分類する
3	無	施文なし	無文の場合ここに分類する

表 21　口縁部施文位置の分類一覧表

番号	略号	名称	説明
1	有	肥厚帯あり	肥厚帯を有する例。断面形は方形、三角形、口縁部の下縁のみが稜状を呈するものなどがあり、厚さや幅にも多少の変異がある。肥厚帯の段数は1段が大多数である
2	無	肥厚帯なし	肥厚帯を持たない例

表 22　口縁部肥厚帯の分類一覧表

大分類	番号	略号	名称	説明
刻文系文様	1	刻	刻文系文様	刻文・型押文などの刻文系文様のみが施されるもの
貼太系文様	2	貼瘤	貼瘤文	やや大きめ（長径2cm程度）の楕円形粘土瘤を器面に貼り付ける。刻文系文様が併存する場合はここに分類する
	3	貼太	太い貼付文	太い（幅約5mm以上）紐状の貼付文を器面に水平方向に貼り付け、一周させる。貼付文の上下縁が器面になでつけられ、器面との段差がない例が多い。貼付文上には刻文や指によるひねりが加えられる例が多い。貼付文の下部に刻文系文様や「貼瘤」が併存する例はここに分類する
貼細系文様	4	貼短	周回せず短く途切れる貼付文	やや太い紐状の貼付文を、やや短い長さ（多くの場合数cm）で水平方向に貼り付ける。上下に二本重ねる例も多い。貼付文上下縁のなでつけはない。貼付文上には刻みが加えられる例が多い
	5	貼細	細い貼付文	細い（幅約5mm以下）紐状の貼付文を器面に水平方向に貼り付け、一周させる。貼付文上下縁のなでつけはない。貼付文上には刻みや指によるひねりが加えられる例が多い
沈線文系文様	6	沈	沈線文	様々な太さ・深さの沈線文。刻文を併存する例はここに分類する
その他	7	無	無文	無文のもの

表 23　胴部文様要素の分類一覧表

第2章　モヨロ貝塚出土オホーツク土器の編年

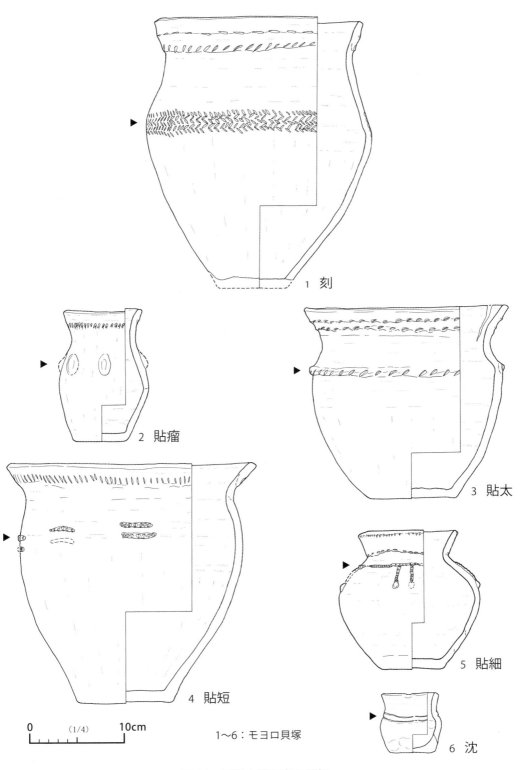

図44　胴部文様要素の分類

第Ⅱ部　オホーツク土器の編年

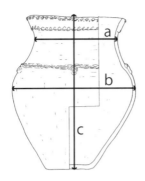
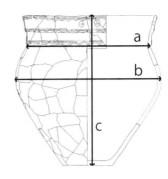

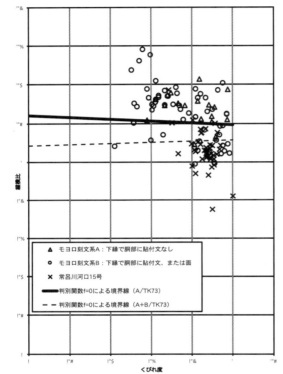

①モヨロ刻文系Aと常呂川河口15号の判別分析

くびれ度をa/bをx、縦横比c/dをyとしたとき、モヨロ刻文系Aグループと常呂川河口15号グループの正準判別関数 f=0.9180x+19.1965y-23.8317
（※fの係数は標準化されていないもの）

標準化された正準判別関数係数

	f
くびれ度a/b	0.0790
縦横比c/d	2.6683

縦横比が重要な説明変数と言える

正準判別関数による分析結果

元データ	判別関数による予測		合計
	モヨロ刻文系A	常呂川河口15号	
モヨロ刻文系A	16 (84.2%)	3 (15.8%)	19 (100.0%)
常呂川河口15号	3 (7.5%)	37 (92.5%)	40 (100.0%)

元データのうちの89.8%が判別関数により正しく分類された

②モヨロ刻文系A＋同Bと常呂川河口15号の判別分析

くびれ度をa/bをx、縦横比c/dをyとしたとき、モヨロ刻文系A+同Bグループと常呂川河口15号グループの正準判別関数 f=0.3853x+12.9884y-14.0871
（※fの係数は標準化されていないもの）

標準化された正準判別関数係数

	f
くびれ度a/b	-0.0510
縦横比c/d	1.9726

縦横比が重要な説明変数と言える

正準判別関数による分析結果

元データ	判別関数による予測		合計
	モヨロ刻文系A+B	常呂川河口15号	
モヨロ刻文系A+B	62 (80.5%)	15 (19.5%)	77 (100.0%)
常呂川河口15号	9 (22.5%)	31 (77.5%)	40 (100.0%)

元データのうちの79.5%が判別関数により正しく分類された

図45　線形判別関数による器形分類

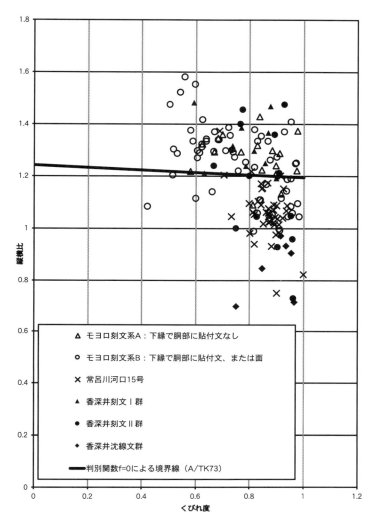

図46 器形の比較（道東部と道北部）

第Ⅱ部　オホーツク土器の編年

こなうこととし、縦横比 1.2 以上を「縦長」、1.2 未満を「横長」という基準で分類をおこなうこととする。

　なお、道東部と道北部で器形の変化傾向に差があるのかについても確認しておきたい。図 45 のグラフに、道北部の香深井 A 遺跡出土資料（前章の分類でいう刻文Ⅰ群・Ⅱ群・沈線文群の完形土器計 31 点）のデータを追加したのが図 46 である。少ないサンプル数からの分析であるが、道北部の刻文Ⅰ群は 1 点を除き全て「縦長」、刻文Ⅱ群は「縦長」と「横長」両方、沈線文群は全例「横長」と、道北部でも道東部同様に「縦長」から「横長」へという変遷が認められることが理解できよう。

２．属性の組み合わせ

　このようにして設定した 5 種類の属性をクロス集計したのが表 24- 1～8 である。サンプル数がやや少ないので定量的な分析には難があるが、組み合わせの傾向は把握できよう。基本的には古手の属性は別の古手の属性と、新手の属性は別の新手の属性と結合する傾向にあるが、道北部ほど順調ではなく乱れがあるように見える。結論から先にいえばこの「乱れ」の原因は、在地の伝統を維持しようとするベクトルと、道北部の影響で変化しようとするベクトルとがせめぎ合い、新旧の属性が並立したり、「型式変化の逆戻り」が生じたりすることにあると考えられる。その詳細については後述することとして、とりあえずは道東部における各属性の変遷と、道北部との差について確認しておく。

　口縁部文様要素（表 24- 1～4）

　口縁部文様要素とその他の属性との結びつきをみると、刻文系文様の「爪 2」は古手の属性と、沈線文系文様（「沈」）と無文（「無」）は新手の属性と結びつく傾向が強いようである（表 24- 1～4）。ただしどちらも結びつきは緩やかなもので、排他的な関係にはなっていない。上記以外の口縁部文様要素（「刻斜」・「刻ハ」・「爪 1」・「型」・「刻刺」・「刻横」・「貼瘤」）については、新旧どちらの属性と組み合わさるのか、はっきりした傾向は読み取れない。口縁部が無文の例についてもほぼ同様で、新しい属性と結びつく傾向が多少はあるものの、やはり傾向は明瞭ではない。

　道北部との違いで注目できるのは「刻横」の時期である。「刻横」は道北部では刻文系の中でも新手に属していたが、モヨロ資料では古手の時期から存在する傾向が伺える。地域差の一つと判断できる。

　口縁部肥厚帯・口縁部施文位置（表 24- 2・3・5・7・8）

　口縁部肥厚帯と口縁部施文位置については、器形との関係から新旧の傾向を読み取ってみよう（表 24- 5）。肥厚帯の有無と器形の関係を見ると、「縦長」の器形では肥厚帯の有る例が多数を占めるのに対し、「横長」の器形では肥厚帯の有る例と無い例が拮抗している（注 6）。口縁部施文位置については、肥厚帯の有る例で見ると、「縦長」の器形では「下縁」と結びつく例が多いのに対し、「横長」の器形では「面」と結びつく方が多い。すなわち、口縁部肥厚帯については有る例が古手の属性と、無い例が新手と結びつく傾向があり、口縁部施文位置では「下縁」が古手の属性と、「面が」新手と結びつく傾向があるといえる。この傾向は上述したように口縁部文様要素との結びつき（表 24- 2・3）でも概ね確認することができるが、胴部文様要素との関係（表 24- 7・8）では、後述のようにはっきりした傾向は読み取れない。なお、肥厚帯に関しては、肥厚帯が消滅しかけた後に復活するという「型式変化の逆戻り」があり、このことが属性の組み合わせパターンを複雑なものにしていると考えられる。

第2章　モヨロ貝塚出土オホーツク土器の編年

1

		口縁部文様要素										総計
		爪2	刻斜	刻ハ	爪1	型	刻刺	刻横	貼瘤	沈	無	
器形	縦長	10	19	1	4	4	9	9		3	11	70
	横長	2	12	5	4	3	7	7	1	7	18	66
総計		**12**	**31**	**6**	**8**	**7**	**16**	**16**	**1**	**10**	**29**	**136**

2

		口縁部文様要素										総計
		爪2	刻斜	刻ハ	爪1	型	刻刺	刻横	貼瘤	沈	無	
口縁部肥厚帯	有	14	39	10	13	9	15	17		2	19	138
	無	1	9	2	3	3	6	8	1	15	21	69
総計		**15**	**48**	**12**	**16**	**12**	**21**	**25**	**1**	**17**	**40**	**207**

3

		口縁部文様要素										総計
		爪2	刻斜	刻ハ	爪1	型	刻刺	刻横	貼瘤	沈	無	
口縁部施文位置	下縁	11	23	7	5	2	6	7		1		62
	面	4	25	5	11	10	15	18	1	16		105
	無										40	40
総計		**15**	**48**	**12**	**16**	**12**	**21**	**25**	**1**	**17**	**40**	**207**

4

		口縁部文様要素										**総計**
		爪2	刻斜	刻ハ	爪1	型	刻刺	刻横	貼瘤	沈	無	
胴部文様要素	刻	4	13	5	3	4	7	9			2	**47**
	貼太	3	7	2	5	3	4	6		1	3	**34**
	貼瘤	2	5	1	1	1	3	4	1		4	**22**
	沈		1	2	3		3			8	2	**19**
	貼短		3			2	1	2		1		**9**
	貼細	1	4	1	3		1			2	7	**19**
	無	5	15	1	1	2	2	4		5	22	**57**
総計		15	48	12	16	12	21	25	1	17	40	**207**

5

		口縁部肥厚帯／口縁部施文位置							総計
		有				無			
		下縁	面	無	小計	面	無	小計	
器形	縦長	28	22	8	58	9	3	12	70
	横長	8	17	7	32	23	11	34	66
総計		**36**	**39**	**15**	**90**	**32**	**14**	**46**	**136**

6

		胴部文様要素							総計
		刻	貼太	貼瘤	沈	貼短	貼細	無	
器形	縦長	17	17	10	1	1	1	23	70
	横長	8	3	8	12	3	9	23	66
総計		**25**	**20**	**18**	**13**	**4**	**10**	**46**	**136**

7

		胴部文様要素							総計
		刻	貼太	貼瘤	沈	貼短	貼細	無	
口縁部肥厚帯	有	39	25	15	7	5	11	36	138
	無	8	9	7	12	4	8	21	69
総計		**47**	**34**	**22**	**19**	**9**	**19**	**57**	**207**

8

		胴部文様要素							総計
		刻	貼太	貼瘤	沈	貼短	貼細	無	
口縁部施文位置	下縁	22	9	9	4	2	3	13	62
	面	23	22	9	13	7	9	22	107
	無	2	3	4	2		7	22	38
総計		**47**	**34**	**22**	**19**	**9**	**19**	**57**	**207**

表24　属性のクロス集計表

第Ⅱ部　オホーツク土器の編年

器形（表24-1・5・6）

　器形と他の属性との結びつきについては、他の項で検討しているのでここでは省略する。なお、先に「モヨロ貝塚資料では壺形の土器が新しい時期まで残るという特異な傾向がある」と述べたが、このことは「縦長」の器形に施文位置「面」がやや多い点（表24-5）などで確認できる。

胴部文様要素（表24-4・6・7・8）

　胴部文様要素と他の属性の結びつきをみると、胴部文様要素「刻」が古手の属性と、胴部文様要素「沈」・「貼短」・「貼細」が新手と結びつく傾向が認められるが、それほど明瞭ではなく、排他的な結びつきにはなっていない。このうち特に、明らかに新手の要素とみられる「貼細」の胴部文様が他の古手の属性とも結びついている点は、前述の「型式変化の逆戻り」として解釈できる部分となろう。また、胴部が無文の例については、他の属性との組み合わせに関して明確な傾向は認められないようである。

3．型式分類

　属性間の結びつきを分析した結果、基本的に古手の属性は別の古手と、新手の属性は別の新手と結びつく傾向があることが確認できた。ただしその傾向は順調とは言えず、前節で仮定した属性の序列をそのまま時期差と見ることは難しいことも明らかになった。また、道北部の土器と比較した場合、モヨロ貝塚の資料の方が属性間の結びつきが順調ではないことも見て取れた。

　このように属性間の結合が単調ではない場合、属性の組み合わせパターンは複雑となるので、道北部編年で試みたような組み合わせパターンに基づく型式設定は困難となる。よってモヨロ貝塚資料においては、指標となるいくつかの属性を基準に分類するという定性的な方法を用いる。

　具体的な分類は表25のとおりである。この分類は、まず全体を口縁部文様要素に基づいて四つの群、すなわちⅠ群（刻文系）・Ⅱ群（沈線文系）・Ⅲ群（無文）・Ⅳ群（貼付文系）に大別し、以下、各群を様々な属性を基準として2つ～5つのサブタイプに細別したものである。誤解を招かないように先に述べておくと、Ⅰ群a類～Ⅳ群b類までの各タイプの序列は、そのまま単純な時期差を示すものではない。また、各タイプの内容や分類基準をみると、一見したところでは分類が体系的ではなく（注7）、型式変遷の過程がわかりにくい印象を与えるかもしれない。しかし以下に提示する各分類群は、次節で紹介する「分類の基点となる出土例」の各群にみられる型式学的内容を参照しながら設定されたものであり、型式変遷の過程がわかりにくいのは、まさにそのような複雑な過程こそが道東部の型式変化の実態であるからである。各タイプの時間的前後関係については次節で詳述することとし、本節ではまず各分類群の型式学的内容について明らかにしておこう。

a）Ⅰ群土器（口縁部に刻文系文様を有する土器）

　Ⅰ群土器は口縁部に刻文系文様を有する土器である。Ⅰ群a類、Ⅰ群b1類、Ⅰ群b2類、Ⅰ群c類、Ⅰ群d類の5種に細別している。

Ⅰ群a類（図47-1～6、第Ⅳ部第1章図105-1～5、第Ⅳ部第2章図114-1・2）

　Ⅰ群a類土器は以下の特徴を有する土器である。器形は「縦長」で、口縁部に1段の肥厚帯を有する。口縁部施文位置は「下縁」で、胴部文様要素は「刻文系」または無文で、「沈線文系」「貼太系」「貼細系」

の各文様を含まない。図示した土器はいずれもこの条件を全て満たす土器である。

1群b1類（図48- 7 ～図49-19、第IV部第1章図106- 6 ～図108-21、第IV部第2章図115- 3 ～図116- 8）

　1群b類土器は、口縁部に肥厚帯を有するI群土器のうち、I群a類と後述のI群d類を除いたものとなる。様々な内容の土器を含むが、このI群b類については、器形を指標として「縦長」の1群b1類と「横長」の1群b2類に細別する。

　I群b1類土器の特徴は以下のようになる。器形は「縦長」で、口縁部に1段・突帯・2段のいずれかの肥厚帯を有する。口縁部施文位置は「下縁」のほかに「面」の例を含む。胴部文様要素は「貼太系」の例を含む。I群a類土器との比較でみると、胴部文様要素のみが異なる（「貼太系」を含む）例（図48- 7 ～ 11・13、第IV部第1章図106- 6 ～ 13、第IV部第2章図115- 3）や、口縁部施文位置のみが異なる土器（図48-12・図49-15・17）のような、I群a類に近い例がある一方で、肥厚帯が2段となる土器（第IV部第1章図108-19、第IV部第2章第図115- 7 ・図116- 8）や、口縁部施文位置と胴部文様要素の両方が異なる土器など、I群a類との違いが比較的明瞭な土器も、このタイプには含まれている。

I群b2類（図50-20 ～ 28、第IV部第1章図109-22 ～ 30）

　I群b2類土器は、器形が「横長」になる点以外はI群b1類と同じ特徴となる。このタイプの典型となる例は、貼付文系土器にみられるような器形、すなわち横長で頚部の括れが少ない甕形を呈する土器（図50-22・24・26・27、第IV部第1章第図109-25など）である。その一方で、一見したところI群a類やI群b1類との区別がつきにくいような土器もこのタイプには含まれている。なかでも特に、「横長」の器形以外はI群a類と同じ特徴をもつ土器（図50-20、第IV部第1章図109-22・23）については、I群b2類よりもむしろI群a類の例外として扱うべきかもしれない。しかし、ここでは前節でおこなった器形の分類結果を重視し、このタイプに含めておく。

I群c類（図51-29 ～ 42、第IV部第1章図110-31 ～ 41、第IV部第2章図116- 9）

　I群c類土器は、口縁部に肥厚帯を持たない土器である。I群a類・b1類・b2類の各タイプから口縁部肥厚帯が消失したもの、と言える例も多いが、その一方でI群c類に特有と言える土器も含まれている。口唇部外縁に刻文を有する例（図51-40 ～ 42・第IV部第1章図110-34 ～ 36・第IV部第2章図116-9）がそれである（注8）。このような文様構成は、I群d類（図52-44）・II群a類（図52-48）・II群b類（図52-53・第IV部第1章図 111-50）のほか、IV群a類（第IV部第2章図118-15）の各タイプにも認められるものであり、型式学的には新しく位置づけられる。

I群d類（図52-43 ～ 46、第IV部第2章図117-10 ～ 12）

　I群d類土器は、口縁部の刻文系文様に加えて、口縁部もしくは胴部の文様要素に「貼細系」の文様を有する土器である。掲載した資料を見る限り、「横長」の器形で口縁部肥厚帯を有する例が多いようであるが、例数が少ないためはっきりした傾向は把握できない。

b) II群土器（口縁部に沈線文系文様を有する土器）

　II群土器は口縁部に沈線文系文様を有する土器である。これらII群土器については、「貼細系」文様を併存しないa類と、併存するb類の2種に細別する。

II群a類（図52-47 ～ 52、第IV部第1章図111-42 ～ 49、第IV部第2章図117-13）

第Ⅱ部　オホーツク土器の編年

群	口縁部文様要素	類	器形	口縁部肥厚帯	口縁部施文位置	胴部文様要素	備考
Ⅰ	刻文系	a	縦長	有	下縁	刻文系・無文	口縁部肥厚帯は1段の例のみ
		b1	縦長	有	下縁・面	刻文系・貼太系・無文	（Ⅰ群a類に相当するものは除く）
		b2	横長	有	下縁・面	刻文系・貼太系・無文	
		c	縦長／横長	無	面	貼細系以外	
		d	縦長／横長	有／無	下縁・面	貼細系	口縁部に貼細系文様を併存するものを含む
Ⅱ	沈線文系	a	縦長／横長	無	面	貼細系以外	口縁部肥厚帯を有する例もまれにあり。横長の器形が典型的
		b	縦長／横長	無	面	貼細系	
Ⅲ	無文	a	縦長／横長	有	（施文なし）	（限定なし）	器形は縦長・胴部文様は無文が典型的
		b	縦長／横長	無	（施文なし）	貼細系以外	横長の器形が典型的
		c	縦長／横長	無	（施文なし）	貼細系	横長の器形が典型的
Ⅳ	貼細系a	a	横長が主体	有／無	面	（限定なし）	貼細系：単位が1本単独で施文があるもの
	貼細系b	b	横長が主体	有が主体	面	（限定なし）	貼細系：文様が2本以上で一単位となるもの、もしくは1本単独で施文がないもの

※　Ⅳ群土器は本章の分析対象外であるが、第Ⅳ部にて言及しているので表に含めておく。

表25　モヨロ貝塚出土土器　型式分類

時期		モヨロ貝塚　土器分類群											出土遺跡	道北部編年との対応
		Ⅰ群					Ⅱ群		Ⅲ群			Ⅳ群		
		a類	b1類	b2類	c類	d類	a類	b類	a類	b類	c類	a類	b類		
刻文期	前半	■												相泊	刻文Ⅰ群
	後半		■												刻文Ⅱ群
沈線文期	前半			■	■		■		■					栄浦第二9号オホーツク下層	沈線文群前半
	後半					■	■	■	■					オンネモトⅠ号	沈線文群後半
貼付文期	前半										■			トコロチャシ7a号骨塚a	貼付文期前半併行
	後半												■		貼付文期後半併行

表26　道東部の編年とモヨロ分類群及び道北部編年との対応関係

　Ⅱ群a類土器は口縁部もしくは胴部文様に「貼細系」文様を含まないものである。器形は「縦長」と「横長」の両者があるが、「横長」が典型的と言えよう。口縁部肥厚帯を持たない例が大半であり、持つ例（図52-52）はまれである。

Ⅱ群b類（図52-53、第Ⅳ部第1章図111-50）

　Ⅱ群b類土器は口縁部もしくは胴部文様に「貼細系」文様を含むものである。例数が少なく、型式学的特徴の傾向は把握できない。

c）Ⅲ群土器（口縁部が無文の土器）

　胴部文様の有無にかかわらず、口縁部が無文となるものをⅢ群に分類する。これらⅢ群土器については、口縁部肥厚帯を持つものをa類、口縁部肥厚帯を持たず胴部文様に「貼細系」文様を含まないものをb類、口縁部肥厚帯を持たず胴部文様に「貼細系」文様を持つものをc類に細別している。

Ⅲ群a類（図53-54〜58、第Ⅳ部第1章図112-51〜58）

　Ⅲ群a類土器は、口縁部肥厚帯を有する土器である。「縦長」の器形で胴部文様も無文となる例（図

第 2 章　モヨロ貝塚出土オホーツク土器の編年

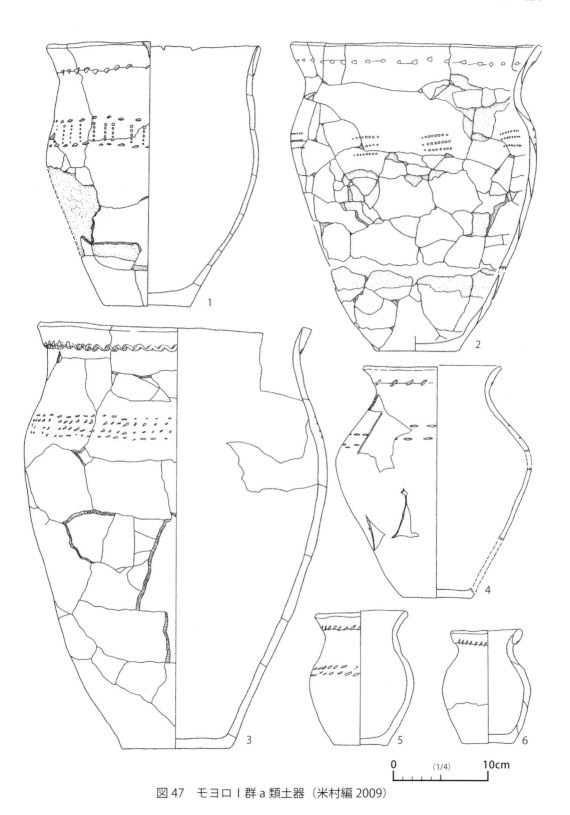

図47　モヨロⅠ群 a 類土器（米村編 2009）

第Ⅱ部 オホーツク土器の編年

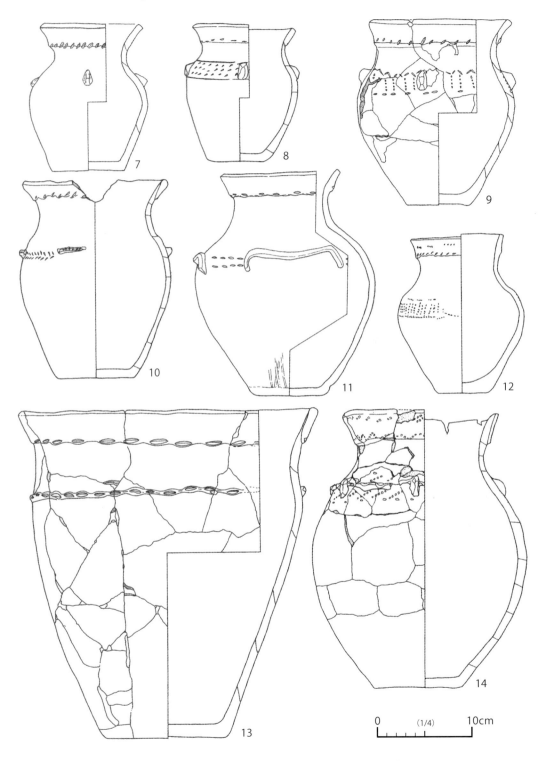

図48 モヨロⅠ群b1類土器 (1)（米村編2009）

第 2 章　モヨロ貝塚出土オホーツク土器の編年

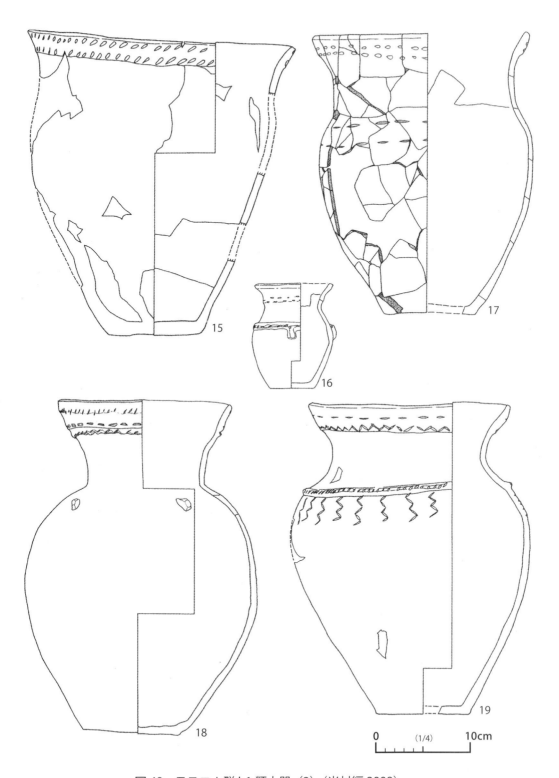

図 49　モヨロ I 群 b1 類土器 (2) (米村編 2009)

第Ⅱ部　オホーツク土器の編年

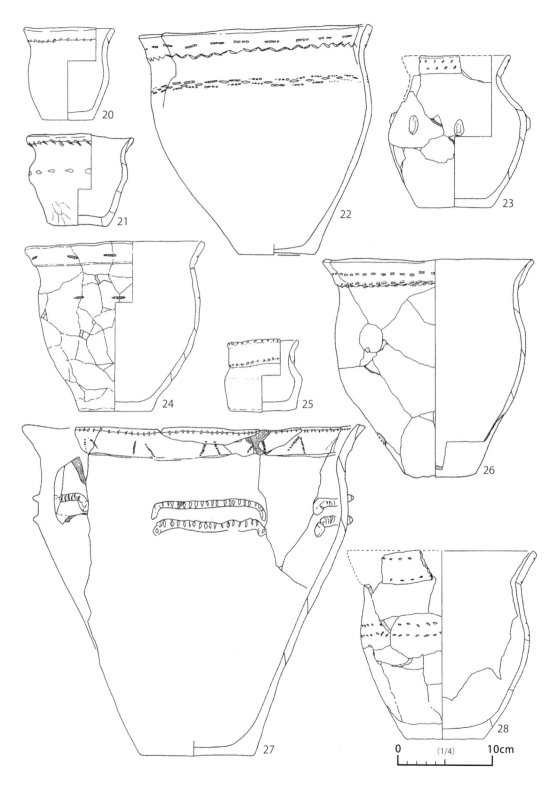

図 50　モヨロⅠ群 b2 類土器（米村編 2009）

第 2 章　モヨロ貝塚出土オホーツク土器の編年

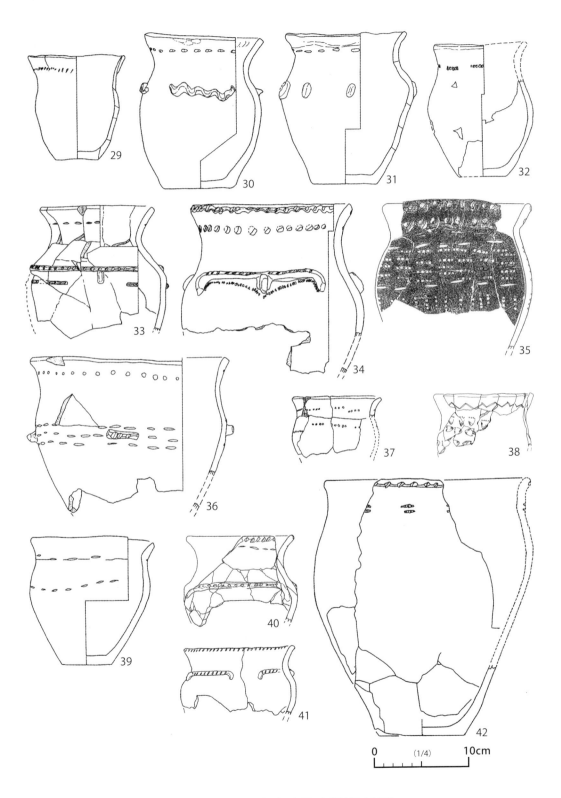

図 51　モヨロ I 群 c 類土器（米村編 2009）

第Ⅱ部　オホーツク土器の編年

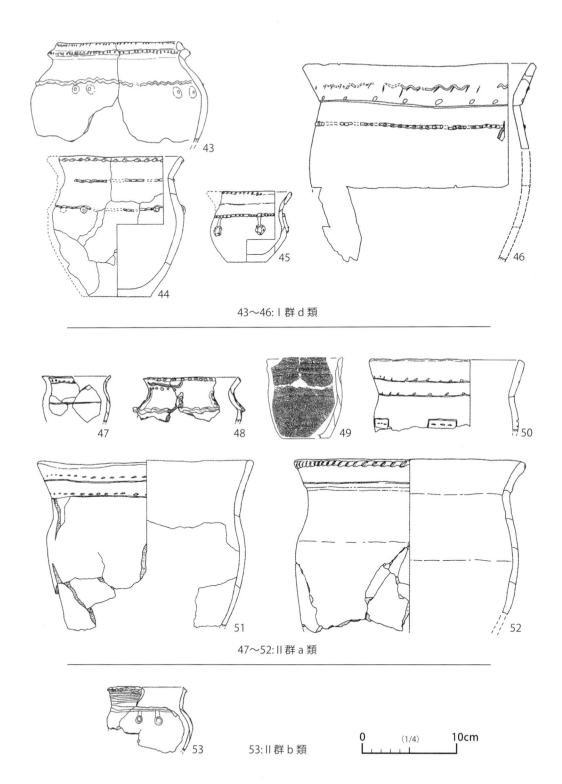

図 52　モヨロⅠ群 d 類・Ⅱ群 a 類土器・Ⅱ群 b 類土器（米村編 2009）

第2章　モヨロ貝塚出土オホーツク土器の編年

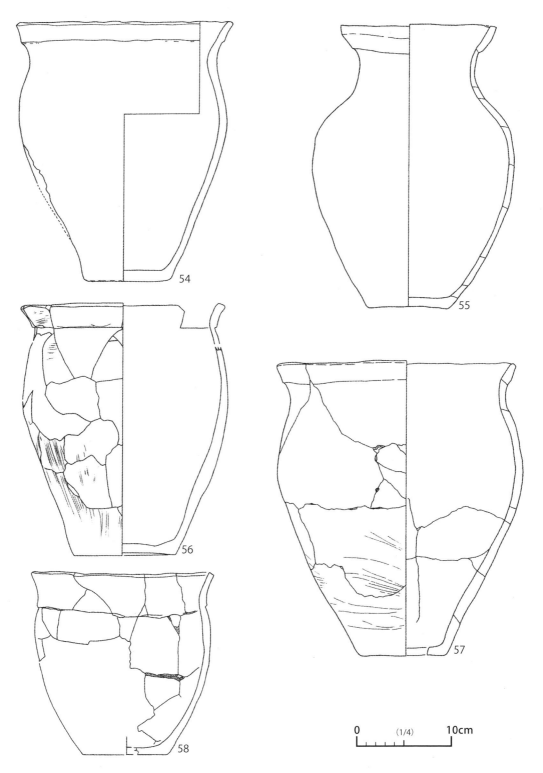

図53　モヨロⅢ群a類土器（米村編 2009）

第Ⅱ部　オホーツク土器の編年

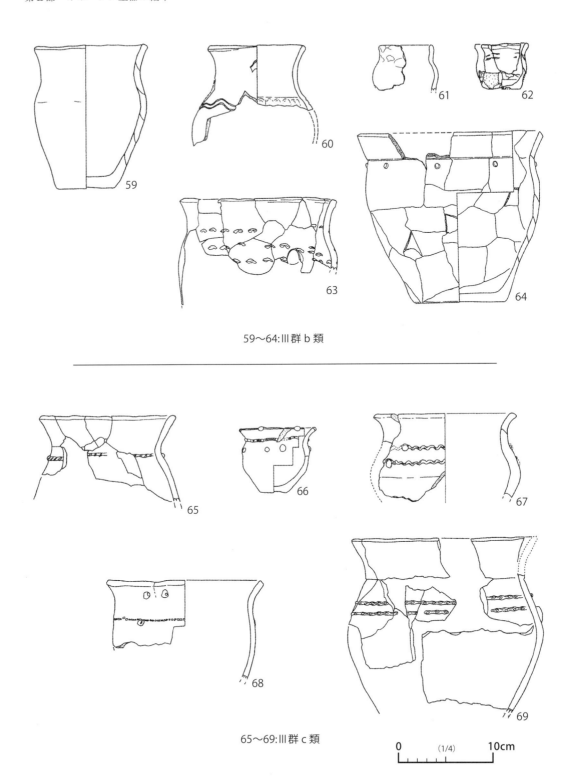

59～64:Ⅲ群 b 類

65～69:Ⅲ群 c 類

図 54　モヨロⅢ群 b 類土器・Ⅲ群 c 類土器（米村編 2009）

53-54〜57・第Ⅳ部第1章図112-51〜55）が典型的となる。胴部文様を有する例（第Ⅳ部第1章図112-56）や、器形が「横長」となる例（図53-58、第Ⅳ部第1章図112-57・58）も分類上はⅢ群a類に含まれるが、これらは型式学的にも編年上もⅢ群b類に近い位置づけになると考えられる。

Ⅲ群b類（図54-59〜64、第Ⅳ部第1章図113-59〜67、第Ⅳ部第2章図117-14）

　Ⅲ群b類土器は、口縁部肥厚帯がなく、胴部文様に「貼細系」文様を持たない土器である。「横長」の器形（図54-62・64、第Ⅳ部第1章図113-60〜63・65〜67）が典型的と言えるが、「縦長」の例（図54-59、第Ⅳ部第1章図113-59・64）もある。胴部文様も無文の例が多いが、刻文や沈線文、貼瘤文などが胴部に施される例もある。

Ⅲ群c類（図54-65〜69）

　Ⅲ群c類土器は口縁部肥厚帯がなく、胴部文様に「貼細系」文様を持つ土器である。「横長」の器形が多いようにも見えるが、例数が少ないので全体の傾向は不明とせざるを得ない。

d) Ⅳ群土器（口縁部に「貼細系」文様を有する土器）（第Ⅳ部第2章図118-15・16）

　前述したように、Ⅳ群土器については詳細な検討はおこなわないため、概要のみを記すこととする。

Ⅳ群a類（第Ⅳ部第2章図118-15）

　Ⅳ群a類土器は、口縁部、または口縁部と胴部に施文された全ての「貼細系」文様が、単位が一本単独で、かつ施文が付加される（熊木2001でいう「施文C」「施文K」「施文H」）文様のみから構成されるものである。全ての単位が一本単独であっても、施文がない（宇田川・熊木編2001でいう「施文P」）の貼付文を含む例は除外される。また、口縁部文様のみならず、胴部文様も上記の条件を満たすことが条件となる。

Ⅳ群b類（第Ⅳ部第2章図118-16）

　Ⅳ群b類土器は、口縁部、または口縁部と胴部の「貼細系」文様中に、2本以上の「貼細系」文様が一単位となる文様や、施文は付加されない1本単独の「貼細系」文様を含む例とする。

第3節　道東部の編年

1．編年の根拠となる出土例

　すでに述べたように、前節で提示したモヨロ貝塚出土資料の各分類群は、他の遺跡の出土例の型式学的内容を根拠の一つとして設定されている。道東部では貼付文系土器以前に相当する資料が比較的少ないことはすでに述べたが、それらの中には時間的に狭い範囲に収まるようなまとまった出土例や、編年を検討する上で参考となるような出土例が認められる。ここではそのようなモヨロ貝塚以外の出土例について型式学的な内容を再確認し、それらが前節で検討したモヨロ貝塚分類のどの群に対比されるのか、検討してゆく。

a) 羅臼町相泊遺跡（図55〜図58・表27）

　本遺跡では1970年と1994年の2回、合計4地点（注9）で発掘調査がおこなわれている（澤ほか1971、涌坂編1996）。オホーツク文化期の遺構については後述の「貼付文期」の竪穴住居跡1軒と「刻文期」の墓2基が検出され、土器は発掘区全体から刻文系土器が、竪穴周辺を中心に貼付文系土器が出土して

第Ⅱ部　オホーツク土器の編年

いる。土器型式の内容をみると刻文系土器が多く、貼付文系土器は少ない。また、後述する「沈線文期」併行となる土器は全く出土しておらず、この時期に遺跡は一旦断絶したようである。

　本遺跡で注目すべきは、まとまって出土した刻文系土器（図55～図58）の内容である。器形と文様の特徴について確認してみよう。器形が推測できる完形や半完形の資料は20個体程度であるが、それらは全て本章の分類では「縦長」の器形に属するとみられる。また、口縁部には全ての例に肥厚帯が認められる。文様に関しては、口縁部文様が判明した135個体について文様要素と施文位置をクロス集計したのが表27となる。施文位置は口縁部肥厚帯の「下縁」が全体の7割強を占め、文様要素では2指による爪形文（「爪2」）と斜めの刻文（「刻斜」）で全体の8割程度を占めている。胴部文様要素については、確認できる例では刻文系の文様要素が大半である。太い貼付文や貼瘤文などの「貼太系」文様はきわめて少数であり、報告された全資料中ではわずかに3例が確認されるのみである。なお、口縁部文様・胴部文様ともに無文となる個体が11例（全体の約8％）認められる。

　次にこの相泊遺跡資料をモヨロ貝塚の分類群と対比してみよう。相泊遺跡資料は破片資料が大半であり器形のデータが少ないので、全ての資料をモヨロ貝塚の各分類群に対比することは難しい。しかし完形土器の例から推測すると、「横長」の器形が含まれる可能性はきわめて低いとみられる。また、「貼太系」の胴部文様がごく稀であることは確実である。以上の推測を前提として対比をおこなうと、相泊遺跡資料は概ね7割強がモヨロⅠ群a類に、次いで2割弱がⅠ群b1類に、さらに1割弱がⅢ群a類に分類されることになる。

　相泊遺跡の出土例から明らかになるのは以下の二点であろう。第一点はモヨロⅠ群a類のまとまった出土例が存在することであり、第二点はそのまとまりには「横長」の器形のⅠ群b2類や肥厚帯のないⅠ群c類は含まれないことである。Ⅰ群a類土器の型式学的な特徴が刻文系土器群の中でも古く位置づけられることは、Ⅰ群a類が、第Ⅱ部第3章のサハリン編年における江の浦式1類や、第Ⅱ部第1章の道北部編年における刻文Ⅰ群とよく類似している点からみて間違いのないところである。そのような古手の土器群が量的にまとまって出土し、型式学的に新しいⅠ群b2類やⅠ群c類とは共伴しない、という本遺跡の事例は、刻文系土器を細別する上での基点として位置づけられることになろう。

　ただし、ここで問題となるのは、モヨロⅠ群a類と、Ⅰ群b1類・Ⅲ群a類との関係である。本遺跡の出土例をこれら三者が共伴する事例とみることも不可能ではないが、後二者の割合がかなり少ない点には注意が必要である。さらに、Ⅰ群a類を含む刻文系の古手の土器群の広域的かつ斉一的なあり方からすると、道東部のみⅠ群a類に他の土器群が伴う（＝地域差）と考えるよりも、Ⅰ群a類には他の土器群は伴わない（＝時期差）と考えた方が現状では合理的である。よって、やや不確実ではあるものの、ここではⅠ群a類土器が単独で刻文系土器群の古手の段階を構成すると推論し、それ以外の刻文系土器群は全てこれより新しい段階に属すると判断する。

b）北見市栄浦第二遺跡9号竪穴オホーツク下層遺構（図59-1～4）

　本遺構は1967年度に東京大学によって調査されたものである（藤本編1972）。筆者は以前、この遺構と出土土器について考察したことがあるので（熊木2010a）、ここではその考察を要約しながら出土土器群の内容を再確認する。

第2章　モヨロ貝塚出土オホーツク土器の編年

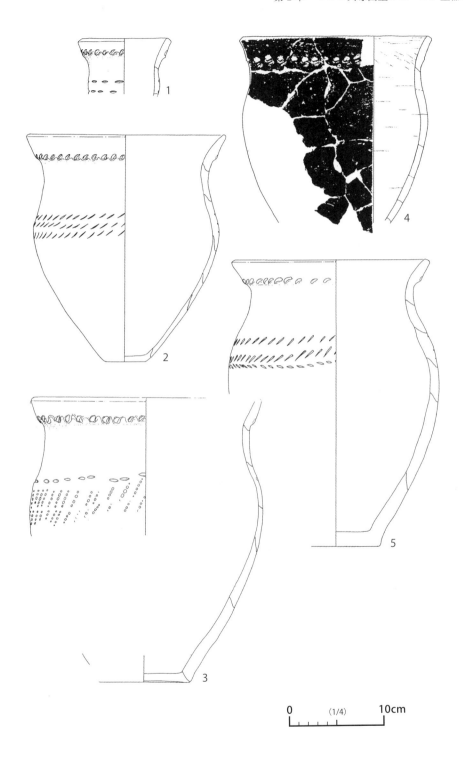

図55　相泊遺跡出土土器（1）

第Ⅱ部　オホーツク土器の編年

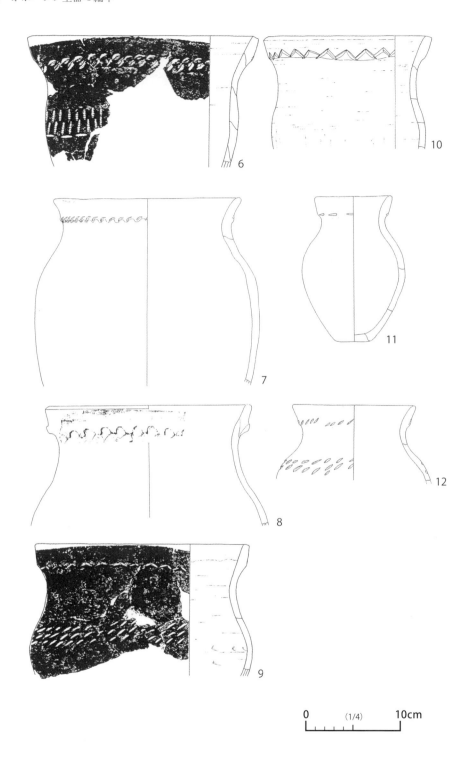

図 56　相泊遺跡出土土器（2）

第2章　モヨロ貝塚出土オホーツク土器の編年

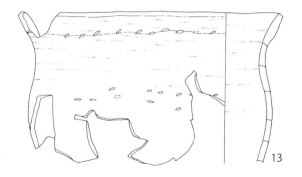

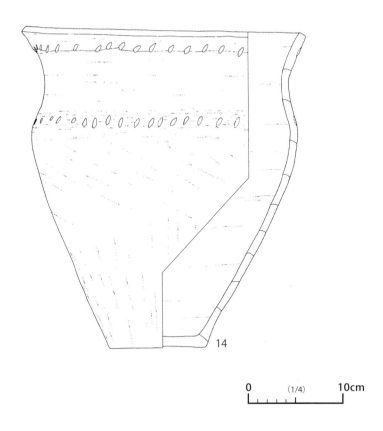

図57　相泊遺跡出土土器（3）

175

第Ⅱ部　オホーツク土器の編年

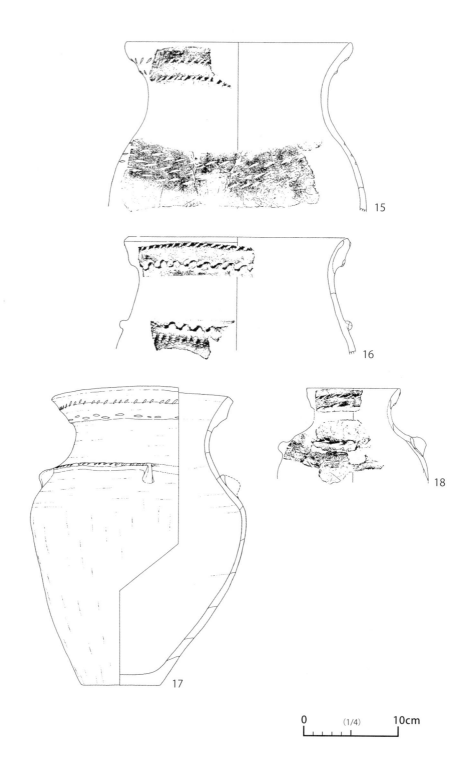

図58　相泊遺跡出土土器（4）

第 2 章　モヨロ貝塚出土オホーツク土器の編年

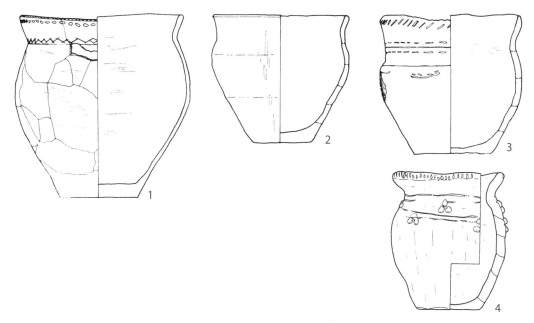

オホーツク下層遺構出土　1：I 群 c 類、2：Ⅲ群 b 類、3・4：Ⅱ群 a 類

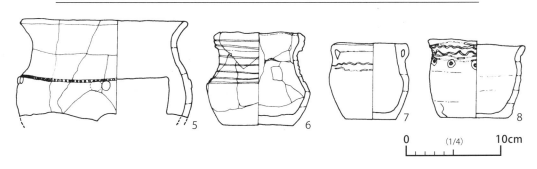

オホーツク上層遺構出土　5：Ⅲ群 c 類、6：Ⅱ群 a 類、7：Ⅳ群 a 類、8：Ⅳ群 b 類

図 59　栄浦第二遺跡 9 号竪穴オホーツク下層遺構（上）・同下層遺構（下）出土土器

　この栄浦第二遺跡 9 号竪穴は 3 層に重なる遺構から成り立っている。すなわち最下層には続縄文文化期の竪穴住居跡があり、その窪みのなかに、それぞれオホーツク下層遺構、オホーツク上層遺構と命名された遺構面が重なって検出されている。報告（藤本編 1972）では、下層・上層遺構の性格について、前者は竪穴の窪みを利用したオホーツク文化期の生活面、後者はオホーツク文化期の竪穴住居跡に類似する要素を持つ遺構とされている。
　ここで注目するのは、オホーツク下層遺構に伴って出土した 4 個体の完形土器である（図 59-1〜4）。出土状況からすると同時期のまとまりと判断してよく、刻文系土器・沈線文系土器・無文土器からなる

177

第Ⅱ部　オホーツク土器の編年

		口縁部文様要素								総計
		爪2	刻斜	刻ハ	爪1	型	刻刺	刻横	無	
口縁部施文位置	下縁	58	33	4				5		100
	面	5	4				2	13		24
	無								11	11
総計		63	37	4	0	0	2	18	11	135

表27　相泊遺跡出土土器の属性クロス集計表

組成となっている。図59-4を除いて器形が「横長」となっている点が特徴的であり、また4例ともに肥厚帯を持たない点も共通している。これらをモヨロ貝塚の分類群に当てはめると、1の刻文系土器は肥厚帯を持たず「貼細系」文様要素も併存しないⅠ群c類、2の無文土器は肥厚帯を持たないⅢ群b類、3・4の沈線文系土器はいずれも「貼細系」文様要素を併存しないⅡ群a類に、それぞれ相当する。

　わずか4個体のまとまりであり、この時期の土器群の組成にはこの4個体以外のタイプが含まれている可能性も否定できないが、ここではこのオホーツク下層遺構出土土器の内容について以下の二点に注目しておきたい。第一点は、Ⅰ群a類・Ⅰ群b1類・Ⅰ群b2類といった肥厚帯を有する刻文系土器が含まれていない点である。これは、これら古手の刻文系土器と本遺構出土土器との時期差を反映しているとみることができよう。第二点は「貼細系」の文様要素が本遺構出土土器には含まれていない点である。「貼細系」の文様要素は貼付文系土器（Ⅳ群）において盛行する文様であり、型式学的に新しい要素であると考えられる。そうであるならば、「貼細系」文様要素を含まない本遺構出土土器群は、それらの文様要素を含む土器（Ⅰ群d類、Ⅱ群b類、Ⅲ群c類、Ⅳ群a類・b類）よりも型式学的に古いと見なすことが可能であろう。すなわち、本遺構の事例は「貼細系」文様要素の出現を指標とした時期区分が可能であることを示すものと言えよう。

　参考として、本遺構の上層で確認された、オホーツク上層遺構の出土土器（図59-5～8）の内容についても確認しておきたい。この図59-5～8の土器をモヨロ貝塚の分類群に当てはめると、5はⅢ群c類、6はⅡ群a類、7はⅣ群a類、8はⅣ群b類となる。6以外は「貼細系」文様要素を有しており、また6も口縁部肥厚帯を有する点がやや特異であり、これらの特徴はいずれも貼付文系土器に近いものと言える。すなわち5～8の土器は、全体としてオホーツク下層遺構出土土器より型式学的に新しい特徴を有している。これらの土器がオホーツク下層遺跡の土器よりも上層から出土したという本遺跡の事例は、筆者の編年案を補強する出土状況と評価することが可能である（注10）。

c）根室市オンネモト遺跡Ⅰ号竪穴（図60～図62）

　本竪穴は東京教育大学によって1966年に調査された（増田ほか1974）。ここではこのⅠ号竪穴の床面及び埋土から出土した土器について検討する（注11）。この竪穴については、南東部分の一部が宅地造成によって破壊されており、また竪穴廃絶後の凹みには動物遺体等が廃棄されていたことが確認されている。それらの点からすると、埋土と床面の出土資料はどちらも複数の時期の遺物が混在したものである可能性を否定できないが、ここではそのことを念頭に置いた上で、資料の内容をモヨロ貝塚の分類群と対比してみよう。

第 2 章　モヨロ貝塚出土オホーツク土器の編年

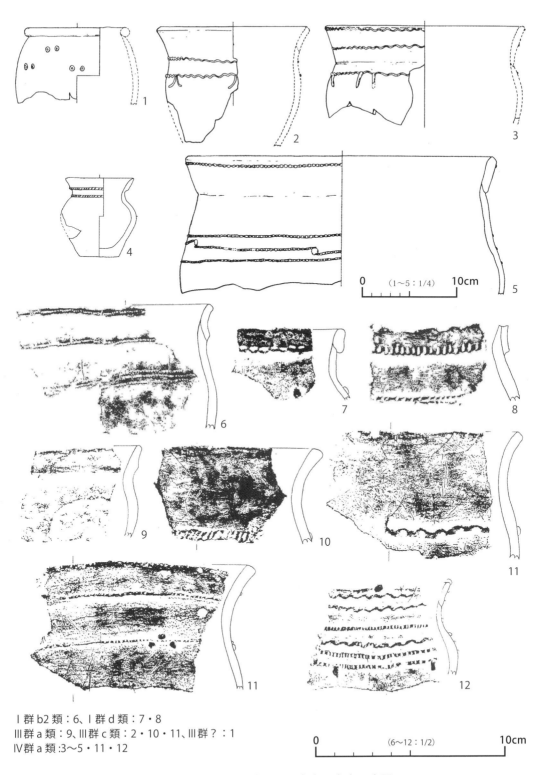

Ⅰ群 b2 類：6、Ⅰ群 d 類：7・8
Ⅲ群 a 類：9、Ⅲ群 c 類：2・10・11、Ⅲ群？：1
Ⅳ群 a 類：3～5・11・12

図 60　オンネモト遺跡 I 号竪穴床面出土の土器

第Ⅱ部　オホーツク土器の編年

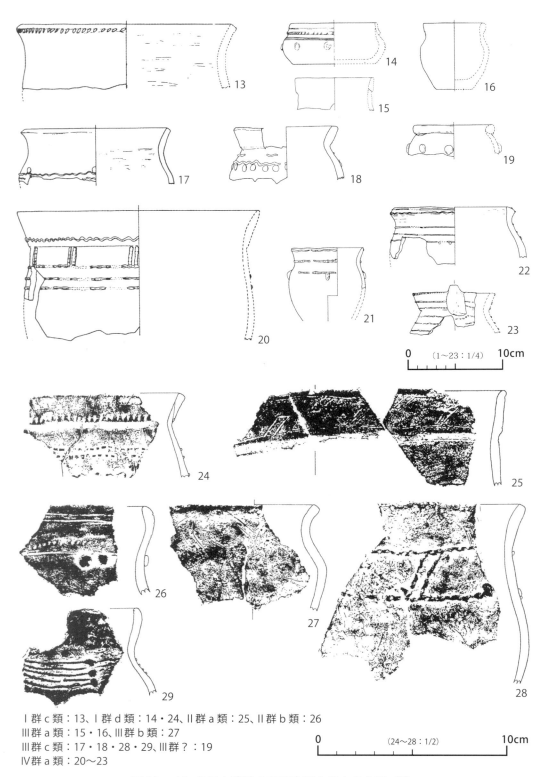

Ⅰ群 c 類：13、Ⅰ群 d 類：14・24、Ⅱ群 a 類：25、Ⅱ群 b 類：26
Ⅲ群 a 類：15・16、Ⅲ群 b 類：27
Ⅲ群 c 類：17・18・28・29、Ⅲ群？：19
Ⅳ群 a 類：20〜23

図 61　オンネモト遺跡 I 号竪穴埋土出土の土器（1）

第 2 章　モヨロ貝塚出土オホーツク土器の編年

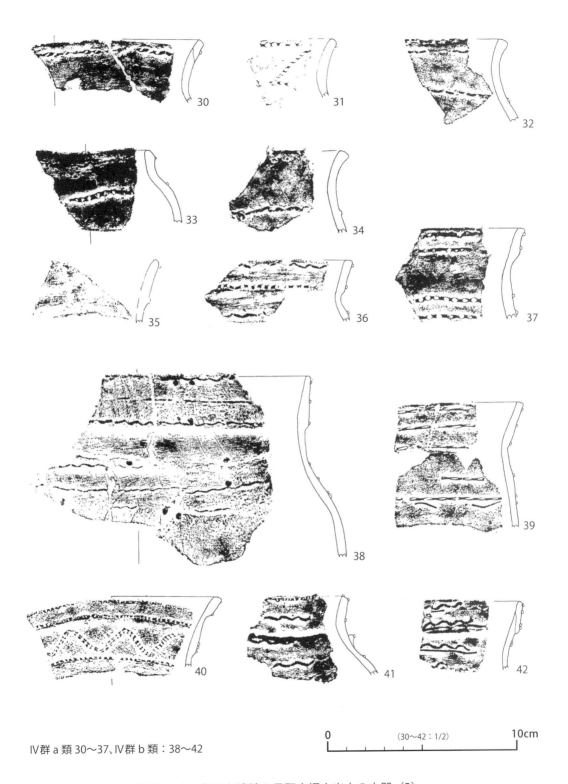

Ⅳ群 a 類 30〜37、Ⅳ群 b 類：38〜42

図 62　オンネモト遺跡 I 号竪穴埋土出土の土器（2）

181

第Ⅱ部　オホーツク土器の編年

　まずは床面出土の土器（図60）である。モヨロ分類群のⅠ群（刻文系）・Ⅲ群（無文）・Ⅳ群（貼付文系）が含まれているが、Ⅰ群とⅢ群では「貼細系」文様を有する例（Ⅰ群d類、Ⅲ群c類）が多数を占めている。Ⅳ群では、2本の貼付文が一単位となるような新しいタイプの貼付文系土器（Ⅳ群b類）が含まれていない点が注目される。一方、「貼細系」を持たない例としては、刻文系文様のみを有する資料（図60-6）と口縁部が無文の資料（図60-1・9）がある。6は器形が不明であるがおそらく「横長」のⅠ群b2類に相当すると考えられる。9は、分類上はモヨロⅢ群a類に相当するが、器形はおそらく「横長」であり、型式学的にはより新しい位置づけとなる。1も分類上はモヨロⅢ群a類になろうが、このタイプの器形（突帯状の口縁部肥厚帯を持つ小型の甕ないし広口壺）は貼付文系の土器に特徴的なものであり、やはりモヨロⅢ群a類よりも型式学的には新しいものに位置づけられる。まとめると、床面出土の土器は古いタイプの、すなわち1本単独で施文された「貼細系」文様を有する土器を中心とした構成になっているとみることができよう。

　埋土出土の土器も、モヨロ分類群のⅠ群〜Ⅳ群までの様々なタイプが含まれているが、やはり多数を占めるのは1本単独の「貼細系」文様を有する例（Ⅰ群d類、Ⅱ群b類、Ⅲ群c類、Ⅳ群a類）である。新しいタイプの「貼細系」文様を有する例（Ⅳ群b類）も認められる（図62-38〜42）が、内容をみると、貼付文の単位が1本単独（38）の例や、貼付文上に施文が施される例（39・40）といった、Ⅳ群b類の中でも型式学的に古く位置づけられるタイプが目立っており、藤本編年e群土器の典型と言えるような例（41・42）は少ない。ほかには、「貼細系」文様を伴わない例（Ⅰ群c類、Ⅱ群a類、Ⅲ群a類・b類）も埋土出土土器には含まれているが、全体に占める割合は少なく、モヨロⅠ群b類のような古いタイプの土器も含まれていない。これらの埋土出土の土器を床面出土のものと比較すると、前者にはⅣ群b類が含まれる点に違いがある。このⅣ群b類については、新しい時期のものが混入している可能性を考えておきたいが、Ⅳ群b類の中でも古いタイプのものが目立つという意味では、混入ではなく後続する時期までを含んだ時間幅のある資料と解釈することも不可能ではない。以上、本竪穴の床面と埋土の出土土器は、特に後者については多少の時間幅はあるようだが、この時期の型式内容を示す資料として位置づけることができよう。

　以上のオンネモトⅠ号竪穴出土土器の内容を、先の栄浦第二遺跡9号竪穴下層オホーツク遺構の土器と比較してみた場合、後者が「貼細系」文様を含まないⅠ〜Ⅲ群で構成されているのに対し、前者は「貼細系」文様を含むⅠ〜Ⅲ群とⅣ群a類を中心とした構成になっている、という点に大きな違いを認めることができる。

　なお、このⅠ号竪穴床面出土土器の編年上の位置については、調査報告書において「これらの一群は刻文期から貼付浮文期への過渡的様相を示すものとして藤本氏d群より分離し、同氏c群との間の一段階として位置づけるのが妥当」（増田ほか1974：107）と評価されている。筆者もその見方に概ね同意するが、私案の詳細については後述する。

d）北見市トコロチャシ跡遺跡オホーツク地点7a号骨塚（図63〜図65）

　本竪穴は東京大学によって1998〜1999年にかけて調査された（熊木・國木田編2012）。本竪穴では大小2軒の住居跡が入れ子状に重複しており、外側住居跡（7a号竪穴）・内側住居（7b号）

第2章　モヨロ貝塚出土オホーツク土器の編年

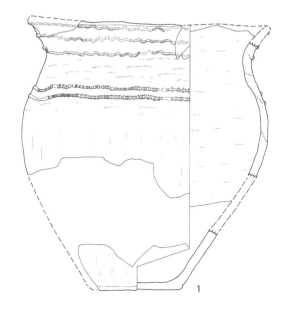

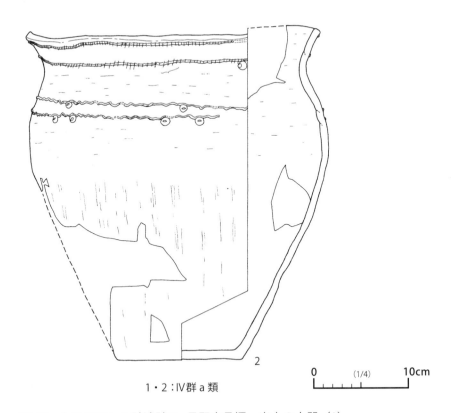

1・2：Ⅳ群a類

図63　トコロチャシ跡遺跡7a号竪穴骨塚a出土の土器（1）

第Ⅱ部　オホーツク土器の編年

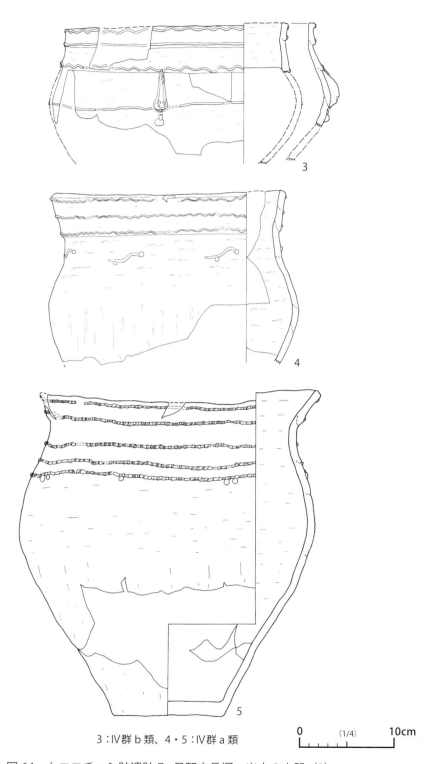

3：Ⅳ群b類、4・5：Ⅳ群a類

図64　トコロチャシ跡遺跡7a号竪穴骨塚a出土の土器（2）

第2章 モヨロ貝塚出土オホーツク土器の編年

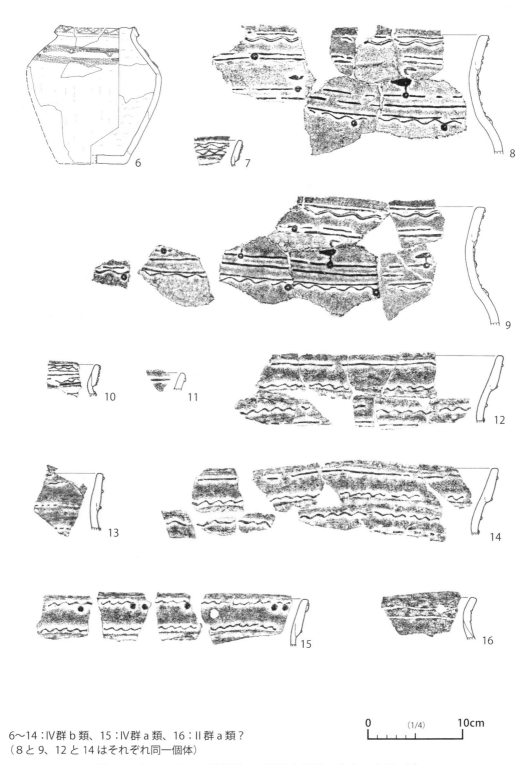

6～14：IV群 b 類、15：IV群 a 類、16：II群 a 類？
（8と9、12と14はそれぞれ同一個体）

図65　トコロチャシ跡遺跡 7a 号竪穴骨塚 a 出土の土器（3）

第Ⅱ部　オホーツク土器の編年

の各々にオホーツク文化竪穴に特有の骨塚が認められた。今回取り上げるのは、外側住居跡の骨塚（7
a号骨塚）から出土した土器である（注12）。

　出土土器全体の構成をみると、破片資料1点（図65-16：Ⅱ群a類？）を除き、全てⅣ群土器となって
おり、それらにはⅣ群a類とb類の両方が含まれている。これらのまとまりのなかで7a骨塚出土土器
を特徴づけるのは、完形3点（図63-1～2・図64-5）、半完形1点（図64-4）のⅣ群a類土器である。
これら4点のⅣ群a類で注目されるのは、Ⅳ群a類でもやや古手の型式学的特徴が認められる例が含
まれる点であろう。まず口縁部肥厚帯であるが、2点（図63-1・2）は肥厚帯を持たない土器であり、
また肥厚帯のある2点（図64-4・5）もそれらは薄いもので、あまり明瞭ではない。また文様帯をみ
ると、2点（図63-1・2）は口縁部文様帯と胴部文様帯の間に無文帯があり、両者は一帯化していない。

　Ⅳ群b類では完形・半完形が2点（図64-3・図65-6）と破片資料が6点（図65-7、8と9、10、
11、12と14、13）出土している。これらのうち4点は貼付文の単位が1本単独となるもののみで構成
されており、残りの4点は2～5本の貼付文が一単位となっている意匠を含んでいる。

　以上のトコロチャシ跡遺跡オホーツク地点7a号骨塚出土土器の内容を、先のオンネモトⅠ号竪穴出
土土器と比較すると、どちらもⅣ群a類を中心とした構成になっている点では共通する。しかし、後者
が（「貼細系」文様を持つ）Ⅰ～Ⅲ群土器を含む一方でⅣ群b類をほとんど含まない構成となっているの
に対し、前者はⅠ～Ⅲ群土器を含まない一方でⅣ群b類土器を含む構成となっている、という点に大
きな違いを認めることができる。

２．モヨロ貝塚分類群の編年

　以上に確認した編年上の根拠となる四つの出土例の内容をもとに、モヨロ貝塚分類群の編年を検討し
てみよう（表26）。

　もっとも古い段階に位置づけられるのは相泊遺跡で確認されたⅠ群a類のまとまりであり、まずは
これを型式編年上の最初の段階として設定する（刻文期前半）。なお、前述のとおり相泊遺跡ではⅠ群b
1類とⅢ群a類も数は少ないが出土しており、この段階からこれらの分類群が出現している可能性も否
定できない。しかし相泊遺跡の項でも検討したように、これらの分類群は基本的に後続する段階のもの
としてとらえておく。おそらく相泊遺跡の様相には、続く刻文期後半段階への漸移的な変遷の過程があ
らわれているのであろう。

　次に編年の基点となるのは、栄浦第二遺跡9号竪穴オホーツク下層遺構（以下、栄浦第二9号下層と略）
のまとまりである。このまとまりには刻文系のⅠ群c類、沈線文系のⅡ群a類、口縁部が無文のⅢ群b
類が含まれており、一見すると多様な要素が混在しているかのように見える。しかし口縁部文様要素以
外の特徴に注目すると、これらの土器には、口縁部肥厚帯が消失している一方で、「貼細系」文様要素
は出現していない、という共通性がみられる。また、「横長」の器形が中心となっているのも大きな変
化である。このまとまりを型式編年上の一つの段階（沈線文期前半）として仮設し、前後の段階と比較
してみよう。

　最古段階の刻文系土器である相泊遺跡のまとまりと栄浦第二9号下層の例を比較してみると、両者の

間には型式学的なギャップがあり、その中間に位置するような型式学的な特徴を持つ土器がモヨロ貝塚の分類群には存在する。すなわち、刻文系土器のⅠ群ｂ１類及びⅠ群ｂ２類と、無文の土器であるⅢ群土器のうちのⅢ群ａ類、すなわちⅠ群ａ類やⅠ群ｂ１類・ｂ２類から文様が脱落したような無文土器が、それらに該当する。このような、型式学的に相泊と栄浦第二９号下層との間に位置づけられる分類群を相泊出土例に続く段階（刻文期後半）として設定し、両者の間に位置づける。

栄浦第二９号下層より新しい段階については、オンネモトⅠ号竪穴とトコロチャシ７ａ号骨塚の内容から検討してみよう。前述したように、この二つのまとまりはどちらもⅣ群ａ類を中心とした構成になっている点では共通しているが、前者（オンネモトⅠ号竪穴）は「貼細系」文様を持つⅠ～Ⅲ群土器を含む一方でⅣ群ｂ類はほとんど含まない構成となっているのに対し、後者（トコロチャシ７ａ号骨塚）はⅠ～Ⅲ群土器を含まない一方でⅣ群ｂ類土器を含む構成となっている、という違いがある。このようなあり方に対しては、表26に示したような段階の設定と、それに基づく以下のような解釈が合理的であると筆者は考える。すなわち、①「貼細系」文様を持つⅠ～Ⅲ群土器、具体的にはⅠ群ｄ類、Ⅱ群ｂ類、Ⅲ群ｃ類で構成される段階（沈線文期後半）、②Ⅳ群ａ類土器の段階（貼付文期前半）、③Ⅳ群ｂ類の段階（貼付文期後半）の三つの段階が存在し、オンネモトⅠ号竪穴は①と②の段階、トコロチャシ７ａ号骨塚は②と③の段階という、それぞれ連続する二つの段階からなるまとまりである、というとらえ方である。

このように四つの遺跡の出土例を主たる根拠として、表26のように刻文期・沈線文期・貼付文期とそれぞれの前半・後半段階である三時期六段階の編年を設定した。ただし以下に述べるように、この編年には検討すべき余地がいくつか残されている。

第一点は、刻文期前半・後半の各段階の内容である。前述のように相泊出土資料には少数ではあるが後半段階の資料が含まれているし、また、刻文期前半を含まずに刻文期後半の土器群のみが出土した例は今のところ確認されていないようである。ここでは先に述べた論理で表26のような細別を採用するが、Ⅰ群ａ類・Ⅰ群ｂ１類・Ⅲ群ａ類をまとめて一つの段階として、Ⅰ群ｂ２類をそれに後続する段階に位置づける、という編年が成立する可能性も否定できない。

第二点は、Ⅲ群ａ類の細別の可能性である。Ⅲ群ａ類については、相泊出土資料の様相や型式学的な特徴に基づき、私案では刻文期後半に位置づけた。しかしⅢ群ａ類はオンネモトⅠ号竪穴出土資料などにも含まれており、沈線文期後半、あるいは貼付文期(注13)まで存続している可能性が高い。ただし、典型的なⅢ群ａ類（「縦長」で胴部も無文の土器）が沈線文期まで存続するのではなく、沈線文期には「横長」の器形（オンネモトⅠ号の例（図61-16）も「横長」である）への変化が生じているようである。Ⅲ群ａ類の資料数が少ないためモヨロ貝塚の分類群では細別をおこなわなかったが、「縦長」の器形の例はⅢ群ａ１類、「横長」の例はⅢ群ａ２類、とするような細別が型式編年に際して有効となる可能性は高い。

第三点は沈線文期の内容である。先の検討では、沈線文期の各段階とモヨロ分類群の対応は表26のとおりである結論づけたが、これについても検討の余地がある。まず沈線文期前半については、栄浦第二遺跡（武田編1995）の出土状況が問題となろう。この遺跡全体の出土土器をみると、オホーツク土器は沈線文期前半以降の土器が主体となるが、それに加えてⅠ群ａ類ないしｂ類土器とみられる破片資料が僅かではあるが出土している（武田編1995：第221図）。破片資料のため分類は難しいが、確実にⅠ

群a類やb1類と言える例は含まれておらず、器形等から判断するとこれらの資料の多くはⅠ群b2類に該当するとみられる。このような出土状況の解釈としては、栄浦第二遺跡の形成時期の上限を刻文期にまで引き上げるのではなく、上限はあくまで沈線文期前半であってその時期までⅠ群b2類が残存しているとみた方が合理的であろう。ほかに、沈線文期後半についても追加説明が必要であろう。この段階の組成は表26に示したようにⅠ群d類・Ⅱ群b類、Ⅲ群c類が基本になると考えられる。しかし例えばオンネモトⅠ号竪穴出土資料中ではⅠ群b2類、Ⅰ群c類、Ⅱ群a類等が、栄浦第二9号オホーツク上層でもⅡ群a類等が含まれていることからすると、これらの分類群が沈線文期後半まで存続している可能性も考えられる。特にⅡ群a類についてはオンネモトⅠ号・栄浦第二9号上層の両方に含まれていることから、沈線文期後半まで存続している可能性が高いと考えておきたい。ほかにも、Ⅰ群b2類が沈線文期後半前後まで存続していることを示す出土例としては、斜里町ウトロ海岸砂丘遺跡1号竪穴の例（駒井編1964：Fig.84-1〜5）や、栄浦第二遺跡動物骨集積1に伴う土器群（武田編1995：第84図1〜8）がある。

　第四点は貼付文期の細別である。先に取り上げたトコロチャシ7a号骨塚出土資料については、全体を貼付文期前半から後半にかけての時期に位置づけたが、この資料に含まれる4点のⅣ群a類（図63-1〜2・図64-4〜5）に関しては、同類の中でも古手の型式学的特徴を有していることを指摘しておいた。筆者はこれらのⅣ群a類について、Ⅳ群b類よりも時間的に先行すると想定し、それぞれの分類群に対応する段階（貼付文期前半・後半）を設定した。しかし今のところⅣ群a類のみからなるまとまった出土例は確認されておらず（注14）、細別はまだ仮説に止まっていることを認めざるを得ない。ちなみにかつて藤本強が藤本編年d群の標式資料とした各竪穴の一括出土例（トコロチャシ1号外側・トコロチャシ2号・モヨロ貝塚10号・トビニタイ1号）は、いずれもモヨロ分類群のⅣ群a類とb類の両者を含む組成となっており、その意味でもⅣ群a類とb類（の一部）は同時期に位置づけられる可能性もある。加えてⅣ群b類に相当する土器については、すでに榊田朋広による細別編年が提示される（榊田2016）など、さらなる細別が可能である可能性が高い。本書では貼付文系土器について、モヨロ貝塚の未報告資料に対する調査が完了しなかったため詳細な分析をおこなわなかったが、ここで設定したⅣ群a類・Ⅳ群b類に対してはさらなる検討が必要であり、今後の課題としておきたい。

　以上の問題が今後の検討課題となることを踏まえた上で、本章では表26の編年を現時点での私案として提示しておくことにしたい。

第4節　道北部との関係

　次に、ここで検討した道東部編年を前章の道北部編年と対比して、両地域の土器型式の型式学的な異同と分布の境界について時期毎に検討し、地域間の関係とその変遷について明らかにする。なお、両地域の型式編年の対応関係は第Ⅱ部第5章に示した編年案（図86）のとおりとなる。

a）刻文期

　刻文期前半では地域差は少ないが（注15）、刻文期後半になると地域差が目立ってくる。具体的には、

第2章 モヨロ貝塚出土オホーツク土器の編年

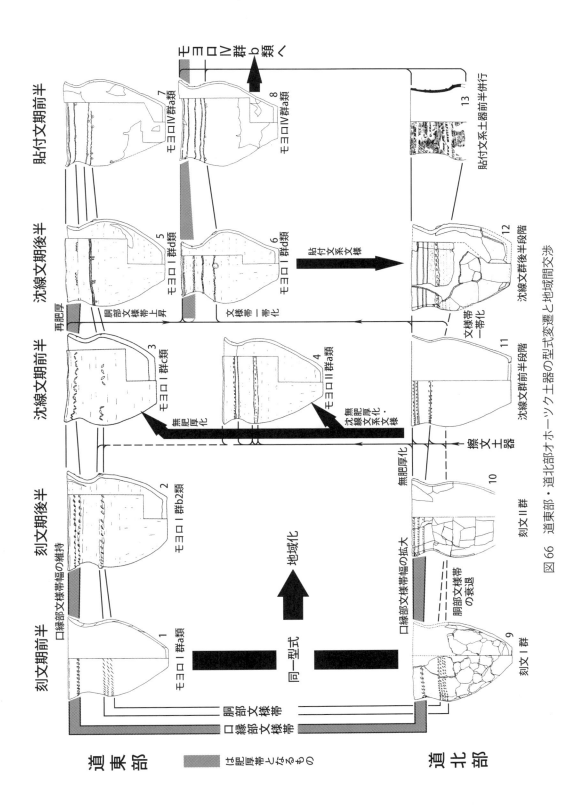

図66 道東部・道北部オホーツク土器の型式変遷と地域間交渉

道東部では文様要素がやや単純であることに加え、ほぼ全例に肥厚帯がある、肥厚帯の幅があまり広がらないなど、器形の違いも生じてくる。また、道東部では「貼太系」の胴部文様が多用されるというのも目立つ地域差である。

　刻文期後半における地域の境界（道北部と道東部）を確認しておこう。道北部刻文II群は、枝幸町ホロベツ砂丘遺跡においてややまとまった出土が認められる。北見枝幸周辺までが道北部の範囲であることはほぼ確実であろう。一方、道東部のモヨロI群b2類はモヨロ貝塚より西側の北見市栄浦第二遺跡でもややまとまった出土が認められる。栄浦第二遺跡の上限が刻文期まで遡るか否かは判断が難しいところであるが、おそらく、刻文期後半における地域の境界は北見枝幸と常呂の間にある可能性が高い。ただし、中間地帯となる雄武～紋別～湧別では出土が断片的で様相がはっきりしないため、この境界が漸移的なのか排他的なのか、排他的であるならば境界はどの位置になるのか、等々については判断が難しい（注16）。

b）沈線文期

　沈線文期前半の道北部では大多数の土器が沈線文系土器（道北部沈線文群）に移行する一方、道東部では在地の系統の上に沈線文系土器の影響が及び、両系統が折衷したような土器群が生み出される。具体的にはモヨロI群c類・II群a類・III群b類がこの時期の道東部の土器群であるが、その中のI群c類には在地の伝統が、II群a類では道北部の系統がそれぞれ強くあらわれている。各々の系統について確認してみよう（図66）。

　まずモヨロI群c類であるが、これはモヨロI群b1類・b2類土器が道北部沈線文群の影響を受けて変化し、口縁部の肥厚帯が消失したものと考えられる。ただし、口縁部文様帯の幅は道東部の伝統を維持しているため狭いままであり、沈線文系の文様要素も借用されていないなど、在地の伝統を強く残している。一方、モヨロII群a類は文様要素・口縁部文様帯ともに道北部沈線文群の影響を強く受けている。ただし、モヨロII群a類にも道東部的な要素がある。一つは器形で、道北部の沈線文群は頸部のすぼまりが弱く口縁部が直線的に立ち上がるのに対し、モヨロII群a類では頸部のくびれがやや強いものや口縁部が緩やかに開く例があり、道東的な特徴を残している。また、摩擦式浮文の施文例が少ない点、胴部文様が施文される例がやや多い点も道北部とは異なっており、これらも道東部の伝統として説明できよう。このような道東部的な要素はあるものの、全体をみるとモヨロII群a類は道北部沈線文群前半段階に近い土器群と言える。

　沈線文期前半の地域の境界であるが、道北部では沈線文群前半段階がほぼ単純で出土する一方、道東部では刻文系（I群c類）と沈線文系（II群a類）の土器が併存する組成となる。すなわち、道北部の範囲は沈線文群単純遺跡の分布域と言い換えることができるが、これは雄武付近まで拡がるのは確実であろう（松尾1990：図9・図10、平川編1995）。一方、北見市栄浦第二遺跡（武田編1995）では道東的な組成となっているので、この時期の地域の境界は紋別～湧別の一帯となろう。ちなみに沈線文系文様要素の分布は、知床半島から根室までの道東部全域、さらには南千島択捉島まで及んでいる（大沼・本田1970：第2図2、西本編2003：第16図15、五十嵐1989：第11図120等）。ただし東にいくほど沈線文系の出土例は逓減するようであるので、この時期の型式交渉は、隣接地域間での情報交換が支配的になっ

ていると想定できよう。すなわち、刻文期前半で認められたような、同一地域内で土器様相が斉一になるような広域的な型式交渉のあり方からは変化が生じているとみられる。

沈線文期前半では以上のように道北部から道東部へと影響が及ぶが、次の沈線文期後半では道東部の系統が息を吹き返し（「型式変化の逆戻り」）、逆に道東部から道北部へと影響が及ぶようになる。道東部に特有の土器であるモヨロⅠ群d類の内容から、その様子を確認してみよう。

モヨロⅠ群d類（口縁部刻文系＋胴部「貼細系」貼付文）では口縁部文様帯の幅の狭さが踏襲され、道北部の影響で衰退していた肥厚帯も復活する。これら口縁部の形態は道東部の伝統下にあるといえよう。また、胴部に施された「貼細系」文様も、モヨロⅠ群b2類等の「貼太系」文様からの系統的変遷として理解できる（河野1955、藤本1966、柳澤1999）。このようにして道東部で発達し始めた「貼細系」の文様は道北端部にまで波及し、道北部沈線文群後半段階の土器にもこの種の文様要素が付されるようになる。ただし道東部において沈線文系文様が全く消滅してしまうわけではなく、モヨロⅡ群c類土器（口縁部沈線文系＋胴部等に「貼細系」貼付文）にみられるようにこの時期まで道東部に残る。

ほかに、この時期の地域差としては、器形（前段階の地域差を引き継ぐ）や文様要素（鋸歯状の沈線文の有無）が認められるようであるが、両者の違いはそれほど明確なものではなく、沈線文期前半よりも地域差は縮小する傾向にある。

なお、口縁部・胴部の文様帯一帯化は道北部・道東部ともこの段階で顕著になる。これもおそらく道東部からの影響と考えられるが、両地域で同期している現象かもしれない。この一帯化された文様帯が次の貼付文期になると優勢になってゆく。

地域の境界についても確認しておこう。モヨロⅠ群d類の分布の北限は常呂近辺である。それより北の雄武以北では、モヨロⅡ群b類または道北部沈線群後半段階（図66-12、松尾1990：図7）となる。

c）貼付文期

この時期になると、よく知られているように道東部では集落遺跡が増加する一方、道北部では土器の出土量が減少する。そのような変化に伴うように、土器型式も道北部では地域の伝統が衰退し、道東部の系統に呑み込まれてゆく。ちなみに貼付文期前半までは沈線文系の要素が道北部には残存するようであるが、貼付文期後半になると道東部とほぼ同じ（注17）土器群が道北端部まで分布するようになる。

第5節　おわりに

モヨロ貝塚出土資料を基に道東部のオホーツク土器編年を論じてきた。これまで、道東部の各遺跡でも刻文期から沈線文期にかけての資料は得られていたが、特に本章で言う刻文期後半や沈線文期後半の資料はこれまで非常に少なかった。本章ではモヨロ貝塚の出土土器の資料化とその分析をおこなうことでその「空白」を埋め、道東部の型式変遷の過程を詳細にトレースすることに成功した。そこで明らかになった系統観は、道北部・道東部のいずれかが一方的に拡大／縮小してゆく、といったようなものではなく、双方の力関係が交替しながら双方向的に作用するものであった。

本章ではさらに、上記の成果を踏まえた上で道北部編年と道東部編年を対比し、両地域間の型式交渉

第Ⅱ部　オホーツク土器の編年

を整理してみた。その結果、刻文期後半から地域差が拡大すること、さらに沈線文期前半では型式学的
な影響は道北部から道東部へと及ぶのに対し、沈線文期後半以後は道東部から道北部へと影響方向が逆
転することが確認できた。道北部と道東部で系統が交錯するプロセスはこれまでわかりにくかったが、
今回の考察では土器そのものの系統的変化の過程や、地域の境界の位置などについて、問題を整理でき
たと考えている。

　なお、道北部と道東部の型式交渉が変化してゆく背景には、当然のことながら擦文文化やサハリンの
情勢、オホーツク文化内部での人の動きなどが関わっていると考えられる。この問題の考察は以後の章
で改めておこなうことにする。

注

（1）最近、道立北方民族博物館の所蔵資料中に、十和田式か北大式か判別の難しい、刺突文のある土器が1点確認されて
　　いる（熊木2016）。そのほか、大場はモヨロ貝塚のオホーツク土器中に「少数の突瘤文と縄目文の複合文様例」が認め
　　られるとしているが（大場1956：5）、同論文掲載の図版・表には「突瘤文」例の記載はなく、実態は不明である。

（2）本章で分析対象とした資料207点の内訳は以下のとおりである。
　　・網走市教育委員会による平成13年年度調査資料2点（和田ほか2001）
　　・網走市教育委員会による平成14年度調査資料1点（和田ほか2003）
　　・網走市教育委員会による平成15年度～平成20年度調査資料112点（米村編2009）
　　・モヨロ貝塚調査団第3次調査（昭和26年）発掘資料1点（駒井編1964）
　　・市立函館博物館所蔵資料67点（第Ⅳ部第1章掲載資料）
　　・北海道立北方民族博物館所蔵資料25点（本書第Ⅳ部第2章掲載資料27点のうちの貼付文期の土器2点を除いたもの）
　　　　なお、207点中、器形の計測（口径・器高等）が可能であった資料は136点であり、71点については欠損部がある
　　などしたため器形の計測と分析をおこなっていない。

（3）モヨロ貝塚の貼付文系土器の器形に壺形が多い理由ははっきりしないが、おそらくそれらが副葬土器であったことと
　　関連する可能性が高い。なぜならば同じモヨロ貝塚でも10号竪穴から出土した貼付文系土器群には壺形は認められな
　　いし（駒井編1964）、逆に栄浦第二遺跡Pit30（武田編1995）の墓では貼付文系の壺型土器が出土しているからである。
　　ただし貼付文期の副葬土器が全て壺形であったわけではなく、モヨロ貝塚の貼付文系壺形土器が全て副葬品であった確
　　証もないので、詳細は不明とせざるを得ない。

（4）器形分析の対象とした77点の内訳であるが、本章と第Ⅳ部第1章・第Ⅳ部第2章に掲載した土器は69点となる。ほ
　　かに、大場論文（大場1956）掲載資料のなかで、第Ⅳ部第1章では掲載対象外とした土器のうち、本文中の条件に合
　　う8点について筆者未観察ではあるが分析対象に追加している。

（5）判別分析は、College Analysis ver. 5.1（http://www.heisei-u.ac.jp/ba/fukui/analysis.html）を用いておこなった。

（6）ここでは口縁部肥厚帯と口縁部施文位置の各属性の新旧について、器形との組み合わせも判断材料の一つとしている。
　　しかし器形に関しては、分類基準に最初から肥厚帯の有無が組み込まれており、その点では本文の論理には循環論法と
　　なっている部分があることを認めておきたい。

（7）本章の分類は、以前、筆者がモヨロ貝塚の調査報告書の分析・考察編（熊木2009）で用いた分類をそのまま採用し

ているが、名称の一部のみ変更している。すなわち、熊木2009の「Ⅲ群b1類」はⅢ群b類に、同「Ⅲ群b2類」は
Ⅲ群c類に改称している。熊木2009の分類は体系的とは言えずわかりにくいところがあるが、その理由は、発掘報告
書の掲載資料を整理するための分類であったことが大きい。すなわち、この分類は口縁部破片を整理することに重点を
置いたものであり、結果として器形や胴部文様要素は下位の扱いとなっている。しかし、型式編年においては器形や胴
部の「貼細系」文様の有無なども重要であり、それらを優先したほうが型式変遷過程を理解しやすくなる部分もある。
本章では以上の点を十分認識した上で、熊木2009との対比が煩雑になるのを避けるため、以前の分類を踏襲すること
とした。結果的に土器の分類と型式変遷過程との関係がややわかりにくくなってしまったが、その点については、表
25に要点を示したつもりであるので参照いただきたい。

（8）ここで言う「口唇部外縁に刻文を有する例」には、肥厚帯を持つ土器や、肥厚帯下縁に相当する位置に文様を併存す
る土器は含まれていない。

（9）各発掘地点は20〜30mの間隔で直線的に並んでいるが、隣接地点間で土器が接合した例もあり（澤ほか1971：
47）、各地点は一続きの遺跡としてとらえてよいと思われる。なお「合泊」（澤ほか1971）と「相泊」（涌坂編1996）
の2つの名称が用いられているが、地名の変更によるものであり同一の遺跡である（第Ⅰ部第2章注3参照）。

（10）ただし、この図59-5〜8のオホーツク上層遺構出土土器を同一時期の一括資料と見なせるか否かについては議論の
余地がある。具体的にみると、8のようなⅣ群b類土器については、Ⅱ群土器やⅢ群土器を伴う例もみられるようだが、
常呂川河口遺跡15号竪穴（武田編1996）などのまとまった出土例を見る限り、組成の中でⅡ群土器やⅢ群土器が占め
る割合はきわめて少なくなるようである。また、本遺構からは図59-5〜8の出土土器のほかにオホーツク貼付文系土
器、擦文土器、続縄文土器、縄文土器の各破片も出土している。このように、オホーツク上層遺構出土土器を一括資料
と評価しないのであれば、オホーツク下層遺構との層位的関係についても疑念を差し挟む余地が生じてくることになる。
その意味で、本事例は筆者の編年案の裏付けとしては弱い部分があることをここで認めておく。

（11）検討対象とした資料は、報告書（増田ほか1974）第12図・第13図・第14図・第17図に掲載された土器である。
ただし、口縁部が遺存しない胴部・底部資料の全てと、口縁部のみが遺存し胴部文様が不明である資料の一部（それら
はⅢ群土器もしくはⅣ群土器のいずれかに該当するものである）については、検討対象から外している。竪穴床面出土
か否かの判断は、報告書本文中の記載に基づいておこない、本文中で出土位置等が言及されていない掲載資料について
は全て埋土出土として扱った。ちなみに第12図5（本文図60-2）の資料については、報告書では埋土と床面の両方
に重複して記載があり、どちらの出土か判然としないが、本文では床面出土として扱っている。

（12）7a号骨塚出土土器のうち、本文中に図示したのはオホーツク土器の完形、半完形、口縁部を含む破片の各資料で、
オホーツク土器の胴部片や底部、後北C_2・D式土器については除外している。

（13）貼付文期まで下るⅢ群a類の例としては、トビニタイ遺跡1号竪穴の例（駒井編1964：Fig.101-3・6）などがある。

（14）羅臼町松法川北岸遺跡3号竪穴（涌坂編1984）の床面出土例は3点ともⅣ群a類土器であり、Ⅳ群b類は伴って
いないようであるが、わずか3点のみのまとまりであるため評価は保留しておく。

（15）刻文期前半における数少ない地域差といえるのは文様要素である。相泊遺跡例で顕著であるが（本文の表27）、道
東部では文様要素の種類が少なく、特に1指による爪形文がみられない、という点に道北部との違いがある。

（16）ちなみにわずか1点ではあるが、紋別市オンネナイ川河口左岸段丘上では道北部刻文Ⅱ群の出土がみられる（佐藤
1976）。次の沈線文期前半の様相から類推すると、刻文期後半でも中間地帯（雄武〜紋別〜湧別）では道北部と道東部

第Ⅱ部　オホーツク土器の編年

の折衷的な型式内容となっていたことが想定される。いずれにしてもこの時期の道北部と道東部の型式差は元々小さいので境界はそれほどはっきりとは認識できないであろうし、境界の持つ意味もそれほど大きくはない。

(17) 貼付文期後半における地域差としては、道北部では肥厚帯を持つ例が稀である、という点があげられる。これは沈線文群以来の地域的な伝統として説明できよう。

第3章　アムール河口部・サハリン出土オホーツク土器の編年

第1節　はじめに

　北海道やサハリン南部で出土するオホーツク刻文系の土器については、アムール流域の靺鞨系土器との類似が古くから指摘されてきた（大塚 1968、大塚ほか 1975）。しかし、大陸とサハリン・北海道間の土器型式交渉については、特にアムール河口部やサハリン北部の資料が限られていたことから、具体的な実態は長らく不明であった。大陸とサハリンの接点となるアムール河口部が、いわば「ミッシング・リンク」の状態となっていたわけである。

　そのようななか、アムール河口部のオホーツク文化の実態を把握すべくおこなわれたのが、ニコラエフスク空港1遺跡における日露共同の発掘調査である（Дерюгин, и др.2003、熊木・福田編 2005）。筆者も参加したこの調査では、竪穴住居跡内外からサハリンのオホーツク文化の土器型式である江の浦式（伊東 1942）に相当する土器や、アムール河口部の在地の土器型式であるテバフ式土器（デリューギン 1999）がまとまって出土した。これらの資料は、現在でもアムール河口部では随一の内容と出土量を持つものであり、この地域の編年はもとより、オホーツク文化期の大陸・サハリン・北海道をつなぐ広域土器編年の整備にあたっても、きわめて重要な役割を果たすこととなった。

　本章ではこのニコラエフスク空港1遺跡での成果をもとに、まずはアムール河口部における当該期の土器編年、特に江の浦式土器とテバフ式土器の編年対比を検討する。この対比をおこなう際に避けがたく表面化してくるのが、江の浦式土器に対する細別の必要性である。江の浦式期はオホーツク文化が広域に拡散し、地域分化へと向かうダイナミックな展開期といえるが、その展開過程を復元するための基礎となる土器編年には、資料的な制約もあって曖昧な部分が数多く残されてきた。しかし、1990年代末頃からアムール河口部や北海道北部では調査研究が進捗し、サハリン出土資料の紹介が相次いでなされるなど（フェドルチェク 2001、設楽編 2001、Федорчук 2002、竹石・澤田 2002、立正大学文学部考古学研究室 2002、品川 2003 など）、状況は好転しつつある。

　以上のような資料の増加も踏まえて本章では、サハリンの江の浦式土器についても検討をおこない、アムール河口部とサハリンにおける江の浦式土器の編年と地域差を整理する。江の浦式土器の変遷過程を詳細に追うことにより、オホーツク文化がアムール河口部・サハリン・北海道に拡散し地域分化してゆく過程の一側面を明らかにすることが、本章の目的となる。なお、論述の順序としては、まずはアムール河口部とサハリン、それぞれの地域別に研究の現状と地域編年を検討し、その後に江の浦式土器の広域編年をめぐる課題について考察してゆくことにしたい。

第Ⅱ部　オホーツク土器の編年

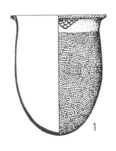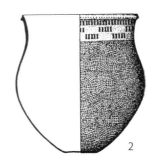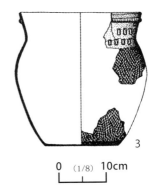

1：テバフ式 a 類　2：同 b 類　3：同 c 類

図 67　テバフ式土器（デリューギン 1999）

第2節　アムール河口部出土オホーツク土器・テバフ式土器の編年

1．研究の現状

　アムール河口部に関する調査研究史は、臼杵（臼杵 2005a）やデリューギン（デリューギン 1999）によってまとめられているが、そこでも述べられているとおり、1980 年代以前はロシア側でいくつかの断片的な報告等がなされてきたのみであった。その後、コプィチコはそれまでの調査成果に基づき、初期鉄器時代文化として「テバフ文化」を提唱した（Копытько 1989）。「テバフ文化」の標式となったのがアムール河口部テバフ遺跡の出土資料であるが、臼杵はその資料を詳しく紹介し、以下のような編年を試みた（臼杵 1990）。すなわち、テバフ遺跡出土土器群を「テバフⅠ群」「テバフⅡ群」の二型式に分類した上で、前者はサハリンの江の浦 A 式土器（伊東 1942）とほぼ同じであること、後者はサハリンの南貝塚式併行と考えられるが在地色の強い土器であると指摘したのである。その上で臼杵はアムール流域とサハリン・北海道の編年とを対比させ、両地域を繋ぐ広域編年を提示した。資料が限られていた当時、「ミッシング・リンク」に相当する資料が紹介された意義はきわめて大きく、また、広域編年を具体的かつ詳細に論じたという点でもこの論文は画期的なものであった。しかし、その後も資料の追加が少なかったことから、臼杵の提起した広域編年に対する議論はしばらくの間停滞していた。

　研究に進展がみられたのは、日露共同調査が活発化した 1990 年代末からである。まず、デリューギンはこの地域の土器群を集成し、複数の系統が絡み合うこの地域の編年を整理した上で、型式交渉の内容を具体的に考察した（デリューギン 1999、デリューギン 2003）。すなわちデリューギンは、当該期のアムール河口部の土器には、オホーツク文化類似の土器と、在地の「テバフ式土器」（図 67）の 2 系統があることを指摘し、オホーツク文化系統では江の浦 B 式→江の浦 A 式→南貝塚式という、サハリンと同一の型式編年が認められることを示した。一方、テバフ式については、ヤクーチャやオホーツク海北西岸の資料との系統的関連を指摘しつつ、a 類→ b 類→ c 類という型式分類と編年を提起し、器形は

丸底から平底へ、そしてスタンプ文は単純から複雑へ、という変遷観を示している。また、両系統の併行関係については、ラザレフ2遺跡で同層位から出土したことなどを根拠に、江の浦A式とテバフ式c類を併行させている。デリューギンの研究によってこの地域の編年研究は大きく前進したといえるが、その編年の一部、特にテバフ式土器の編年に対しては臼杵や筆者が異論を提示した（臼杵 1999、臼杵・熊木 2003（注1））。ただし、臼杵や筆者の説にも動かしがたい根拠があるとまでは言えなかったので、アムール河口部におけるオホーツク文化併行期土器の編年に関しては、未確定の部分が残されていた。

　そのような状況のなかで、アムール河口部のオホーツク文化の実態を把握すべくおこなわれたのが、ニコラエフスク空港1遺跡の調査であったわけである。

2．ニコラエフスク空港1遺跡出土土器の分類

a）オホーツク式系統

　ここではまず、ニコラエフスク空港1遺跡出土資料を確認し、それらに基づいてアムール河口部の編年を検討する。対象となる出土資料はオホーツク式系統、テバフ式系統、両者の折衷の3系統の土器群である。

　オホーツク式系統の出土土器群のうち、本遺跡で多数を占めるのは伊東信雄の設定した江の浦B式と江の浦A式である（伊東 1942）。江の浦B式とA式は、型式設定の時点でB式→A式という編年が示されたが、その後、B式とA式は「一連の土器群」で、細別は困難とする意見も出されていた（天野 1978a）。しかし筆者は、臼杵の再検討（臼杵 1990）で示されたように細別は可能と考えてきた。ここで新たに提起するのは、B式・A式の細別よりさらに細かい3段階の細別である。この細別をおこなう意図をあらかじめ説明しておこう。まず、この細別は「一つの遺跡内での型式的なまとまり」を根拠としている、という点で型式の実態に即したものである。次に、従来の2段階の細別よりも3段階の細別の方が、地域間の交渉が段階的に変化する過程を理解しやすくなるという利点がある。細別の根拠や先学の編年との対比についてはサハリン編年の項で後述することとして、ここではとりあえず江の浦B式とA式を一括した上で1～3類へと再編しておく。

　オホーツク式系統の土器の胎土についても再確認しておこう。臼杵が指摘したように（臼杵 1999）、アムール河口部のオホーツク式系統の土器の胎土には、金雲母が多く含まれるというこの地域独自の特徴がみられる。サハリンのオホーツク土器とは異なる特徴として注目されよう。ちなみにこの特徴はアムール河口部のテバフ式系土器の胎土にも共通している。両者共に在地の製作であることを示す特徴としてとらえておきたい。

江の浦式1類土器（図68-1～11）

　このグループは、口縁部肥厚帯の形態と口縁部文様の施文位置を指標として設定した。伊東編年では江の浦B式の一部、臼杵編年でも江の浦B式に対比される。

　器形については、肥厚帯が薄くてその断面は三角形ないしは稜状を呈し、口縁端部よりやや低い位置に粘土紐を貼り付けて整形したものを基本とする（注2）。口唇面の面取りは無い個体が多い。

　口縁部文様の施文位置については、肥厚帯の下縁にのみ施文されるものをこのグループとした。口縁

第Ⅱ部　オホーツク土器の編年

部の文様要素は、刻文系のみのものと、沈線文と刻文系とが複合したものの二者がある。前者には二本の指先でつまんでひねり施文する爪形文（図68-1〜5）、斜めの刻文（図68-6〜8）などがある。後者には、肥厚帯下縁に太い沈線を引き、その上から刻文や爪形文を施文するもの（図68-9）、肥厚帯下縁に接して粘土紐を貼り付け、両者の接する間に沈線を引き、沈線の下方から上方に向かって刺突文や爪形文を施文するもの（図68-10〜11）などがある。なお、後者の文様要素は次の「江の浦式2類」との関連が強いものであり、若干新しい段階の土器群ととらえるべきかもしれない。

江の浦式2類土器（図68-12〜19、図69、図70）

　ニコラエフスク空港1遺跡でもっとも多数を占める土器群である。1類との区別は、やはり口縁部肥厚帯の形態と、口縁部文様の施文位置を指標としている。この2類は伊東編年との対比が難しい。すなわち、文様の特徴でみれば江の浦B式となる一方、肥厚帯の形態は江の浦A式に近い。B式とA式の中間といえよう。臼杵編年では肥厚帯の形態と製作技法が重視されるため、分類上は江の浦A式になるが、臼杵自身が「A式の初期の段階」（臼杵 1999：32）と述べているように、A式でもより古手に位置づけられる。

　器形については、肥厚帯が1類よりも厚く、断面長方形となるものをこのグループの指標とする。口唇面に面取りを施し、その面が外傾するものが多い。全体の器形がわかる例は少ないが、頸部のくびれが少ない甕形を基本とするようである。全体に横長のプロポーションのものが多い。

　口縁部文様の施文位置については、肥厚帯の上縁・下縁を中心に施文されるものをこのグループの指標とする。口縁部文様要素には、刻文や爪形文、刺突文を施すもの（図68-12〜19）、肥厚帯上に沈線を数条施すもの（図69-20〜27）、両者を複合施文するもの（図70-28〜37）などがある。沈線文の施文前に肥厚帯下縁に粘土紐を貼り付けた例もある。ちなみに、やや内陸のテバフ遺跡では、摩擦式浮文や櫛歯文なども確認されている（臼杵 1990）（注3）。胴部・肩部の文様は無文の例が多いが、沈線文や貼付文が施される例もある（図70-37）。

江の浦式3類土器（図71-38〜48）

　型式内容にはややばらつきがあるが、口縁部肥厚帯の形態を主な分類の指標として設定した。2類との区別は口縁部肥厚帯の形態を指標とする。伊東編年・臼杵編年とも江の浦A式に対比される。しかし、サハリン出土の典型的な江の浦A式にみられる幅広の肥厚帯を持つ例は確認されておらず、さらに刻文・沈線文の長さが短いなど、サハリンと比較すると口縁部の装飾がやや地味である。この点はテバフ式b類土器との関連で注目しておく。

　器形については、肥厚帯の幅が狭くて厚く、断面形が方形の突帯状を呈するものをこのグループとする。全体の器形がわかる例はほとんど無いが、器形復元された例から判断すると、頸部が少しくびれて口縁部が垂直に近く立ち上がる器形（図71-45・46）、口縁部が短く、頸部のくびれが少ない横長の甕形（図71-43・44）などがあると考えられる。

　口縁部文様は突帯の側面全面に施文されるほか、突帯の上面（口唇面）に施文される例もある。口縁部文様要素には刻文や沈線文、両者の複合施文などが認められる。図71-45〜47の土器では突帯が断面三角形を呈し、後述のテバフ式b類に近くなっているが、テバフb類とは異なり胴部以下に叩き目

第3章 アムール河口部・サハリン出土オホーツク土器の編年

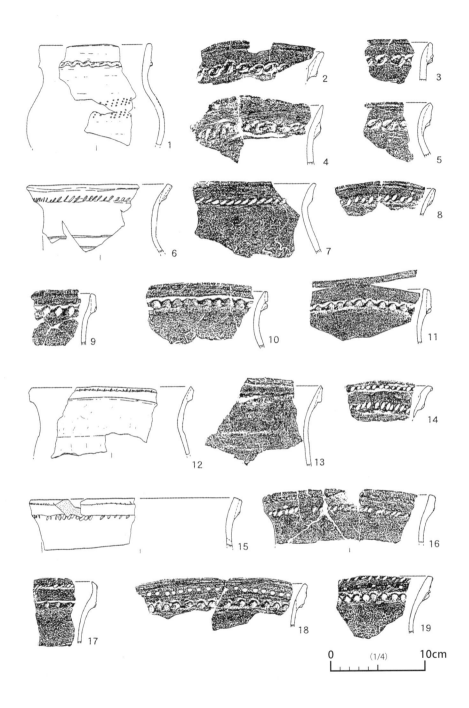

1〜11：江の浦式1類　12〜19：江の浦式2類

図68　アムール河口部の江の浦式土器（1）

第Ⅱ部 オホーツク土器の編年

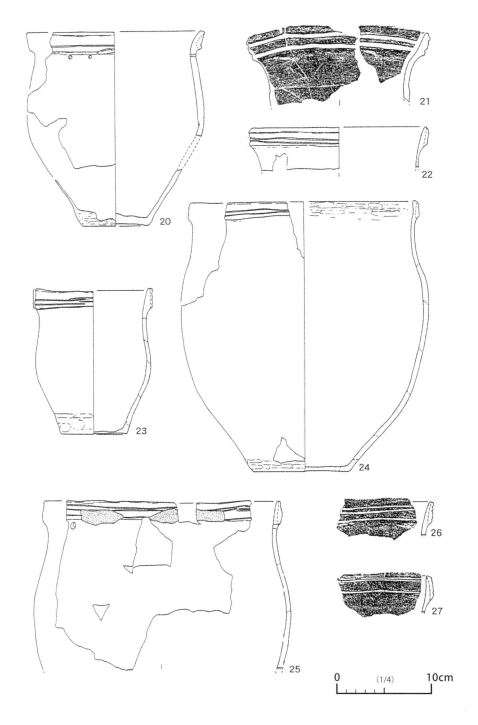

20～27：江の浦式2類

図69 アムール河口部の江の浦式土器（2）

第3章　アムール河口部・サハリン出土オホーツク土器の編年

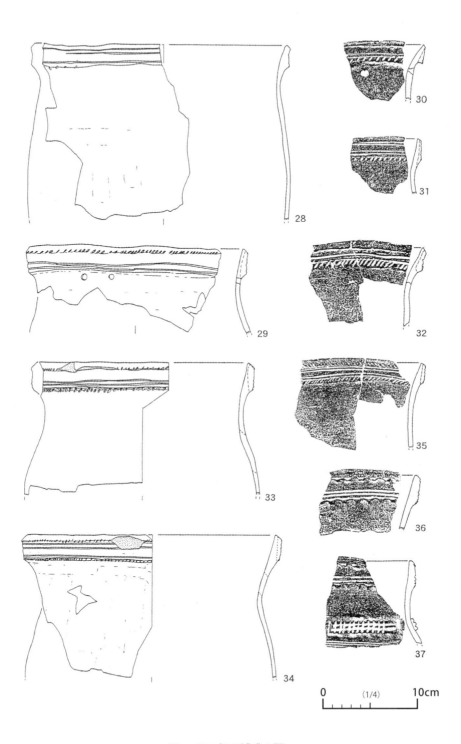

28～37：江の浦式2類

図70　アムール河口部の江の浦式土器（3）

第Ⅱ部　オホーツク土器の編年

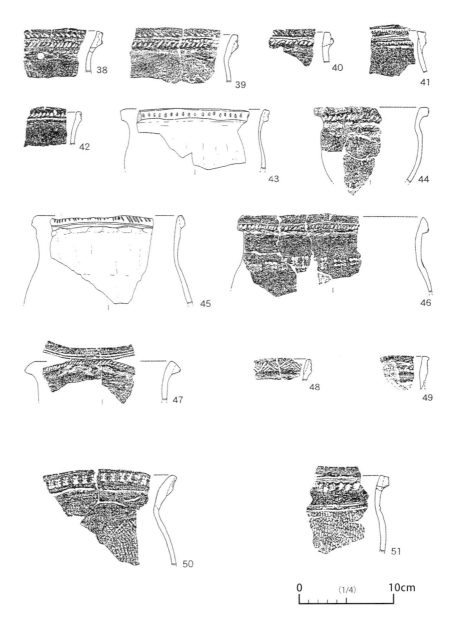

38～48：江の浦式（河口部）3類　49：その他オホーツク土器
50・51：オホーツク式系統とテバフ式系統の折衷土器

図71　アムール河口部の江の浦式土器（4）・テバフ式との折衷土器

第3章　アムール河口部・サハリン出土オホーツク土器の編年

アムール河口部		サハリン
テバフ式系	オホーツク式系	
－	江の浦式1類	
テバフ式c類	江の浦式2類	
テバフ式b類	江の浦式河口部3類	江の浦式サハリン3類
テバフ式a類	（南貝塚式？）	南貝塚式

表28　テバフ式土器と江の浦式土器の編年対比

は見られない。突帯上の文様等から判断して、45〜47もこのグループに含めておく。46では胴部にスタンプ文が出現している。スタンプ文の採用はこの時期からと考えておきたい。

　図71-49は、口縁部の肥厚帯が薄く幅の広い点で他の例とやや異なっているが、この類と関連するものであろう。口縁部文様は、肥厚帯の全面に櫛歯文、押引文、沈線文が施されている。器形と文様はともに南貝塚式との関連が指摘できるが、典型的な南貝塚式とは異なる土器である。ちなみに南貝塚式に関連する可能性のある土器は、ニコラエフスク空港1遺跡ではこの1点のみしか出土していない。

b）テバフ式系統

　「テバフ式土器」の型式分類は、デリューギンに従う（デリューギン 1999）。頚部以下に方格の叩き目を有する点が江の浦式との最大の違いである。これは製作技法上の大きな隔たりであり、両系統の土器製作者をとらえる上で重要な特徴となる。ただし前述のように、アムール河口部ではオホーツク式系統とテバフ式系統との間で胎土の特徴が共通しており、また色調や焼成の特徴にも明確な違いはない。

テバフ式c類土器（図72-52・53）

　口縁端部よりやや低い位置に付された、粘土紐を貼り付けて作られる細い突帯を指標とする。図72-52は突帯上に刻みを施し、頚部にスタンプ文を施文している。図72-53は突帯上につまんでひねる爪形文を施文している。ニコラエフスク空港1遺跡からは全体の器形がわかる土器は出土していないが、デリューギン分類によれば、このような突帯を持つテバフc類土器は、平底で頚部が明確にくびれる器形になるようである。

テバフ式b類土器（図72-54〜59）

　口縁に貼り付けられた、断面三角形の突帯を指標とする。器形は平底で、頚部がややくびれる。口縁部文様は、突帯頂部に刻み目を施す例（図72-54〜57）が多いが、沈線（図72-58）やスタンプ文（図72-59）を施す例もある。頚部にスタンプ文を持つ例が目立つが（図72-55・57・59）、頚部が無文になる例もある（図72-54）。なお前述のように、口縁部突帯の形や文様は江の浦式河口部3類土器の一部と共通する。

　なお、テバフ式a類土器（器形は丸底の砲弾形でくびれがなく、口縁に断面三角形等の突帯を持つ土器）は、ニコラエフスク空港1遺跡では全く確認されていない。

203

第Ⅱ部　オホーツク土器の編年

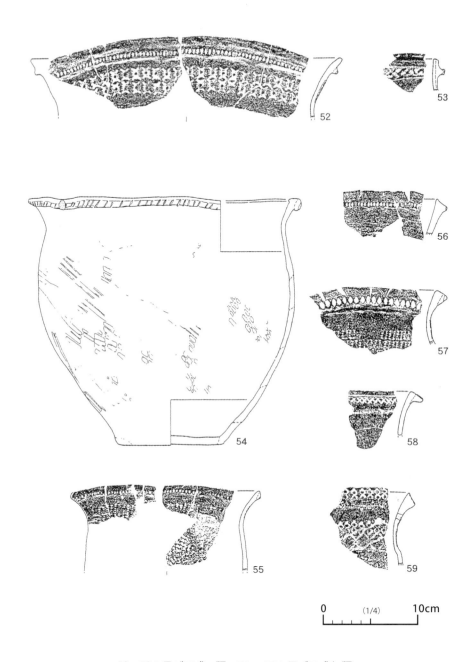

52・53：テバフ式c類　54〜59：テバフ式b類

図72　アムール河口部のテバフ式土器

第3章　アムール河口部・サハリン出土オホーツク土器の編年

		器形	文様
江の浦B式	伊東による定義	平底で深鉢形や甕形が多く、広口の壺形もある。口縁部に幅3cm内外の肥厚帯があり、肥厚帯の上下縁が稜状をなしている。	文様は肥厚帯の稜上に施される。文様要素には斜行の刻文、1指の爪形文、2指でひねる爪形文のほか、2指の爪形文を模して波状に粘土紐を貼り付けたもの、沈線2本の間に刻文を施すもの、2本の沈線のみを引いたものがある。
	臼杵による補足	口縁部肥厚帯は断面三角形を呈する。口縁部のやや下部に断面三角形の粘土帯を貼り付けて作り出される。口唇部外側の稜は横ナデによって形成される。	刻文の大きさは数mm程度。型押文は櫛歯文のみ。
江の浦A式	伊東による定義	（特に記述なし）	刻文が肥厚帯上一面に施されるようになる。刻文は沈線と矢羽状刻文の組み合わせがあらわれ、2指の爪形文のうねりも大きくなる。型押文も出現する。
	臼杵による補足	口縁部の肥厚帯は平面的。口縁外側に幅広の粘土帯をかぶせるか、頚部と段をつけて接合することによって作り出される。口縁部に突帯状の肥厚帯を形成する例もある。	刻文は1cm程度の大きいものが増える。型押文には様々なスタンプ文が増える。

表29　江の浦式土器の定義と補足（伊東1942・臼杵1990）

c）オホーツク式系統とテバフ式系統の折衷土器（図71-50・51）

　口縁部の器形や文様は江の浦式3類とほぼ同じであるが、頚部以下にテバフ式系統と同じ叩き目を有する、という折衷的な土器群である。図71-50は、やや幅広の薄い肥厚帯と、肥厚帯上にスタンプ文を巡らす特徴が江の浦式3類とほぼ同じである一方、胴部には叩き目が施されている。図71-51も同様に、江の浦式3類的な口縁部形態・文様を持つ土器の胴部に叩き目がつけられる、という構成になっている。

　これらの折衷土器はニコラエフスク空港1遺跡からは4点しか出土していないが、オホーツク式系統とテバフ式系統との間にある型式交渉の実態を示す好例として注目される。

3．アムール河口部の編年

　ニコラエフスク空港1遺跡の調査成果によって、アムール河口部の土器編年について以下の新知見がもたらされた。

　第1点は編年の根拠となるような出土状況が確認された点である。オホーツク式系統では、「江の浦式1類」（江の浦B式前半相当）、「同2類」（江の浦B式とA式の中間型）、「同3類」（江の浦A式後半相当）の三つの型式が出土しているが、この中では江の浦式2類が量的にも型式的にもまとまって出土してい

第Ⅱ部　オホーツク土器の編年

る。江の浦式を３段階に細別した意図と根拠は後述するが、この遺跡で確認された江の浦式２類のまとまりが３段階の細別の根拠の一つとなっている。一方のテバフ式系統では、ｂ類の出土がやや多く、ｃ類がそれに続く一方、ａ類は全く出土していない。このような出土状況は、ｃ類・ｂ類とａ類との間にある時期差を反映する可能性が高い。

　新知見の第２点はオホーツク式系・テバフ式系の折衷土器が発見された点である。この土器群の存在によって、少なくとも筆者分類でいう江の浦式３類土器の時期には、両系統が併行していることが明らかになった。しかも両系統の関係は在地品と搬入品ではなく、土器製作技法上の交流を背景とする折衷的な性格を持つことも新たに判明した。

　以上の成果をもとにオホーツク式系とテバフ式系の編年を対応させてみよう（表28）。まずは両系統の併行関係であるが、両系統に併行する時期があるのは折衷土器の存在から見て明らかである。細かく対比すると、前述のように江の浦式３類とテバフ式ｂ類との間で口縁部形態が類似する例があるので、この両者が同時期と考えられる。この併行関係を基点に作成したのが表28の編年表である。編年の根拠について補足しておこう。オホーツク式系の編年（江の浦式１類→江の浦式２類→江の浦式３類→南貝塚式）は、サハリン・北海道での研究成果から考えて動かないであろう。問題はテバフ式ｃ類とａ類の位置づけであり、冒頭で紹介したようにこの点について臼杵および筆者とデリューギンとの間で議論がある。ただしテバフ式系の型式組列がａ類−ｂ類−ｃ類であることについては、（どちらが古いかはともかく）臼杵・筆者ともデリューギンに賛成である。問題はどのような時間的関係が設定できるかであるが、筆者は以下の論理から表28の編年が妥当と考える。仮にａ類がｂ類よりも古いのであれば、ニコラエフスク空港１遺跡では遺跡形成の中心時期がｂ類より古いのであるから、ａ類が出土してもよいはずであるが、実際には全く出土しておらず、逆にｃ類が出土している。一方でｂ類（江の浦式３類併行）よりも新しいとみられる南貝塚式も同遺跡からは出土していない。おそらくｂ類＝江の浦式３類併行期以降、同遺跡の利用は一旦断絶したのであり、南貝塚式とａ類が出土しないのは両者ともその時期より新しいからであると考えられる。従ってテバフ式系の編年は表28のようにｃ類→ｂ類→ａ類となり、ａ類を南貝塚式併行とするのが妥当となろう。ｃ類の位置づけについては、ｃ類とｂ類の間に大きな時期差を示すような型式的ギャップはないので、江の浦式２類併行に仮設しておこう。なお、ラザレフ２遺跡では江の浦式河口部２類とテバフ式ｃ類が同じ層位から出土している（Лосан 1996）。確実な共伴か否かには検討の余地を残すものの、両者の併行関係の傍証とみなすことは可能であろう（注４）。

第３節　サハリン出土オホーツク土器の再検討

１．研究の現状

　サハリンにおけるオホーツク土器編年の基礎をなしているのは、伊東信雄の設定した「樺太先史時代土器編年」（伊東 1942、伊東 1982）である。伊東の設定した、十和田式→江の浦Ｂ式→江の浦Ａ式→南貝塚式・東多来加式というオホーツク土器（注５）の型式と編年については、伊東自身による年代観の修正のほか（伊東 1982）これまで各研究者によって補遺や修正が試みられている（新岡 1970、天野

第3章　アムール河口部・サハリン出土オホーツク土器の編年

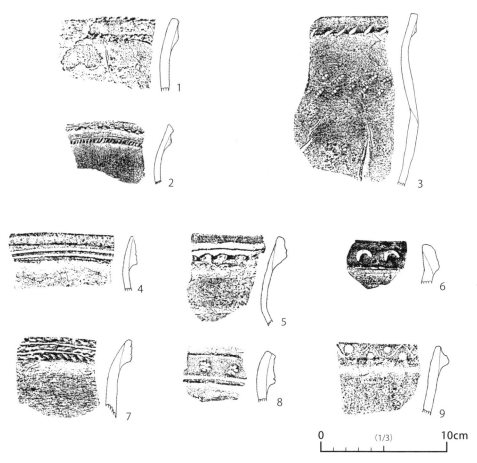

1～3：江の浦B式土器と類似土器　4～9：江の浦A式土器
1：アレキサンドロフスク　2：クシュンコタン　3：モヨロ貝塚
4・5：南貝塚　7・9：宗仁　6・8：サハリン（出土地不明）

図73　臼杵分類による江の浦式土器（臼杵1990）

1978a、山浦 1985、臼杵 1990 など）。しかし、基本的な型式認識と相対編年は現在でも概ね伊東編年が支持されており、日本・ロシアの双方とも伊東編年を採用している研究者が多い。例外として大井晴男が伊東の方法論に対し全面的な批判をおこなっているが（大井 1982a）、大井の方法論が抱える問題点についてはすでに第Ⅱ部第1章で述べたので、ここでは繰り返さない。

　このように現在も支持されている伊東編年であるが、周辺地域の編年研究が進展しつつある現在、型式細別や地域差をより詳細に検討する必要が生じてきている。ここでは前節でおこなったアムール河口部編年の検討結果を意識しつつ、江の浦式土器の細別に関する問題を中心として、サハリン出土資料についても考察を加えてみたい。

第Ⅱ部　オホーツク土器の編年

2．江の浦式土器の細別

標式資料の内容と細別の可能性

　分析に先立ち、江の浦B式土器・A式土器の定義と内容についてあらためて確認しておこう。江の浦B式→同A式という型式編年は、サハリン南部の江の浦貝塚B地点・A地点の各々で確認された型式的まとまりに基づいて設定されたものである（伊東 1942）。型式設定者である伊東の定義と、臼杵による型式内容の補足（臼杵 1990）をまとめたのが表29・図73である。これらの標式資料と説明を参照すると、B式とA式の典型例では型式学的特徴が大きく異なっていることがあらためて理解されよう。すなわち標式資料では型式差が明瞭であり、伊東による細別の意図ははっきりしている。

　しかしある意味当然ではあるが、図73に掲げた典型例のほかに、B式とA式の中間的な例も存在しているから、江の浦B式とA式とは「漸移的に変化する一連の土器型式」と見ることも不可能ではない。実際にB式とA式の細別は困難とする意見も出されている（天野 1978a）。ただし細別否定論者も両型式の間にある程度の型式差・時期差が存在することは認めているし、筆者もB式とA式の細別には意味があると考えてきた。

　このように、一続きともとれる江の浦式土器に対し、本章ではアムール河口部編年同様に、B式・A式の細別よりさらに細かい3段階の細別を試みる。そこで問題となるのは、細別の根拠は何か、そして細別の意義・目的は何かであろう。実は筆者の細別案にはサハリンでの出土状況や層位的情報による直接的な裏付けがなく、方法的には問題を抱えている。ただしこの細別案は型式組列のみから導き出されたわけではなく、後述のように隣接地域の編年からの類推が論拠の一つとなっている。また、この細別案に基づいて広域編年を構築すると、オホーツク文化期前半の土器型式の展開過程をより細かく、段階的・広域的に整理された形で描写できるようになる。以上のような細別の根拠と意義については後に再び述べることにして、まずは具体的な型式細別を提示してゆこう。

江の浦式1類土器 （図74）

　伊東編年・臼杵編年の江の浦B式土器のうちの、古手と考えられるグループを分離して設定した。型式学的特徴は河口部の江の浦式1類土器と同一である。

　器形であるが、このグループの指標となるのは薄手で断面三角形ないし稜状の肥厚帯である。ただし後述のように肥厚帯の上縁が肥厚して尖るものや、口唇面に面取りがあるものはやや新しいと考えられるので、これらは基本的に1類土器には含めない。全体の器形がわかる資料は報告例が少なく詳細は不明だが、頸部がややすぼまる甕形や壺形が多いようである。

　もう一つ、1類土器の指標となる特徴は口縁部の施文位置である。従来、江の浦B式とされていた土器には肥厚帯の上縁・下縁の両方に施文があるものが含まれていた。本論では肥厚帯の下縁にのみ施文があるものだけを1類土器とし、上縁に施文があるものは新しいと考えて除外する。

　文様要素は、刻文、爪形文、刺突文等の刻文系文様のみからなるもの（図74-1～6）と、沈線文と刻文系文様が複合するもの（図74-7・8）の二者がある（注6）。アムール河口部の江の浦式1類に認められた肥厚帯の下縁に粘土紐を貼り付ける例は、サハリンにも存在しているようである。ちなみにこの粘土紐を貼付する文様要素は、北海道北部では認められていない。

江の浦式2類土器（図75）

　伊東編年・臼杵編年の、江の浦B式の新手とA式の古手を一括して設定したグループである。アムール河口部の江の浦式2類とはほぼ同一の型式である。

　器形であるが、このグループの指標となるのはやはり肥厚帯の形態である。肥厚帯の断面が1類土器より厚く幅広いものを2類土器とする。サハリンでは、肥厚帯の上下の縁が肥厚するもの（図75-9）や、断面形が三角形に近いもの（図75-15・18）が多いようである。肥厚帯の製作法が1類とやや異なる点は臼杵が指摘したとおりで、口縁部に幅広の粘土帯をかぶせるものが多い。口唇面には面取りが施され、その面が外傾するものがみられるようになる。全体の器形が分かる土器はやはり報告例が少ないが、管見では頚部がややすぼまる甕形が多いようである。特に器高に対し口径・底径の大きい、幅広の器形（図75-17）はこの段階から出現する。ただし、1類と同じような縦長の壺形（図75-19）もこの段階まで併存するようである。

　このグループの指標となるもう一つの特徴は、やはり口縁部の施文位置である。アムール河口部の江の浦式2類と同様、肥厚帯の上縁と下縁を中心に施文されるものをこのグループとする。文様要素も河口部2類と同様で、刻文系文様のみの例や沈線文と刻文系文様を複合施文する例のほか、沈線文が単独で施文される例（図75-13・14）や摩擦式浮文の例が出現する。口縁部以下は無文となる例が多いようであるが、土器の肩部に貼付文を付ける例（図75-19）があることは、周辺地域との関係で注目される。

江の浦式3類土器（図76）

　伊東編年・臼杵編年の江の浦A式のうちの、新手と考えられるグループをまとめた。アムール河口部の江の浦式3類とは異なる点が多くなる。

　器形であるが、口縁部肥厚帯の形態には二つのサブグループが設定できる。一つは幅広でやや薄いグループ（以下「肥厚帯系」と略）である（図76-20〜26・33〜36）。サハリンの江の浦式2類と近いが、断面形は縦長の三角形を呈するものが多く、肥厚帯上縁の肥厚は認められなくなる。なおこのグループは河口部の江の浦式3類にも存在するようであるが、数は少ないようである。もう一つのグループは上下の幅が狭く、断面が三角形の突帯状を呈するものである（図76-27〜32）。この突帯状の肥厚帯はアムール河口部の江の浦式3類の一部と類似している。江の浦式2類の段階にはなかったもので、このグループの指標となる。

　全体の器形が分かる例はほとんどないが、報告されている例（右代2003:写真6・7等）は幅広の甕形で、縦長の壺形は確認できていない。

　文様の施文位置であるが、「肥厚帯系」では口縁部肥厚帯の全面に、面的に文様要素が展開するようになり、このような施文位置がこのグループの指標となる。口縁部文様要素は、大きさ1cm以上の刻文や沈線文を矢羽状などに組み合わせる例（図76-20〜25）が多いが、このような文様意匠はアムール河口部の江の浦式3類では確認できていない。一方、突帯状の肥厚帯を有するものはアムール河口部の江の浦式3類に類似し、突帯の頂部に刻みを施す例が目立つ（図76-33〜36）。円形・十字形等のスタンプ文（図76-36〜39）は河口部と同様にサハリンでも確認されており、出現はこの時期とみられる。

　口縁部以下は無文となる例が多いようであるが、貼瘤文や刻文等が肩部に施される例も散見される。

第Ⅱ部　オホーツク土器の編年

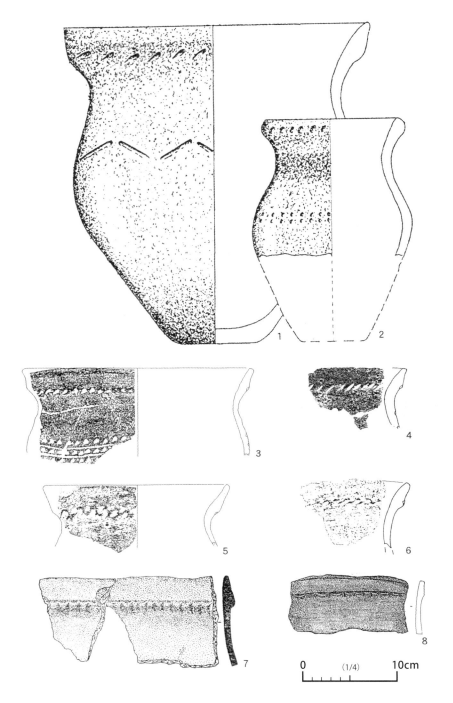

1・2：Бердянские озера-2（東多来加）　3：江の浦貝塚　4・5：出土地不明（サハリン）
6：広地　7：Найбучи I　8：モネロン島キタコタン

図 74　サハリンの江の浦式 1 類土器

第 3 章　アムール河口部・サハリン出土オホーツク土器の編年

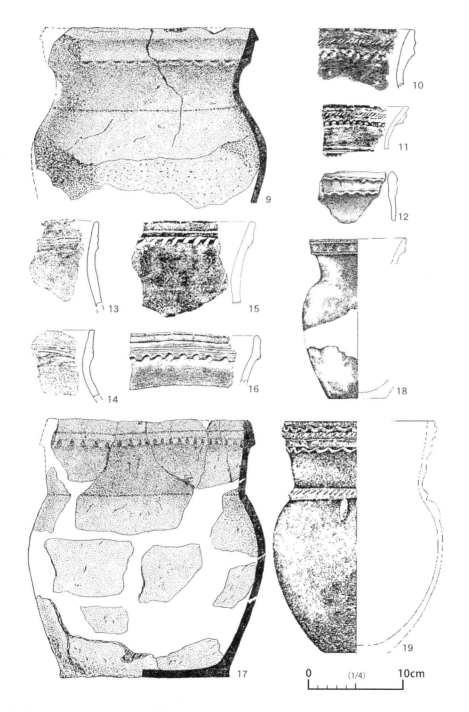

9・17：Найбучи I　10：出土地不明　11：南貝塚 B 地点　12：鈴谷貝塚　13・14：金比羅神社
15：内砂浜　16：南浜通二丁目　18：Островное-2　19：Кожедуба

図 75　サハリンの江の浦式 2 類土器

第Ⅱ部　オホーツク土器の編年

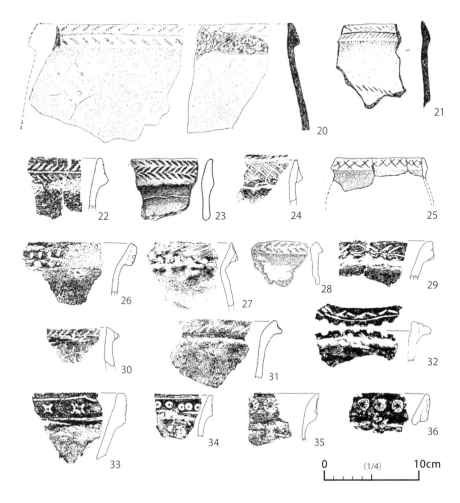

20・25：Найбучи I　21：Озерск I　22・26・31：南浜通二丁目　23：鈴谷貝塚
24・27・30：クズネツォーヴォ I　28：Третья Падь　29：江の浦貝塚　32：内砂浜
33：二号沢チャシ　34：南貝塚　35：出土地不明（サハリン）36：布袋ノ沢

図76　サハリンの江の浦式3類土器

3．南貝塚式土器と東多来加式土器

南貝塚式土器（図77）

　南貝塚式土器の内容を示す好例と言えるのは、サハリン南部のベロカーメンナヤ遺跡でまとまって出土した土器群である（平川1995、右代ほか1998、シュービナ1998、平川2003、シュービナ2007）。注目されるのは、報告された土器の図版（平川2003）を見る限り、これらの土器群には型式学的な変異が少なく、まとまりをみせている点である。具体的には、大多数の例では肥厚帯が見られず、文様帯は土器上半部の全面に拡がっている例が大半という特徴がある。

第3章 アムール河口部・サハリン出土オホーツク土器の編年

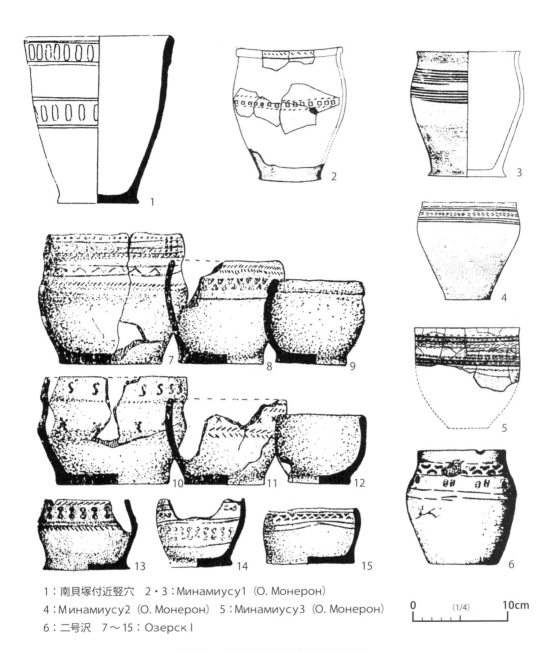

1：南貝塚付近竪穴　2・3：Минамиусу1（О. Монерон）
4：Минамиусу2（О. Монерон）　5：Минамиусу3（О. Монерон）
6：二号沢　7～15：Озерск I

図77　南貝塚式土器（平川1995）

第Ⅱ部　オホーツク土器の編年

　ここで問題となるのは、先行する江の浦式3類土器の関係であろう。筆者が見る限り、ベロカーメンナヤ例と江の浦式3類とは型式学的な隔たりが大きく、両者の間にとぎれのない型式変遷を想定するのはやや困難である。このギャップの背景としては、二通りの可能性が考えられよう。一つは間を埋めるような中間的な型式が存在することで、もう一つは他型式の強い影響によって非連続的な変化がもたらされた可能性である。結論を出すのは難しいが、例えば前者の可能性としては、図77-2のような土器の存在が鍵になってくるかもしれない。この例では口縁部に突帯状の肥厚帯があり、文様帯は口縁部と胴部が分離して二帯を保つなど、江の浦式3類的な要素が見られる一方、器形は南貝塚式的であり両型式の中間的な様相を呈している。このような土器がまとまって存在するなどの状況が確認できれば、江の浦式3類から南貝塚式にかけての土器に対して、もう少し細かく段階を設定することが可能となろう。一方、後者、すなわち両型式の断絶や非連続を生じさせるような状況についても、例えば散点的ながら北海道でも南貝塚式土器が出土する（氏江1995、平川1995）など、この時期に地域間交流の様相が変化することを示すような事例があることから、可能性は考慮しておくべきかもしれない。特に擦文文化の動向（注7）には注意が必要であると思われるが、土器そのものに関して言えば、南貝塚式土器には稀な例外を除き擦文土器の影響が及んだことを明確に示すような型式学的特徴は確認できないので、擦文土器の影響によって江の浦式3類土器から南貝塚式土器への急激な変化がもたらされた、と考えるのは困難であろう。

東多来加式土器は設定可能か

　東多来加式土器の内容は、伊東の定義によれば「南貝塚式と同種のものが多い」が「器形が雄大で且つ土器は非常に厚手」とされている（伊東1942：26）。伊東の提示した標式資料では擦文土器の文様モチーフ（宇田川編年では後期以降？）らしき意匠が注目される（佐藤1972b）。しかし、東多来加周辺の調査成果（フェドルチェク2001）が増えつつある現在でもなお、型式としてのまとまりや特徴は不明とせざるを得ない。現状では伊東に従い南貝塚式期に地域的な変異があるものと想定しておくほかないが（注8）、サハリン中部東海岸でも資料が増加しつつある現在、型式設定の是非を含めた内容の再検討が急務であろう。

第4節　周辺地域との関係

1．江の浦式土器の編年と地域差

　アムール河口部とサハリン出土のオホーツク土器について地域別に再検討をおこない、細別型式を設定してきた。ここではまず、新たに1～3類の細別を設定した江の浦式土器について、検討結果を整理してみよう（表28）。

　アムール河口部とサハリンのそれぞれの地域について、江の浦式1類～3類の内容をみてきたが、二つの地域の間の地域差をみると、1類、2類では地域差は少なく、3類では文様などに地域差があることが明らかになった。よって、江の浦式1類と2類についてはどちらの地域も同じ型式として扱い、3類についてはそれぞれ江の浦式河口部3類、同サハリン3類という地域型式を設定することにする。

214

次に江の浦式1類〜3類の編年である。本章では、従来の編年で「江の浦B式」とされてきた土器を江の浦式1類と2類に細別したが、この細別を時期差と見なす根拠について説明しておこう。細別編年の手掛かりとなるのは、北海道とサハリンの地域差である。第Ⅱ部第1章で述べたように、筆者は北海道のオホーツク刻文系土器群を刻文Ⅰ群とⅡ群の二段階に細別したが、この二つの細別型式をサハリンの型式と比較すると、刻文Ⅰ群は江の浦式1類土器との共通性が高く（注9）、刻文Ⅱ群の段階になるとサハリン・道北部・道東部の間で地域差が目立ってくる、という関係になる。北海道で「刻文Ⅰ群（江の浦式1類類似）」→「刻文Ⅱ群（北海道独自の型式）」という細別編年が成立するのであれば、サハリンでも江の浦式1類→同2類という編年が成立する蓋然性は高くなると考えることができよう。

次に江の浦式2類と3類の細別である。3類になるとアムール河口部とサハリン間で地域差が目立つようになる点を重視するならば、先に述べた1類と2類の関係と同様に、2類と3類も時期差として解釈することが可能であろう（注10）。他にも、前述したニコラエフスク空港1遺跡の出土状況が参考になる。すなわち同遺跡では江の浦式2類土器が型式学的にも量的にもまとまって出土している一方、3類土器の出土は少ない。この例のみでは確かなことは言えないのは当然であるが、この出土状況は2類と3類の時期差を示している可能性がある。さらに、テバフ式系土器と江の浦式系土器の型式交渉が江の浦式3類の段階から緊密化し、この段階から両者の折衷型式が作られ始めることも、江の浦式2類と3類との間に時期差を設定する根拠の一つとなりうると筆者は考えている。

2．江の浦式土器の成立過程をめぐって

本章の冒頭に述べたように、江の浦式1類土器が靺鞨系の土器と類似するという指摘は古くからなされていた。では、江の浦式1類土器はどのような過程を経て成立するのであろうか。この問題は、アムール流域における靺鞨系土器の成立過程とリンクして考える必要があろう。

靺鞨系の土器の編年については、すでにロシア・中国・日本で研究の蓄積がある（Дьякова 1984、譚・趣 1993、臼杵 1994、喬 1994、菊池 1995、臼杵 2004a、木山 2010）。年代観や地域性、系統の由来については諸説あるが、土器そのものの型式変遷の過程については大筋で意見が一致している。これら靺鞨系土器の分布について臼杵は、古段階の土器の分布は哈爾浜以北の松花江流域とハバロフスク周辺のアムール流域に限られるが、中段階になると分布が拡大し、北への影響もその時期に顕著になるとした。そして、江の浦B式の器形・文様に影響を与えたのは「ナイフェリト型」の土器（臼杵 2004a では「第2期」に相当）であるとしている（臼杵 1994）。以前から指摘されていたように（前田 1976、菊池 1976、臼杵 1990）、靺鞨系土器ナイフェリト群と江の浦式1類土器の併行関係、というのが広域編年対比の基点となろう。しかしその基点から編年対比を拡大する際には未解決の問題が山積している。

その一つは靺鞨系土器の古段階におけるアムール下流域の様相である。アムールの中・下流域で靺鞨文化に先行するのはポリツェ文化であり、ポリツェ文化の土器はアムール河口部まで分布している。ポリツェ文化と靺鞨文化の関係については様々な関連性が指摘されているものの（Дьякова 1984、菊池 1995、臼杵 2004a、木山 2010）、地域毎の様相の違いや年代的な間隙を考慮する必要もあり（大貫 1998）、未解明の部分が多い。アムール下流域で言えば、靺鞨系土器の初期段階が「空白」となってし

第Ⅱ部　オホーツク土器の編年

まう点が問題となろう。デリューギンのようにアムール河口部のポリツェ文化の終末を遅らせて考える
のも一つの案ではあるが（デリューギン 2003、デリューギン・デネコ 2003）、いずれにせよポリツェ文化
から靺鞨文化への移行の問題は、年代や系統、地域差を整理した上での包括的な検討が必要であろう。

　もう一つの問題は、オホーツク土器と靺鞨系土器の「境界」である。前述のとおり江の浦式１類土器
は靺鞨系土器ナイフェリト群に類似するが、口縁部の形態や肩部の文様などにはやはり違いがある。こ
の型式学的な異同が連続的なのか非連続的なのか、という問題がまずある。さらには両者の分布の境界
は何処にあり、そこでは土器群がどのような様相を呈するのか、という問題もある。これらの型式的・
地理的境界の検討が、土器型式研究の基礎作業として今後必要であるし、その問題の解明こそが江の浦
式１類土器の成立を説く鍵となろう。特に地理的境界については、現在知られている靺鞨系土器の北限
がコムソモルスク・ナ・アムーリエ付近である一方（Дьякова 1984）、アムール下流域におけるオホー
ツク土器の南限はテバフであるという「空白地帯」がある現状に対し、問題意識を持っておく必要があ
ろう。

3．江の浦式土器とテバフ式土器

　次に江の浦式土器とテバフ式土器の型式交渉について考察しよう。

　アムール河口部では、江の浦式２類の段階からテバフ式系の土器（テバフ式ｃ類）が共伴し始める。
ニコラエフスク空港１遺跡出土土器の組成から判断すると、この地域の主体となるのは江の浦式２類の
系統であり、テバフ式ｃ類は河口部より北西（注11）に起源を持つ客体的な系統である可能性が高い。
もっとも、テバフ式系土器については分布の範囲や中心がよく分からないなど、河口部におけるオホー
ツク土器とテバフ式土器の関係には未だ不明な点も多い。土器そのものの特徴をみると、オホーツク式
土器とテバフ式土器の間に型式学的な影響関係を認めるのは難しい一方で、胎土は両者とも金雲母を含
む特徴的なものであり共通性が高い。胎土から判断するならば、どちらの型式も在地の製作と考えられ
るが、その一方で、なで整形と叩き整形という製作技法上の差が並立している点が注目されよう。土器
に関する以上の様相から江の浦式２類期におけるアムール河口部のヒトの動きを推論すると、「テバフ
式ｃ類の製作者が河口部に移動し、在地の胎土で故地の土器を製作した」という土器製作者の動きが想
定できる。

　続く江の浦式河口部３類の段階では、オホーツク土器主体の土器組成から変化が生じ、テバフ式系土
器の出土比率が増加するようである。また、両系統間に型式学的な影響関係も認められるようになる。
口縁部に江の浦式３類の特徴を有しながら胴部には叩き目があるという「折衷土器」はまさにその好例
であるし、口縁部に断面三角形の突帯が付く例（両系統とも存在する）も両系統の影響関係のなかで共
有されたものであろう。江の浦式３類からオホーツク土器に出現する各種スタンプ文も、先立つ時期の
テバフ式ｃ類に存在する点からすると、テバフ式系統から借用された要素である可能性が高い。江の浦
式河口部３類期における以上の変化に対しては、「異系統の技術伝統が並立していた土器製作集団内で、
互いの製作技術やデザインを借用することが一般化した」という解釈が可能であろう。このようにアム
ール河口部における土器組成の変遷は、オホーツク土器とテバフ式系土器が次第に関係を密にしてゆく

過程として理解できる。

　テバフ式系土器の影響はどの地域まで及ぶのであろうか。テバフ式系の可能性がある土器はサハリンのスタロドフスコエ遺跡においても確認されており（榊田ほか2007）（第Ⅲ部第1章図103）、アムール河口部を超えてサハリン南部まで及んでいる可能性が高い。江の浦式河口部3類期にみられたようなテバフ式との「折衷土器」はサハリンでは確認されていないが、断面三角形の突帯や各種スタンプ文といった河口部からの影響と思われる要素は、江の浦式サハリン3類にも認められる。一方、これら河口部の要素は北海道北部までは及んでおらず、逆に北海道からの影響が江の浦式土器に及んだ形跡も今のところ見あたらない。

第5節　おわりに

　アムール河口部とサハリンにおけるオホーツク土器の編年を再検討し、あわせて周辺地域との関係についても課題を整理してみた。江の浦式土器・靺鞨系土器・テバフ式土器の三者間の関係は、オホーツク文化の形成過程や担い手の系譜と直接関わる問題であり、本章で論じたような土器編年の検討が、それらの問題に対してアプローチするための基礎となるであろう。しかし、土器そのものの関係についてすらも未確定の部分が多く、本章の編年にもまだ再考の余地が多くあることも認めなければならない。それでも、具体的な資料に基づいた議論ができるようになってきたことは大きな前進であり、さらなる資料の増加に期待したい。

注

（1）臼杵・熊木2003（以下「旧稿」と略）でもニコラエフスク空港1遺跡の成果を一部取り入れて土器編年を試みているが、概報段階の成果に基づいていたため本章とは内容が一部異なっている。変更点についてまとめておこう。まず「旧稿」では江の浦式について従来どおり伊東編年に準じた型式名称を用いたが、本章では具体的な資料に基づき江の浦式を1～3類の3段階へと再編成している。ただし「旧稿」でも「江の浦B式」・「江の浦A式前半」・「江の浦A式後半」の3細別を試みており、江の浦式3段階編年の基本的な考え方や、テバフ式c類～a類との編年対比については「旧稿」と本章の間に変更はない。また、本章においては江の浦式3類段階でアムール河口部とサハリンとの間で地域差が拡大することを指摘しているが、これは「旧稿」では明確にしていなかった点であり、本章での新たな成果である。

（2）図には示していないが、口縁部肥厚帯が断面方形・幅広気味の例でも、肥厚帯下縁にのみ施文されている例は江の浦式1類に分類している。

（3）これは、かつて臼杵が「テバフ遺跡Ⅰ群」に分類した資料を指している（臼杵1990）。ちなみにこの「テバフ遺跡Ⅰ群」について、臼杵は江の浦A式に対比している。筆者分類を適用した場合には江の浦式1類と2類の両方を含むことになるようである。

（4）テバフ式c類とした例のうち、特に口縁部突帯に爪形文が施される例には口縁部が江の浦式1類と酷似するものがあり、この類似を重視した場合にはテバフ式c類の位置づけはさらに古くなる。しかし両者の器形・文様全体を比較した場合には共通性より隔たりの方が著しいし、本文中に述べたような層位的な出土状況もあるので、ここでは本文のよう

第Ⅱ部　オホーツク土器の編年

な編年対比を採用しておく。しかしながら、テバフ式 c 類が江の浦式 1 類併行まで古くなる可能性もあることには注意しておきたい。

（5）鈴谷式をオホーツク土器に含めるか否かで論争があるのは周知の通りである（前田 2002 に詳しい）。本書では鈴谷式をオホーツク土器に含めない立場をとっている。

（6）品川欣也は江の浦式土器群を文様要素に基づいて細別し、「江の浦式刻目文期」「江の浦式沈線文期」を設定している（品川 2003）。周知の通り文様要素としての沈線文は北海道北部では刻文に遅れて出現しており（大井 1982a 等を参照）、その点では品川の細別案にも一定の根拠はある。しかし江の浦式土器群を単純に文様要素のみに基づいて細別するならば誤りを含むことになろう。掲載された表（品川 2003：第 2 表）から判断すると、品川は例えば本章図 74-7 のような土器を「沈線文期」とする一方で、図 76-23 のような土器は「刻目文期」に含めているようだが、これは筆者の編年案のみならず伊東編年とも逆転する編年案となる。やはり文様要素だけではなく、伊東や臼杵の指摘通り肥厚帯の形態や施文位置なども編年のメルクマールとすべきであろう。

（7）サハリンでも少数ながら擦文土器の出土が確認されている（Прокофьев, и др. 1990、プロコーフィエフほか 2012）。確認例はいずれも宇田川編年中期～後期相当であるが、在地のどの土器型式に伴うのかは明らかではない。

（8）かつて山浦清は、東多来加式土器を南貝塚式土器に後続させる編年案を提示した（山浦 1985）。一方、フェドルチェクはサハリン中部ポロナイスク地方の発掘・収集資料に基づき、逆に東多来加式を相対的に古く位置づけ、その後半段階を南貝塚式と併行させる編年案を発表している（フェドルチェク 2001）。現地での活動に基づくフェドルチェクの見解は尊重すべきであるが、残念ながら「東多来加式」の型式内容や出土状況に関する情報は不足しており、筆者には是非を判断できない。なおデヂャヒンほかの報告によれば、東多来加式の分布はネフスコエ（多来加）湖周辺のほか、「サハリン島の東南部と東北部」（デヂャヒンほか 2004：262）に及ぶという。

（9）江の浦式 1 類と北海道の刻文Ⅰ群の間にも型式学的な差が全く無いわけではない。例えば、前者には沈線文＋刻文という文様構成を持つ例がある一方、後者にはないなどの違いがある。このような細かい点に地域差はあるが、両者は基本的に同一の型式に分類できると筆者は考えている。

（10）このように考える論理について念のため述べておこう。もし 2 類と 3 類が併行するならば、2 類には常に 3 類が伴うはずである。その場合、2 類には地域差がなく、3 類にのみ地域差があるという状況に対する説明は難しくなる。無論、両地域で「同時期のセットの一部のみ」が「意識的に作り分けられていた」可能性は皆無とは言い切れない。しかしやはりここは本文中のように 2 類・3 類を時期差と考えるのが合理的な解釈であるといえよう。

（11）「河口部の北西」としたが、アムール流域やサハリン側ではないという程度の意味で、具体的な地域や型式の分布範囲が判明しているわけではない。なおテバフ式の系統については、デリューギンがヤクート初期鉄器時代土器との関連性を提起している（デリューギン 1999）。確かに型式学的特徴には共通性がみられ、周辺地域の状況と照らし合わせた場合、基本的な枠組みとしては説得力がある。ただし遺跡分布をみるとヤクーチャとの間にはまだ地理的な間隙があるので、中間地域における分布や型式交渉の実態を今後明らかにしてゆく必要があろう。

第4章　元地式土器に見るオホーツク文化と擦文文化の接触・融合

第1節　はじめに

　北海道においてオホーツク文化と擦文文化が接触し融合してゆく過程を具体的に示す例としては、道東部に展開したトビニタイ文化の存在が有名である。一方で、トビニタイ文化とは異なる「融合」の過程が、礼文島・利尻島・稚内周辺を中心とする北海道北端部でも確認されている。本論ではこれら道北端部の融合過程を、道北端部の「融合型式」である元地式土器と、その後の土器様相の分析を通じて明らかにしてみたい。

　ここで扱うテーマは、オホーツク・擦文両文化の接触・融合に関する事象の中でもきわめて局限された地域の様相にすぎないともいえる。しかし、この地域はサハリン・日本海沿岸・オホーツク海沿岸の三つのルートが交錯する交流の要所であり、その意味では元地式土器に関する問題の持つ意味は決して小さくない。特に道北端部の融合過程に関しては、宗谷海峡を跨いだ道北端部とサハリンの交渉が大きな役割を果たしていた可能性が高い、という状況が土器型式の上にあらわれていることを、本章では新たに確認してゆくつもりである。

　研究史を簡単にまとめておこう。ここでいう「元地式」に相当する土器群に初めて着目したのは大場利夫であり、礼文町上泊遺跡の資料紹介の中で大場は、これらの土器群が「オホーツク式土器と擦文式土器の両要素をもつ」（大場1968：31）という指摘を早くからおこなっている。続いて礼文町元地遺跡の調査概報でまとまった資料が報告され、大井晴男はこれらの土器群を「道北的な一つの『接触様式』」に位置づけるとともに、層位的な出土状況に基づいてオホーツク土器・擦文土器との編年対比をおこない、研究の基礎を築いた（大井1972b）。その後、まとまった資料としては、稚内市オンコロマナイ貝塚（大場・大井編1973）、礼文町香深井A遺跡（大場・大井編1976、大場・大井編1981）、礼文町浜中2遺跡（前田・山浦編1992）、礼文町内路遺跡（大川1998）などから出土が報告され、大井（前掲及び大井1973）に続いて山浦清（山浦1983）がこれらの土器群について考察を加えている。また小野裕子（小野1998a）は、浜中2遺跡と元地遺跡の出土土器群について比較をおこない、礼文島における沈線文期から元地式期に至るまでの集団動態を論じた。

　このように元地式土器の存在自体はかなり以前から知られていたのだが、まとまった出土例が限られていたことや、標式遺跡とも言うべき元地遺跡の正式報告が未刊であり続けていることにより、この土器群、ひいては道北端部のオホーツク文化・擦文文化の接触・融合過程に関しては実態に不明瞭な点が多く残っていた。しかし礼文町香深井5遺跡の調査（内山編2000）において、まとまった量の元地式土器と当該期の2軒の竪穴住居跡等の遺構が確認されたことにより、研究に新たな局面がもたらされることとなった。これら香深井5遺跡の資料については、熊木が出土土器の型式内容と編年について分析をおこなったほか（熊木2000c）、天野哲也が住居跡や生業について評価を試み（天野2003a）、さらに大西

第Ⅱ部　オホーツク土器の編年

秀之が元地式土器に伴出した擦文土器の地域的特徴について言及している（大西2004）。なお最近、柳澤清一（柳澤2006）が香深井5遺跡出土資料以外の元地式土器について従来とは全く異なる編年案を発表しているが、筆者には論理や根拠が理解不能であるためコメントできない。

　この土器群の型式名としては上記「接触様式」の他に、「上泊式」（山浦1983、前田1996a）、「厚手土器」（前田・山浦編1992）、「元地式」（前田1996b）、「厚手素紋系土器群」（柳澤2006）の呼称が提唱されているが、本論では前稿（熊木2000c）同様に「元地式」を使用することとする。元地遺跡「黒土層」（注1）の資料がある程度層位的・型式的なまとまりをもっていることを重視するのが主な理由である。

第2節　元地式土器の概要

1．型式学的特徴と系統

　まずは元地式がどのような内容•性格の土器かを明確にするため、香深井5遺跡出土土器（図78上段、図79-1・3・5・7）の観察結果に基づき（注2）、型式学的な特徴と、それらがオホーツク・擦文どちらの系統に属するかという点について再評価してみたい。

胎土・成形・器面調整

　胎土は円礫や砂を多く含み、焼成がやや甘いこととあわせて非常に粗雑な印象を受ける。擦文土器の胎土とは全く異なっており、どちらかといえばオホーツク土器に近いともいえるが、元地式の方が一段と粗い。

　「厚手式」の異名のとおり、元地式を特徴づけているのは非常識なほど厚い器壁であり、胴部の厚さが2cmに近いものもある。オホーツク土器も擦文土器も比較的薄手の器壁を特徴としており、それらとは正反対である。成形は輪積で、幅4cm程度の粘土紐を外傾接合する例が多いとみられ、この点はオホーツク土器に近い（擦文土器は一部の例外を除き内傾接合である（鈴木2007））。

　器面調整は、外面上半部は横方向、下半部は縦方向のナデ調整、内面は上半部・下半部とも横方向のナデ調整である。これらの特徴はオホーツク土器と基本的に同一であり、擦文土器（外面調整が全て縦～斜め方向となるのを基本とする）とは特徴を異にする。また数は少数だが、外面に「ハケ目」が認められる例もある。しかし擦文土器にみられる整った「擦文」とは異なり、調整の方向が一定せず、「ハケ目」自体も目が粗く深いものがあるなど、やや乱れている。これら「ハケ目」の特徴は擦文土器の不完全な模倣と評価できる。

器形

　器形はどちらかといえば擦文土器に近い例が多い。すなわち全体に縦長で、頸部がややすぼまり、口縁部にかけて開く器形である。ただし口縁部・底部などの細部の作りが擦文土器とは大きく異なっており、模倣は不完全なレベルに止まっている。ちなみに「頸部がすぼまる」という器形は、擦文土器でいえば宇田川編年（宇田川1980）前期以前に特徴的なものであり、元地式の編年対比の手がかりとなっている。

　注目すべき特徴は口唇部が肥厚する例で、全体の2割くらいある。口唇部外側に粘土帯を貼り付ける

第4章　元地式土器に見るオホーツク文化と擦文文化の接触・融合

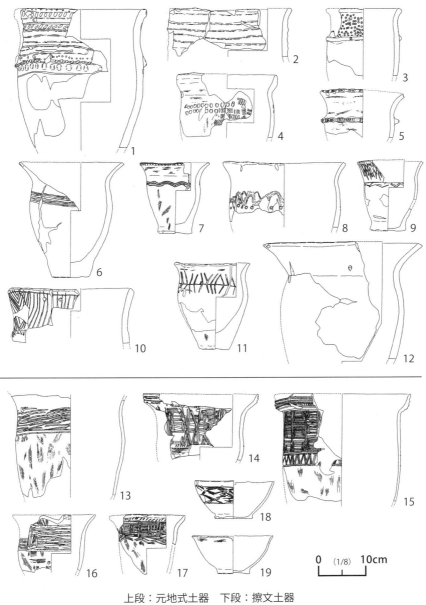

上段：元地式土器　下段：擦文土器

図78　香深井5遺跡出土土器群

第Ⅱ部　オホーツク土器の編年

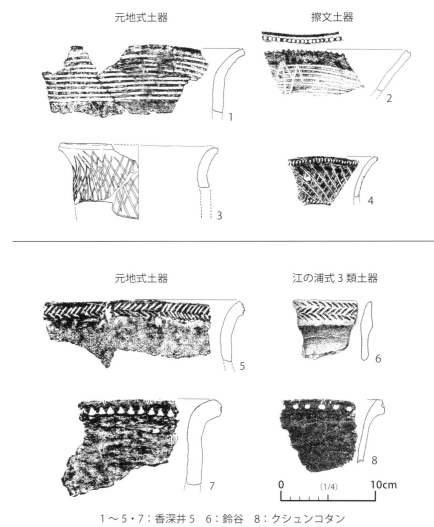

図 79　元地式土器における模倣

1〜5・7：香深井5　6：鈴谷　8：クシュンコタン

例と、ナデ調整などによって口唇部外側を張り出させる例（図79-5・7）があり、いずれも上下幅が狭く突帯状となるのが特徴である。これは元地式独自の特徴とも考えられるのだが、筆者はサハリンの「江の浦式3類土器」（第Ⅱ部第3章）との関連を考えている（図79下段）。

文様

　香深井5遺跡出土資料の場合、全体の半数程度は無文の土器（図78-12）である。浜中2遺跡ではさらに多く、8割以上が無文である（小野1998a）。オホーツク・擦文とも無文の土器はあるがこれほど多くはなく、元地式独自の特徴と言える。

文様要素としては沈線文（図78-9～11、図79-1・3）、摩擦式浮文（図78-1・2）、型押文（図78-3～5）、櫛引文（図78-6～8）などがある。沈線文をみると、細く鋭い施文具を用いる点はオホーツク土器と同じであるが、描かれる意匠の多くは擦文土器の不完全な模倣である（図79-上段）。模倣は宇田川編年前期～中期の意匠を手本としていることは明らかであり、併行関係を示す有力な手がかりとなっている。沈線文以外の文様要素はオホーツク土器の要素といえるが、先立つ時期の道北部のオホーツク土器とは特徴や描かれる意匠が大きく異なる。これらはむしろサハリンの南貝塚式土器を特徴づける文様意匠であり、縦の系統ではなく横の影響関係としてとらえられる可能性がある。一方で前述したように、口唇部の突帯を持つ土器は器形・文様意匠ともにサハリンの江の浦式3類土器の例と類似する部分がある（図79下段）。このように、元地式の文様にはサハリンのオホーツク土器ともある程度共通する要素が認められるものの、両者は同一とまでは言えないため、併行関係を正確に特定するのは難しい。

　以上の点から元地式土器の系統をまとめてみよう。

ア）成形、器面調整、器種組成など、基本的な部分ではオホーツク土器の伝統を一応の土台としているが、先立つ時期の道北部のオホーツク土器とは連続しない特徴も多く、系統的・漸進的な変遷とはいえない。

イ）その一方で、サハリンのオホーツク土器と関連する要素も持つ。

ウ）擦文土器の要素としては器形や文様意匠などが認められるが、いずれも不完全な模倣である。

　このように書くと、「元地式土器はサハリンのオホーツク土器と、擦文土器との融合型式である」との印象を与えるかもしれない。しかし元地式そのものといえる土器はサハリンでは出土が確認されておらず、サハリンの江の浦式3類土器や南貝塚式土器とも大きな隔たりがある。すなわち、元地式土器は道北部のオホーツク土器・サハリンのオホーツク土器・擦文土器の3者の要素を併せ持つ一方で、どのグループからも連続的な系統的変遷をたどることが困難な、いわば「どっちつかず」の土器型式なのである。この点は、あくまでもオホーツク土器の系統に連なって成立するトビニタイ土器とは性格を異にしている。つまり、元地式土器とトビニタイ土器は、同じ「接触様式」であっても、異なる背景・コンテクストのもとに生み出されたものである可能性が高い。

2．器種組成とその背景

　元地式土器がまとまって出土した礼文島香深井5遺跡では、長方形もしくは方形で石組みの炉を持つ2軒の竪穴住居跡で元地式土器・擦文土器が共伴したほか、包含層からも両系統の土器が多数出土した（図78）。元地式土器・擦文土器ともにほぼ全てが2型式ほどの時間幅の中に収まるとみられ、同じ集団が両系統の土器を同時に使用していたと考えられるような状況であった。全体の3割弱を占める擦文土器は、つくりが島外のものと同じで元地式との違いは歴然としており、島外からの搬入品と考えられる（注3）。このような前提をもとに、香深井5遺跡の器種組成の内容を評価してみよう。

　香深井5遺跡全体の擦文土器（宇田川後期以降を除く）と元地式土器を一括し、深鉢：坏の割合をみると、約9：1となる（注4）。このような深鉢主体の器種組成はオホーツク文化の伝統である。擦文文化の場合、日本海北岸地域の竪穴住居跡から出土した一括土器の器種組成をみると深鉢と坏の割合は概ね半々となっており、香深井5遺跡例との差は歴然としている。さらに香深井5遺跡において擦文土器だけの器種

第Ⅱ部　オホーツク土器の編年

組成をみた場合、深鉢：坏の組成は約7：3と、擦文土器本来の組成よりも深鉢がやや優勢となっている点が注目される。これは擦文土器が搬入された際にオホーツク土器の伝統的な使用法（深鉢主体）に則って器種選択がおこなわれていたことを示すもので、その点から考えると、香深井5遺跡の擦文土器は擦文人によって使用されたのではない可能性が高い、という解釈が導き出される。だとすれば、「どっちつかず」の土器型式である元地式も、製作・使用者はやはりオホーツク文化の系譜に属する人びとが中心であったとみるのが妥当であろう。

3．分布と型式編年対比

分布

　元地式土器の分布範囲は、これまで報告された例では礼文島・利尻島・稚内市にほぼ限られており、これを超える範囲では浜頓別町豊牛（大場1968）と天売島相影・和浦（大場1970）で断片的な出土が報告されているのみである（注5）。このような狭い範囲かつ少数の遺跡だけで土器型式が成立していると考えるのはやや不自然であるが、現状より南や東の地域まで分布が拡がっていたとは考えにくい。一方、サハリンでも前述のとおり筆者の知る限り元地式そのものといえる土器は確認されていない。ただし「東多来加式」（伊東1942）や「落帆式」（新岡1970、新岡1977）など、元地式と似た特徴をもつ土器群も存在するようである。しかし双方の型式とも実態がよくわかるような報告例がなく（熊木2007）、関連の可能性が指摘されるに止まっている（小野2007）。

　「元地式土器の北限」というのは一見些末な問題のようにも見えるが、擦文文化の北上の過程や宗谷海峡間における交渉のあり方を具体的に読み解く上で実は重要な意味を持っており、調査の進展が期待される。

オホーツク土器・擦文土器との編年対比

　道北部におけるオホーツク沈線文系土器と元地式土器の関係については、元地遺跡で以下のような層位的所見が報告されている（大井1972b）。すなわち、魚骨層Ⅰ "（オホーツク沈線文群前半段階（注6）・藤本c群）→魚骨層Ⅰ（オホーツク沈線文群後半段階・藤本d群、擦文東大編年第2前半［宇田川前期に対応、筆者注］）→黒土層（元地式、擦文東大編年第2後半［宇田川中期に対応、筆者注］）である。一方、香深井5遺跡における2軒の竪穴住居跡と包含層での出土状況からは、元地式土器が擦文宇田川中期前半を中心として宇田川前期後半〜中期後半までの間に併行する一方（図78下段）、オホーツク沈線文系後半や貼付文系の土器とは共伴しないことが確認され、元地遺跡の層位関係が追認されることになった。

　サハリンのオホーツク土器との対比では、前述のように江の浦式3類土器と併行する可能性が高い。南貝塚式まで下る可能性も否定できないが、南貝塚式の下限が擦文宇田川晩期まで下るという編年対比（佐藤1972b、平川1995）からすると、南貝塚式期まで元地式が存続したと考えるのはやや困難であろう。

　なお、南貝塚式土器との関係について筆者は最近、稚内市シュプントー（声問大沼（注7））遺跡出土土器（大場・菅1972）の中に興味深い資料があることに気づいた。

第3節　稚内市シュプントー遺跡出土資料の再評価

シュプントー遺跡では、1966年の調査で隅丸方形を呈しカマドを有する竪穴住居跡が1軒調査され、「擦文式とオホーツク式との接触様式」（大場・菅1972：69）とされる土器群が出土した。図80は出土土器群の一部を筆者が再実測したものである。なお報告では他に擦文土器（宇田川後期か？）やオホーツク土器など合計で55点の土器が出土したという記録があり、図80以外にも14点ほどが図示されているが、資料が現存しておらず確認できなかった（注8）。

図80-1は小型の鉢形土器で、薄手である。外面の器面調整は口縁部が横方向のナデとミガキ、胴部から底部が縦方向のナデとミガキである。口縁部と胴部の境目に一条の水平の沈線が断続的に巡り、口縁部には図示した部分にのみ斜めの沈線が認められる。胎土・厚さ・器形などは擦文土器にかなり近いが、文様はやや特殊であり、一方で器面調整はオホーツク土器と共通する部分のある土器といえる。2は厚手のミニチュア土器。外面の器面調整は横方向のナデで、口唇近くの一部に斜めの擦痕があるが無文である。器形や器壁の厚さは元地式に類似している。3・4はやや薄手のミニチュア土器。外面には横方向のナデ調整の痕跡が明瞭に残るが、無文の土器である。円礫を多く含む胎土や器形はオホーツク土器に近いが、明褐色の色調などオホーツク土器としては特異な部分もある。元地式とは薄手である点が大きく異なる。5は黒褐色を呈するオホーツク土器である。胴部が「く」の字に強く屈曲する。屈曲部には突帯が貼り付けられており、突帯上には斜めの刻文が巡る。口縁部の文様は付着炭化物のために詳細不明であるが、おそらく二本一組の沈線が「ハ」の字状にめぐっているとみられる。器形・文様は南貝塚式土器との関連をうかがわせる。6・7は底部破片で、やや薄手、黒褐色を呈する。色調・胎土・焼成の特徴はオホーツク土器と一致する。器面にはナデ調整の痕跡が残る。底面近くが外に張り出す器形は北海道のオホーツク土器には基本的に認められない特徴であるが、南貝塚式では一般的であり、それとの関連を強くうかがわせる。

以上、図80の内容をまとめると、ア）「融合」的な特徴を持つ擦文土器（1）、イ）元地式に近い土器（2）、ウ）オホーツク土器に近いミニチュア土器（3・4）、エ）南貝塚式とみられるオホーツク土器（5～7）となる。なお報告では上記以外にオ）宇田川後期とみられる典型的な擦文土器片（注9）が7点ほど図示されているほか、南貝塚式とみられるオホーツク土器などが掲載されている。問題はこれらア）からオ）までの全てを共伴と見なしてよいかであるが、イ）を元地式そのものと見なさないのであれば、とりあえず他の遺跡例（氏江1995）や従来の編年対比（平川1995、熊木2007）との間に大きな矛盾はないので、ここでは全てをほぼ同時期のものとして扱っておく。

このシュプントー遺跡出土土器群に関しては大井の分類が注目されよう（大井1973）。大井はオンコロマナイ貝塚出土土器の分類のなかで、「オホーツク式土器第1群」がこのシュプントー遺跡例に類似すると指摘する一方、それらとは別に「オホーツク式土器第2群」を設定し、それらが礼文町上泊遺跡や元地遺跡黒土層出土土器と類似することを指摘した。すなわち大井は、シュプントー遺跡例と本論で言う元地式との間に型式差を認める一方で、共伴もしくは混在する擦文土器にも時期差があることに注目

第Ⅱ部　オホーツク土器の編年

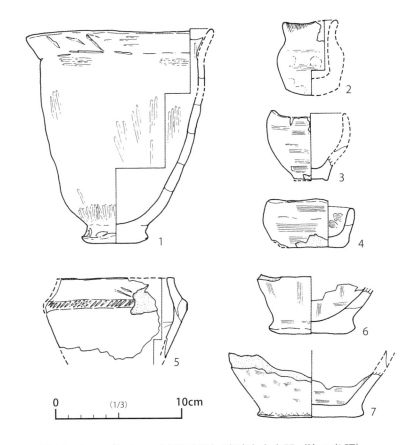

図80　シュプントー（声問大沼）遺跡出土土器（注8参照）

し、「第1群」と「第2群」を時期差として位置づけたのである。この論文で用いられた方法は後に大井自身によって否定されることになったが（大井1982a）、筆者はこの分類に関しては先見の明があったとみている。すなわち大井が注目したように、シュプントー遺跡における前述のア）からエ）までの土器と、上泊遺跡等の元地式との間には土器そのものの相違があり、さらにそれぞれに伴出する擦文土器の間には時期差が認められるのである。もっとも大井はシュプントー遺跡例の中に南貝塚式類似の土器が含まれるとはみていなかったようであり、その点は筆者と理解が異なる。南貝塚式土器についてはこれまで北海道内でも散点的に出土が確認されていたが（氏江1995、平川1995）、今回、道北端部でも竪穴住居跡に伴って出土していたことが明らかになった。

　シュプントー遺跡例の再検討によって、擦文宇田川後期においても、サハリンとの関係がやや強まるかたちで「融合」的な様相が残存することが改めて確認された。このような見方が正しいとすれば、香深井A遺跡3号・4号竪穴のような、当時すでに道北端部でも展開していたとみられる「典型的な」擦文文化の集落との関係が問題となってこよう。次節で検討してみよう。

226

第4章　元地式土器に見るオホーツク文化と擦文文化の接触・融合

第4節　土器型式からみた道北端部の接触・融合過程

　シュプントー遺跡の土器様相が上記のようなものであるとみた場合、道北端部におけるオホーツク文化最終末期以後の土器様相は、以下のような変遷過程を辿ったと理解されよう。

　まず元地式期（擦文宇田川前期後半〜中期併行）であるが、この時期には元地式土器が成立し土器組成の主体となる一方、型式分布域の外から搬入された擦文土器も組成の一部を占めるようになる。ただし深鉢主体の器種組成など、土器の使用形態はオホーツク文化の伝統上にあるとみられる。

　続く擦文宇田川後期になると、香深井A遺跡3号・4号竪穴のような典型的な擦文土器のセットで構成される住居と、シュプントー遺跡の例のような、典型的な宇田川後期の擦文土器に加えて融合的な擦文土器・元地式的な土器・南貝塚式とみられる土器が併存する住居の、両者が併存するようである。シュプントー遺跡のような例がこの時期の道北端部においてどの程度の割合を占めるのかは不明とせざるを得ないが、いずれにしてもこの時期まで道北部オホーツク土器の系統が残存していた、かつ／または新たにサハリンのオホーツク土器からの影響が貫入してきていたことは確実である。

　以上のような土器様相から、道北端部における人間集団の動きについて解釈を加えてみよう。元地式期においては、擦文土器の大量搬入やサハリンの土器型式からの影響増大といった点にみられるように、在地のオホーツク集団と、サハリンの集団や道北部の擦文集団との交渉が急激に活発化したのは疑いのないところであろう。ここでは元地式土器が「どっちつかず」の土器であることに注目してみたい。「どっちつかず」というのはすなわち、サハリンのオホーツク土器・道北部のオホーツク土器・擦文土器のいずれの技術伝統も保持されていない、どの立場からみても「見よう見まね」的な土器であることを意味する。山浦が指摘したように（山浦1983）、おそらくこの時期、サハリン・道北端部在地・道北擦文の各集団の出入りが急激に活発化した結果、ある種の社会的混乱が生じて土器製作技術伝統の継承が困難になったのであろう。そのような中でいわば妥協の産物として生じた型式が元地式土器なのではないだろうか。ただしごく限られた地域内ながらも元地式土器としての統一性は保たれている点には注意しておきたい。人の動きが活発化・広域化する中でも地域集団としてのまとまりを維持するシステムはある程度機能し続けていたのであろう。器種組成、住居におけるカマドの欠如と石組み炉の維持、網漁の存続（天野2003a）などのオホーツク文化的要素はそのような枠組で考えることができよう。さらには、道東部のオホーツク土器やトビニタイ土器の要素が全く認められない点にも注意が必要である。日本海沿岸や道北端部の集団は、交流先として道東部よりもむしろサハリンを指向していたことが反映されていると考えられる。

　擦文宇田川後期になると、土器に「融合」的な様相が残るシュプントー遺跡例でも住居はカマドを有する方形竪穴になるなど、オホーツク文化の要素は衰退しているようにみえる。おそらく大枠では、この時期の道北端部は基本的に擦文文化の範囲となる、というのが正しい理解なのであろう。ただしそれはオホーツク文化から擦文文化へ、というような単純な「駆逐」ないしは「交替」ではなく、シュプントー遺跡例で確認されたようにもう少し複雑なプロセスが介在するようである。その背景の解釈に際し

第Ⅱ部　オホーツク土器の編年

ては、擦文宇田川編年後期の道東部で確認されている、トビニタイ文化の貫入とでもいうべき状況がヒントになるかもしれない。すなわち近年、北見市常呂川河口遺跡168号竪穴（武田編2007）や網走市嘉多山3遺跡例（和田・米村1993）のように、擦文文化が主体となる地域の中にトビニタイ土器を伴う竪穴住居が点的に貫入する例が、道東部において確認されてきている。このようないわば逆流的な貫入のあり方との比較検討が、道北部を中心に点在する南貝塚式土器の様相や背景を解明するにあたっても有効かもしれない。

　道北端部におけるオホーツク文化と擦文文化の接触・融合に関する問題を、土器型式を通じて概観してきた。この問題に関しては、「道北端部に展開していたオホーツク文化集団の変容と消滅」という視点からのアプローチ（小野1998a）が重要であることは論を待たない。その一方で、もう一つ重要な鍵となるのが、「宗谷海峡を跨いだ擦文文化とオホーツク文化との交渉」であるということを本論では再確認した。抽象的な議論に終始した部分も多いが、この時期の道北端部における集団関係の変化に関しては、南貝塚式土器など、宗谷海峡を挟んで対峙するサハリンとの関係解明が重要な課題であることを指摘しておきたい。

注

（1）小野によれば、元地遺跡の「黒土層」はA層～C層の3層に区分ができ、C層が「本来的な『黒土層』の時間的位置をよく示す」（小野1998a：372）とあるが、このC層の土器は図示されていないので内容が不明である。よってここで指しているのは大井の示した「黒土層」の資料全体である。

（2）香深井5遺跡以外の資料については実見できていないものもあるため、本文の観察結果が元地式土器全体の傾向と一致しない可能性もなくはない。しかし図版等から判断する限り、本文の観察結果から大きく外れるような資料がまとまって存在する可能性は低いとみられる。

（3）ちなみに大西（大西2004）は、擦文土器の器面調整に関して、道央部と道北部ではミガキとハケメの組成比率に差があることを指摘した上で、香深井5遺跡の擦文土器の器面調整が「日本海北部沿岸」を含む道北部のそれと類似した組成であることを指摘している。

（4）香深井5遺跡の器種組成、および比較対象とした日本海北岸地域における擦文土器の器種組成のデータについては紙幅の都合により省略した。詳細は熊木2000cを参照されたい。

（5）豊牛・相影・和浦の資料はいずれも筆者未見のため確言できないが、図版から判断する限り元地式の可能性が高いと思われる。

（6）ここで述べている「沈線文群前半段階」「同後半段階」という区分は、出土資料を熊木の編年案（第Ⅱ部第1章）に位置づけたものであり、原文（大井1792b）からの引用ではないことをお断りしておく。

（7）内山真澄氏からのご教示によれば、かつて大場らが「声問大沼遺跡」として報告した遺跡は、現在、「シュプントー遺跡」として登録されているとのことである。以後、本論での表記は現在の登録名に従う。

（8）現在、資料が収蔵されている稚内市北方記念館には、図示した資料のほかに擦文土器に近い特徴を持つ土器片1個体分が現存している（大場・菅1972：図4-KOI-59、ただし報告のように完形ではなく一部の破片のみが遺存）。本文の図と大場・菅1972との対比は以下のとおりである。本文図80-1：KOI-45、2：KOI-56、3：KOI-50、4：KOI-

第 4 章　元地式土器に見るオホーツク文化と擦文文化の接触・融合

47、5：KOI-78、6：KOI-23、7：KOI-57。ちなみに大場・菅 1972 の図 4 には縮尺に誤りがある。

（9）本文前述のとおり資料が現存していないので、これらの土器が本当に「典型的な」擦文土器であったか否かについて
は確言できないが、大場・菅 1972 の図版から判断する限り特に「融合型式」的な特徴は読み取れない。

第Ⅱ部　オホーツク土器の編年

第5章　オホーツク土器と続縄文土器・擦文土器の編年対比

第1節　はじめに

　本章では第Ⅱ部のまとめとして、各章で検討したオホーツク土器の編年と、併行する時期の続縄文土器編年・擦文土器編年を対比させ、オホーツク文化併行期の広域編年を確立する。また、第Ⅱ部の研究成果に関して、オホーツク土器編年に関する先行研究から本論が何を継承し、発展させたのかについても明らかにしておきたい。

　オホーツク土器と擦文土器並びに土師器との間では、土器そのものの間に直接的な影響関係を認定しにくいため、型式学的方法による編年対比は困難である。型式学的な影響関係がはっきりと認められるようになるのは、後続する元地式土器やトビニタイ土器と擦文土器との間においてであり、オホーツク文化期の編年対比は主として遺物の共伴関係や暦年代を検討することによっておこなわれてきた。

　オホーツク文化の年代や擦文文化との編年対比に言及した論文は数多いが、今日の編年観につながる流れを作ったのは以下の論考である。まず、全体としてオホーツク文化が古く擦文文化が新しいという、今日の編年観の基礎を作ったのは石附1969、大井1970、同1972a、同1972b、金盛1976、同1981、野村ほか1982、金盛・椙田1984、などである。また、十和田式土器や刻文系土器群の暦年代をめぐる天野哲也の発言（天野1978b）は、今日の年代観につながるものであったといえよう。さらにオホーツク文化に認められる大陸系遺物の集成をおこなった菊池俊彦の論考（菊池1976）や、大陸とサハリン・北海道の広域編年対比を試み、あわせて暦年代を推定した臼杵勲の論考（臼杵1990）は、大陸との編年を対比する上で重要な役割を果たしてきた。それでもなお、オホーツク文化の暦年代に関しては1980年代まで各研究者の間で年代観にかなりの不統一が認められたが、右代啓視によってオホーツク文化に係る編年対比と暦年代に関する諸説の整理がおこなわれたことにより（右代1991、同1995）、オホーツク文化の暦年代に対する共通認識が形作られることとなった。その後の編年対比や暦年代に関する注目すべき論文には、椙田1992、山田ほか1995、氏江1995、大沼1996a、大西1996、小野1998c、阿部1999、臼杵2000、塚本2002、臼杵編2007、鈴木ほか2007、宇部2009、塚本2012、などがある。また、最近では榊田朋広が東北北部の土師器、擦文土器、オホーツク土器を含めて広域かつ詳細な編年対比をおこなっており（榊田2016）、本章でも榊田の論考から多くの事例を参照している。

第2節　共伴する遺物等からの検討

1．十和田式期から沈線文期まで

　ここではまず、十和田式期から沈線文期までのオホーツク土器と共伴、もしくはそれに近い状況で出土した遺物に注目し、それらの暦年代や型式編年上の位置づけについてまとめてみよう。

阿部義平は礼文島香深井5遺跡出土の石製小玉が北大I式期のものと共通するとして、香深井5遺跡の十和田式（十和田式期前半）の年代を5世紀においている（阿部1999：119）。

利尻島亦稚貝塚オホーツク文化層第1ブロックからは、土師器の坏が出土している（岡田ほか1978）。小野裕子はこの坏を住社式から栗囲式にかけての変遷の流れの中に位置づけ、概ね6世紀末に比定している（小野1998c）。この亦稚貝塚第1ブロックからは本論で言う十和田式期後半と刻文期前半（刻文I群）のオホーツク土器が拮抗して出土しており、さらに刻文II群以降の土器群もわずかながらみられるので、この土師器坏がオホーツク土器のどの型式に伴うのか正確には比定できない。ここでは十和田式後半〜刻文期前半にかけての年代が6世紀末と重なることを示すもの、と考えておこう。

香深井1（香深井A）遺跡から出土した土師器について考察した宇部則保は、魚骨層IVの出土資料7点のうちの5点を6世紀初頭前後に、魚骨層III出土の坏を7世紀後葉〜8世紀前後に位置づけた（宇部2009）。第II部第1章で述べたように、魚骨層IVは十和田式期後半〜刻文期前半にかけて、魚骨層IIIは刻文期前半から後半にかけての時期に形成されたとみられるので、十和田式期後半〜刻文期前半には6世紀初頭前後の土師器と併行する時期が、刻文期前半から後半には7世紀後葉〜8世紀前後の土師器と併行する時期が含まれる可能性が高いことになる。

札幌市C544遺跡（田中編2012）の4c層からは多数の北大式土器に加えて、土師器とオホーツク土器（図81）が少量出土している（榊田2016）。北大式土器は、榊田編年では「北大2式〜3式1類」（榊田2016：278）、塚本編年（塚本2007）では概ねE期〜F期に相当するとみられる。オホーツク土器は全て破片のため型式の認定が困難だが、刻文系の文様要素と沈線文系の文様要素を含んでおり、刻文期前半から沈線文期前半までの範囲に収まる資料と考えられる。土師器は「住社式期の土師器に関連する資料」（田中編2012：261）とされており、6世紀後半前後に位置づけられるとみられる（宇部2007、鈴木ほか2007）。この事例では含まれているオホーツク土器に2〜3段階ほどの幅があるため、詳細な編年対比は難しいが、この4c層に含まれていた上記の資料全体について、おおよその併行関係を認定することは可能であろう。

刻文期前半の年代については、アムール下流域との編年対比をおこなった臼杵勲の論考も重要であろう（臼杵1985、臼杵1990）。臼杵は、アムール下流域において靺鞨系土器ナイフェリト群（Дьякова1984）＝同仁文化系統中段階の土器（大貫1998）を伴ったナイフェリト墓地9号墓の暦年代について、共伴した轡の検討から6世紀後半〜7世紀前半に比定した。第II部第3章で述べたようにこの時期の靺鞨系土器が刻文期前半の土器と併行関係にあるので、刻文期前半の暦年代はほぼこの時期に相当すると考えられる。

2．沈線文期から貼付文期まで

沈線文期から貼付文期では、オホーツク文化の竪穴住居跡において貼付文期のオホーツク土器と共伴した擦文土器や土師器の例がまずは重要である。塚本による資料集成（塚本2012）から、オホーツク土器との共伴例を抽出してみよう。

北見市トコロチャシ跡遺跡では、1号内側竪穴の床面からロクロ整形の内黒坏が出土している（駒井

第Ⅱ部　オホーツク土器の編年

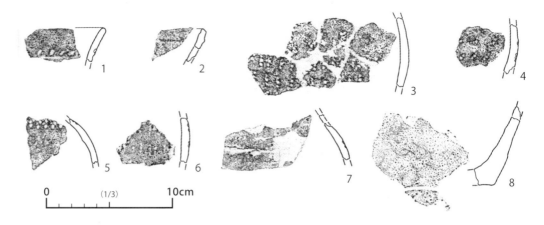

1：4PT14 土坑、2：4PT34 土坑、3：4PT25 土坑ほか、4：4PT31 土坑、5〜8：4c 層発掘区

図81　C544 遺跡　4c 層の土坑・発掘区出土　オホーツク土器

編1964）。竪穴に伴う土器は大部分がモヨロⅣ群 b 類（貼付文期後半）であり、坏は塚本編年 4 期（図86の「宇田川編年前期」に相当、以下同）に相当する。ほかにも同遺跡オホーツク地点 7 b 号竪穴床面からは擦文土器の甕が出土している（熊木・國木田編2012）。竪穴に伴う土器は大多数がモヨロⅣ群 b 類（貼付文期後半）であり、擦文土器は塚本編年 3 期に相当する。

　網走市二ツ岩遺跡（野村ほか1982）では、1 号住居址の床面と 2 号住居址の骨塚からそれぞれ擦文土器の甕が出土している。住居址に伴うオホーツク土器はどちらもモヨロⅣ群 b 類（貼付文期後半）である。2 号住居址骨塚の擦文土器の甕は塚本編年 3 期とされる（塚本2012）。1 号住居址の擦文土器の甕も塚本編年 3 期に位置づけられよう。

　ほかにこの時期の編年対比に関しては、大陸系遺物である青銅製帯金具と、本州系遺物である蕨手刀の年代が参考になる。前者については臼杵がロシア・中国極東で出土した靺鞨－女真系帯金具全体の編年をまとめている（臼杵2000）。それによれば、北海道にもたらされた帯金具は全て臼杵の言う「Ⅱ期」に相当し、8 世紀前半に比定される。これらの帯金具には土器が共伴していないため、オホーツク土器のどの型式がこの年代に相当するのか不明であるが、この帯金具が出土した 3 カ所の遺跡のうち、北見市栄浦第二遺跡（藤本編1972）と枝幸町目梨泊遺跡（佐藤編1994）では、どちらも沈線文期と貼付文期が遺跡の形成時期の中心となっており、帯金具もその時期にもたらされた可能性が考えられる。

　蕨手刀については、高畠孝宗がオホーツク文化の出土例を集成し、八木光則の編年（八木2010）と対比している（高畠2011）。墓坑からの出土でオホーツク土器が伴出している目梨泊遺跡の 4 振について引用すると、第 30 号土壙墓ではモヨロⅣ群 b 類（貼付文期後半）のオホーツク土器と八木分類「柄頭 3」（9 世紀）の蕨手刀、第 34 号土壙墓ではⅣ群 a 類（貼付文期前半）の土器と八木分類「柄頭 1」（8 世紀前葉）の蕨手刀 2 振、範囲確認調査 1 号土壙墓ではやや古手の特徴がみられるⅣ群 b 類（貼付文期後半）の土器と八木分類「柄頭 1」（8 世紀前葉）の蕨手刀が、それぞれ共伴している。これら蕨手刀の出土例

は、貼付文期の年代が8世紀から9世紀と重なることを示していると考えられよう。なお、蕨手刀に関しては、高畠が出土状況等の検討に基づいて伝世の可能性を否定していることも注目される。

オホーツク文化の遺構と擦文文化のそれとの間に層位的関係が認められる例についても確認しておこう。礼文島香深井A（香深井1）遺跡では、擦文文化の4号竪穴が、オホーツク文化の魚骨層Iの堆積よりも後の時期に構築されている（大場・大井編1976）。4号竪穴に伴う擦文土器は宇田川編年中期から後期にかけての時期に相当するものであり、魚骨層Iは道北部の刻文II群から沈線文群後半段階までのオホーツク土器を含む層であるので、前者が後者より新しいことがこの例から確認できる。

雄武町雄武竪穴群遺跡（平川編1995）では、オホーツク文化の1号住居址の凹みの埋土中に、擦文文化の生活面である1号住居址上層遺構が形成されている。1号住居址には沈線文群前半のオホーツク土器が伴っており、1号住居址上層遺構には宇田川編年中期から後期にかけての時期の擦文土器が伴っている。ここでは後者が前者より新しいことが確認できる。

北見市常呂川河口遺跡では、オホーツク文化の15号竪穴の埋土から、同竪穴の床面を切り込む形で擦文文化期とみられる5基のピット（ピット27、同28、同33、同33a、同49）が構築されている（武田編1996）。これら5基のピットはいずれも長楕円形を呈しており、オホーツク文化の竪穴の凹みを利用した土壙墓の可能性が考えられている。15号竪穴には貼付文期前半から後半にかけてのオホーツク土器（モヨロIV群a類とIV群b類）が伴っており、擦文文化の5基のピットのうちの2基（ピット28、同33）から宇田川編年後期の擦文土器が出土している。後者が前者よりも新しいことを示す事例と言えよう。

3．元地式以後

元地式土器の編年対比については第II部第4章で検討した。すなわち、元地式土器は擦文土器との編年対比では宇田川編年前期後半から中期後半までの時期に、サハリンのオホーツク式土器との対比では江の浦式3類に併行すると考えられる。

他にこの時期の共伴事例で注目されるのは、枝幸町ウエンナイ川右岸の竪穴の事例である（後藤1933、氏江1995）。この遺跡の1号竪穴のカマド・床からは南貝塚式土器と擦文土器が出土している（図82）。この擦文土器については、氏江敏文がオホーツク土器と擦文土器の「接触様式」である可能性を述べているが、系統に対する評価はここでは保留しておく。どちらにせよ編年上の位置については、器形・文様の特徴から判断して塚本編年の10～11期、宇田川編年では晩期に相当することはほぼ確実とみてよいであろう（佐藤1972b、平川1995）。南貝塚式土器については、第II部第4章の稚内市シュプントー遺跡の出土例で検討したように宇田川編年後期には出現している可能性が考えられるので、ここでは存続期間をやや長く考え、宇田川編年後期から晩期にかけての時期と重なる部分があると判断しておく。

トビニタイ土器と擦文土器の編年対比については、道東部の貼付文期後半からトビニタイ土器にかけての型式編年をあらたに提示することが出来なかったため、ここでは以前の私案（熊木2011）を暫定的に採用することとし、編年対比に関する詳細な検討はおこなわない。これらの土器の型式編年ついては今後の検討課題としておきたい。

第Ⅱ部　オホーツク土器の編年

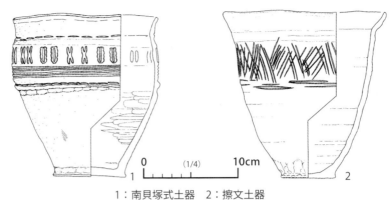

1：南貝塚式土器　2：擦文土器

図82　ウエンナイ川右岸遺跡1号竪穴出土土器

第3節　土器にみられる型式学的な影響関係の検討

　次に、オホーツク土器と続縄文土器・擦文土器との間に型式学的な影響関係が認められる例について確認し、そこから併行関係を推定できるか否か検討してみたい。結論から先に述べてしまうと、型式学的な影響関係はいずれもやや漠然としたもので、どの段階の土器からの影響なのかを正確に認定することは難しい。よってこの手法による分析から併行関係を確定させるのは難しいようである。

　図83は利尻富士町役場遺跡（山谷編2011）から出土したオホーツク土器で、口縁部には2列の円形刺突文が、肩部には2列の刻文が施されている。頸部がくびれて口縁部が大きく開く器形や、2列の円形刺突文は北大式土器の影響を受けていると考えられる。その一方で、肩部の刻文は刻文Ⅰ群ないしⅡ群のオホーツク土器の特徴を有しており、両者の折衷的な土器と評価できる。北大式のどの段階からの影響かを認定するのはやや難しいが、塚本編年ではE段階以降のものに相当するとみられる。

　図83以外にも、道北部のオホーツク土器の中には、擦文土器ないし土師器の器形を模したと考えられる例が確認されている（大井1981・佐藤編1994・山谷編2011）（図84）。ただし模倣のあり方は器形を不完全に模したというレベルに止まっており、製作技法上の共通性など、深いレベルでの影響や模倣は確認できない。器形等の再現度が低いため、擦文土器ないし土師器との正確な編年対比も難しい。これらの土器については、出土量もきわめて少ないため、「偶然に近い状況で製作された例外」と評価しておくのが妥当である。ただし、これらの土器の出土が道北部に多い点には注意が必要であろう。

　上記以外でオホーツク土器と擦文土器の型式学的影響関係を指摘した見解としては、十和田式土器の円形刺突文と北大式土器のそれ（松下1965、大井1981、天野・小野2011、榊田2016）や、オホーツク沈線文系土器の沈線文と擦文土器のそれ（藤本1966、中田2004）の共通性を指摘する意見がある。まず前者の円形刺突文に関してだが、筆者は以下の三点に矛盾があると考えているため、未だ自らの定見を持

第5章　オホーツク土器と続縄文土器・擦文土器の編年対比

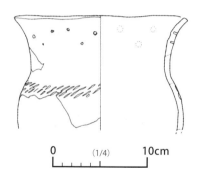

図83　北大式の影響を受けたオホーツク土器

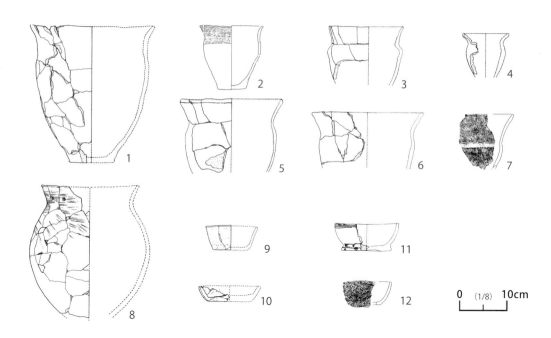

1・3～8・11・12：香深井A　2：利尻富士町役場　9・10：目梨泊

図84　土師器や擦文土器の器形を模したオホーツク土器

つに至っていない。①十和田式土器から北大式土器側に影響が及んだとすれば、両系統の併行関係は、（器面外側からの刺突文が盛行する）十和田式期後半＝（円形刺突文が出現する）後北 C_2・D 式期の末期となってしまい、筆者の編年案（図86）とはずれが生じる。また、道北端部に偏って分布する十和田式土器から、全道の後北 C_2・D 式土器に対し「一様に」影響が及んだという仮説にはかなりの無理がある。②北大式側から十和田式側に影響が及んだと考えた場合も、道北部にすら分布が稀な北大式がサハリン

第Ⅱ部　オホーツク土器の編年

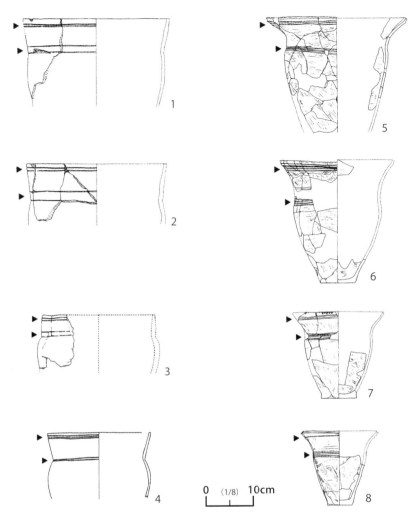

1～3：香深井A　4：香深井6　5～8：末広

図85　オホーツク土器（1～4）と擦文土器（5～8）の文様構成

南部にまで一様に影響を及ぼした、という少々無理な想定をせねばならなくなる。③しかし、両型式の円形刺突文には全く関係がない、と断じるには「他人の空似」が過ぎる（注1）。

　一方、後者の沈線文に関しては、単なる文様要素の類似のみではなく、図85に示したように施文位置の共通性を指摘することも不可能ではない。この場合、影響は擦文土器（塚本編年2期）からオホーツク土器（沈線文期前半）へと及んだと考えるのが状況から見て妥当となろう。ただしこの「類似」が「他人の空似」である可能性も否定できない。というのも、図85-1～4のようなオホーツク沈線文系土器（沈線文群前半）の文様構成は、先立つオホーツク刻文系土器（刻文Ⅱ群）の文様構成から系統的に変化した

ものとみることも不可能ではないし、全てのオホーツク沈線文系土器が図85-1〜4のような文様構成を有するわけでもないからである。しかしながら、この時期に擦文土器からオホーツク沈線文系土器に型式学的影響が及んでいたと仮定すると、いくつかの事象を合理的に解釈できることもまた事実である。事象の一つはオホーツク沈線文系土器の器形変化で、沈線文群前半の土器における肥厚帯の消滅や、頚部と胴部の間の屈曲点の明瞭化は擦文土器の影響と考えると理解しやすくなる。もう一つはオホーツク土器の地域差拡大である。オホーツク文化後半期（沈線文期前半以降）に土器型式の地域差がサハリン・道北部・道東部間で拡大する背景として、擦文土器の影響が道北部に及ぶことによる南北の「分断」という図式を描くと、地域差拡大のメカニズムをより理解しやすくなる。前述の「擦文土器の器形を模倣した土器」の分布が道北部に偏っている点も、この仮説と矛盾しない。

　話が脇にそれたが、上に取り上げた事例は、厳密な編年対比を設定できるほどの明瞭な影響関係とは言い難いものが多い（注2）。よってこれらの例については、おおよその併行関係を示すものとして扱っておくことにする。なお、元地式土器に関連する型式学的な影響関係の問題については第Ⅱ部第4章で詳述したので、ここでは繰り返さない。

第4節　編年対比

　編年対比に関する以上の検討結果を編年表にまとめたのが図86である。続縄文土器と擦文土器の編年については塚本による編年案（塚本2002、塚本2007）を引用した（注3）。ただし塚本が設定した擦文土器の1期から11期までの各段階と私案のオホーツク土器編年を正確に対比させることは難しいので、塚本編年の擦文4期以降については宇田川編年（宇田川1980）の前期から晩期までの大別を採用し、大まかな対比とした。なお、塚本編年と宇田川編年の対比については塚本自身が明らかにしている（塚本2002：表2）。

　表にまとめると一目瞭然であるが、図86においてやや不自然な点があるとすれば、江の浦式3類土器とテバフ式b類土器の存続期間が長いことであろう。これについては第Ⅱ部第3章で触れたとおり、現状では江の浦式3類と南貝塚式の間には型式学的な隔たりがあり、両者の間を埋めるような細別型式を設定できる可能性があるので、今後の資料の増加に期待したい。

　上記以外にも、この編年表に関しては未解決な課題が二点ある。第一点は南貝塚式土器の年代や併行関係に関する問題で、南貝塚式の下限が擦文宇田川編年晩期末まで下るのか否かという点や、アムール河口部でも断片的に確認されているパクロフカ文化の土器（臼杵ほか1999）との関係が問題になる。この問題については資料が全く不足しており、現状ではこれ以上の検討は困難であるが、編年研究の上では極めて重要な課題であることは強調しておこう。第二点は、十和田式期併行期のアムール河口部とサハリン北部の様相である。現状では該当する型式が把握されていないため「未詳」としたが、この問題については後述の放射性炭素年代の問題とあわせて第Ⅲ部第1章で研究の現状をまとめたので、参照いただきたい。

　図86の編年表に示した暦年代と近年の放射性炭素年代測定結果の関係についても触れておこう。オ

第Ⅱ部　オホーツク土器の編年

暦年代	続縄文・擦文		時期区分		アムール河口	サハリン北部	サハリン南部	北海道北部	北海道東部
5世紀～6世紀中葉	北大式B期 北大式C期 北大式D期		Ⅰ	十和田式期前半	（未詳）			十和田式前半	北大式B期
				十和田式期後半				十和田式後半	（十和田式後半）
6世紀後葉～7世紀前葉	北大式E期		Ⅱ	刻文期前半	江の浦式1類≒刻文Ⅰ群≒モヨロⅠ群a類				
7世紀中葉	塚本編年1期	北大式F期		刻文期後半	テバフ式c類	江の浦式2類		刻文Ⅱ群	モヨロⅠ群b1類・b2類・Ⅲ群a類
7世紀後葉～8世紀前葉	塚本編年2期	北大式G期	Ⅲ	沈線文期前半				沈線文群前半	モヨロⅠ群c類・Ⅱ群a類・Ⅲ群b類
				沈線文期後半				沈線文群後半	モヨロⅠ群d類・Ⅱ群b類・Ⅲ群c類
8世紀中葉～後葉	塚本編年3期	北大式H期	Ⅳ	貼付文期前半	テバフ式b類	江の浦式河口部3類	江の浦式サハリン3類	モヨロⅣ群a併行	モヨロⅣ群a類
				貼付文期後半				（モヨロⅣ群b類併行）	モヨロⅣ群b類
9世紀前葉～10世紀前葉	宇田川編年前期			トビニタイ期前半				元地式 擦文前期	カリカリウス トビニタイⅡ
10世紀中葉～11世紀前半	宇田川編年中期							擦文中期	
11世紀後半～12世紀前半	宇田川編年後期			トビニタイ期後半	テバフ式a類	南貝塚式？	南貝塚式（・東多来加式？）	擦文後期	トビニタイⅢ・Ⅰ（古）Ⅰ（新）
12世紀後半～13世紀代	宇田川編年晩期							擦文晩期	

図86　続縄文土器・擦文土器・オホーツク土器　編年表

ホーツク文化や擦文文化に関する放射性炭素年代の測定結果については、臼杵を中心とした研究グループによって検討されている（臼杵編2007）。そこでの成果や、その後の研究と図86の編年表を対比させてみると、刻文期以後については年代観に大きな齟齬は生じていないが、鈴谷式や十和田式に関する年代測定の結果については、この編年表との間に大きな食い違いが生じている部分がある。この問題についても第Ⅲ部第1章で研究の現状をまとめ、課題を整理する。

第5節　先行研究との比較

1．比較対象とした研究

　本節ではオホーツク土器の型式編年に関して筆者が参照した主な論文について言及し、本論が先学に依拠した部分と、それを基礎として筆者なりに発展させた部分について明らかにしておきたい。

　なお、本節で取り上げるのはオホーツク土器そのものの編年を論じた論文であり、その中でも特に筆者が依拠したところが大きいものが対象となる。前節で引用した擦文土器との編年対比を論じた諸論文や、すでに前章までに内容を検討した一部の論文については、取り上げていないものもある。ちなみに1980年代以前のオホーツク文化研究全体の学史については種市幸生や大井晴男による総括がある（種市1980、大井1982c）。ここでは1960年代以後の学説を中心に論じたので、それ以前の諸説についてはこれらの先学による総括を参照されたい。

第5章　オホーツク土器と続縄文土器・擦文土器の編年対比

２．各論考の検討

a）伊東信雄によるサハリン編年 （伊東1942、伊東1982）

　第Ⅱ部第3章でも述べたように、サハリンのオホーツク土器編年については現在でも伊東信雄による論考が基礎となっている。筆者は第Ⅰ部第4章で鈴谷式の編年を、第Ⅱ部第3章で江の浦Ｂ式・Ａ式の編年を再検討し、細別・地域差・縦の系統・横の影響関係を整理したが、大筋では伊東の示した編年の流れを変更する必要はなかった。1942年当時のごく限られた資料を基にした編年が現在でも有効であるのは驚くべきことで、伊東の慧眼を証明している。ただし、伊東編年の東多来加式については現在でも実態がほとんど不明である。伊東編年を支持する土器研究者にとっては、東多来加式の解明が残された重要な課題であるといえよう。

　なお、サハリンとアムール河口部の土器編年研究においては臼杵勲やV. デリューギンの研究も重要であるが、第Ⅱ部第3章で詳述したのでここでは繰り返さない。

b）藤本強による北海道編年 （藤本1966）

　藤本強の編年は、戦後から1960年代までにおこなわれた主要な発掘調査の成果をまとめる形で提示された。藤本はオホーツク土器の文様を属性分析の方法を用いて分類し、遺構・層位別に集計してａ・ｂ・ｃ・ｄ・ｅの各群を設定し、ａ群からｅ群への順に編年した。さらに藤本は十和田式相当の土器がａ群以前に位置づけられることと、現在ではトビニタイ期前半に位置づけられている土器群がｅ群に後続することを指摘したのである。ａ群の位置づけについては後に大井晴男により修正されたが（大井1972b、1973）、ｂ～ｅ群の細別型式は現在でも用いられている。この藤本編年がオホーツク土器研究の基礎となっていることは間違いなく、現在でも多くの研究が藤本編年に依拠している。

　私案の編年との対比では特にｃ群の内容が問題となろう。私案ではｃ群を含む時期となる沈線文期の道東部の型式を、刻文系土器（モヨロⅠ群）・沈線文系土器（モヨロⅡ群）・口縁部が無文の土器（モヨロⅢ群）の三者に分類して編年し、この時期の道東部で生じた型式変化の過程を「道東部の系統」と「道北部からの影響」という二つの側面から整理した。逆説的なことに、実はこのような系統観のヒントは藤本の分析にあったのである。藤本はａ群の位置づけを検討する際に、「ｂ～ｅまでの土器群の変化は漸進的なもので、その間にａ群の入る余地は全くない」（藤本1966：34）と述べている。この「ｂ～ｅまでの変化が一連である」という指摘こそが、筆者に「道東部の系統」を意識させる契機となった。そしてその系統的変遷の中に散見されるイレギュラーな特徴こそがａ群の要素＝道北部の影響である、という理解へとつながったのである。

　もう一つ、方法論的な側面にも注意しておきたい。藤本編年は「層位別に文様要素を集計する」という方法に基づいておこなわれた。当時、層位的なデータを伴う調査成果は限られており、竪穴床面一括土器群の事例や貝塚の層位を最大限に活用しようとする意図がそこには感じられる。この藤本の方法は後に大井の「型式論」に継承されていくことになるが（大井1982a：（上）註15）、そこで問題となってくるのが「層位」と「型式」の関係であった。

c）大井晴男による「型式論」と編年 （大井1972a、大井1972b、大井1973、大井1981、大井1982a）

　大井晴男の「型式論」に対する批判は第Ⅱ部第1章で詳述したが、批判の第一は「層位が型式に優先

239

第Ⅱ部　オホーツク土器の編年

する」という主張に対するものであった。しかし藤本編年の当時、さらには大井の「型式論」の時点においても、利用できた資料は限られ、大枠の編年においてすら未確定の部分があったことを考慮するならば、「層位」を優先して編年の確実な基点とする方針が藤本や大井の編年に採用されたことは、当時としてはむしろ当然で賢明な選択であったと評価するのが妥当であろう。実際にそのような方法によって系統観と編年の基礎が確立されたのである。その意味で、大井に対する筆者の批判に対しては、学史に対する配慮を欠く部分があるとの声が上がるかもしれない。ただし「層位が型式に優先する」というのが決して自明の論理ではない点に対しては、もう少し注意が払われるべきであったと筆者は考える。さらに第Ⅱ部第1章でも述べたように大井「型式論」の発表当時には、すでに香深井A遺跡の「層位」と矛盾する事例が存在していた。それらの矛盾例は「土器製作集団の世代差」として解釈されたが、順序としては、香深井A遺跡の「層位」そのものに対する反例となる可能性がまず先に考慮されるべきであったと考えられる。

　大井に対する批判の第二としては、属性分析の方法に言及した。通常、一個体の土器の中には編年の指標となる属性が複数存在するのだが、それらの属性を個別に分析した場合と、「一個体中の属性の組合せ」に着目して変遷をとらえた場合とでは、型式変遷過程に対する認識が異なってくることを述べた。しかし本論で筆者が用いた方法も、「対象とする資料全体を属性分析の手法に基づいて分析し、帰納的に型式を認定する」という点で藤本と大井が用いた方法の延長線上にあることは確かである。さらに文様要素の分類などの実践面においても、本論が藤本と大井の業績に依拠している部分は多い。

　本論では大井に対する批判を前面に押し出してきた。しかし実は筆者の編年は、大枠では大井の編年観（大井1981）（図87）と重なる部分が大きいのである。ここであらためて言うまでもなく、今日のオホーツク文化研究の発展は大井の業績による部分が大きく、それは土器編年についても例外ではない。道北部と道東部の間で地域差があることの指摘に始まり、それら地域間の編年対比（特に藤本編年c群が香深井A遺跡魚骨層Ⅱ～Ⅰとほぼ併行関係になる点）、擦文土器との編年対比、「元地式」やトビニタイ土器群の位置づけなど、おおよその編年観において筆者の編年は大井の業績に準拠しているといっても過言ではない。むしろ、（発表年代の新しい）右代啓視の編年観（後述）との差の方が大きいのが実状なのである。では大井の編年と筆者の編年との違いは何処にあるのだろうか。暦年代やサハリンの編年に関する異同もあるが、決定的な違いはやはり「型式論」に係る部分である。大井の「型式論」では、一つの時期に筆者編年でいう3型式以上の土器群が重複して併存することになる。それに対し筆者の編年では、隣接する二つの型式が同時に併存することはありうるが、三つ以上の型式が併存することはないと考える。この隔たりは大きいが、先に述べたように大枠での編年観については、実は筆者と大井はそう遠いところにいるわけではないことを確認しておきたい。

d)　天野哲也による土器編年（天野 1978a、天野 1981）

　天野哲也の方法論と編年が大井の「型式論」に準拠していることは、あらためて指摘するまでもないであろう。そのことを踏まえた上で、ここでは以下の2点に注目したい。

　一つは大井編年との異同である。図88は天野による編年であるが、図87の大井編年とは、地域間の編年対比において差が認められる。特に藤本編年c群や、江の浦A式と道北部との編年対比に注目

第5章　オホーツク土器と続縄文土器・擦文土器の編年対比

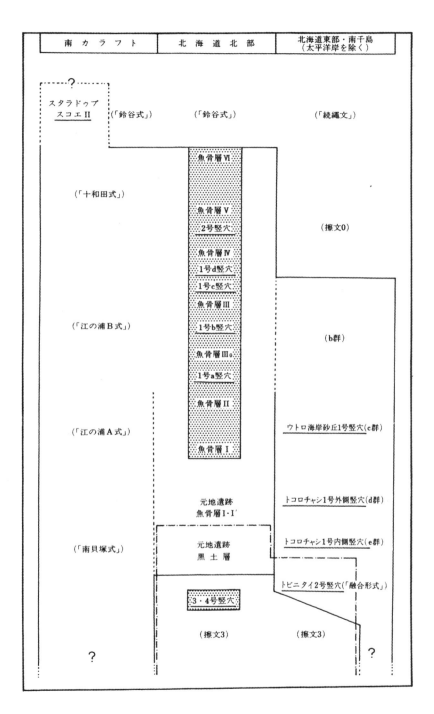

図87　大井晴男による編年表（大井 1981）

第Ⅱ部　オホーツク土器の編年

されたい。これらの位置づけについての筆者の考えは、天野よりもむしろ大井に近い。

　さらに、より重要な点として、天野の型式変遷に対する見方をあげておこう。天野は刻文系土器から沈線文土器に至る変遷過程について以下のように述べている。

　　「肥厚帯の幅が拡大するに従って、その下縁に施文される刻文系文様の位置は、必然的に下がる。そしてこれと口唇部との間の拡大された空間には、肥厚帯下縁部と同じ文様が刻まれることが多くなり、文様の複段化、文様帯の拡大が進行する。肥厚帯が消失したり、あるいは不明瞭な例では、頚部にまで文様帯のおよぶものすら現われる。」（天野 1981：320-321）

　本論で筆者が示した刻文Ⅱ群土器から沈線文群土器への変遷過程は、上記のようにすでに天野によって言及されていた。筆者が刻文系土器の細別を意識するに至ったのは、この天野の指摘による部分が大きい。

　しかしここで読者は矛盾に気づくであろう。なぜならば、上記の天野の説明は、型式変遷を筆者と同じように単線的かつ不可逆的にとらえていることの表明に他ならないからである。すなわち、大井が提起し天野も採用した「型式論的変遷」―「複数の型式論的特徴が、（中略）重複しながら漸移的に推移してゆく形」（大井 1982a：（上）37）―と上記の天野による説明は明らかに矛盾する。おそらく天野の認識の中でも、経験的・直感的に抽象された型式変遷のモデルと、香深井Ａ遺跡の「層位」の内容がうまくかみ合ってはいなかったのではないだろうか。実は本論が目指したのはこの齟齬の解消であり、天野が示した型式学的変遷の過程を再検討して型式を細別することだったのである。

e）右代啓視による編年と暦年代（右代 1991、右代 1995）

　右代啓視の編年については、特に北海道のオホーツク土器編年に関する部分（右代 1991）について言及しておきたい。右代編年の検討対象と型式分類は以下のようになっている（引用箇所は煩瑣なので省略する）。

（1）「香深井Ａ遺跡を標式遺跡とする」土器群をⅠ期、「貼付文を代表とする土器群」をⅡ期とする。

（2）Ⅰ期は、Ⅰ-a（「いわゆる刺突文に代表される十和田式」）、Ⅰ-b（香深井Ａ魚骨層Ⅳ～Ⅱから出土した刻文系文様を有する土器）、Ⅰ-c（香深井Ａ魚骨層Ⅱ～Ⅰから出土した沈線文系文様を有する土器）の3型式に細別される。

（3）Ⅱ期は、Ⅱ-a（藤本編年c群にほぼ相当）、Ⅱ-b（藤本編年d群にほぼ相当）、Ⅱ-c（藤本編年e群にほぼ相当）の3型式に細別される。

　これらⅠ期とⅡ期の時間的関係は図89のようにやや変則的なものとされた。

　右代編年と私案にはいくつか異同があるが、もっとも大きな齟齬は右代のⅡ-aに関する認識と、Ⅰ-cとⅡ-bの併行関係に関する部分にあろう。まずⅡ-aの内容をみると（図90）、右代はこれらを全て藤本編年c群相当としているが、これらに私案の分類を当てはめてみると、モヨロⅠ群a類（図90-2・8）、Ⅰ群b1類（同図3・9）、Ⅰ群b2類（同図1・5・6・12・13）、Ⅰ群c類（同図4・7・10）、Ⅰ群d類（同図11）といったⅠ群の各類の土器が含まれることになる。よって、これらの土器を右代編年

第5章　オホーツク土器と続縄文土器・擦文土器の編年対比

	カラフト	道北部	道東部
前期	十和田式	香深井魚骨層 Ⅵ）Ⅴ	
中期	江の浦 B式）江の浦 A式）	Ⅲ ）Ⅲ。）	藤 b 群本 c 群
後期	南貝塚式・東多来加式	Ⅰ	d 群e 群）

図88　天野哲也による編年表（天野 1978a）

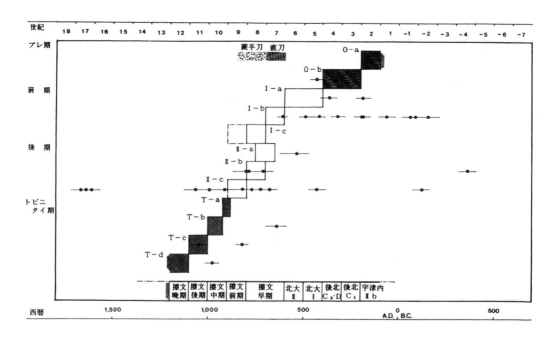

図89　右代啓視による編年と暦年代（右代 1991）

Ⅰ期と対比させるのであれば、Ⅰ-bからⅠ-cまでの全期間と併行することになってしまう。また、Ⅱ-aとⅡ-bは時間的に重複しないと筆者は考えるし、さらにⅡ-bはⅠ-cに後続するものとして筆者はとらえている。このように右代編年と私案とで大きな齟齬が生じてしまう原因の第一は、右代が藤本編年c群を拡大解釈していることにあると思われる。これらの問題に対する筆者の見解は第Ⅱ部第2章で詳述したので、ここでは繰り返さない。

　右代編年で画期的であったのは、暦年代について積極的に言及したことであろう。右代はオホーツク文化に係る時期の放射性炭素年代並びに暦年代に関する諸説を集成し、土器編年と暦年代を図89のように対比した。この年代観は、例えばそれ以前に大井が示していた年代観（7世紀～13世紀前半）と比較するとかなり古いものであったが、その後も刻文期以降に関しては右代の年代観に大きく抵触するよ

243

第Ⅱ部　オホーツク土器の編年

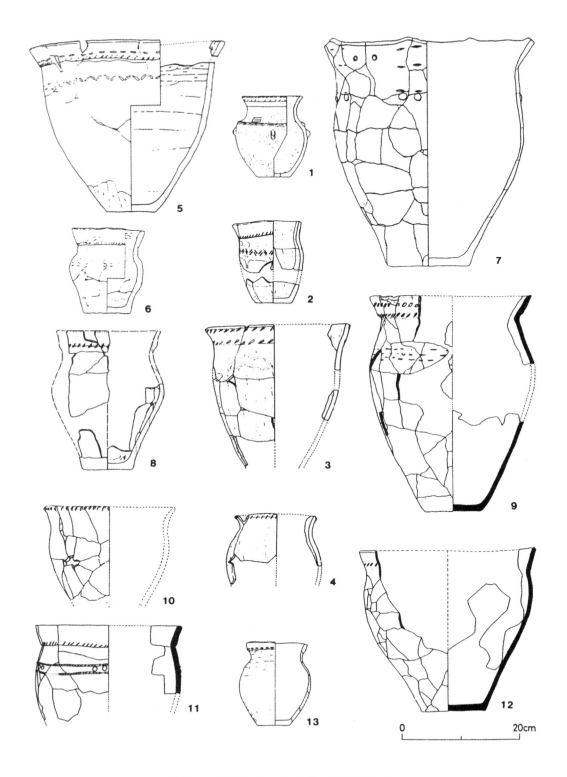

図90　右代編年Ⅱ-aの土器（右代1991）

第5章 オホーツク土器と続縄文土器・擦文土器の編年対比

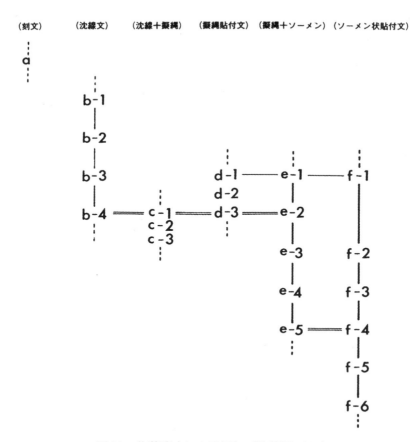

図91 佐藤隆広による編年（佐藤編1994）

うなデータは出ておらず、近年では右代の示した暦年代が研究者間にも定着しつつある。筆者が先に引用した暦年代も右代の集成に依拠している部分が多数ある。

f) 佐藤隆広による目梨泊遺跡出土土器の分類と編年（佐藤編1994）

佐藤隆広は枝幸町目梨泊遺跡出土土器を対象として、文様要素と文様単位・モチーフを基準に分類と編年を試みている（佐藤編1994：128-155・186-188）（図91）。佐藤編年と筆者編年とは異同も多いが、細かい対比についてはあまり重要ではないのでここでは言及しない。佐藤の指摘で筆者が重要と考えるのは以下の点である。

第一は沈線文系文様と貼付文系文様が部分的に重複・併行するとした点で、これはすでに大井によっても示されていたが、佐藤の分類でこの視点が一層明確になったといえる。

第二は貼付文系文様の細別に関する点である。佐藤は貼付文系文様をもつ土器の細別するにあたり、まずは文様要素（「擬縄貼付文」・「擬縄＋ソーメン」・「ソーメン状貼付文」）を大別基準とし、貼付文の単位やモチーフによる分類を各大別のサブグループに位置づけた（図91）。しかし図91では一目瞭然であるが、実は時期差を敏感に反映しているのは文様要素よりも、単位やモチーフであると佐藤は考えてい

245

第Ⅱ部　オホーツク土器の編年

たようである。筆者はこの点を意識して単位やモチーフを上位においた分類基準を設定し、貼付文系文様の分類を試みたが（宇田川・熊木編2001：84-88）、未だ型式の細別を確定するまでには至っていない。佐藤の遺した課題を引き継ぐことで、貼付文土器の型式編年研究を前進させることが出来ると筆者は考えている。

注

（1）　十和田式土器と北大式土器の関係については最近、両者の集団間の交流が従来の評価よりも緊密なものであったことを示す事例の発見が相次いでいる（第Ⅲ部第1章参照）。そのような状況から鑑みると、現状では本文に述べたように土器そのものの型式学的な検討から詳細な編年対比を導き出すのは難しいものの、両者の土器に円形刺突文が共通する背景に型式学的な影響関係を認めること自体は成立し得ると筆者も考えている。

（2）ただし、本文に述べた型式学的な影響関係が認められるとすれば、それはオホーツク文化と擦文文化の交流に関する評価においては重要な意味をもつであろう。すなわちこれらの事例は、特に道北部のオホーツク土器と擦文土器との間において、従来の評価よりも強い型式交渉が生じていた可能性を示すものとして評価されよう。これは、後続する元地式土器の時期の交流の背景を読み解く上でも注意すべき点となろう。

（3）続縄文土器と擦文土器の編年については、東北地方の土師器やオホーツク土器を含めて詳細かつ広域的な編年対比をおこなった榊田による編年（榊田2016）を引用するのが適切であるようにも思われたが、榊田編年と私案とでは沈線文期前半の編年対比に齟齬があり、全体の調整も困難であったため、塚本編年を引用した。齟齬が生じているところを具体的に述べると、沈線文期前半と併行する土器について、私案で榊田編年の「擦文第1期前半〜後半」が併行すると考えているのに対し、榊田編年では「北大式3式1類」が併行するとされる部分が該当する（榊田2016：表63、同：303）。もっとも榊田編年は綿密な検討を経た詳細なものであり、私案の併行関係は本文で後述するように検討の余地を残しているため、どちらが適切かについて現時点で結論を出すのは難しく、今後の検討課題としておく。そのほか、本文図86では塚本編年の「北大式A期」が含まれていないが、その理由は、私案では「北大式A期」は後北C_2・D式の最終段階に位置づけられ（第Ⅰ部第3章参照）、鈴谷式と併行すると考えたからである。

第Ⅲ部

北海道とサハリン・アムール下流域の交流

第1章　続縄文文化・オホーツク文化・擦文文化における
北海道とサハリン以北の交流

第1節　はじめに

　日本考古学の研究において、大陸からの文化要素が日本列島へ流入してくる経路の特定や、それらの経路の消長に関する問題は、古くから関心を集めてきた。そのような経路の一つとして、アムール河口部からサハリンを経由して北海道に至る北回りのルート（以下、「サハリン・ルート」と呼称する）が存在していることはよく知られている。しかし、この「サハリン・ルート」は常に開かれていたのではなく、北海道と大陸が陸続きであった最終氷期が終わった後の推移を見ると、完新世の最温暖期以降は大陸との交流がほぼ途絶する時代が長く続くことが判明している。そのような理解を含めて近年の研究では、サハリン経由の交流の具体的な時期や内容、交流をめぐる広域的な背景の解明が進みつつあり、時代によって大きく変動する北回りの交流の実態が把握されてきている（高瀬編2015、北海道立北方民族博物館編2016）。

　「サハリン・ルート」の交流がほぼ途絶していた状況に変化が訪れるのは、従来の研究では紀元一千年紀の前半、鈴谷式土器の時期と考えられてきた。最近の調査によれば、それより古い時期となる紀元前一千年紀には、北海道と大陸の文化要素がサハリン内で交錯する状況が生じていたことが判明している。その後、鈴谷式土器の時期にも交流は継続し、紀元一千年紀の後半になるとオホーツク文化がオホーツク海南岸地域一帯に展開して「サハリン・ルート」の交流はより緊密化する。そして北海道でオホーツク文化が終焉を迎えた紀元10世紀以降の擦文文化の時期には、大陸と北海道を繋ぐような広域的な交流は以前よりは低調になるようだが、交流は継続すると考えられている。

　本章ではこのような「サハリン・ルート」の交流に関して、「サハリン・ルート」が再開する紀元前一千年紀から、北海道の文化編年で言う続縄文文化期・オホーツク文化期・擦文文化期までの時期を対象として研究の現状を整理する。そして各時期の交流の内容を評価してその推移を明らかにするとともに、今後の研究の方向性に対する展望を示してみたい。

　なお、「サハリン・ルート」の交流については、その内容を遺物の分布や移動の範囲に基づいて、①サハリン―北海道間の交流を示すもの、②大陸―サハリン間の交流を示すもの、③大陸―サハリン―北海道間を繋ぐ交流としてとらえられるもの、の3種を区分して考えると、交流に対する評価がしやすくなると思われる。以下の本文では、上記3種の区分を意識しながら記述を進めていきたい。

第Ⅲ部　北海道とサハリン・アムール下流域の交流

第2節　紀元前一千年紀の交流

1．サハリンで確認された考古学文化の年代と系統

　「サハリン・ルート」の交流が長期にわたってほぼ途絶していた状況に変化が訪れたのは、紀元前一千年紀であると述べた。この時期の交流は、サハリンにおいて異系統の考古学文化が交錯する状況から、その存在を確認できる。それらサハリンの考古学文化について、近年のロシア側の報告に基づいて概要をまとめてみよう。

　まず、紀元前一千年紀の前半を中心とする時期の文化として、アニワ文化とカシカレバグシ文化が確認されている。アニワ文化（ワシレフスキー 1992）（図 92- 1）はサハリン南端部のアニワ湾を中心とする地域に展開した文化であり、その土器は北海道の東北部に分布する続縄文文化期初頭の土器型式にきわめてよく似た特徴を持つ（Ono2003、熊木 2003）。土器の類似に加えて北海道産とみられる黒曜石製石器が確認されていることなどから、筆者は、アニワ文化は続縄文文化の側が一方的に北方へと拡大したものと考えてきた（熊木 2013）。しかしアニワ文化を含む宗谷海峡周辺の地域には、すでにこの時期から北方の影響が及んでいたとみる意見もあり、その具体的な事例として一部の土器にみられる丸底の器形や縄文の欠落、イヌの食用と飼育などが挙げられている（木山 2012）。双方向的な交流があったか否かの判断はまだ難しいと筆者は考えるが、いずれにしてもこの時期、宗谷海峡を越えてゆく人の動きがあったことは確実である。一方、カシカレバグシ文化（グリシェンコ 2015）（図 92- 2）は、サハリン北部に展開した文化で、口縁部に貫通する刺突文列や縄線文が施された平底の土器や、新石器時代からの伝統上にある豊富な剥片石器群を伴うことなどが確認されている。この文化に関しては、少数ではあるが、北海道産とみられる黒曜石製の石器（図 92- 2 下段左）と、サハリン南部産とみられる琥珀製の装飾品（図 92- 2 下段中）が出土したことが注目される。報告者と訳者が述べているように（グリシェンコ同上）、これらの資料はサハリン北部と南部の間の交流を示すのみならず、続縄文の文化要素の波及がサハリン南部を越えて北部にまで及んでいることを明らかにした点で、続縄文文化の北方拡大とその背景を解明する上できわめて重要な意味をもつものといえる。ほかにもカシカレバグシ文化に関しては土器に施された刺突文列や縄線文、細長い出入口が付属する竪穴住居跡などの系譜が注目されるが、それらの要素はまだ評価が難しいと筆者は考えている。

　次に、上記の二つよりもやや新しい、紀元前一千年紀の後半を中心とした時期とみられる文化として、サハリン北部に展開したピリトゥン文化（図 92- 3）とナビリ文化（図 92- 4）がある（ワシレフスキーほか 2009）。この二つの文化の土器は細部に相違があり、ピリトゥン文化では丸底で頚部がくびれる器形を含む、ナビリ文化では尖底で口唇部が内側に張り出す器形、という特徴がそれぞれ認められるものの、どちらも尖底ないし丸底で、櫛歯文を持つ例を含むという共通点がある。他にも両文化の共通点として金属器の模倣品とみられる石製のナイフと斧の存在が指摘されており、そのような石器の特徴などから、この二つの文化は大陸の要素を持つ「渡来系の古金属器文化群」（グリシェンコ 2015：182）と評価されている。

250

第1章　続縄文文化・オホーツク文化・擦文文化における北海道とサハリン以北の交流

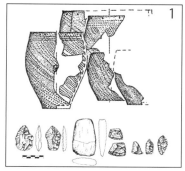
アニワ文化の遺物（ユージナヤ2遺跡）

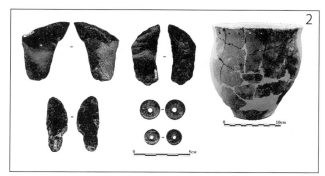
カシカレバグシ文化の遺物（カシカレバグシ5遺跡）

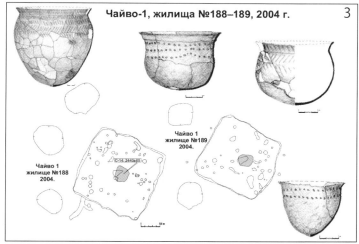
ピリトゥン文化の住居と土器（チャイボ1遺跡）

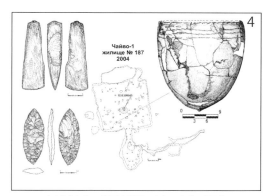
ナビリ文化の住居と遺物（チャイボ1遺跡）

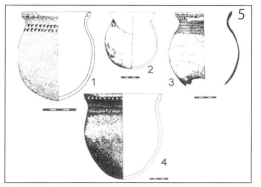
バリシャヤブフタ式と同系統の土器（Федорчук1998より）
（1: ザパトノエ10、2・4: ベルジャンスキエ2、3: ドンスコエ3）

1・3～5：Василевский, Грищенко2012　5：グリシェンコ2015

図92　サハリンにおける晩期新石器時代～古金属器時代の諸文化

第Ⅲ部　北海道とサハリン・アムール下流域の交流

　これらの文化の存続年代については、調査の進捗に応じて報告者も見解を頻繁に更新しており確定していないが、ワシレフスキーとグリシェンコ（Василевский, Грищенко 2012、グリシェンコ 2015）によれば、暦年較正年代値でアニワ文化が紀元前8世紀〜前3世紀、カシカレバグシ文化が前11世紀〜前4世紀、ピリトゥン文化が前5世紀〜前1世紀とされており、ナビリ文化はピリトゥン文化と併存するとされている。前二者が相対的に古く、新石器時代から古金属器時代への移行期に相当する段階、後二者はより新しく古金属器時代に相当すると評価されているが、年代的には重なっている部分もある。このような状況に関してグリシェンコは、「晩期新石器時代の平底土器文化群」（アニワ文化・カシカレバグシ文化等）と「渡来系の古金属器文化群」（ピリトゥン文化・ナビリ文化）という二つの系統が長期間にわたって共存した、と評価している（グリシェンコ 2015）。

　さらに、これらの文化群と重なる時期のサハリン北部から中部を中心とした地域では、上記の文化群とはまた別の、丸底で突瘤文を有する土器が出土している（図92- 5）。これはアムール河口域でバリシャヤブフタ式と呼ばれている型式（Шевкомуд 2002）と同系統の土器（木山ほか2003、Василевский, Грищенко 2012）であり、ピリトゥン文化やナビリ文化の土器とは、丸底という共通性はあるものの製作技法や文様等が異なっている。アムール河口域での出土状況等からすると、そこからサハリンへと分布を拡大してきた土器型式とみなすのが妥当であろう。バリシャヤブフタ式の存続年代は、アムール河口域での調査成果によれば長く見積もっても放射性炭素年代値で2405〜1965BP の間に収まると考えられているが（熊木ほか2017）、それであれば存続年代の中心は概ね紀元前一千年紀の後半、前述のピリトゥン文化とほぼ重なる年代となる。すなわち、ピリトゥン文化とナビリ文化がサハリン北部に展開していた時期には、間宮海峡を越えてバリシャヤブフタ式の影響がそれらの地域からさらに南方にかけて及んでいたことになるが、波及の規模や内容等についてはまだ十分に把握されていないのが現状である。

2．紀元前一千年紀における「サハリン・ルート」の評価

　この時期のサハリンに展開した考古学文化の内容に関して、冒頭の三つの交流区分に当てはめて評価してみると、①のサハリン−北海道間の交流については、アニワ文化の存在や、カシカレバグシ文化の黒曜石製石器の例があり、北海道の文化要素が宗谷海峡を越えて北上していることが確認できる。ただしそれと逆方向、すなわちサハリン以北の要素が北海道に南下してきたか否かについては判断が難しい。②の大陸−サハリン間の交流については、ピリトゥン文化やナビリ文化、バリシャヤブフタ式土器の存在がそれに該当しよう。③の大陸−サハリン−北海道間を繋ぐ広域的な動きに関しては、黒曜石やバリシャヤブフタ式土器の動きのような例がそれに近いものと言えるが、大陸の要素が北海道まで明確に到達している例、またはその逆の例は確認されていない。現状ではまだ資料が少なく評価は難しいが、「サハリン・ルート」の交流は、紀元前一千年紀のサハリンを舞台として、大陸から南下した要素と北海道から北上した要素が交錯する形で再開されたものとみることができよう。これを次の鈴谷式期と比較すると、サハリンから北海道に南下してくる動きが次の鈴谷式期よりも弱いことが注目されよう。

第1章　続縄文文化・オホーツク文化・擦文文化における北海道とサハリン以北の交流

第3節　鈴谷式期の交流

1．土器型式編年研究の現状

　上記で紹介した紀元前一千年紀の考古学文化の内容が報告されたのは概ね1990年代後半以降であり、これらの成果によって、オホーツク文化に先立つ時期の「サハリン・ルート」に関する研究は大きく進展した。一方で、1990年代以前からこの時期の「サハリン・ルート」の交流を示す資料として知られ、議論の対象となってきたのが、伊東信雄によって設定された鈴谷式土器（伊東1942）である。鈴谷式土器をめぐる1990年代までの議論の総括と、それを踏まえた筆者の型式編年案については、すでに第Ⅰ部第4章で述べたが、ここでその概要を再度紹介しておこう。

　伊東が鈴谷式として設定した土器型式には、文様としては縄線文と櫛歯文の、器形には尖底ないし丸底と平底の、それぞれ両方が含まれている。これらの特徴のうち、縄線文は続縄文土器の、櫛歯文と尖底ないし丸底はサハリン以北の伝統にそれぞれ連なると考えられており、縄線文の土器はサハリン南部から北海道北端部にかけて、櫛目文の土器はサハリン中部から南部にかけての地域を中心に分布するといった、各々の系統を反映したとみられる地域差も確認されている。しかし、この南北二つの系統はサハリン南部で混在しており関係は入り組んでいることから、鈴谷式土器は北海道とサハリン以北との交流を端的に示す資料であると考えられてきた。このように、鈴谷式土器は南北二つの系統を併せ持った複雑な様相を示すが、それに対し筆者は表12（第Ⅰ部第4章）のような型式編年を提示した。ここで想定された型式変遷の過程は、器形は平底（タイプA1）から丸底（タイプA2・C1）、さらに縦長の器形（タイプC2）へ、文様構成は幅の広い文様帯（タイプA・B）から狭い文様帯や文様モチーフを縦に重ねる単純な文様構成（タイプC）へ、というものである。一方、続縄文土器との編年対比では、タイプAが後北C_2・D式（存続年代は紀元2～5世紀の範囲に収まるとみられる）（注1）前後と併行する可能性が高いが確定は難しいとした。

　上記の編年案は1990年代までの研究成果に基づくものであったが、その後、前節に紹介した紀元前一千年紀の各文化の土器群が報告されたことにより、それらと鈴谷式との関係を解明する必要が生じてきた。型式的な観点からすれば、平底で縄線文（タイプA1）の鈴谷式はアニワ文化を含む続縄文文化期初頭の道東北部の土器と、またタイプC1など丸底で櫛目文のある鈴谷式はナビリ文化の土器などと、それぞれ系統的な関連があることは容易に予想できる。しかし、現状では各型式の分布範囲や層位的関係等に関する情報が限られているため、紀元前一千年紀の各文化から鈴谷式土器の成立に至る過程について、詳細な型式編年を確定することは未だ困難な状況が続いている。

2．鈴谷式期の年代をめぐって

　以上の現状を踏まえ、最近、筆者と福田正宏・國木田大は、鈴谷式土器と紀元前一千年紀の各文化の土器群の関係を把握するための第一歩として、鈴谷式期に関する年代測定と検討をおこなっている（熊木ほか2017）。そこでは、①続縄文土器の各型式の年代測定結果の集成、②サハリンの鈴谷式期に関す

253

第Ⅲ部　北海道とサハリン・アムール下流域の交流

る年代測定結果の集成、③鈴谷式土器の土器付着物の年代測定、の三つの側面から検討を試み、以下の
結果を得た。まず①に関しては、後北C₂・D式の存続年代が紀元2〜5世紀頃であることを確認した。
前述した筆者の編年対比が正しいのであれば、北海道出土の鈴谷式土器は概ねこの年代に位置づけられ
ることになる。次に②であるが、サハリン出土試料の年代測定値には、続縄文土器との型式編年対比か
ら予想された①の年代観よりもかなり古い値となるデータが含まれることは、以前から知られていた。
ロシアの研究者の年代観もそれらのデータに基づいている部分が大きく、例えばワシレフスキーとグリ
シェンコによる最近の見解でも、紀元前5世紀〜紀元5世紀の存続年代が示されている（Василевский,
Грищенко 2012）。熊木ほか（2017）の論文では、これまでに公表されているサハリン出土試料の年代測
定値を集成して各データの信頼性などについて再検討をおこない、確定的とは言い難いものの、サハリ
ンの鈴谷式期の年代は紀元前4世紀から紀元6世紀頃までという幅広いものになる可能性が高いと判断
した。③については、常呂川河口遺跡、利尻富士町役場遺跡、サハリン多蘭泊の各遺跡の鈴谷式土器の
付着炭化物の年代測定をおこなった。測定結果については、海洋リザーバー効果の影響の検討や、遺構
出土炭化物や他の続縄文土器の付着炭化物の年代との比較をおこなった上で、紀元2〜6世紀頃と解釈
できると結論づけた。

　以上の①〜③の成果をまとめると、サハリンと北海道では鈴谷式期の年代は異なっており、サハリン
の上限年代が古く、下限年代は北海道とサハリンでほぼ同時、という結果となる。サハリンの年代測定
例には考古学的なコンテクストが明らかではないものも多く、今後、確実なデータを追加してゆく必要
があるが、現時点での暫定的な結論としては、鈴谷式土器は紀元前数百年頃にサハリンで成立して数百
年間継続した後、紀元後になってから北海道に南下したとみるのが妥当と考えられる。

　この結論が正しければ、鈴谷式土器を伴う文化は、前節に紹介したサハリンの紀元前一千年紀の諸文
化と年代的に近接していることになる。具体的には、アニワ文化やカシカレバグシ文化はサハリンの鈴
谷式よりもやや古く、ピリトゥン文化やナビリ文化、バリシャヤブフタ式はサハリンの鈴谷式の前半部
分と年代的に重なると考えられる。まだ概略的とはいえこのような年代観が示されたことで、今後、各
文化の土器の間の系統関係や型式交渉についての検討がより一層進むことになろう。その一方で、サハ
リンと北海道との間で鈴谷式期の年代幅が異なると考えるのであれば、従来の型式編年案との間には矛
盾が生じることにもなる。例えば、筆者が示した第Ⅰ部第4章（表12）の編年案は、北海道の最古段階
である「タイプA1」よりも古い細別型式がサハリンに存在することになるため、再考を余儀なくさ
れよう。また、サハリンの鈴谷式の上限年代が古いと考えた場合、鈴谷式が成立してから北海道に南下
してくるまでの間、宗谷海峡間では交流が一時的に断絶したことになるが、このような関係の変化は少
し不自然であり、断絶の背景は何かという問題も浮上してくる。

　このように、最近の年代測定から導き出された各型式の年代観は、文化編年や地域間交渉の解明に向
けて今後の研究の方向性を示すと同時に、従来の説とは矛盾する新たな問題も提起することとなった。
前述の検討でも明らかなように、問題の鍵となるのはサハリンの鈴谷式の上限年代である。しかしまだ
確実なデータは少なく年代を確定できたとは言い難いのが現状であるので、まずはこの点についてデー
タを収集し検討する必要があろう。

254

第1章　続縄文文化・オホーツク文化・擦文文化における北海道とサハリン以北の交流

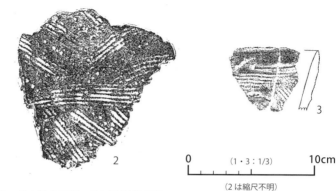

1・2：鈴谷貝塚、3：出土地不明

図 93　サハリン出土の後北 C_2・D 式土器

3．土器以外の資料

　続縄文後半期ないしその併行期において、鈴谷式土器以外で「サハリン・ルート」の交流との関連が指摘されている資料としては、サハリン出土の後北 C_2・D 式土器、柱状片刃石斧、軟玉製環状石、ガラス玉、イヌ、栽培植物としてのアワとゴボウがある。

　サハリン出土の後北 C_2・D 式土器については、鈴谷貝塚の出土例（伊東 1942、大場 1967）（図 93- 1・2）や出土地不明の例（鎌田編 1966、竹石・澤田 2002）（図 93- 3）が古くから紹介されていた。少量ではあるが、鈴谷貝塚での出土例が複数ある点からすると偶然や混入とは考えにくく、少なくともサハリン南部までは確実に分布するとみられる。ただし近年でも出土例が増えていないことからすると、続縄文期初頭の土器の出土例との比較でみれば、交流は小規模なものに止まっていた可能性が高い。柱状片刃石斧（斎野裕彦による分類の「Ⅲ類」（斎野 1998））は道北端部で鈴谷式に伴うもののほかに、札幌市 K135 遺跡 4 丁目地点など道北端部以外の出土例があり（図 94）、鈴谷式に関連するものであると考えられている。この柱状片刃石斧については大陸の類例との関連も指摘されているが、斎野は直接的な系統関係は明確ではないとしている（斎野同上）。

　軟玉製環状石とガラス玉はサハリンでの出土例の一部が鈴谷式期のものと推定されており、大陸系の遺物とされた（菊地 1995）。ただし出土状況には不明瞭な点もあり、明確な共伴例の追加が期待される。これらの遺物は、北海道では鈴谷式に伴う例は確認されていない（高畠 2005）。

　イヌについては内山幸子が考察しており、イヌの形質と使途の画期は縄文晩期末〜続縄文文化期初頭にあってこの時期から北方地域と共通する特徴が出現すること、その点からすると鈴谷式期からオホーツク文化期にかけてのイヌを単純に「大陸系」とは見なせない可能性があることが述べられている（内山 2014）。北海道では鈴谷式に確実に伴うイヌの出土例はごく少なく（内山・江田 2011）、オホーツク期のイヌに関する特徴が鈴谷式期まで遡って存在するか否かはやや不確実な状況にあるものの、ここでは続縄文文化期初頭からオホーツク文化期の特徴が存在していた可能性が高いものとしてとらえておきた

255

第Ⅲ部　北海道とサハリン・アムール下流域の交流

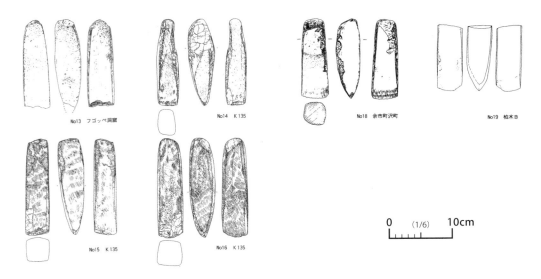

図 94　道央部出土の柱状片刃石斧（斎野 1998 による分類のⅢ類）

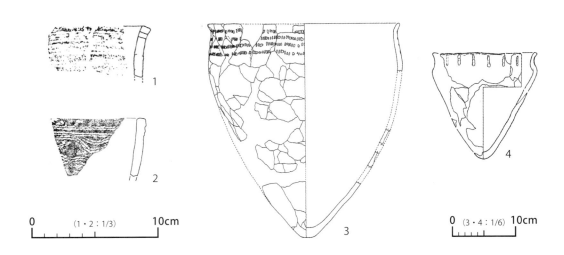

1：フゴッペ洞窟　2：ウトロ　3：常呂川河口　4：ピラガ丘Ⅱ

図 95　北海道出土の鈴谷式土器

い。栽培植物としてのアワとゴボウについては、山田悟郎が鈴谷式期に「サハリン・ルート」で持ち込まれた可能性を指摘している（山田 2005）。

4．鈴谷式期における「サハリン・ルート」の評価

　ここで取り上げた鈴谷式期の関連資料を冒頭の三つの交流区分に当てはめて評価してみよう。①のサ

ハリン－北海道間の交流については鈴谷式土器や後北 C₂・D 式土器の例があり、存在が確実であるといえる。ちなみに鈴谷式土器は、道北端部より南の地域でもごく少量ではあるが出土が確認されており（図95）、交流の拡がりを示すものとして認識されている（注2）。②の大陸－サハリン間の交流については、軟玉製環状石やガラス玉といった大陸系遺物が鈴谷式に伴うか否かなどが検討課題になろう。③の大陸－サハリン－北海道間を繋ぐ広域的な動きについては、鈴谷式土器にみられる櫛目文の系統がどのように大陸と繋がると解釈できるのか、という点がもっとも重要な鍵になると考えられる。上記のような現状から評価するならば、鈴谷式期における「サハリン・ルート」は、従来から言われているように、後のオホーツク文化期の交流と比較すると、未だ発展途上であったと言うことができるであろう。

第4節　オホーツク文化期の交流

1．オホーツク文化と「サハリン・ルート」

　オホーツク文化期における「サハリン・ルート」経由での大陸との交流に関しては、あらためて言うまでもなくすでに多くの論考があり、ヒトの形態学的特徴の分析や古代 DNA 解析、北海道までもたらされた大陸系遺物の問題といったような、ヒトやモノの系統に関する分析や、さらにそれらの分析結果や文献資料などに基づいて周辺諸文化との交流やその社会経済的な背景を考察する研究など、文献は省略するが研究が多数なされてきた。というよりむしろ、オホーツク文化はまさに「サハリン・ルート」上に分布していたわけであるから、この文化の研究そのものが当該期の「サハリン・ルート」の解明に直結しているといっても過言ではない。オホーツク文化の研究全体をここで総括することは困難であるので、以下には最近の調査研究で注目されたトピックについて取り上げ、今後の研究の展望としたい。

2．十和田式土器の系統と年代

　伊東信雄の編年によれば、鈴谷式土器と十和田式土器は層位的な上下関係にあるとされており、前者が古く位置づけられてきた（伊東1942）。しかし、特にサハリンでは現在でも十和田式土器に関する資料が限られていることもあり、両者の関係には不明な点が多い（榊田ほか2007、小野・天野2008）。特に問題なのは以下の二点である。第一は、十和田式土器の分布がサハリン南部から北海道北端部の比較的狭い地域を中心とする範囲に限られる一方で、併行する時期のサハリン中部から北部の様相が不明な点である。第二は、鈴谷式土器と十和田式土器は系統的に連続するのか、非連続であるとすればその背景は何か、という点である。すなわち、土器などを見る限り鈴谷式と十和田式の間に系統的な連続性を認めるのは難しい（小野・天野同上）のだが、その非連続性の背景に北方からの影響を想定するならば資料的な裏付けを欠く議論になってしまう、というのが現状である。

　この問題と関連して興味深いのが、十和田式期の試料に対する放射性炭素年代測定の結果である。従来の型式編年によれば、十和田式は北大 I 式前後に併行するとされ、その併行関係から十和田式の年代は 5 世紀前後と推定されてきた（天野・小野2011、熊木ほか2017）。しかし十和田式期の試料に対する近年の測定では、奥尻町青苗砂丘遺跡（皆川編2002）の出土炭化材で1770BP、利尻富士町役場遺跡（山

第Ⅲ部　北海道とサハリン・アムール下流域の交流

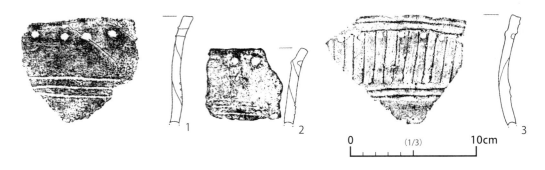

図 96　音標ゴメ島遺跡出土の十和田式土器（1・2）と北大式土器（3）

谷編 2011）の出土炭化材で 2010BP 及び 2190BP となるなど、従来の年代観よりもかなり古い値が報告されている。筆者らがおこなった最近の測定（熊木ほか 2017）でも、利尻富士町役場遺跡の出土炭化材で 1970BP という結果となっており、近年の測定結果に近い値が得られている。型式編年や遺物の出土状況などから考えると十和田式が紀元前後にまで遡るとは考え難く、また年代値そのものについても土器付着炭化物との比較の点で未解決の問題があるため（注 3）、結論を急ぐことは避けたいが、この型式編年と年代値の矛盾は看過できない。十和田式の編年と交流の研究に対し一石を投じる問題として、慎重に検討を重ねる必要があろう。

3．十和田式期の交流

　北海道におけるオホーツク文化の展開過程を見ると、十和田式期の集団は宗谷海峡周辺地域の比較的狭い範囲を分布の中心としており、道東部以東への本格的な展開は次の刻文期となる。そのようななかで近年注目されたのは、前述の青苗砂丘遺跡の様相や、礼文町香深井 1 遺跡出土のヒグマ遺存体のミトコンドリア DNA 分析結果などから推測された、十和田式期にオホーツク文化の集団が北海道の日本海側を南下し、続縄文文化の集団と交流する動きである（増田ほか 2002、天野 2003b、瀬川 2011 など）。その一方で、最近ではオホーツク海側でもこの時期のオホーツク集団と続縄文集団との交流の可能性を示す事例が見つかっている。道東部における十和田式土器の出土例としては、これまで羅臼町船見町出土資料（大沼・本田 1970）と根室市弁天島西貝塚例（北地文化研究会 1979）が知られていたが、最近、枝幸町音標ゴメ島遺跡（川名・高畠 2010、川名・高畠 2012）（図 96）と斜里町ウトロ遺跡（松田ほか 2011）（図 97）でも十和田式土器の出土が確認された。注目されるのは、これら後二者の遺跡では北大式土器もある程度まとまって出土している点である。十和田式と北大式の併行関係が正しいと仮定した上で、道東部オホーツク海側では十和田式土器や北大Ⅱ式土器の確認例がきわめて少ないことから考えると、これらの遺跡での出土状況は、オホーツク集団と続縄文集団が何らかの協力体制を取りつつ、新しい分布域へと進出していたことを示す可能性があると考えられる（熊木 2014）。

　一方、大陸との交流については、確実にこの時期に伴う大陸系遺物は少ないものの、家畜としてのブ

第 1 章 続縄文文化・オホーツク文化・擦文文化における北海道とサハリン以北の交流

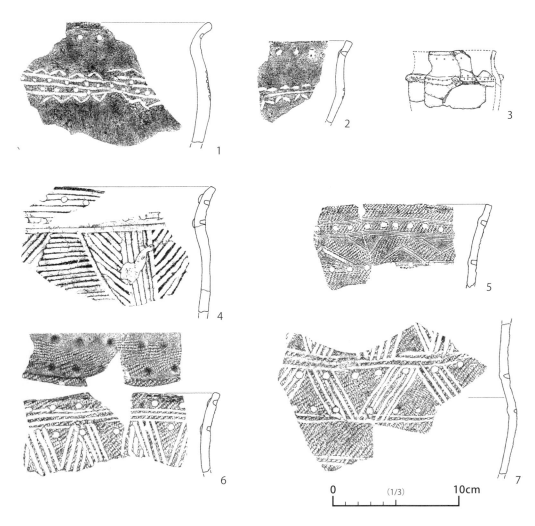

図 97 ウトロ遺跡出土の十和田式土器 (1～3) と北大式土器 (4～7)

タの存在 (山田ほか 1995) などからすると交流が存在したことは確実とみられる。これに関しては、近年報告されたサハリン南部のカリーニナ 2 遺跡出土土器 (Gorbunov and Amano 2002) (図 98) が注目される。この資料については筆者未見のため確言できないものの、「河口ポリツェ文化」(デリューギン 2003) に類する土器である可能性が考えられる。そうであるならば、刻文系土器成立直前期におけるアムール河口部とサハリンの交流を考える上で興味深い資料といえよう。

4．江の浦式期における大陸とサハリンの関係

　刻文期 (サハリンでは「江の浦式 1 類」期 (第Ⅱ部第 3 章)) になると、「靺鞨式土器」(臼杵 2004a) の影響を受けた刻文系のオホーツク土器が広域に拡がると同時に、北海道では大陸系遺物の流入量が増える

第Ⅲ部　北海道とサハリン・アムール下流域の交流

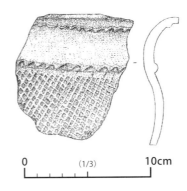

図 98　サハリン南部カリーニナ 2 遺跡出土土器

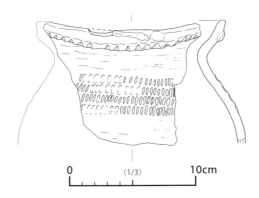

図 99　サハリン中部　イルキル 1 遺跡出土の江の浦式 1 類土器

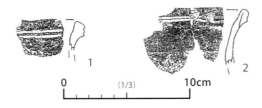

図 100　モヨロ貝塚出土の江の浦式 2 類土器

ことが以前から指摘されてきた（高畠2005、その他）。これらの変化の背景には、アムール下流域の靺鞨系文化とオホーツク文化の交流が緊密化したことがあると考えられるが、実はこの時期のアムール下流域とサハリンの交流については現在でも資料が限られており、明確な具体像を描くのは難しい。唯一の資料といえるのがアムール河口部のニコラエフスク空港1遺跡の調査成果（熊木・福田編2005）であり、この成果を基に筆者はアムール河口部の様相を以下のように評価した（熊木2014）。①江の浦式1類期のこの地域に分布する土器は靺鞨式土器ではなく、サハリンとほぼ同一のオホーツク土器であり、江の浦式2類期以降は在地のテバフ式土器との交渉が強まる。②竪穴住居跡の様相は北海道のそれとは大きく異なっており、住居内の骨塚も認められないことから、信仰儀礼を含む生活様式は北海道のオホーツク文化とは大きく異なっていたと推測される。③出土した青銅製小鐸の存在は、大陸系遺物の流入経路がアムール河口部を経由するものであったことを示す。以上の三点から靺鞨系文化とオホーツク文化の交流を考えると、アムール河口部を経由して両文化の交流がおこなわれていたことは確実であるが、アムール河口部はオホーツク文化の土器型式圏であり、靺鞨系文化の北限がコムソモルスクナアムーレ付近（Дьякова1984）であることからすれば、両者の中間地点で土器型式の交渉がおこなわれていたと想定できる。またその交流は、江の浦式2類から3類期にかけて在地のテバフ式の集団を主な対象とするものに変化したと考えられるが、この変化は靺鞨系文化の影響が希薄化したことを意味するとみられる（臼杵2005b、臼杵2010）。

　サハリンにおいては、その北端（野村1992）から南端まで江の浦式土器の出土が確認されているが、内陸部でも遺物が出土する（天野2003a、福田ほか2015）（図99）など、遺跡立地等において北海道の刻文期とは異なる点があることが指摘されてきた。しかしサハリンでは住居跡などの調査報告例がきわめて限られており、特に江の浦式期の実態には不明な点が多い。最近、再び新たな展開を見せているオホーツク文化の定義をめぐる議論（ワシレフスキー2007、小野・天野2008、デリューギン2010）を深めるためにも、資料の増加が待たれる。

5．道東部とサハリンの直接的な交流

　刻文期におけるオホーツク集団の道東部への展開過程に関して、天野哲也と小野裕子は近年のモヨロ貝塚の発掘成果（米村編2009）などを参照しつつ、以下のように述べている（天野・小野2006：12）。「モヨロ貝塚の場合、刻文系土器に見られる型式論的特徴や、墓に見られる先のような（靺鞨系文化と共通性を持つ…引用者註）一定の配列をうかがわせる分布、また副葬品の内容から、同貝塚をキャンプサイトとして利用し始めた集団の中に、サハリンとその周辺域からの集団が含まれていた、あるいはむしろそれこそが中心であった可能性が高い」。この仮説に対し筆者は、モヨロ貝塚の墓の配列や葬法については靺鞨系文化との強い関連性を認めるのが難しいと評価する一方で、道北部でも出土例のない搬入土器とみられる江の浦式2類土器（図100）が出土している点などから、道東部とサハリンの間で直接的な交流が存在した可能性を指摘し、天野・小野の仮説で提示された視点の先見性を認めた（熊木2010a）（注4）。前述した、櫛目文をもつ鈴谷式土器が道東部のみで出土している点とも関連しており、興味深い視点といえよう。

第Ⅲ部　北海道とサハリン・アムール下流域の交流

第5節　擦文文化前期後半以降の交流

1.「サハリン・ルート」の存在を示唆する資料

　擦文文化前期後半以降（注5）の資料で「サハリン・ルート」の存在を示唆するものとしては、第一に南貝塚式土器の存在があろう。この時期、サハリン南部の南貝塚を標式遺跡とする南貝塚式土器は、北はサハリン北部（平川1995）を越えてアムール河口部（デリューギン1999、臼杵ほか1999、その他）からマガダン周辺（Леведницев1990、臼杵1999）まで分布し、南は道内でも散点的に出土している（氏江1995、平川1995、熊木2010c）。

　南貝塚式土器以外では以下の例が指摘されている。まず北海道とサハリンの交流を示す例については、サハリン南部で出土する擦文土器（Прокофьев, и др. 1990、プロコーフィエフほか2012）やカマド付きの竪穴住居跡（Шубина2004、瀬川2007、瀬川2008）（図101）、第Ⅱ部第4章で論じた元地式土器などがある。一方、アムール下流域とサハリンの交流については、サハリン南部セディフ1遺跡出土の帯飾版や透彫円板等の青銅製品（ワシレフスキー2006、熊木ほか2007）（図102）がその存在を示す確実な例といえる。また、サハリン南部のスタロドフスコエ遺跡から出土した胴部に叩き目を有する土器は、アムール河口部のテバフ式土器である可能性が考えられる（榊田ほか2007）（図103）。

　上記の例は、大陸－サハリン間、サハリン－北海道間のそれぞれで交流が存在したことを示す例であるが、この両者を接続する、すなわちオホーツク文化期のように大陸－サハリン－北海道間を繋ぐ交流を示す資料は存在するのであろうか。その可能性が指摘されたものとしては、道内の擦文文化期の遺跡から出土するガラス玉や、厚真町ニタップナイ遺跡（奈良編2009）出土の鉄鏃（菊地2010）（図104）などの例がある。このうち擦文文化の遺跡から出土するガラス玉（田口2003）については、同時期の本州でのあり方と比較すると北方由来と考えるのが合理的とする見解（瀬川2007、乾2011）があり、説得力があるが、一部には本州系やアイヌ期のものが混在しているという指摘もあり（笹田2013）、同時期の大陸系遺物との具体的な比較検討が期待されている（菊地2010）。ただしこれらの資料を全て大陸系と認定したとしても、道内に持ち込まれた大陸系遺物の量や種類はオホーツク期よりも減少しているようにも見える。

2.擦文文化前期後半以降における「サハリン・ルート」の評価

　以上にあげた擦文文化前期後半以降の資料とその背景に対してはどのような評価が可能であろうか。宗谷海峡を挟んだ北海道－サハリン間の交流が活発であったことは、サハリン南部ではカマド付き住居が高い割合で検出されていること（瀬川2007）、道北端部では元地式期（擦文宇田川編年前期後半〜中期併行）から擦文宇田川編年後期（南貝塚式期併行）にかけて継続的にサハリンとの土器型式交渉が認められること（第Ⅱ部第4章参照）などからも確実とみられる。トビニタイ期の道東部に見られるような接触・融合がサハリン南部でも生じていたのか否かが、当該期のサハリン－北海道間の交流の内容を評価する際のポイントとなろう。擦文集団の進出や定住を積極的に評価する意見（瀬川2008）がある一方で、擦

第1章　続縄文文化・オホーツク文化・擦文文化における北海道とサハリン以北の交流

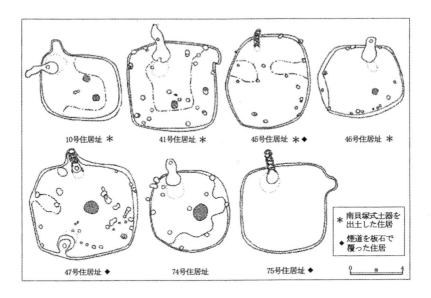

図 101　オホーツコエ 3 遺跡のカマドを持つ住居（瀬川 2008）

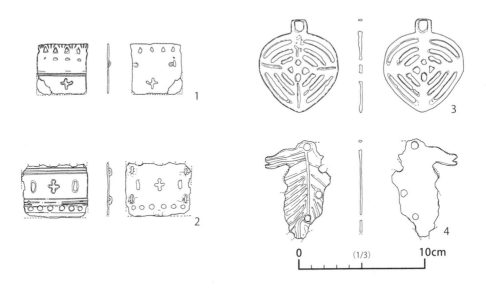

図 102　セディフ 1 遺跡出土　青銅製帯飾版（1・2）・透彫円板（3）・装飾板（4）

第Ⅲ部　北海道とサハリン・アムール下流域の交流

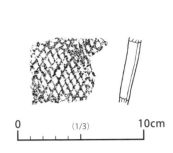

図103　スタロドフスコエ遺跡出土
方格の叩き目を有する土器

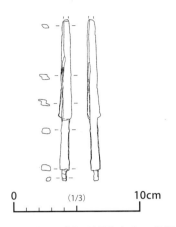

図104　ニタップナイ遺跡出土　鉄鏃

文集団はサハリンに「滞留」したのみで「定住」とは断定できない、という見解（鈴木2007）などもあり、現状では判断が難しいが、資料の増加を期待したい。一方、サハリン北部とアムール河口部の状況を見ると、サハリン北部やアムール河口部では詳細が不明ながら擦文文化の影響は未確認であり、またアムール河口部ではテバフ式系との共存が継続して認められるなど、在地の集団との結びつきが強まる傾向にある。ただし先述のセディフ1遺跡の例に見られるように、大陸の靺鞨系集団との交流は確実に認められるようであり、評価が難しい。

　以上、擦文文化前期後半以降における「サハリン・ルート」の交流については、道内の大陸系遺物の出土状況から判断するならば、特に大陸と北海道を繋ぐような広域的な様態の交流はオホーツク文化期よりもやや低調であった可能性が考えられる（注6）。この点に関連して注目されるのは、本州方面を含めた擦文文化の交易活動全体の中で、道北－サハリン方面の交易がどの程度の重要性を占めていたのか、という議論であろう（榊田2014）。例えば鉄交易に関してみると、道北日本海側や道東オホーツク海側よりも道東太平洋側の方で鉄交易が盛んであったことが指摘されており（笹田2013）、「サハリン・ルート」の評価もそのような全体的な視野から評価することが重要となろう。

　ただし、擦文文化前期後半以降の「サハリン・ルート」の重要性をどのように考えるにせよ、この時期に擦文文化が宗谷海峡を越えてサハリン南部に影響を拡大するという動きが、サハリンアイヌの成立過程の問題（中村2006、瀬川2008）を考える上できわめて重大な変化であることは、あらためて言うまでもない。ここでは特に、サハリンにおける南貝塚式期の実態やその終末年代を確定することが議論を進める第一歩であることを、再度指摘しておきたい。

注

（1）ここで示した「紀元2～5世紀」という年代は、熊木ほか2017での検討に基づいたものである。
（2）道央部や道東部で出土した鈴谷式土器（図95）の詳細は以下のとおりである。道央部では余市町フゴッペ洞窟（野村・

第1章　続縄文文化・オホーツク文化・擦文文化における北海道とサハリン以北の交流

大島1992）（図95-1）、札幌市K135遺跡4丁目地点（上野・加藤編1987）、江別市坊主山遺跡（石附1979）の例が
あり、縄線文を有する鈴谷式土器が出土している。一方、道東部では北見市常呂川河口遺跡（武田編2002）（図95-3）
と斜里町ピラガ丘遺跡第II地点（米村ほか1972、熊木2004）（図95-4）で櫛目文を有する鈴谷式土器（筆者分類の「タ
イプC」の鈴谷式））が確認されているほか、最近、斜里町ウトロ遺跡（松田ほか2011）でも縄線文の鈴谷式土器が出
土している（図95-2）。注目されるのは道北端部では出土例のない「タイプC」の鈴谷式が道東部にみられる点で、
サハリンと道東部の直接的な交渉など、やや複雑な形態の交渉が存在していた可能性が考えられる。

（3）熊木ほか（2017）では利尻富士町役場遺跡出土の十和田式土器の付着炭化物3点に対する放射性炭素年代測定もおこ
なっているが、その結果は2120BP、2100BP、2045BPであり、出土炭化材の年代値との差がほとんどみられなかった。
付着炭化物試料については炭素・窒素同位体比の測定も実施しており、その傾向からすると海洋リザーバー効果の影響
を受けていないとは考え難いのだが、影響を考えると出土炭化材の年代値との整合性がとれなくなる。このように、十
和田式期の放射性炭素年代測定については検討すべき課題が多く残っている。

（4）本文に掲載した天野・小野の仮説に対するコメントの内容は、筆者が北海道考古学会研究大会での発表の際に口頭で
述べたもので、そのコメントの詳細は熊木2010bの要旨集には掲載されていない。

（5）擦文文化期全体ではなく「擦文文化前期後半以降」とした理由は、本文前項の「オホーツク期」との整合性を図るた
めである。具体的な時期としては、北海道のオホーツク貼付文期以後の擦文文化期、すなわち宇田川編年では前期後半
以降、サハリンでは江の浦式サハリン3類後半から南貝塚式期前後に相当する時期のことを指している（第II部第5章
の図86参照）。

（6）オホーツク文化期においても、道内では貼付文期から大陸系遺物が減少し、それと入れ替わるように本州系の威信材
が増えることはすでに指摘されており（高畠2005）、擦文文化後半期のあり方は貼付文期からの一連の変化としてとら
えられる可能性が高い。

第Ⅲ部　北海道とサハリン・アムール下流域の交流

第2章　オホーツク文化とアイヌ文化の関係

第1節　はじめに

　アイヌ文化の形成過程に関する議論では、アイヌ文化の文化要素のなかにオホーツク文化に由来する
ものが認められるか否か、という点が問題の一つになってきた（菊池 1993）。なかでもクマを中心とし
た動物儀礼については、渡辺仁が「アイヌ文化の中核乃至神髄」を「クマ祭文化複合体」とした上でそ
の源流をオホーツク文化に求めたことから（渡辺 1974）、その評価をめぐって議論が続いてきた。もっ
とも、渡辺説を肯定的にとらえた場合でも、文化の連続性という意味ではアイヌ文化は擦文文化が変化
したものとみるのが定説であり、文化要素についてもオホーツク文化の系譜に連なるとされたものはそ
れほど多くはない（注1）。動物儀礼以外の例をあげるならば、葬制（藤本 1965）や銛頭（大塚 1976）な
どの類似が過去に示唆されたが、これらに関しても異論があり定説化してはいない。

第2節　オホーツク文化と擦文文化の関係

　「文化の連続性」と述べたが、考古学上のアイヌ文化と、それに先立つオホーツク文化および擦文文
化との系統的な関連性を考える際には、これら三者の時空間的な関係を確定しておく必要がある。まず
北海道においては、オホーツク文化は10世紀初め頃に変容し、北海道北端部では元地式土器を伴う文化、
東部では「トビニタイ文化」へと移行する。この両者は擦文文化と併存しつつも次第にそれと融合し、
擦文文化の終末期には同化がほぼ完了して、その後に考古学上のアイヌ文化への変化が生じる、という
流れとなる（熊木 2011）。このように理解した上で、北海道のアイヌ文化のなかにオホーツク文化の要
素を認めるならば、それらの文化要素は一旦擦文文化の中に取り込まれた後にアイヌ文化へと受け継が
れたことになる。瀬川拓郎はそのような例として、オホーツク文化の住居で認められる樹皮の利用が道
東部の擦文文化に導入され、それが道東部の近世アイヌにまで引き継がれて平地住居（チセ）の地域差
へと繋がった可能性を指摘した（瀬川 2005）が、このように北海道においては擦文文化経由での過程が
想定されなければならない。クマ儀礼の系譜問題についても、近年、オホーツク文化やトビニタイ文化
の屋外動物祭祀の痕跡が相次いで発見され（佐藤 2004a、加藤ほか 2006、熊木編 2015）、オホーツク文化
の動物儀礼が変容しつつもトビニタイ文化まで継続することが確実視されるようになったが、その一方
で縄文・続縄文からの伝統として擦文文化に最初からクマ儀礼が存在していた可能性を積極的に評価す
る意見（佐藤 2004b、瀬川 2015）も出されている。その背景の一つには、オホーツク文化と擦文文化の
時空間的な関係がほぼ確定しているので、それと矛盾しない解釈が求められている、ということもある
と思われる。

第2章　オホーツク文化とアイヌ文化の関係

第3節　サハリンアイヌ・千島アイヌの形成過程をめぐる議論

　サハリンや千島列島ではどうだろうか。サハリンアイヌや千島アイヌの形成過程に関しては、北海道からこれらの地域へ進出した集団がその母胎となったと考える見解が大勢を占めているが、その進出時期や進出先の在地集団との関係については未だ不明瞭な点も多い。サハリン南部では近年、擦文土器の出土や、オホーツク文化南貝塚式期からそれ以後にかけてのカマド付き竪穴住居跡の存在が確認されたことから、この時期に擦文文化の集団がサハリンに進出し、それがサハリンアイヌの直接の母胎となったとする意見も出されている（瀬川2008）。11世紀以降、擦文文化の影響がサハリン南部に及んでいたことは疑いないが、そのほぼ同時期とみられるベロカーメンナヤ遺跡などの南貝塚式期の集落遺跡からは擦文土器の出土が報じられていないことなどからすると、サハリン南部において仮に一部で擦文文化への同化が生じていたとしても、それは北海道北端部や東部でみられたような規模や強度では進行していなかった、と考えるのが妥当であろう。南貝塚式土器の分布はサハリン全域からアムール河口部まで（断片的にはマガダン周辺まで）確認されており、それらの在地集団がオホーツク文化の終焉後どのように変化したのか、そしてそれと前後する時期にサハリンに進出したとみられる北海道系の集団とはいかなる関係にあったのか、考古学的な解明はまだこれからであるといえよう（熊木2015）。

　千島列島に関しては、最近の調査によって、オホーツク文化の終焉後、13世紀末から17世紀初頭まで（手塚・添田2008）、もしくは15世紀前半まで（高瀬2015）、中部千島と北千島では居住の痕跡がほとんど確認できないことが明らかになってきた。この「空白」期間において人口の断絶が生じていたか否かで、オホーツク文化と千島アイヌの関係に対する評価も変わってくるが、高瀬克範の最近の研究によれば、中部千島以北のオホーツク文化と、15世紀後半〜17世紀前半以後のカムチャツカ半島南部と北千島に展開した「ナルィチェヴォ文化」（高瀬2015）との間に連続性を認めるのは難しいようである。かつて山浦清は動物意匠の彫刻品に着目し、サハリンアイヌ・千島アイヌとオホーツク文化との関係性について示唆した（山浦1984）が、千島列島における居住の断絶期の存在を考慮するならば、仮にサハリンアイヌと千島アイヌの共通性の源流をオホーツク文化にまで遡って考えたとしても、それは擦文文化や中世アイヌ文化を経由したものと考えざるを得なくなるだろう（注2）。

第4節　おわりに

　このように、オホーツク文化とアイヌ文化の関係を問題とする場合、少なくとも系統論に関する問いについては、「オホーツク文化と擦文文化の接触によって（擦文文化の側に）いかなる変化が生じ、それがアイヌ文化の形成過程においてどのように引き継がれたか」という基本的な枠組みが設定されることになろう。これは北海道アイヌの形成過程ではすでに意識されてきたことであるが、千島列島でも、そしてまだ留保が必要であるがサハリンについても適用される可能性があることが、最近の研究によって判明してきたと言えよう。

第Ⅲ部　北海道とサハリン・アムール下流域の交流

注

（1）近年、ヒトの遺伝学的・形態学的集団関係の解析によって、アイヌ集団の形成にはオホーツク文化集団が深く関わっていたことが指摘されてきており（Sato et al. 2009、石田 2013）、注目を集めている。

（2）千島アイヌとサハリンアイヌに関しては、言語や物質文化の一部に共通性が指摘されており（小杉 1996、高瀬 2013など）、その背景が注目されている。これを仮にオホーツク文化と関連づけて考えるのであれば、本文と同様の問題が生じてこよう。

第IV部

モヨロ貝塚出土のオホーツク土器（資料編）

第1章　市立函館博物館所蔵のモヨロ貝塚出土オホーツク土器

第1節　はじめに

　第Ⅱ部第2章では網走市モヨロ貝塚出土土器を対象として型式編年を試みたが、そこで分析対象とした資料のなかには、収集された年代が古いために正確な実測図が作成されておらず、個々の土器の詳細が公開されていないものも多く含まれている。そこで第Ⅳ部では、それらの資料について実測図や諸属性の一覧を掲載し、第Ⅱ部第2章で分析対象とした資料の基礎データを開示することにしたい。

　今回、新たに資料の閲覧と実測図等の作成と公開を許可していただいたのは、市立函館博物館が所蔵する「児玉コレクション」と、北海道立北方民族博物館が所蔵する米村喜男衛氏らの調査資料を主体としたコレクションの、それぞれ一部である。以下、本章では前者の「児玉コレクション」を、次章では後者のコレクションを紹介することにしたい。

　筆者の非力さの故、これらのコレクションに含まれるモヨロ貝塚出土土器の全てを紹介することは不可能であったため、第Ⅳ部では貼付文系土器は掲載対象外とし、刻文系土器・沈線文系土器・無文土器を優先して紹介することとしたい。これらの土器、すなわち道東部の貼付文系以前の土器は、モヨロ貝塚の例を除くと現在でもまとまった資料が少ないのが現状であるため、ここにモヨロ貝塚の出土土器を公開することで、オホーツク土器の型式編年研究を前進させることができればと考えている。

第2節　「児玉コレクション」と大場論文（1956）で紹介された資料の関係

　市立函館博物館が所蔵する「児玉コレクション」は「先史・考古資料」と「アイヌ民族資料」からなる膨大なコレクションであり、その内容は市立函館博物館発行の目録2冊に纏められている（市立函館博物館編1983、市立函館博物館編1987）。このうちモヨロ貝塚出土の考古資料は目録第Ⅰ巻の「Ⅱ-6. 網走市最寄」（市立函館博物館編1983：33-99）の項に記載されており、それによると土器以外の遺物を含む全資料点数は2458点となっている。そのうちオホーツク土器として記載されているのは全て「完形」、もしくは「復元完形」ないし「一部欠」の土器であり、点数は「袖珍土器」も含めて175個体となる。

　本コレクションに含まれるオホーツク土器の内容は、大場利夫が「モヨロ貝塚出土のオホーツク土器」論文（大場1956）中で紹介した資料と、概ね一致している。ただし、大場が紹介した完形並びに復元可能な土器の点数は184個体であり（注1）、市立函館博物館の目録とは点数に不一致がみられるなど（注2）、両者は完全には一致していない可能性が高い。しかし、そのような不一致の理由については明らかにすることができなかった。

　大場論文のオホーツク土器について、その型式内容を概観しておこう。大場論文中の「土器実測表」によれば、完形・復元土器184点の内訳は以下のようになる。まず、大場氏のいう「第一型式」、すな

第Ⅳ部　モヨロ貝塚出土のオホーツク土器（資料編）

わち刻文系文様かつ／または指圧式浮文・隆起式浮文等の太い貼付文を持つ「型式」であり、いわゆる刻文系土器と沈線文系土器に相当すると思われる土器が117点とされる。次に「第二型式」、すなわち細い貼付文をもつ「型式」で、いわゆる藤本編年ｄ群・ｅ群に相当する土器が58点であり、ほかに第一型式と第二型式の「融合型式」の土器が9点となっている。編年上は古手となる型式が過半数を占める内容と言えよう。

　今回は本コレクション中より67個体の完形・復元土器について実測図を作成し、観察とデータ収集をおこなっている（図105～図113、表30）（注3）。67個体中の64点は大場分類の「第一型式」に相当するもので、残りの3点（図108-18・図110-40・図111-50）は大場分類の第一・第二型式の「融合型式」となる。「第一型式」に含まれる土器の5割程度、コレクション全体では4割弱ほどの土器を掲載したことになる。

　掲載した土器の遺存状態をみると、割れや欠損がほとんどない完形土器か、底部のみ欠損しているが胴部以上には割れや欠損のほとんどない復元土器かの、いずれかであった。このような遺存状態から判断すると、今回観察した土器の多くは墓の副葬土器であった可能性が高いとみられる。なお、大場によれば、大場論文掲載の土器群は昭和16年～17年の軍事施設建設工事に伴う緊急調査時に採集されたものが主体であるという。人骨とともに出土したという記載（大場前掲：2）や、調査地点に竪穴らしき地表面の凹みがあった点（駒井編1964）からすると、本土器群には墓の副葬土器のほか、竪穴に伴う土器も含まれている可能性があるが、詳しい出土状況は不明である。

第3節　資料の分類と所見

1．土器の分類について

　実測図の掲載については大場論文や函館博物館の目録No.の順ではなく、第Ⅱ部第2章の分類に従うこととする。分類と編年の詳細は第Ⅱ部第2章を参照いただきたいが、各分類項目の順序がそのまま編年となっているわけではないことに留意されたい。

2．所見

　図105～図113に掲載した土器の詳細なデータについては表30に示した。

a）Ⅰ群土器（口縁部に刻文系文様を有する土器）

　Ⅰ群土器は口縁部に刻文系文様を有する土器である。Ⅰ群ａ類、Ⅰ群ｂ1類、Ⅰ群ｂ2類、Ⅰ群ｃ類、Ⅰ群ｄ類の5種に細別している。

Ⅰ群ａ類（図105）は以下の特徴を有する土器である。器形は「縦長」（器高／胴部最大径の比が1.2以上）で、口縁部に1段の肥厚帯を有する。口縁部文様は肥厚帯の下縁部に施され、胴部文様には細い紐状の貼付文系文様、粘土帯、貼瘤文、沈線文を含まない。図105-1～5はいずれもこの条件を全て満たす土器である。4の底部には焼成後の穿孔が認められる。

1群ｂ1類（図106～図108）を含むⅠ群ｂ類の特徴は以下のようになる。

第1章　市立函館博物館所蔵のモヨロ貝塚出土オホーツク土器

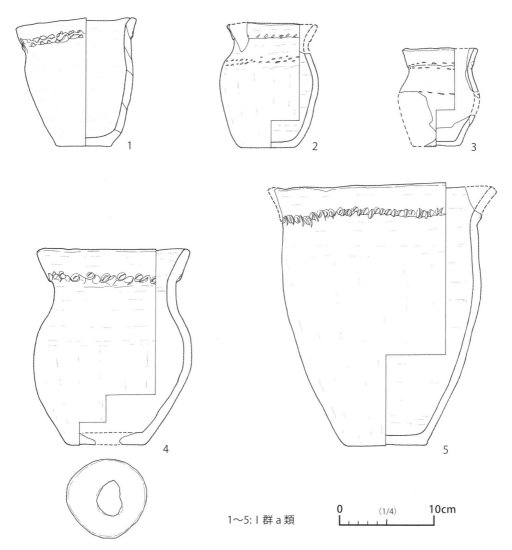

1～5：Ⅰ群 a 類

図 105　函館市北方民族資料館所蔵のモヨロ貝塚出土オホーツク土器（1）

　すなわち、口縁部に肥厚帯を有する土器のうち、Ⅰ群 a 類と後述のⅠ群 d 類を除いたものがⅠ群 b 類である。様々な内容の土器を含むが、器形をもとに、「縦長」のⅠ群 b 1 類と、「横長」のⅠ群 b 2 類に細別する。

　Ⅰ群 b 1 類の器形は「縦長」で、口縁部に 1 段・突帯・2 段のいずれかの肥厚帯を有する。口縁部文様は肥厚帯の下縁部以外の位置にも文様が付加される例を含む。胴部文様要素は粘土帯や貼瘤文が付加される例を含む。図 106- 6 ～ 13 は胴部文様のみがⅠ群 a 類とは異なる土器で、6 ～ 10 は胴部文様に貼瘤文、11 ～ 13 は胴部文様に粘土帯を含み、12 には貼瘤文と粘土帯の両方が施されている。11 の土器は口縁部内面に稜があるが、これは器形復元の際に付加されている部分も多く、本来の器形が図の

273

第Ⅳ部　モヨロ貝塚出土のオホーツク土器（資料編）

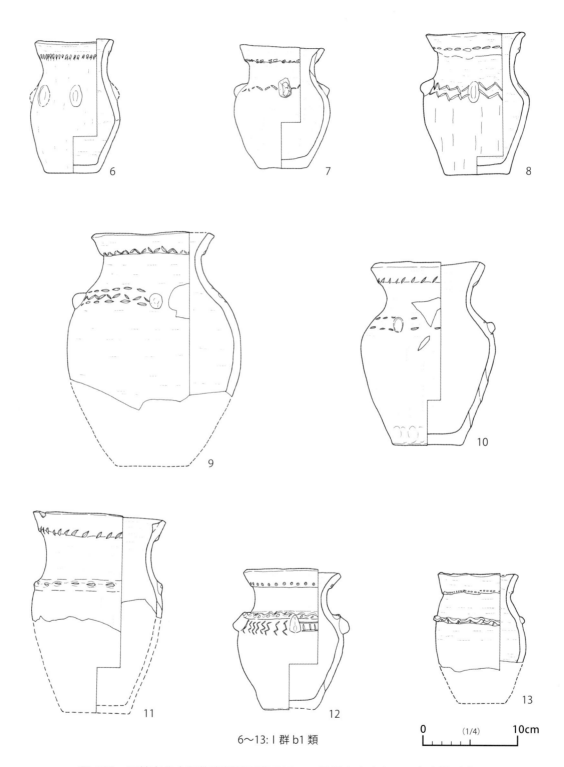

6～13: Ⅰ群 b1 類

図 106　函館市北方民族資料館所蔵のモヨロ貝塚出土オホーツク土器（2）

第1章　市立函館博物館所蔵のモヨロ貝塚出土オホーツク土器

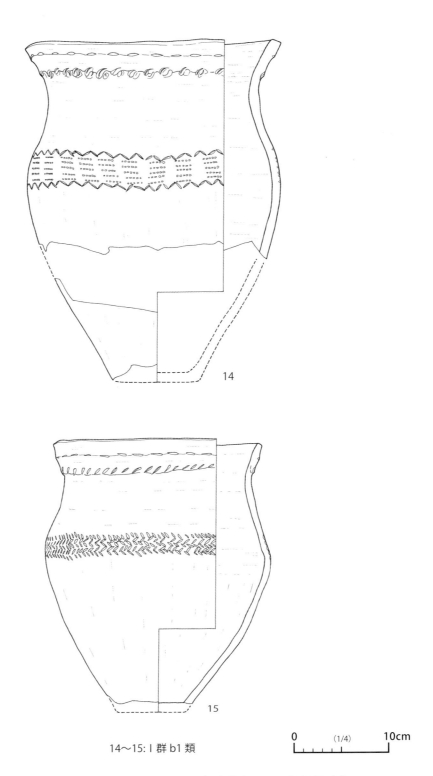

14～15: I群 b1類

図 107　函館市北方民族資料館所蔵のモヨロ貝塚出土オホーツク土器（3）

第Ⅳ部 モヨロ貝塚出土のオホーツク土器（資料編）

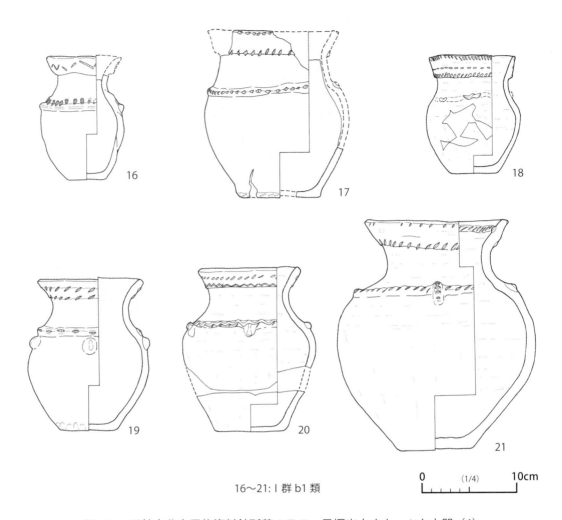

16〜21：Ⅰ群b1類

図108 函館市北方民族資料館所蔵のモヨロ貝塚出土オホーツク土器（4）

とおりかであるかについては疑わしい部分がある。図107-14・15の口縁部肥厚帯は1段であるが中央部には稜があり、肥厚帯の下縁に加えて稜の上にも刻文系文様が施されている。図108-16は1段の肥厚帯の平面上、17・18・20・21は1段の肥厚帯の下縁部に加えてそれ以外の部位にも刻文系文様が施されている。19は2段の肥厚帯の各下縁部に刻文系文様が施される。これら16〜21の胴部文様にはいずれも粘土帯が付加されており、19〜21には貼瘤文も付加されている。

Ⅰ群b2類（図109）は、器形が「横長」になる点以外はⅠ群b1類と同じ特徴となる。図109-22〜25は胴部文様を持たない土器で、22と23は口縁部肥厚帯の下縁、24と25は肥厚帯の上縁と下縁に施文がある。29は胴部文様に粘土帯、30は貼瘤文、26はその両者が付加された土器である。30は横長の壺形となる器形や、口縁部文様と胴部文様に櫛歯文を有する点などが特徴的な、やや特異な土器で

276

第1章 市立函館博物館所蔵のモヨロ貝塚出土オホーツク土器

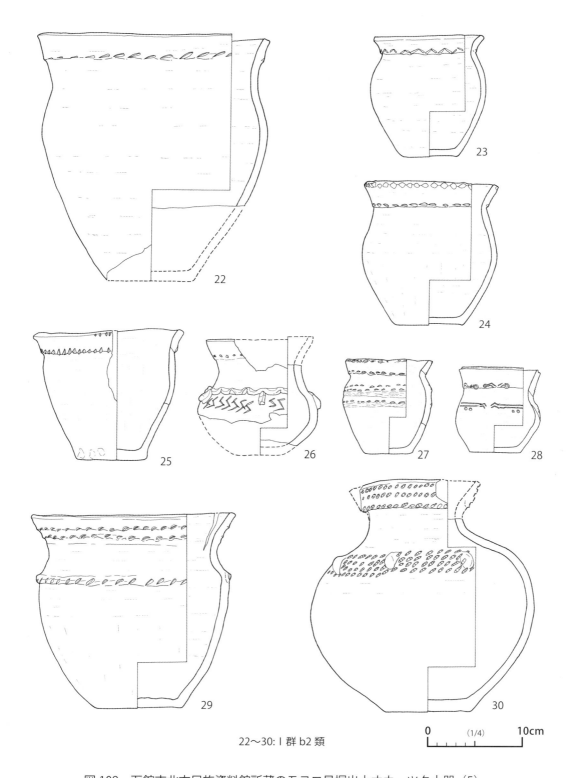

22～30：I群 b2類

図 109　函館市北方民族資料館所蔵のモヨロ貝塚出土オホーツク土器（5）

第IV部　モヨロ貝塚出土のオホーツク土器（資料編）

ある。27と28は胴部文様に沈線文系の文様を有する土器で、27は胴部に摩擦式浮文のような浅く幅の広い沈線文が2条施されており、28の胴部文様は2条の沈線の両端に刻文を付加し、その下部に円形刺突文を施すという文様意匠が繰り返されるものとなっている。28は口縁部文様にも円形刺突文が付加されているが、28のこれらの文様意匠はより新しい型式のそれに近いと評価されよう。

I群c類（図110）は、口縁部に肥厚帯を持たない土器である。器形は「横長」となる例が典型的であり、図110の例も全て「横長」である。口縁部文様は頚部のやや上の位置（I群a類などにみられる位置）に施される例が多いが、口唇部外縁にのみ施されている例（図110-34～36）もこの類に含めている。38の口縁部文様はごく浅い刺突文であるが、これは指先で施文したものとみられる。胴部文様には刻文（33・38）、貼瘤文（37・38・39・40）、沈線文（36・41）の例が見られる。41の胴部文様は、「ヘ」の字状の太く浅い沈線とその上部の刺突文列からなる文様意匠が繰り返されるものとなっている。

　I群d類は、口縁部の刻文系文様に加えて、口縁部もしくは胴部の文様に細い紐状の貼付文系文様を有する土器である。今回紹介する資料には該当例がない。

b）II群土器（口縁部に沈線文系文様を有する土器）

　II群土器は口縁部に沈線文系文様を有する土器である。これらII群土器については、細い紐状の貼付文系文様（以下、「貼細系」文様と略）を併存しないa類と、併存するb類の2種に細別する。

II群a類（図111-42～49）は口縁部もしくは胴部文様に「貼細系」文様を含まないものである。器形は「縦長」（43・44）と「横長」（42・45～49）の両者があるが、「横長」が典型的と言えよう。口縁部肥厚帯を持たない例が大半であるが、持つ例（47）もある。口縁部文様は、42・48・49は太く浅い沈線文、47は細い沈線文、43・44・45・46は沈線文と刻文系文様や縦の沈線文が併存している。46の胴部文様は貼付文、49の胴部文様は二条の沈線文と刺突文である。

II群b類（図111-50）は口縁部もしくは胴部文様に「貼細系」文様を含むものである。50の例は口縁部に二条の沈線文、口唇部外縁に刻文があり、頚部直下には刻み目のある貼付文が施されている。貼付文の直下には粒状の貼付文が付加されている。

c）III群土器（口縁部が無文の土器）

　胴部文様の有無にかかわらず、口縁部が無文となるものをIII群に分類している。これらIII群土器については、口縁部肥厚帯を持つものをa類、口縁部肥厚帯を持たず胴部文様に「貼細系」文様を含まないものをb類、口縁部肥厚帯を持たず胴部文様に「貼細系」文様を持つものをc類に細別している。

III群a類（図112-51～58）は、口縁部肥厚帯を有する土器である。「縦長」の器形で胴部文様も無文となる例（51～55）が基本となる。胴部文様を有する例（56）や器形が「横長」となる例（57・58）も分類上はIII群a類に含めておくが、これらは型式学的にも編年上もIII群b類に近い位置づけになると考えられる。

III群b類（図113-59～67）は、口縁部肥厚帯がなく、胴部文様に「貼細系」文様を持たない土器である。「横長」の器形（60～63・65～67）が基本となるが、「縦長」の例（59・64）もある。胴部文様も無文の例（59～63）が多いが、貼瘤文（64）・貼瘤文と刻文（65・67）・沈線文（66）が胴部に施される例もある。67は口縁部に貼瘤文を有しておりIII群の分類基準からは外れる土器であるが、このような文様構成の土器

第1章 市立函館博物館所蔵のモヨロ貝塚出土オホーツク土器

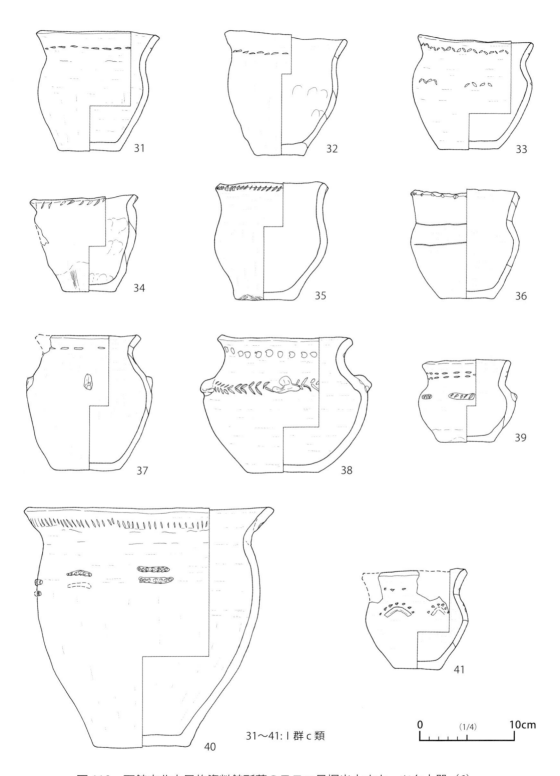

図110 函館市北方民族資料館所蔵のモヨロ貝塚出土オホーツク土器（6）

第Ⅳ部 モヨロ貝塚出土のオホーツク土器（資料編）

42～49:Ⅱ群a類

50:Ⅱ群b類

図111 函館市北方民族資料館所蔵のモヨロ貝塚出土オホーツク土器（7）

第 1 章　市立函館博物館所蔵のモヨロ貝塚出土オホーツク土器

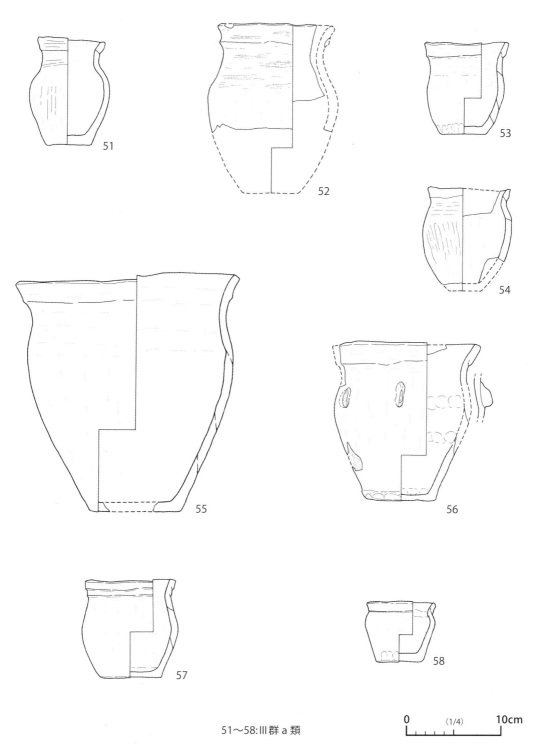

51〜58:Ⅲ群 a 類

図 112　函館市北方民族資料館所蔵のモヨロ貝塚出土オホーツク土器（8）

第Ⅳ部　モヨロ貝塚出土のオホーツク土器（資料編）

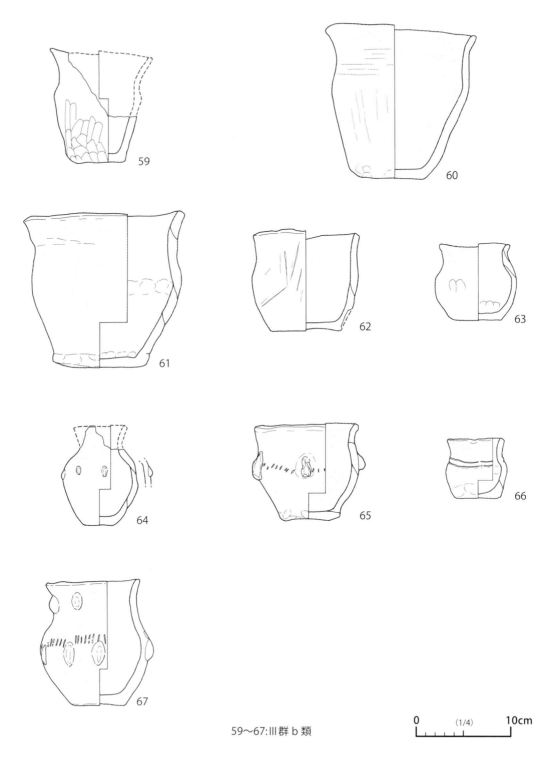

59〜67:Ⅲ群b類

図113　函館市北方民族資料館所蔵のモヨロ貝塚出土オホーツク土器（9）

は例外的であり、64・65に近い特徴を有することからこのグループに含めておく。

Ⅲ群c類は口縁部肥厚帯がなく、胴部文様に「貼細系」文様を持つ土器である。今回紹介する資料には該当例がない。

3．型式編年と資料点数

筆者が設定した細別型式の型式編年と、今回紹介した資料について各時期の資料点数の内訳をまとめておこう。

刻文期前半：Ⅰ群a類（5点）〔計5点〕

刻文期後半：Ⅰ群b1類（16点）・Ⅰ群b2類（9点）・Ⅲ群a類（8点）〔計33点〕

沈線文期前半：Ⅰ群c類（11点）・Ⅱ群a類（8点）・Ⅲ群b類（9点）〔計28点〕

沈線文期後半：Ⅰ群d類（該当なし）・Ⅱ群b類（1点）・Ⅲ群c類（該当なし）〔計1点〕

第4節　おわりに

前項にまとめたように、ここで紹介した土器群は、筆者の編年でみると「刻文期」の後半から「沈線文期」の前半にかけての資料が中心となる。第Ⅱ部第2章でも述べたように、道東部のこれらの時期の資料はまとまったものが少ないため、ここで公開するデータはオホーツク土器の展開過程や地域間の型式交渉を考察する上できわめて重要なものとなる。

しかしながら、ここで紹介できたのは「児玉コレクション」に含まれるモヨロ貝塚出土オホーツク土器全体の約4割程度に過ぎない。このようなかたちでの資料紹介となってしまったのは筆者の力不足が理由であり、関係者の寛恕をお願いするとともに、今後もデータの整備を継続できるように努力したいと考えている。

注

（1）大場論文の本文中には「完形及び復元した土器一八二個、復原可能な土器三個、並びに器形及び文様について、口縁部、頚部、胸部の観察をなしえた土器破片一一一個」（大場1956：53）と記載されているが、同論文中の「土器実測表」の記載では、完形及び復元個体184個体、破片112個体となっている。

（2）本文では全175個体からなるコレクション中の67点を掲載したが、そのうち大場論文の資料との対照が可能であったのは60点であった。対照ができなかった7点も大場論文に掲載されている資料である可能性は否定できないが、対照可能であった60点の「資料番号」（表30参照）が1点を除き全て150番以前である一方、対照ができなかった7点は全て「資料番号」が151番以降であることからすると、両者の間には資料登録の時期などに差がある可能性が考えられる。すなわち、後者の7点は大場論文の一括資料には含まれていなかった可能性も考慮しうる。なお、コレクションのうち今回は掲載対象としなかった108点についても大部分は大場論文掲載資料との対照が可能とみられるが、具体的な検証をおこなっていないため詳細は不明である。

（3）資料の調査は2002年11月と2008年11月の2回に分けて函館市北方民族資料館で実施し、2002年には筆者が、

第Ⅳ部　モヨロ貝塚出土のオホーツク土器（資料編）

2008年には筆者と榊田朋広が実測図の作成をおこなった。調査に際し、長谷部一弘、野村祐一、福田裕二、小林貢の各氏をはじめとする函館市教育委員会の方々には多大なご協力をいただいた。記して謝意を申し上げます。

表30　函館市北方民族資料館所蔵モヨロ貝塚出土オホーツク土器　属性一覧表

図版番号(1)	大場論文の番号(2)	所蔵先資料番号(2)	目録No.(3)	口径(4)	頚部径(4)	胴部径(4)	底部径(4)	器高(4)	くびれ度(5)	縦横比(6)	外面調整(ナデもしくはミガキの痕跡)(7)	内面調整(ナデもしくはミガキの痕跡)(7)	器形分類(8)	肥厚所の有特徴(8)	口縁部施文位置(8)	口縁部文様分類(8)	口縁部文様説明(8)	胴部文様集(8)	胴部文様説明(8)	備考	型式分類
1	B46	64	1026	12.6	11.1	11.4	5.8	13.9	0.974	1.219	口縁部のナデ、頚部・横のミガキ、胴部に斜めのナデ、下半に縦・横(一部は縦)のミガキ	横のナデ	縦長	1段	下縁	爪	爪形文(2条)	無			Ⅰa
2	B60	61	1024	(9.5)	7.7	10.5	5.8	13.7	0.733	1.305	上半・横のミガキ、下半・縦のミガキ(一部は横)	横のナデ	縦長	1段	下縁	刻斜	刻文(横)×2列	刻	刻文(横)、肥厚部の直下にも横のナデ	刻文(横)×2列	Ⅰa
3	B77	90	1040	8	6.6	(8.6)	(5.0)	10.7			上半・横のミガキ、下半・横・縦のナデ(一部はミガキ)			1段	下縁	刻横	刻文(横)	刻	刻文(横)		Ⅰa
4	B27	47	947	16.1	12.8	16.7	8.4	21.6	0.766	1.293	口縁部・横のナデ、下半・横・縦のミガキ	口縁部・横のナデ、下半・横のナデ	縦長	1段	下縁	刻横	刻文(2指)、一部は1段	無		土器 32 Ⅲ 1120の注記ロ…シールあり、焼成痕、底面を外側から穿孔している	Ⅰa
5	B12	40	1016	(23.4)	20.4	20.9	8.5	28.7	0.976	1.373	口縁部・横のナデ、頚部・横のミガキ、下半・横・縦のミガキ	横のナデ	縦長	1段	下縁	爪2	爪形文(2条)・一部は1段	無		肥厚帯は薄く、下縁が窄まさきている	Ⅰa
6	B61	82	957	8.3	6.7	9.5	5.8	14.7	0.705	1.547	上半・横のミガキ、下半・横・縦(一部は縦)のナデ	横のナデ	縦長	1段	面	刻斜	刻文(斜)	貼輪	貼文(7+)	刻文の施文具は先端がとさっている	Ⅰb1
7	B48	195	988	8.9	6.9	10.1	5.2	13.5	0.683	1.337	上半・横のミガキ、下半・横・縦(一部は横)のナデ	横のナデ	縦長	無	下縁	爪2	爪形文(4条)、胴部に「への字」状の連続瘤文	貼輪	貼瘤文(4+)、同じ上への字列の瘤数×4列	(M.A.26±)の注記あり	Ⅰb1
8	B48	87	961	10.4	8.1	11.2	6.8	15.5	0.723	1.384	上半・横のミガキ、下半・横・縦のミガキ	横のナデ	縦長	1段	下縁	刻横	刻文(斜)×2列	貼輪	貼瘤文(4+)、同じ横に刻文(横)×2列	底部欠損	Ⅰb1
9	B23	41	941	13	11.6	18.5			0.627		上半・横のミガキ	口縁部・横のナデ			下縁	刻ヘ	刻文(への字)	貼輪		底部欠損	Ⅰb1
10	B43	44	944	12	8.9	14.2	7.4	20.1	0.627	1.415	上半・横のミガキ(一部はミガキ)、下半・横・縦のナデ	横のナデ	縦長	1段	下縁	刻斜	刻文(斜)	貼輪	貼瘤文(現れから～、本来はおそら(6+)、同じ、横に刻文(横)×2列		Ⅰb1
11	B29?	46	946	14	11	13.7			0.803		頚部・横のミガキ、胴部上半・横のナデ	横のナデ	縦長	1段	下縁	刻斜	刻文(斜)	貼太	粘土紐瘤帯(刻文(横)あり)	口縁部内面に横のある本…器の器形復元に付加された…もある、胴部下半は下に大端、大端番号は未記載だが、おそらくB29とみられる	Ⅰb1
12	B51?	80	955	10.3	7.5	11.2	5.4	15.3	0.670	1.366	円形刺突文(は竹管状)	口縁部・横のナデ	縦長	1段	下縁	刻刺	円形刺突文(竹管状)	刻	粘土紐瘤帯(ひねりあり)	大端番号の記録はないが、底部と胴部の境は完全ではないく、器高はやや不正確	Ⅰb1
13	B59	81	956	8.5	7.2	9.6			0.750		横のミガキ	横のナデ	縦長	1段	下縁	型	歯牙文(5個)	貼太	粘土紐瘤帯(ひねりあり)	底部欠損	Ⅰb1
14	B9	36	939	27	22.3	26.8	9	(37.6)	0.832	1.403	口縁部・横のミガキ(一部はミガキ)、胴部・横のナデ	頚部・横のミガキ、下半のミガキ	縦長	1段	面	刻横	刻文(横)、刻文(2指)	刻	粘土紐瘤帯(刻文(斜)あり)	大端番号の記録はないが、底部と胴部の境は完全ではないく、器高はやや不正確	Ⅰb1
15	B5	32	1011	22	19.6	23.7	(7.4)	(29.7)	0.827	1.253	上半・横のミガキ、下半・横・縦のミガキ	横のナデ		1段	面	刻横	刻文(横)、刻文(斜)	刻	刻文(斜)×5列	肥厚帯の中央に横のミガキ、口縁部 Ⅲ、1720の注記ロ…シールあり	Ⅰb1
16	B67	86	960	(7.9)	5.2	8.7	3.9	13.5	0.598	1.552	上半・横のミガキ、下半・縦のミガキ(一部は横)	横のナデ	縦長	1段	面	刻ヘ	刻文(への字)	貼太	粘土紐瘤帯、瘤横文(4列)	(地下内ナメ?)、…・メ塗りが多件	Ⅰb1
17	B30	43	943	(13.9)	(11.2)	(15.2)	8.9	18.3	0.737	1.204	口縁部・横のナデ、胴部・斜めのナデ	面		1段	面	刻横	肥厚帯の上下縁に刻文(斜)	貼太	粘土紐瘤帯(刻文(斜))	大端番号は未記載だがB45とみられる	Ⅰb1
18	B63?	83	958	9.1	7.4	10	5	12.9	0.740	1.290	上半・横のナデ、下半・斜めのナデ	面	縦長	2段	面	刻横	2段ある肥厚帯のそれぞれの下縁に刻文(斜)	貼太	粘土紐瘤帯(刻文(斜))	2段ある肥厚帯の下縁	Ⅰb1
19	B44?	59	952	11.2	8	12.8	6	16.9	0.625	1.320	上半・横のナデ、下半・横・斜めのナデ	上半・横のナデ	縦長	1段	面	刻横	刻文(横)、刻文(ひねりあり)	貼太	粘土紐瘤帯(刻文(斜))	大端番号は未記載だがB44とみられる	Ⅰb1
20	B42	54	950	10.8	8.3	14.1	7.4	(18)	0.589	1.277	上半・横のミガキ、下半・縦のミガキ(一部は横)	上半・横のナデ	縦長	2段	面	刻ヘ	刻文(への字)、刻文(斜)	貼太	粘土紐瘤帯(ひねりあり)、刻輪	底部と胴部の境は完全ではないく、器高はやや不正確	Ⅰb1
21	B22	42	942	15.2	10.8	20.9	7.8	25.1	0.517	1.201	上半・横のミガキ、下半・横・縦(一部は縦)のミガキ	上半・横のナデ	縦長	1段	面	刻横	刻文(斜)×2列	貼太	粘土紐瘤帯(刻文(斜)、刻文(横)あり)・貼瘤文(3+)、刻文(横)あり	肥厚帯内面に粘土紐瘤帯を貼り付け、刻文(斜)を施している、土器 27 Ⅲ 1120の注記あり	Ⅰb1
22	B2?	205	1104	25.4	21.9	23.9		27	0.916	1.130	上半・横のミガキ(一部はミガキ)、下半・横のナデ	横のナデ	横長	1段	下縁	刻斜	刻文(斜)(への字)	無			Ⅰb2
23	B54	78	1037	11.6	9.9	12.2	6	13.3	0.811	1.090	上半・横のミガキ、下半・横・縦(一部は縦)のミガキ	横のナデ	横長	1段	下縁	刻ヘ	刻文(への字)	無			Ⅰb2
24	B39	58	1022	14.1	11.9	14.2	7.2	15.7	0.838	1.106	上半・横のミガキ、下半・横(一部は縦)のナデ	横のナデ	横長	1段	下縁	刻横	刻文(太く大い施文具、刻文(横)	無			Ⅰb2

285

第Ⅳ部　モヨロ貝塚出土のオホーツク土器（資料編）

図版番号	大場論文の番号 1)	所蔵先・資料番号 2)	目録 No. 3)	口径 4)	頸部径 4)	胴部径 4)	底部径 4)	器高 4)	くびれ度 5)	縦横比 6)	外面調整（ナデもしくはミガキの痕跡）7)	内面調整（ナデもしくはミガキの痕跡）7)	器形分類 8)	肥厚帯の有無 8)	口縁部施文位置 8)	口縁部文様分類 8)	口縁部文様説明 8)	胴部文様 8)	胴部文様説明 8)	備考	型式分類 8)
25	B57	56	920	15.9	13.7	13.9	7.4	14.5	0.986	1.043	口縁部～胴部上半:横のナデ、胴部下半:横のナデ（一部はミガキの痕跡）F 下半:横のミガキ	上半:横のナデ、下半:縦のミガキの痕跡	横長	1段	面	刻斜	刻文(斜)、肥厚帯に線にも図示した部分にのみ刻文(斜)	無			I b2
26	B56	72	954	(11.3)	8.7	12.7	4.4	(13.0)	0.685		上半:横のミガキ	横のナデ		1段	F縁	刻斜	卵突文	貼	粘土凹繩帯(のわりのあり)＋貼繩文(現在4+、おそらく未来は13+)、シンジワの深い沈繩文		I b2
27	B68	79	1038	9.2	7.9	9.4	5.1	10.4	0.840	1.106	上半:横のミガキ、下半:縦のミガキ（一部はミガキ）	口縁部:横のナデ、頸部以下:斜めのナデ	横長	1段	面	爪	肥厚帯の土器上 F 爪形文(1指)	沈	細く幅の広い沈繩文(摩擦式沈繩文に近い)×2条、沈繩文爪形に爪形文(1指)×2列、沈繩文間にも爪形文(1指)		I b2
28	B76	96	1045	8.6	7.4	8.9	5.3	9.4	0.831	1.056	口縁部:横のミガキ、下半:縦のミガキと横のミガキ	口縁部:横のミガキ、頸部以下:横のナデ	横長	1段	F縁	刻斜	刻文(斜)、肥厚帯下に刻文	沈	2段にわたり、ハの字状の沈繩文2段のハの字状刻文と沈繩文の下に一単位とし、各個の両端に円形刻繩文を施し、横のモチーフを施した沈繩文		I b2
29	B21	37	1014	21.5	17.7	20	9.1	21	0.885	1.050	横のナデ	横のナデ	横長	1段	面	爪	爪形文(1指)×2列	貼	粘土凹繩帯(刻文)×2列、間に横繩文(4+)		I b2
30	B19	35	938	(13.9)	10	23.6	9	25.5	0.424	1.081	口縁部:上半:横のナデ、下半:縦のミガキ	横のナデ	横長	1段	面	型	爛繩文(4条)×3列	貼	貼繩文(7+)、間に爛横文×4列		I b2
31	B49	60	1023	13	10.5	11.6	6.5	13.1	0.905	1.129	横のナデ（一部はミガキ）	横のナデ	横長	無	面	刻斜	刻文(斜)	無			I c
32		155	1070	13	11.2	11.6	5.2	13.7	0.966	1.181	横のナデ	横のナデ	横長	無	面	刻斜	刻文(横)	無			I c
33	B55	68	1029	12.2	10.9	12.6	6.3	12.7	0.865	1.008	口縁部:横のナデ、頸部:縦のミガキ、下半:横のミガキ	口縁部:横のナデ、頸部以下:横のナデ	横長	無	面	刻	刻文(ハの字)	刻	刻文(ハの字)を一組に施した繩文(5組)が現れ)		I c
34	B63	71	922	11.4	10.1	10.7	5.5	10.5	0.944	0.981	上半:横のナデ、下半:縦のミガキ	横のナデ	横長	無	面	刻斜	刻文(ハの字)	無			I c
35	B53	77	1036	11.9	10.7	11.9	6.2	12.8	0.899	1.076	胴部:横のナデ、胴部:縦のミガキ	横のナデ	横長	無	面	刻斜	刻文(斜)	沈	底部の外面にスス痕あり		I c
36		198	1098	11.5	10.1	11.5	5.6	12	0.878	1.043	口縁部:横のナデ、胴部:縦のミガキ	横のナデ	横長	無	面	刻斜	刻突文	沈			I c
37	B40	196	1096	(11.2)	9.4	13.2	7	14.7	0.712	1.114	口縁部:横のナデ、胴部:縦のミガキ、横のミガキ	横のナデ	横長	無	面	刻斜	刻文(円形)	貼	貼繩文(4+)	(M.F 2)の注記あり	I c
38	B78	55	951	14.2	12.5	17.3	7.5	15.1	0.723	0.873	横のナデ	横のナデ	横長	無	面	刻斜	刻文(横)×2列	貼	三叉状の形の貼繩文(4+)	胴文変の施文例(矢羽状)	I c
39	B112	102	1050	9.3	8.1	10.2	5.8	9.1	0.794	0.892	胴部:横のナデ、頸部:縦のミガキ（一部はミガキ）	横のナデ	縦長	無	面	刻斜	刻文(縦)	貼	横長の貼付文(刻文)(斜)	貼文の施文例(縦文に斜)	I c
40	B62	33	1012	26.4	21.9	23.5	10	26.2	0.932	1.115	上半:横のナデ、下半:縦のミガキ	口縁部:横のナデ、頸部以下:横のナデ	横長	無	面	刻斜	刻文(斜)、2条ある)	貼	横長の貼付文、2条	大場番号の記載がない	I c
41	B79	76	1035	(11.1)	9.6	10.8	4.9	10.9	0.889	1.009	口縁部:横のナデ（頸部:縦)一部はミガキ、下半:縦のミガキ	横のナデ	横長	無	面	刻斜	刻文(斜)	沈	「ハの字状文で一組に施した繩文と刻文の胴文変文例にしたモチーフ17組にみとなるモチーフ	大場番号は未記載だが B75と	I c
42	B72	116	928	(7.9)	6.9	7	5.1	7.8	0.986	1.114	横のナデ	上半:横のナデ、下半:縦のナデ(正し)	横長	無	面	沈	刻文(横)、太く浅い沈繩式摩擦文	無			II a
43	B57	100	1048	9.3	8	8.3	4.9	10.5	0.964	1.265	横のナデ	上半:横のナデ、下半:斜めのナデ(斜め)	縦長	無	面	沈	沈繩×刻文(短い)×2列、口縁外縁にも刻文(斜め)	沈			II a
44	B57	66	1028	9.5	9.1	10.7	7.1	13.1	0.850	1.221	下半:縦のミガキ	横のナデ	横長	無	面	沈	沈繩×2条、同に刻文	沈			II a
45	B57?	101	1049	8.4	7.4	8.8	4.8	10.4	0.841	1.182	胴部:横のナデ、下半:縦のミガキ	口縁部:横のナデ、頸部以下:横のナデ	横長	無	面	沈	沈繩×2条、同に刻文変文	沈	沈文を3条、上から1本目と2条目の間に横繩文、2本目と3本目の間に繩文(横)	大場番号は未記載だが B75と思われる	II a
46	B73	105	1051	(9.1)	(7.6)	(8.9)	(5.4)	9.1	0.677		横のナデ	横のナデ	横長	無	F縁	沈	肥厚帯の上下に沈繩文	貼	の(手状の貼付文(刻文)×条)	土器4　Ⅲ　1120)の注記あり	II a
47	B71	88	962	7.8	6.5	9.6	4.6	11.3		1.17	上半:横のナデ、下半:縦のミガキ	横のナデ	横長	1段	F縁	沈	肥厚帯の下縁に沈繩文	沈	沈繩×2条、同に繩み		II a
48	B87	85	1039	(12.4)	(10.9)	12.8	8.6	12.6	0.984	0.984	口縁部:横のナデ（頸部:縦)一部はミガキ、胴部:斜めのミガキ	横のナデ（一部はミガキ）	横長	無	面	沈	2～3条の太く浅い沈繩式摩擦文	沈	1～2条の太く浅い沈繩式摩擦文		II a

第1章　市立函館博物館所蔵のモヨロ貝塚出土オホーツク土器

図版番号	大場論文の番号(1)	所蔵資料番号(2)	目録No.(3)	口径(4)	頸部径(4)	胴部径(4)	底部径(4)	器高(4)	くびれ度(5)	縦横比(6)	外面調整（ナデもしくは（ミガキ）ハケ等の痕跡）(7)	内面調整（ナデもしくは（ミガキ）ハケの痕跡）(7)	器形分類(8)	肥厚所の有無(8)	口縁部施文位置(8)	口縁部文様分類(8)	口縁部文様説明(8)	胴部文様(8)	胴部文様位置(8)	胴部文様説明(8)	備考	型式分類
49		200	1099	13.3	11.4		7.5	14	0.877	1.077	横のナデ	口縁部：横のナデ	横長	無	沈	沈	2条のくびき沈線による横位浮文	沈		2本一組の太い沈線による山形のオホーツク（6組）。沈線間には刻状突文		IIa
50	B52	75	1034	11.1	10.1	11.3	8.1	13	0.894	1.150	上半：横のナデ一部はミガキ、下半：縦のナデ	横のナデ	横長	無	面	沈	刻文（鋸）、沈線文2列	貼組		貼付縄文（1К、粒状を不可）		IIb
51	B33	108	968	7.1	6	8.4	4.8	11.8	0.714	1.405	上半：横のナデ、下半：縦のナデ	口縁部～頸部：横のナデ	縦長	1段	無	無	無文	無		無		IIIa
52		51	948	(12.3)	(10.5)	(13.7)	4.8	10	0.938	1.235	上半：横のナデ一部はミガキ、下半：縦のナデ一部はミガキ	上半：横のナデ	縦長		無	無	無文	無		無	胴部下半の大半は欠損	IIIa
53	B89	92	1041	8.9	7.6	8.1	(3.3)	(11.5)	0.851		上半：横のナデ一部はミガキ、下半：縦のナデ一部はミガキ	上半：横のナデ		1段	無	無	無文	無		無		IIa
54	B98	63	1025	8.7	8	9.4	4.8	10	0.945	1.212	上半：横のナデ一部はミガキ、下半：縦のナデ一部はミガキ	口縁部：横のミガキ、頸部：横のナデ、胴部：縦のナデ		1段	無	無	無文	無		無	外面に赤色顔料による着色？	IIIa
55	B17	38	1015	23.6	20.5	21.7	9.6	26.3	0.945	1.212	上半：横のナデ一部はミガキ、下半：縦のナデ一部はミガキ	上半：横のナデ	縦長	1段	無	無	無文	貼組		貼組縄文（現存あり、本来はそらくナ）	「土器22。III 1120 の注記あり、底面は乾燥後に写孔されている」	IIIa
56		202	1101	(15.6)	13.2	(14.4)	7.9	17.4	0.861	1.059	口縁部～頸部：横のナデ、頸部以下：縦のナデ一部はミガキ	上半：横のナデ	縦長	1段	無	無	無文	無		無		IIIa
57	B96	73	1032	9.5	8.7	10.1	6.4	10.7	0.861	1.059	口縁部：横のナデ、頸部：横のナデ	上半：横のナデ、下半：縦のナデ	横長	2段	無	無	無文	無		無		IIIa
58	B103	113	926	7.2	6.6	7.3	6.6	6.6	0.904	0.904	口縁部：横のナデ、頸部：横のナデ	上半：横のナデ、下半：縦のナデ	横長	1段	無	無	無文	無		無		IIIa
59	B97	70	1031	(10.9)	(8.6)	(9.2)	6.4	12.5	0.966	1.159	口縁部・頸部：横のナデ、胴部：ヨコミガキ	胴部下半：縦のナデ		無	無	無	無文	無		無		IIIb
60	B31	48	1017	15.9	14	14.5	7.9	16.8	0.966	1.159	上半：横のナデ、下半：縦のナデ	上半：横のナデ、下半：縦のナデ	横長	無	無	無	無文	無		無		IIIb
61	B32	50	1019	17	15	15.8	9.9	17.1	0.949	1.082	上半：横のナデ、下半：縦のナデ	上半：横のナデ、下半：縦のナデ	横長	無	無	無	無文	無		無		IIIb
62	B88	62	921	11.2	10.5	11.1	7.3	11.1	0.946	1.000	頸部：横のナデ、下半：縦のナデ	口縁部：横のナデ	横長	無	無	無	無文	無		無	外面に薄い調整痕あり	IIIb
63	B92	95	1044	7.4	7.8	8.6	5	8.4	0.977	0.977	上半：横のナデ	上半：横のナデ	縦長	無	無	無	無文	無		無		IIIb
64	B81	109	969	(5.7)	4.5	7.9	3.2	11	0.570	1.392	上半：横のナデ、下半：斜めのナデ	上半：横のナデ、下半：斜めのナデ	縦長	無	無	無	無文	貼組		貼組縄文（7ヶ）		IIIb
65	B64	74	1033	11	10.3	10.7	6.2	10.6	0.963	0.991	上半：横のナデ、下半：斜めのナデ		横長	無	無	無	無文	沈		沈線×2条	（M.F.3の注記あり（「F」の文字は「F」の可能性もある。）	IIIb
66		188	1089	6	5.4	6.4	4.8	6.6	0.844	1.031	上半：横のナデ一部はミガキ		横長		無	無	無文	無		無		IIIb
67	B58	89	963	9.9	8.9	11.5	5.5	13.6	0.774	1.183	上半：横のナデ、下半：縦のナデ	上半：横のナデ、下半：斜めのナデ	横長	無	面	貼組	貼付縄文（?）	貼組		貼組縄文（9ヶ?）、刻文（斜）	貼組文については口縁部・胴部ともに剥げ落ちる復元としたが正確な数は不明。	IIIb（例外）

(1)「大場論文の番号」は、大場利夫 (1956)「モヨロ貝塚出土のオホーツク式土器」の図版や「土器実測表」等に記載された「土器番号」であり、資料に付された注記等の番号を転載した。今回掲載した資料は全て「B」から始まる番号の土器であり、「C」から始まる資料は実測していない。番号の末尾に「?」を付けた資料は、土器にB番号の注記等は付されていなかったが、筆者が大場論文の図と対照して該当例を推定したものである。一方、空欄となっているのはB番号の注記等がなく、大場論文に該当する例を確認できなかった資料である。この「土器番号」が不明の資料については、本文の注2）でも述べたとおり、大場論文には掲載されていない資料である可能性が考えられる。

(2)「所蔵先資料番号」は、市立函館博物館編集 (1983) の目録に掲載された「資料番号」で、資料に付された注記等の番号を転載した。

(3)「目録 No.」は、市立函館博物館編集 (1983) の目録に掲載された「No.」である。一部の資料にはこの No.の注記が付されているものもあったが、大半の例は前述注2）の「資料番号」を台帳と対照し、該当する番号を転載した。

(4) 土器の計測値については、欠損のため推定値となるものには括弧を付した。完全に欠損しているものは空白とした。

(5)「くびれ度」は、頸部径÷胴部径の値である。

(6)「縦横比」は、器高÷胴部径の値である。

(7)「調整」については、土器の内面と外面に残されたナデもしくは（ミガキ）ハケの痕跡について観察所見を掲載した。痕跡が認められなかった例、観察できなかった例については空欄とした。「上半」・「下半」は胴部最大径の部分を境とした区分である。欠損や内面に目が届かないなどの理由で観察できなかった箇所については第II部第2章の記載を参照されたい。

(8) 器形・肥厚帯・文様等の分類については第III部第2章の記載を参照されたい。

第Ⅳ部　モヨロ貝塚出土のオホーツク土器（資料編）

第2章　北海道立北方民族博物館所蔵のモヨロ貝塚出土オホーツク土器

第1節　はじめに

　前章の「児玉コレクション」に続き、本章では北海道立北方民族博物館が所蔵するモヨロ貝塚出土オホーツク土器の実測図や諸属性の一覧を公開し、第Ⅱ部第2章で分析に用いたデータを開示することにしたい。

　今回、新たに資料の閲覧と実測図等の作成・公開を許可していただいたのは、北海道立北方民族博物館が所蔵する米村喜男衛らの調査資料を主体とした完形土器の一部である。筆者の非力さの故、やはり所蔵されている資料の全てを紹介することは不可能であったため、本章でも刻文系土器・沈線文系土器の掲載を優先することとした。ただしここでは貼付文系土器も僅かではあるが掲載している。本章の目的は前章と同じで、道東部の貼付文系以前のオホーツク土器について型式編年の基礎となる資料を提供し、研究を前進させることにある。

第2節　資料の概要

　北海道立北方民族博物館が所蔵するモヨロ貝塚出土のオホーツク土器は、角達之助（角2008）によれば完形のものが52点あるとされており（注1）、それらの土器は同貝塚出土の骨角器や石器とともに、同館の開館時に寄贈されたものと報告されている。

　これらの土器に関しては、網走市立郷土博物館によって1986年に刊行された、同館収蔵のモヨロ貝塚出土資料を集成した資料目録（網走市立郷土博物館編1986）との対照が可能である。目録によれば、刊行時に網走市立郷土博物館が所蔵していたモヨロ貝塚出土考古資料全体の点数は、土器以外のものも含めて12633点とされている。そのうちオホーツク土器は破片資料を含めて2065点となっており、さらにその中で完形並びに「一部欠」とされた器形復元土器の個体数は94個体とされている。北方民族博物館に収蔵されている52点の完形土器のうち、角の論文に掲載されている49点については全てこの資料目録との対照が可能である。残りの3点については未確認であるが、おそらく同館所蔵の52点は全て網走市立郷土博物館の目録に掲載されている資料であって、それらが寄贈されたものと思われる。

　これら52点の土器の由来であるが、1986年の目録には資料の由来に関する情報は掲載されておらず、また資料そのものへの注記などにも手がかりとなる情報は記載されていないため、出土年次や出土位置などについては不明とせざるを得ない。ただし一部の土器については、米村喜男衛が著した『モヨロ貝塚資料集』（米村1950）の図版に掲載された土器との対照が可能であり（注2）、これら52点の土器は『モヨロ貝塚資料集』掲載の遺物を主体として構成されているものであることは疑いない。ちなみにこの資料集に掲載された土器は全てモヨロ貝塚の「第一地点」出土とされており、今回紹介する土器も、同書

288

との対照ができなかったものも含めて多くは第一地点から出土した資料である可能性が高い。

網走市郷土博物館の目録に掲載された2065点のオホーツク土器の全容については、今回の調査でも詳細を把握できていないため不明な部分も多い。角の論文の表や目録掲載の図版を見る限りでは、少なくとも完形土器については刻文系土器がやや多いように感じられるものの、刻文系から貼付文系までの各型式が含まれているようであり、確認できた範囲の中では特定の型式への極端な偏りは認められなかった。

今回、本章では北方民族博物館の所蔵する完形土器52個体のうちの27点についてについて観察とデータ収集をおこない、うち16点について実測図を作成した（注3）。同館所蔵の完形土器のうちの約3割について実測図を公開することになる。調査対象としては第Ⅱ部第5章の編年（図86）でいう刻文期と沈線文期の資料を優先したが、貼付文期の資料も2点実測している。なお、観察した土器の遺存状態についてみると、1点（図114-1）を除き、やはり割れや欠損のほとんどない完形土器か、底部のみ欠損し胴部以上では割れや欠損がほとんどない復元土器かのいずれかであった。前章の「児玉コレクション」の資料と同様、本コレクションの調査対象土器も、多くは墓の副葬土器であった可能性が高い。

第3節　資料の分類と所見

1．土器の分類について
　実測図の掲載については目録の収蔵番号や整理番号の順ではなく、前章と同様、第Ⅱ部第2章の分類に従うこととする。分類の説明が前章と重複する部分も多いが、省くと分類基準がわかりくくなるため再度掲載しておく。分類と編年の詳細は第Ⅱ部第2章を参照されたい。

2．所見
　図114～図118に掲載した土器の詳細なデータについては表31に示した。

a）Ⅰ群土器（口縁部に刻文系文様を有する土器）
　Ⅰ群土器は口縁部に刻文系文様を有する土器である。Ⅰ群a類、Ⅰ群b1類、Ⅰ群b2類、Ⅰ群c類、Ⅰ群d類の5種に細別している。

Ⅰ群a類（図114）は以下の特徴を有する土器である。器形は「縦長」（器高/胴部最大径の比が1.2以上）で、口縁部に1段の肥厚帯を有する。口縁部文様は肥厚帯の下縁部に施され、胴部文様には細い紐状の貼付文系文様、粘土帯、貼瘤文、沈線文を含まない。図114-1・2はいずれもこの条件を全て満たす土器である。1は土器の上半部を中心に全体の2/5程が欠損しており、胴部下半の外面は表面が剥落している部分が多い。

1群b1類（図115-3～図116-8）を含むⅠ群b類の特徴は以下のようになる。

　すなわち、口縁部に肥厚帯を有する土器のうち、Ⅰ群a類と後述のⅠ群d類を除いたものがⅠ群b類となる。様々な内容の土器を含むが、器形をもとに、「縦長」の1群b1類と「横長」の1群b2類に細別する。

第Ⅳ部　モヨロ貝塚出土のオホーツク土器（資料編）

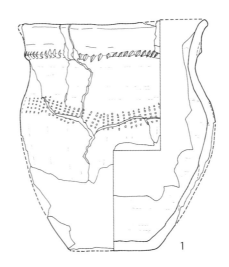

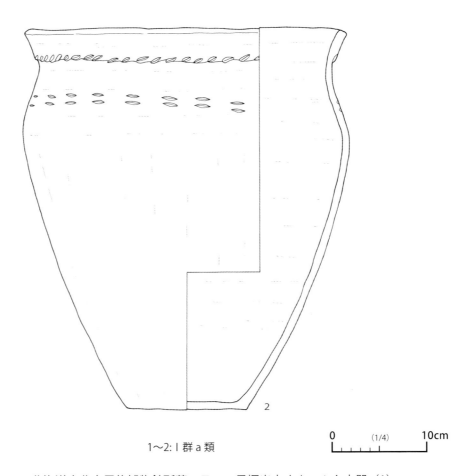

1〜2: I群a類

図114　北海道立北方民族博物館所蔵のモヨロ貝塚出土オホーツク土器（1）

第 2 章　北海道立北方民族博物館所蔵のモヨロ貝塚出土オホーツク土器

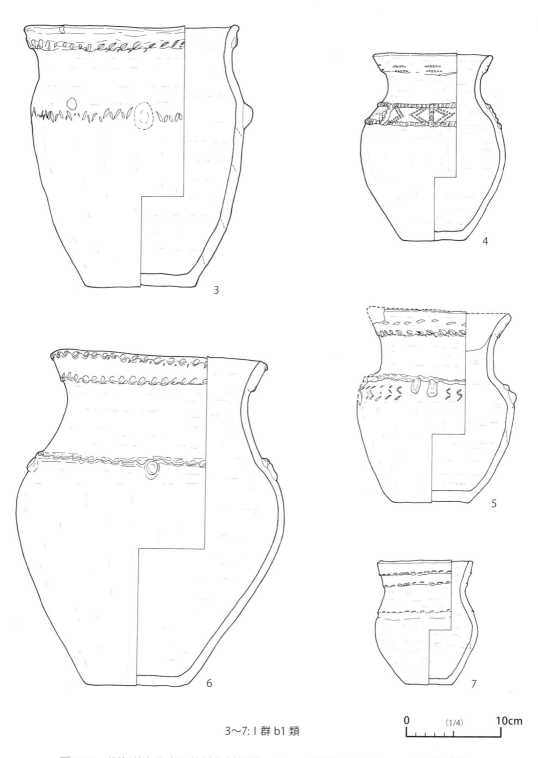

3〜7: I 群 b1 類

図 115　北海道立北方民族博物館所蔵のモヨロ貝塚出土オホーツク土器（2）

第Ⅳ部　モヨロ貝塚出土のオホーツク土器（資料編）

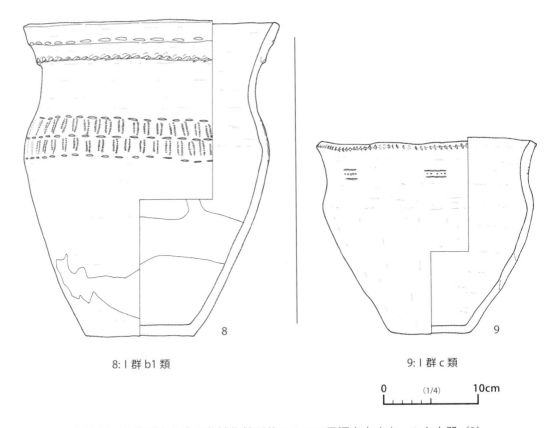

8：Ⅰ群 b1 類　　　　　　　　　　　　9：Ⅰ群 c 類

図 116　北海道立北方民族博物館所蔵のモヨロ貝塚出土オホーツク土器（3）

　Ⅰ群 b1 類の器形は「縦長」で、口縁部に 1 段・突帯・ 2 段のいずれかの肥厚帯を有する。口縁部文様は肥厚帯の下縁部以外の位置にも文様が付加される例を含む。胴部文様要素は粘土帯や貼瘤文が付加される例を含む。図 115- 3 は胴部文様のみが Ⅰ群 a 類とは異なる土器で、胴部文様には刻文のほかに貼瘤文が付加されている。図 115- 4 ～ 6 は 1 段の口縁部肥厚帯の下縁とそれ以外の部位（肥厚帯上縁など）に刻文系文様を施した土器である。胴部文様は、 4 は粘土帯と櫛歯文、 5 は粘土帯と貼瘤文と刻文、 6 は粘土帯と貼瘤文である。図示していないが、 4 の胴部下半には土器の焼成後に穿たれた長さ 4 cm、幅 2 mm 程の貫通孔がある。鋭い刃物のようなもので削られたものであろうか。図 115- 7 と図 116- 8 は口縁部に 2 段の肥厚帯を有しており、各肥厚帯の下縁に刻文系文様が施文されている。 7 の胴部文様は太く浅い沈線と爪形文である。
　Ⅰ群 b2 類は、器形が「横長」になる点以外は Ⅰ群 b1 類と同じ特徴となる。実測図を掲載した資料には該当例がない。
　Ⅰ群 c 類（図 116- 9 ）は、口縁部に肥厚帯を持たない土器である。器形は「横長」となる例が典型的であり、図 116- 9 の例も「横長」である。この例では、口唇部外縁に刻文が施されており、その下部には 2 本

第2章 北海道立北方民族博物館所蔵のモヨロ貝塚出土オホーツク土器

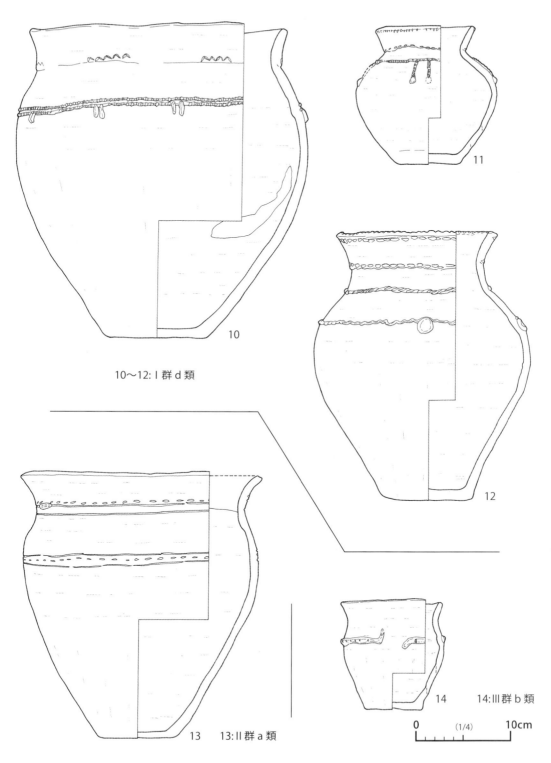

図117 北海道立北方民族博物館所蔵のモヨロ貝塚出土オホーツク土器（4）

第Ⅳ部　モヨロ貝塚出土のオホーツク土器（資料編）

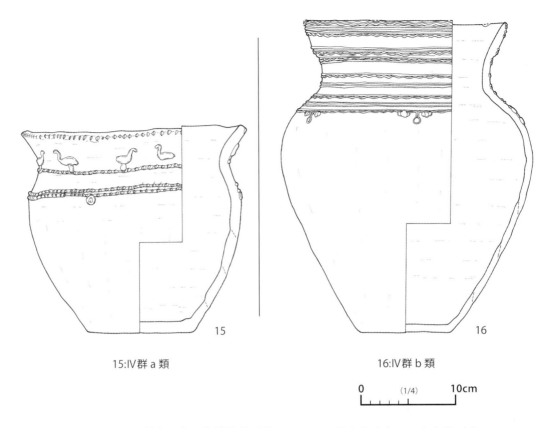

15:Ⅳ群 a 類　　　　　　　　　　　16:Ⅳ群 b 類

図 118　北海道立北方民族博物館所蔵のモヨロ貝塚出土オホーツク土器（5）

の沈線とその間の列点文を単位とする文様が合計8単位巡っている。

Ⅰ群 d 類（図117-10〜12）は、口縁部の刻文系文様に加えて、口縁部もしくは胴部の文様に細い紐状の貼付文系文様（以下、「貼細系」文様と略）を有する土器である。図117-10〜12はいずれも口縁部に一段の肥厚帯を有し、口縁部には刻文系文様、胴部には「貼細系」文様を有する例である。器形は10と11が「横長」、12は「縦長」である。

b）Ⅱ群土器（口縁部に沈線文系文様を有する土器）

Ⅱ群土器は口縁部に沈線文系文様を有する土器である。これらⅡ群土器については、「貼細系」文様を併存しない a 類と、併存する b 類の2種に細別する。

Ⅱ群 a 類（図117-13）は口縁部もしくは胴部文様に「貼細系」文様を含まないものである。図117-13の例は、器形が「横長」で口縁部の肥厚帯は無く、口縁部と胴部のそれぞれに沈線文と刻文を組み合わせた文様が巡っている。

Ⅱ群 b 類は口縁部もしくは胴部文様に「貼細系」文様を含むものであるが、今回紹介する資料には該当例がない。

294

c) Ⅲ群土器（口縁部が無文の土器）

　胴部文様の有無にかかわらず、口縁部が無文となるものをⅢ群に分類している。これらⅢ群土器については、口縁部肥厚帯を持つものをa類、口縁部肥厚帯を持たず胴部文様に「貼細系」文様を含まないものをb類、口縁部肥厚帯を持たず胴部文様に「貼細系」文様を持つものをc類に細別している。

　Ⅲ群a類は口縁部肥厚帯を有する土器である。「縦長」の器形で胴部文様も無文となる例が基本となる。実測図を掲載した資料には該当例がない。

　Ⅲ群b類（図117-14）は、口縁部肥厚帯がなく、胴部文様に「貼細系」文様を持たない土器である。図117-14の例は器形が「横長」で、胴部には両端が屈曲する粘土帯が2単位施されている。

　Ⅲ群c類は口縁部肥厚帯がなく、胴部文様に「貼細系」文様を持つ土器である。今回紹介する資料には該当例がない。

d) Ⅳ群土器（口縁部に細い紐状の貼付文系文様を有する土器）

　Ⅳ群土器は口縁部に「貼細系」文様を有する土器である。貼付文の文様意匠の単位などをもとにa類とb類の2種に細別している。

　Ⅳ群a類（図118-15）は、貼付文の文様意匠の単位（宇田川・熊木編2001:84）が1本単独のみで構成され、貼付文上には刻みなどの施文が施されるものである。文様意匠の単位が1本単独のみであっても貼付文上に施文がない例はⅣ群b類に含める。図118-15の例は、器形は「横長」で口縁部肥厚帯はなく、口縁部と胴部に刻み目のある紐状の貼付文が施されている。胴部の貼付文は2本一組であり、その点からいえばこの土器はⅣ群b類に含めるべきであろうが、口縁部肥厚帯などの属性にはⅣ群b類よりも古手の特徴が多くみられるため、ここではⅣ群a類の例外的なものとして扱っておく。口縁部には水鳥を模したとみられる2ヶ一組の貼付文が5組施文されている。

　Ⅳ群b類（図118-16）は、口縁部に「貼細系」文様を有する土器のうち、Ⅳ群a類を除いたものである。すなわち、2本以上の貼付文を一単位とする文様意匠を含む例や、刻み目などの施文のない貼付文（宇田川・熊木編2001で施文Pとしたもの）を含む例は全てⅣ群b類に含まれる。図118-16は、「縦長」の器形で一段の口縁部肥厚帯を有し、7本を一組とする貼付文が口縁部上端に、口縁部下縁には3本一組とする貼付文が2組施されている、胴部文様には2本を一単位とする貼付文が5組巡らされ、胴部文様の下縁には粒状の貼付文からなる意匠が付加されている。

3．型式編年と資料点数

　表31には、図114〜図118に実測図を掲載した資料16点に加えて、実測図は作成せず観察のみをおこなった11点の資料の属性データも掲載してある。その11点の内訳は、Ⅰ群b類3点、Ⅰ群b2類1点、Ⅰ群c類3点、Ⅱ群a類1点、Ⅲ群a類2点、Ⅲ群b類1点となる。

　筆者が設定した細別型式の型式編年と、今回紹介した資料について各時期の資料点数の内訳をまとめておこう。

　刻文期前半：Ⅰ群a類（2点）〔計2点〕

　刻文期後半：Ⅰ群b1類（9点）・Ⅰ群b2類（1点）・Ⅲ群a類（2点）〔計12点〕

第Ⅳ部　モヨロ貝塚出土のオホーツク土器（資料編）

　沈線文期前半：Ⅰ群 c 類（４点）・Ⅱ群 a 類（２点）・Ⅲ群 b 類（２点）〔計８点〕

　沈線文期後半：Ⅰ群 d 類（３点）・Ⅱ群 b 類（該当なし）・Ⅲ群 c 類（該当なし）〔計３点〕

　貼付文期前半：Ⅳ群 a 類（１点）〔計１点〕

　貼付文期前半：Ⅳ群 b 類（１点）〔計１点〕

第４節　おわりに

　前章と同様、ここで紹介した土器群は、筆者の編年でみると「刻文期」の後半から「沈線文期」の前半にかけての資料が中心となる。これらの資料も前章で紹介したコレクションと同様に、オホーツク土器の展開過程や地域間の型式交渉を考察する上できわめて重要なものとなるであろう。

　しかしながら、ここで紹介できたのは北方民族博物館に所蔵されているモヨロ貝塚出土オホーツク土器の約３割程度であり、またそれは網走市立郷土博物館の資料目録に掲載された資料の全体からすればごく一部に止まっている。前章と同様、このようなかたちでの資料紹介となってしまったのは筆者の力不足が理由であり、今後もデータの整備を継続できればと考えている。

注

（１）角によれば 52 点のうち 42 点は北方民族博物館の常設展示で公開されており、その資料の一部については同館発行の図録に写真が掲載されている（北海道立北方民族博物館編 1993：図版 55）。

（２）表 31 に示したとおり、今回データを掲載した 27 点中の 14 点については『モヨロ貝塚資料集』の図版との対照が可能であった。

（３）資料の調査は 2003 年 3 月に北海道立北方民族博物館で実施し、筆者が実測図を作成した。調査に際し、角達之助、笹倉いる美の両氏をはじめとする北方民族博物館の方々には多大なご協力をいただいた。記して謝意を申し上げます。

第2章　北海道立北方民族博物館所蔵のモヨロ貝塚出土オホーツク土器

表 31　北海道立北方民族博物館所蔵モヨロ貝塚出土オホーツク土器　属性一覧表

図版番号 1)	収蔵番号 1)	目録整理番号 2)	資料集図版 3)	口径	頸部径	胴部径	底部径	器高	くびれ度 4)	縦横比 5)	外面調整（ナデもしくはミガキ以外の痕跡）6)	内面調整（ナデもしくはミガキ以外の痕跡）6)	器形分類 7)	胴屈曲帯の有無 7)	口縁部施文位置 7)	口縁部文様分類 7)	口縁部文様説明 7)	胴部文様 7)	胴部文様説明 7)	備考	型式分類
1	I-1929	88		20.1	17.4	20.6	9.3	25.2	0.845	1.223	横のナデ	横のナデ	縦長	1段	下縁	刻斜	刻文(斜)	刻	櫛歯文(5個)		Ia
2	I-448	43		34	30.9	34.5	12.7	41.7	0.896	1.209	上半:横のミガキ、下半:縦のナデ、下半:縦のナデ	横のナデ	縦長	1段	下縁	刻斜刻	刻文(斜)	刻	刻文(斜)(2本一組)	[B11]の注記、[H108]の注記ジ一ルあり	Ia
3	I-067	58		22.7	20.4	22.6	11.8	28.7	0.903	1.270	上半:横のナデ、下半:縦のナデ	横のナデ	縦長	1段	下縁	爪2	爪形文(2指)	貼細	刻文(ハの字)+貼幅文(4帯)(2)	[103]の注記ジ一ルあり	Ib1
4	I-06	5		12.6	9.8	15.3	6.7	20.5	0.641	1.340	口縁部:横のナデ、頸部:横のミガキ、胴部上半:縦のナデ、胴部下半:縦のナデ	口縁部:横のナデ、頸部:横のナデ、胴部下半:縦のナデ	縦長	1段	面	型	2〜一組の鋸歯文(6個)×10個	貼太	2〜一組の鋸歯文(6個)×2列、胴縁部同同一条の貼付後に付けられたとみられる刃物で割いたような細長い貫通孔あり	[G102]、[2↓]の注記ジ一ルあり、胴部下半に、焼成後(刻文あり)	Ib1
5	I-038	35	26-1	15.3	11.8	16.6	7.9	21.5	0.711	1.295	上半:横のナデ、下半:縦のナデ後、縦のナデ	横のナデ	縦長	1段	面	爪2	爪形文(1指)、爪形文(2指)	貼太	粘土堆積帯(ひねり文(斜))×2、2〜一組の貼帯文(3個)、刻文(斜)×3列	[考421]、[H126]の注記ジ一ルあり	Ib1
6	I-045	40		22.8	19	28.4	11	36.7	0.669	1.292	横のナデ、下半:縦のナデ	横のナデ	縦長	1段	面	爪2	爪形文(2指)×2列	貼太	粘土堆積帯(ひねり文あり)+貼幅文(5↓)	[考802]の注記ジ一ルあり	Ib1
7	I-014	13		10.2	8.5	10.8	5	13.5	0.787	1.250	横のナデ、下半:縦のナデ	横のナデ	縦長	2段	面	爪1	爪形文(1指)×2列	刻	太い円圏文・その上部シ一状に爪形シ一あり	[考638]、[G101]の注記ジ一ルあり	Ib1
8	I-444	73	30-1	27.1	22.6	26	11.5	34.6	0.869	1.331	横のミガキ	上半:縦のミガキ、下半:不明	横長	2段	面	刻斜	刻文(横)、刻文(2指)	刻	刻文(横)×3列、同(2)2〜一組の櫛歯文(8個)	[186]、[788]の注記ジ一ルあり	Ib1
9	I-442	39	36-6	23.3	21.3	22.2	8.4	21.4	0.959	0.964	上半:横のナデ・ミガキ、下半:縦のナデ(一部は縦のナデ)	横のナデ	横長	無	面	刻斜	刻文(斜)、2本の短い斜線とその間の列点文を単位とする文様(8単位)	無		[考812]の注記ジ一ルあり	Ic
10	I-446	41		27.3	25.8	31	10.8	34.1	0.832	1.100	上半:横のナデ(頸部の一部と横のナデ)、下半:横のナデ、下半:横のナデ	横のナデ	横長	1段	面	刻へ	刻付文(2K、2本一組の爪状文単位)	貼細	貼付文(2K、2本一組の爪状文単位)、貼付文9個付加	[考790]、[288]の注記ジ一ルあり	Id
11	I-013	12	31-1	10.5	8.5	15	6.8	15	0.567	1.000	上半:横のナデ、胴部の一部:横のミガキ、下半:横のナデ	横のナデ	横長	1段	面	刻斜	刻文(斜)、爪形文(1指)	貼細	貼付文を付加(刻文あり)と2〜の先状文単位を同単位しさせている	[考623]、[G6]の注記ジ一ルあり	Id
12	I-041	38	33-1	17	13.9	23	9.6	29.6	0.604	1.287	横のナデ、下半:縦のミガキ	横のナデ	縦長	1段	面	刻斜刻	刺突×2列、1列前の円圏に刻文	貼細	刻付文(1K・1H)+貼幅文(2列)単位に	[考810]、[173]の注記ジ一ルあり	Id
13	I-069	59		25.6	22	24.9	8.3	29	0.884	1.165	上半:横のナデ・ミガキ、下半:縦のナデ	横のナデ	横長	無	面	刻斜	刻文(横)、波線同に刻文	沈	沈線×2列、波線同に刻文	[179]、[151]の注記ジ一ルあり	IIa
14	I-016	15	21-1	10.8	9.5	10.6	6.1	12.1	0.896	1.142	上半:横のナデ、胴部:縦のナデ、下半:縦のナデ	上半:縦のナデ、下半:縦のナデ(縦のナデ)	横長	無	無	無	無文	無	粘土2単位、刻文あり、両端が細出している	[考619]、[C-2]、[200]の注記ジ一ルあり	IIIb
15	(11858)	70	22	27.8	20.2	22.5	11.3	22.7	0.898	1.009	口縁部:横のナデ、頸部:横のミガキ、胴部:縦のナデ、胴部下半:横のナデ(一部:ミガキ)	口縁部:横のナデ・ミガキ、胴部:横のナデ	横長	1段	無	貼細	貼付文(動物状貼付文を細付文)	貼細	貼付文(2K、ポタン突状付加と貼帯内文を細文2列ら+付加)	[B]の注記ジ一ルあり、注記はない、収蔵番号[11858]に該当するとみられる	IVa（例外）
16	I-01	1	24	21.3	17.6	26.6	9.7	34.1	0.662	1.282	上半:横のナデ、下半:横のナデ(一部:ミガキ)、下半:縦のナデ	横のナデ	縦長	1段	面	貼細	貼付文(7H・3H・3H)	貼細	貼付文(2H、3H+3H〜2H・2H・2H.3H+3H〜一組の先状文付加)	[考643]の注記ジ一ルあり、角[2008の]I-001に該当	IVb
非掲載	I-049	44		6.6	5.8	10.9	4.5	14	0.532	1.284	横のナデ	横のナデ	縦長	1段	下縁	刻斜	刻文(斜)	貼太	粘土堆積帯(刻文(斜)あり)		Ib1
非掲載	I-058	52		25.6	21.2	22.8	9.8	31.2	0.930	1.368	横のナデ	横のナデ	縦長	1段	面	刻斜	刻文、刻文(斜)	貼細	粘土堆積帯(刻文(斜))		Ib1
非掲載	I-073	62	34-1	12	8.5	15.2	7	24	0.559	1.579	上半:横のナデ、胴部:縦のナデ、胴部以下:縦のナデ	横のナデ	縦長	1段	面	爪2	爪形文(2指)	貼太	粘土堆積帯(6↓)		Ib1
非掲載	I-030	29	19-3	12.7	10.6	10.7	5.3	12.3	0.991	1.150	横のナデ	横のナデ	横長	無	面	刻斜	刻文(斜)	無			IIb2
非掲載	I-07	6		10.2	8.3	10	4.9	12.3	0.830	1.230	下半:縦のナデ	横のナデ	縦長	無	面	刻斜	刻文(斜)	沈	2本一組の弧状の沈線(8個)		Ic
非掲載	I-011	10	29-2	14.8	13.9	16.4	7.7	16.4	0.848	1.000	上半:横のナデ(頸部の一部):ミガキ、下半:縦のナデ	横のナデ	横長	無	面	刻斜	刻文(斜)	沈	粘土堆積帯(刻状文あり)、波状沈線文		Ic
非掲載	I-(02)	20	19-1	7.8	7.6	8.9	4.7	11.5	0.854	1.292	横のナデ	横のナデ	縦長	無	無	無	無文	無			Ic
非掲載	I-08	7	26-2	8.3	7.1	9.3	6.4	11.2	0.763	1.204	上半:横のミガキ、下半:縦のナデ	横のナデ	縦長	無	面	無	無文	沈	沈線、上下に刻文文		IIa

第IV部　モヨロ貝塚出土のオホーツク土器（資料編）

図版番号	収蔵番号 (1)	目録整理番号 (2)	資料集図版 (3)	口径	頸部径	胴部径	底部径	器高	くびれ度 (4)	縦幅比 (5)	外面調整（ナデもしくはミガキの痕跡）(6)	内面調整（ナデもしくはミガキの痕跡）(6)	器形分類 (7)	肥厚帯の有無 (7)	口縁部施文(位置) (7)	口縁部文様分類 (7)	口縁部文様説明 (7)	胴部文様 (7)	胴部文様説明 (7)	備考	型式分類
非掲載	I-032	31	36-4	14.9	12	16.7	8	18.6	0.719	1.114	上半:横のナデ・一部はミガキ	横のナデ	横長	1段	無	無	無文	貼瘤	貼瘤文(ヨコ)間に刻文(横)×2列		IIIa
非掲載	I-051	46		7.7	6.3	8.6	4.2	11.6	0.733	1.349	上半:横のナデ・下半:縦のナデの後横のナデ	横のナデ	縦長	1段	無	無	無文	無			IIIa
非掲載	I-054	48		15.4	13.1	19.6	8.3	25.6	0.668	1.306	上半:横のナデ・一部はミガキ、下半:縦のナデ	上半:横のナデ	縦長	無	無	無	無文	無			IIIb

（1）「収蔵番号」は、資料に付された注記等から転載したもので、「収蔵番号」は、網走市立郷土博物館編集（1986）の資料目録に掲載された「収蔵番号」に該当する。図版番号15の（11858）の土器については、「収蔵番号」や次項の「目録整理番号」の注記はなく、「B」の注記のみが付されていたため、筆者が資料目録の図版との対比をおこなってこの番号に該当する資料と推定した。

（2）「目録整理番号」は、網走市立郷土博物館編集（1986）の資料目録に掲載された「整理番号」に該当する番号である。上部に付された「収蔵番号」をもとに筆者が資料目録との対比をおこない、該当する番号を転載した。

（3）「資料集図版」は、『モヨロ貝塚資料集』（米村1950）の図版番号に該当する番号で、筆者が資料の実物と図版の対比をおこない、該当するとみられる番号を転載した。空欄は資料集に該当する資料が見当たらなかったものである。

（4）「くびれ度」は、頸部径÷胴部径の値である。

（5）「縦幅比」は、器高÷胴部径の値である。

（6）「調整」については、土器の内面と外面に残されたナデもしくはミガキの痕跡について観察所見を掲載した。「上半」・「下半」は胴部最大径の部分を境とした区分である。

（7）器形・肥厚帯・文様等については第II部第2章の記載を参照されたい。

引用・参考文献

〈日本語〉

網走市立郷土博物館編　1986　『網走市立郷土博物館収蔵考古資料目録第1集』網走市立郷土博物館

阿部義平　1999　『蝦夷と倭人』青木書店

天野哲也　1977　「極東民族史におけるオホーツク文化の位置（上）」『考古学研究』第23巻第4号、pp.110-121

天野哲也　1978a　「オホーツク文化の展開と地域差」『北方文化研究』第12号、pp.75-92

天野哲也　1978b　「極東民族史におけるオホーツク文化の位置（下）」『考古学研究』第25巻第1号、pp.81-106

天野哲也　1981　「第2章第3節　Ⅰ．土器・土製品について」『香深井遺跡　下』東京大学出版会、pp.308-328

天野哲也　1998　「オホーツク文化の形成と鈴谷式の関係　－礼文島香深井遺跡群を中心に－」『北方の考古学』野村崇先生還暦記念論集刊行会、
　　　pp.367-381

天野哲也　2003a　「オホーツク文化とは何か」『新北海道の古代2　続縄文・オホーツク文化』北海道新聞社、pp.110-133

天野哲也　2003b　『クマ祭りの起源』雄山閣

天野哲也・小野裕子　2002　「オホーツク文化の形成過程　－「十和田式」をさかのぼる－」『サハリンにおけるオホーツク文化の形成と変容・消滅』
　　　北海道大学総合博物館、pp.115-118

天野哲也・小野裕子　2006　「オホーツク文化研究におけるモヨロ貝塚遺跡の意義」『骨から探るオホーツク人の生活とルーツ　予稿集』北海道
　　　大学総合博物館、pp.8-16

天野哲也・小野裕子　2011　「オホーツク集団と続縄文集団の交流」『海峡と古代蝦夷』高志書院、pp.27-34

天野哲也・A.ワシレフスキー編　2002　『サハリンにおけるオホーツク文化の形成と変容・消滅』北海道大学総合博物館

荒生健志　1988　『美幌町文化財調査報告Ⅳ　元町3遺跡』美幌町教育委員会

荒生健志　1994　『美幌町文化財調査報告ⅩⅡ　元町3遺跡』美幌町教育委員会

荒生健志・小林　敬　1986　『美幌町文化財調査報告Ⅱ　元町2遺跡』美幌町教育委員会

荒生健志・小林　敬　1988　『美幌町文化財調査報告Ⅲ　元町3遺跡』美幌町教育委員会

荒川暢雄・種市幸生・内山真澄　1997　『香深井5遺跡発掘調査報告書』礼文町教育委員会

五十嵐国宏　1989　「千島列島出土のオホーツク土器」『根室市博物館開設準備室紀要』第3号、pp.9-37

石井　淳　1997a　「東北地方天王山式成立期における集団の様相（上）　－土器属性の二者－」『古代文化』第49巻第7号、pp.20-33

石井　淳　1997b　「北日本における後北 C_2・D式期の集団様相」『物質文化』63、pp.23-35

石井　淳　1998　「後北式期における生業の転換」『考古学ジャーナル』439、pp.15-20

石川　朗編　1994　『釧路市幣舞遺跡調査報告書Ⅱ』釧路市埋蔵文化財調査センター

石川　朗編　1996　『釧路市幣舞遺跡調査報告書Ⅲ』釧路市埋蔵文化財調査センター

石川　朗編　1999　『釧路市幣舞遺跡調査報告書Ⅳ』釧路市埋蔵文化財調査センター

石田　肇　2013　「北から移動してきた人たち」印東道子編『人類の移動誌』臨川書店、pp.170-181

石附喜三男　1969　「擦文式土器とオホーツク式土器の融合・接触関係」『北海道考古学』第5輯、pp.67-80

石附喜三男　1979　「考古学から見た"粛慎（みしはせ）"」大林太良編『日本古代文化の探求・蝦夷』社会思想社、pp.223-247

石橋次雄・山口　敏・後藤秀彦ほか　1975　『十勝太若月　－第三次発掘調査』浦幌町教育委員会

石本省三　1984　「北海道南部の続縄文文化」『北海道の研究第 1 巻　考古編 I』清文堂、pp.319-354

泉　靖一・曽野寿彦編　1967　『オンコロマナイ』東京大学出版会

井出靖夫・前川　要編　2004　『北東アジア国際シンポジウム　サハリンから北東日本海域における古代・中世交流史の考古学的研究　予稿集』
　　中央大学文学部史学科

伊東信雄　1937　「樺太出土の縄文土器」『文化』第 4 巻第 3 号、pp.99-108

伊東信雄　1942　「樺太先史時代土器編年試論」『喜田貞吉博士追悼記念国史論集』東京大東書館、pp.3-28

伊東信雄　1982　「樺太の土器文化」『続縄文土器大成 5 －続縄文』講談社、pp.150-153

因幡勝雄　1977　「北海道紋別市オムサロ遺跡の住居址と遺物について」『古代文化』第 29 巻第 1 号、pp.42-48

乾　哲也　2011　「厚真の遺跡を支えたもの」『アイヌ史を問い直す（アジア遊学 139）』勉誠出版、pp.57-80

乾　芳宏　1991　「えりも町東歌別遺跡出土の続縄文土器について」『十勝考古学とともに』十勝考古学研究所、pp.55-62

今村啓爾　1977　「称名寺式土器の研究（下)」『考古学雑誌』第 63 巻第 1 号、pp.110-148

今村啓爾　1983　「文様の割り付けと文様帯」『縄文文化の研究 5　縄文土器III』雄山閣、pp.124-150

今村啓爾　1997　「縄文時代の住居址数と人口の変動」『住の考古学』同成社、pp.45-60

上野秀一　1974　「第 6 章第 3 節　土器群について」『札幌市文化財調査報告書　V』札幌市教育委員会、pp.91-99

上野秀一　1992　「北海道における天王山式系土器について　－札幌市 K135 遺跡 4 丁目地点出土資料を中心に」『東北文化論のための先史学歴
　　史学論集』今野印刷、pp.763-808

上野秀一・加藤邦雄編　1987　『K135 遺跡　4 丁目地点　5 丁目地点』札幌市教育委員会

氏江敏文　1995　「『南貝塚式土器』に関するメモ」『北海道考古学』第 31 輯、pp.229-240

右代啓視　1991　「オホーツク文化の年代学的諸問題」『北海道開拓記念館研究年報』第 19 号、pp.23-49

右代啓視　1995　「オホーツク文化にかかわる編年的対比」『北の歴史・文化交流研究事業』研究報告　北海道開拓記念館、pp.45-64

右代啓視　2003　「オホーツク文化の土器・石器・骨角器」『新北海道の古代 2　続縄文・オホーツク文化』北海道新聞社、pp.134-161

右代啓視・小林幸雄・小林孝二ほか　1998「　サハリン州ベロカーメンナヤチャシの考古学的調査－ 1996 年サハリン州郷土博物館との共同調査」
　　『『北の文化交流史研究事業』中間報告』北海道開拓記念館、pp.23-42

右代啓視・小林幸雄・山田悟郎ほか　1998　「枝幸町ウバトマナイチャシ第 1 次発掘調査概報」『『北の文化交流史研究事業』中間報告』北海道開
　　拓記念館、pp.69-88

臼杵　勲　1985　「ナイフェリド 9 号墓出土の轡の検討」『考古学ジャーナル』243、pp.23-26

臼杵　勲　1990　「アムール河下流テバフ遺跡出土土器について」『古代文化』第 42 巻第 10 号、pp.48-59

臼杵　勲　1994　「靺鞨文化の年代と地域性」『日本と世界の考古学』雄山閣、pp.342-351

臼杵　勲　1999　「アムール河口部のテバフ文化土器　－デリューギン氏論文へのコメントとして－」『物質文化』第 66 号、pp.31-34

臼杵　勲　2000　「靺鞨－女真系帯金具について」『大塚初重先生頌寿記念考古学論集』東京堂出版、pp.1078-1095

臼杵　勲　2004a　『鉄器時代の東北アジア』同成社

臼杵　勲　2004b　「北海道考古学の現状と課題　大陸と北海道」『北海道考古学』第 40 輯、pp.131-137

臼杵　勲　2005a　「アムール河口部の調査研究史」『間宮海峡先史文化の復元と日本列島への文化的影響』東京大学常呂実習施設・ハバロフスク
　　州郷土誌博物館、pp.6-16

引用・参考文献

臼杵　勲　2005b　「北方社会と交易」『考古学研究』52-2、pp.42-52

臼杵　勲　2010　「アムール川流域・サハリンとオホーツク文化」『北海道考古学会　2010年度研究大会　オホーツク文化とは何か』北海道考古学会、pp.11-17

臼杵　勲・熊木俊朗・V. デリューギン・N. スピジェボイ　1999　「1998年度アムール河口部（ニコラエフスク地区）一般調査報告」『北海道考古学』第35輯、pp.33-46

臼杵　勲・熊木俊朗　2003　「ニコラエフスク空港1遺跡の竪穴住居址と出土資料」『北海道大学総合博物館研究報告』第1号、pp.53-60

臼杵　勲編　2007　『北海道における古代から近世の遺跡の暦年代』札幌学院大学人文学部

宇田川洋　1977　『北海道の考古学　2』北海道出版企画センター

宇田川洋　1980　「7　擦文文化」『北海道考古学講座』みやま書房、pp.151-182

宇田川洋　1982　「道東の続縄文土器」『縄文土器大成5　続縄文』講談社、pp.124-126

宇田川洋　1985　「第四章　第四節　栄浦第一遺跡出土の宇津内式土器群に関する若干の考察」『栄浦第一遺跡』東京大学文学部、pp.306-310

宇田川洋　2001　「鳥居龍蔵・千島アイヌ・考古学」『近代日本の他者像と自画像』柏書房、pp.153-194

宇田川洋編　1975　『幾田』羅臼町教育委員会

宇田川洋編　1984　『河野広道ノート　考古篇5』北海道出版企画センター

宇田川洋・熊木俊朗編　2001　『トコロチャシ跡遺跡』東京大学大学院人文社会系研究科

内山幸子　2014　『イヌの考古学』同成社

内山幸子・江田真毅　2011　「動物遺体」『利尻富士町役場遺跡発掘調査報告書Ⅱ』利尻富士町教育委員会、pp.161-203

内山真澄　1995　『遺跡発掘調査報告書　利尻富士町役場』利尻富士町教育委員会

内山真澄編　2000　『香深井5遺跡発掘調査報告書（2）』礼文町教育委員会

宇部則保　2002　「東北北部型土師器にみる地域性」『海と考古学とロマン』市川金丸先生古希記念献呈論文集、pp.247-265

宇部則保　2007　「東北・北海道における6～8世紀の土器片線と地域の相互関係　ⅸ．青森県南部～岩手県北部」『古代東北・北海道におけるモノ・ヒト文化交流の研究』東北学院大学文学部、pp.260-284

宇部則保　2009　「香深井1遺跡の土師器について」『北海道考古学』第45輯、pp.67-74

扇谷昌康　1963　「幌泉町東歌別遺跡調査概報」『北海道の文化』特集号、pp.9-23

大井晴男　1970　「擦文文化とオホーツク文化の関係について」『北方文化研究』第4号、pp.21-70

大井晴男　1972a　「第七章第二節　北海道東部における古式の擦文式土器について　―擦文文化とオホーツク文化の関係について、補論1―」『常呂』東京大学文学部、pp.433-446

大井晴男　1972b　「礼文島元地遺跡のオホーツク式土器について　―擦文文化とオホーツク文化の関係について、補論2―」『北方文化研究』第6号、pp.1-36

大井晴男　1973　「附　オホーツク式土器について」『オンコロマナイ貝塚』東京大学出版会、pp.253-273

大井晴男　1981　「第2章第5節Ⅲ　香深井A遺跡の考古学的位置」『香深井A遺跡　下』東京大学出版会、pp.530-566

大井晴男　1982a　「土器群の型式論的変遷について（上）（下）―型式論再考―」『考古学雑誌』第67巻第3号・第4号、pp.22-46・pp.28-47

大井晴男　1982b　「遺跡・遺跡群の型式論的処理について　―オホーツク文化の場合―」『北海道考古学』第18輯、pp.55-81

大井晴男　1982c　「Ⅰ オホーツク文化の諸問題　―その研究史的回顧―」『シンポジウム　オホーツク文化の諸問題』学生社、pp.10-40

大井晴男　1984a　「擦文文化といわゆる『アイヌ文化』との関係について」『北方文化研究』第15号、pp.1-201

大井晴男　1984b　「斜里町のオホーツク文化遺跡について」『知床博物館研究報告』第6集、pp.17-66

大川　清　1998　『北海二島　禮文・利尻島の考古資料』窯業史博物館

大島秀俊　1991　「第5章第3節　後北C₂・D期における土器組成について」『蘭島餅屋沢遺跡』、pp.714-719

大島秀俊編　1991　『蘭島餅屋沢遺跡』小樽市教育委員会

大谷敏三・田村俊之編　1982　『末広遺跡における考古学的調査（下）』千歳市教育委員会

大塚和義　1968　「オホーツク文化の偶像・動物意匠遺物　－その信仰形態の再構成への試み－」『物質文化』第11号、pp.21-32

大塚和義　1976　「アイヌのキテ（回転式離頭銛）の諸系列」『国立民族学博物館研究報告』1-4、pp.778-822

大塚和義・加藤晋平・桜井清彦ほか　1975　「パネル・ディスカッション　海獣狩猟民・オホーツク文化の源流」『どるめん』6、pp.47-90

大塚達朗　2000　『縄紋土器研究の新展開』同成社

大西秀之　1996　「トビニタイ土器分布圏の諸相」『北海道考古学』第32輯、pp.87-100

大西秀之　2004「擦文文化の展開と"トビニタイ文化"の成立」『古代』第115号、pp.125-156

大貫静夫　1998　『東北アジアの考古学』同成社

大貫浩子　1995　「付編Ⅷ　縄文時代晩期末から続縄文時代初頭の土器について」『栄浦第二・第一遺跡』常呂町教育委員会、pp.528-534

大沼忠春　1972　「第一部　2.遺跡・遺物から見た別海の歴史」『浜別海遺跡』北地文化研究会、pp.4-28

大沼忠春　1977　「北海道考古学講座6　六、続縄文期」『北海道史研究』第12号、pp.68-80

大沼忠春　1982a　「続縄文土器型式の編年」『縄文土器大成5　続縄文』講談社、p.117：図6

大沼忠春　1982b　「後北式土器」『縄文土器大成5　続縄文』講談社、pp.127-129

大沼忠春　1982c　「道央地方の土器」『縄文文化の研究6　続縄文・南島文化』雄山閣、pp.75-93

大沼忠春　1989　「続縄文式土器様式」『縄文土器大観4　後期　晩期　続縄文』小学館、pp.357-360

大沼忠春　1996a　「北海道の古代社会と文化　－七～九世紀－」『古代王権と交流1　古代蝦夷の世界と交流』名著出版、pp.103-140

大沼忠春　1996b　「擦文・オホーツク文化と北方社会」『考古学ジャーナル』411、pp.16-19

大沼忠春・本田克代　1970　「羅臼町出土のオホーツク式土器について」『北海道考古学』第6輯、pp.27-38

大場利夫　1955　「モヨロ貝塚出土の骨角器」『北方文化研究報告』第10輯、pp.173-249

大場利夫　1956　「モヨロ貝塚出土のオホーツク式土器」『北方文化研究報告』第11輯、pp.187-256

大場利夫　1957　「モヨロ貝塚出土の石器」『北方文化研究報告』第12輯、pp.167-221

大場利夫　1961　「モヨロ貝塚の土器二　－所謂　前北式・後北式・擦文式土器」『北方文化研究報告』第16輯、pp.143-178

大場利夫　1962　「モヨロ貝塚出土の金属器」『北方文化研究報告』第17輯、pp.165-196

大場利夫　1967　「北海道周辺にみられるオホーツク文化　－Ⅰ樺太－」『北方文化研究』第2号、pp.1-26

大場利夫　1968「北海道周辺地域にみられるオホーツク文化　－Ⅱ礼文島・利尻島－」『北方文化研究』第3号、pp.1-43

大場利夫　1970　北海道周辺地域にみられるオホーツク文化　－Ⅲ焼尻島・天売島－」『北方文化研究』第4号、pp.1-19

大場利夫・奥田　寛　1960　『女満別遺跡』女満別町教育委員会

大場利夫・菅　正敏　1972　『稚内・宗谷の遺跡（続）』稚内市教育委員会

大場利夫・新岡武彦・大井晴男ほか　1972　『枝幸町川尻チャシ調査概報』枝幸町教育委員会

大場利夫・大井晴男編　1973『オンコロマナイ貝塚』東京大学出版会

大場利夫・大井晴男編　1976　『香深井遺跡　上』東京大学出版会

引用・参考文献

大場利夫・大井晴男編　1981　『香深井遺跡　下』東京大学出版会

岡田淳子・椙田光明・西谷栄治ほか　1978　『亦稚貝塚』利尻町教育委員会

岡田宏明　1967　「第7章　総括」『オンコロマナイ』東京大学出版会、pp.33-42

小野裕子　1998a　「礼文島オホーツク文化「地域集団」の最終末期に関して－遺跡間の関係を中心に－」『時の絆　道を辿る』石附喜三男先生を偲ぶ本刊行委員会、pp.363-387

小野裕子　1998b　「礼文島オホーツク文化の「地域集団」における浜中2遺跡の位置（上）（下）」『古代学研究』第142号・第143号、pp.1-21・pp.20-29

小野裕子　1998c　「利尻島亦稚貝塚と礼文島香深井A遺跡の時間的関係について」『北方の考古学』野村崇先生還暦記念論集刊行会、pp.349-365

小野裕子　2007　「『サハリンの様相』熊木俊朗氏報告に対するコメント」『北東アジア交流史研究』塙書房、pp.201-209

小野裕子　2011　「続縄文後半期の道央地域の位置について」『海峡と古代蝦夷』高志書院、pp.77-128

小野裕子・天野哲也　2002　「『鈴谷文化』の形成過程」『サハリンにおけるオホーツク文化の形成と変容・消滅』北海道大学総合博物館、pp.107-114

小野裕子・天野哲也　2008　「オホーツク文化の形成と展開に関わる集団の文化的系統について」『エミシ・エゾ・アイヌ』岩田書院、pp.139-192

葛西智義　1994　『北広里3遺跡』深川市教育委員会

葛西智義　2002　『北広里3遺跡Ⅲ』深川市教育委員会

カシツィン，Ｐ．Ｖ．　2003　「クズネツォーヴォⅠ遺跡（1979－2001年の調査結果）」『北海道大学総合博物館研究報告』第1号、pp.41-44（金賢善訳）

加藤邦雄・田部　淳ほか　1983　『瀬棚南川』瀬棚町教育委員会

加藤晋平・澤　四郎編　1982　『続縄文土器大成5－続縄文』講談社

加藤博文・内山幸子・木山克彦ほか　2006　「知床半島チャシコツ岬下B遺跡で確認したオホーツク文化終末期のヒグマ祭祀遺構について」『日本考古学協会第72回総会研究発表要旨』、pp.166-169

金盛典夫　1973　「Ⅲ　宇津内A地点」『宇津内遺跡』斜里町教育委員会、pp.12-33

金盛典夫　1976　『ピラガ丘遺跡　－第Ⅲ地点発掘調査報告－』斜里町教育委員会

金盛典夫　1981　「第Ⅰ部第Ⅲ章　須藤遺跡出土の擦文土器とトビニタイ土器」『斜里町文化財調査報告Ⅰ　須藤遺跡・内藤遺跡発掘調査報告書』斜里町教育委員会、pp.123-127

金盛典夫　1982　「北見地方の土器」『縄文文化の研究6　続縄文・南島文化』雄山閣、pp.103-114

金盛典夫　1996　「宇津内式土器」『日本土器事典』雄山閣、p.583

金盛典夫・椙田光明　1984　「オホーツク文化の終末　擦文文化との関係」『考古学ジャーナル』235、pp.25-29

金盛典夫・松田　功　1988　『斜里町文化財調査報告Ⅲ　谷田遺跡発掘調査報告書』斜里町教育委員会

金盛典夫・村田良介・松田美砂子　1981　『斜里町立文化財調査報告Ⅰ　須藤遺跡・内藤遺跡発掘調査報告書』斜里町教育委員会

金盛典夫・村田良介・松田美砂子ほか　1983　『斜里町文化財調査報告Ⅱ　尾河台地遺跡発掘調査報告書』斜里町教育委員会

鎌田重雄編　1966　『樺太の遺物』日本大学文理学部

川内谷　修　1998　「東歌別式土器について」『北方の考古学』野村崇先生還暦記念論集刊行会、pp.313-320

川名広文・高畠孝宗　2010　「音標ゴメ島遺跡分布調査報告」『枝幸研究』2、pp.45-62

川名広文・高畠孝宗　2012　「音標ゴメ島遺跡試掘調査報告」『枝幸研究』3、pp.25-42

菊池徹夫　1984　『北方考古学の研究』六興出版

菊池俊彦　1971　「樺太のオホーツク文化について」『北方文化研究』第5号、pp.31-53

菊池俊彦　1976　「オホーツク文化に見られる靺鞨・女真系遺物」『北方文化研究』第10号、pp.31-117

菊池俊彦　1981　「第3章　香深井B遺跡」『香深井遺跡　下』東京大学出版会、pp.569-652

菊地俊彦　1993　「アイヌ文化の起源と系統をめぐって」北海道・東北史研究会編『海峡をつなぐ日本史』三省堂、pp.63-73

菊池俊彦　1995　『北東アジア古代文化の研究』北海道大学出版会

菊池俊彦　1998　「サハリンの鈴谷式土器」『時の絆　道を辿る』石附喜三男先生を偲ぶ本刊行委員会、pp.283-291

菊池俊彦　2010　「厚真町ニタップナイ遺跡出土の鉄鏃について」『北海道考古学』46、pp.183-188

北構保男　1992　「標津町三本木オホーツク遺跡試掘調査概報」『しべつの自然　歴史　文化』第1号、pp.13-20

北構保男編　1986　『根室市別当賀沢一番沢川遺跡発掘調査報告書』根室市教育委員会

北構保男・須見　洋　1953　「北海道根室半島トーサムポロ・オホーツク式遺跡調査報告」『上代文化』24輯、pp.31-48

北構保男・前田　潮・山浦　清ほか　1984　「北海道根室市トーサムポロ遺跡オホーツク文化住居址」『日本考古学年報』34、227-229

木村　高　1999　「東北地方北部における弥生系土器と古式土師器の並行関係　一続縄文土器との共伴事例から」『青森県埋蔵文化財調査センター研究紀要』第4号、pp.47-62

木山克彦　2010　「「靺鞨罐」の成立について」『北東アジアの歴史と文化』北海道大学出版会、pp.165-189

木山克彦　2012　「紀元前後〜7世紀における極東・サハリン・北海道北部の考古学的様相」『新しいアイヌ史の構築　先史編　古代編　中世編』北海道大学アイヌ・先住民研究センター、pp.38-49

木山克彦・I. YA. シェフコムード・F. S. コシーツィナ　2003　「バリシャヤ・ブフタ1遺跡出土の土器が提起するもの」『古代文化』第55巻第11号、pp.20-32

清野謙次　1969　『日本貝塚の研究』岩波書店

工藤研治　1992　「三本木遺跡の範囲確認調査（試掘）について」『しべつの自然　歴史　文化』第1号、pp.21-30

工藤研治　1994　「続縄文時代」『北海道考古学』第30輯、pp.29-36

工藤義衛　1986　「第IV章第1節　土器群をめぐる諸問題」『三の山2遺跡』富良野市教育委員会、pp.29-37

久保勝範　1978　『北見市中ノ島遺跡発掘調査報告書』北見市教育委員会

熊木俊朗　1995　「第5章第1節　土器」『遺跡発掘調査報告書　利尻富士町役場』利尻富士町教育委員会、pp.17-56

熊木俊朗　1996　「北海道北部の『鈴谷式土器』について」『古代文化』第48巻第5号、pp.12-20

熊木俊朗　1997　「宇津内式土器の編年」『東京大学考古学研究室研究紀要』第15号、pp.1-38

熊木俊朗　2000a　「近年のオホーツク文化研究展望－北海道北部・サハリン・アムール河口部の土器研究を中心に－」『情報祭祀考古』第16・17号合併号、pp.37-42

熊木俊朗　2000b　「第7章第1節　香深井5遺跡の変遷と居住パターンに関する問題」『香深井5遺跡発掘調査報告書（2）』礼文町教育委員会、pp.151-158

熊木俊朗　2000c　「第7章第2節　香深井5遺跡出土『元地式』土器について」『香深井5遺跡発掘調査報告書（2）』礼文町教育委員会、pp.159-167

引用・参考文献

熊木俊朗　2000d　「下田ノ沢式土器の再検討」『物質文化』69、pp.40-58

熊木俊朗　2000e　「青森県八戸市出土「北大式」注口土器の再紹介」『北方探求』第2号、pp.6-11

熊木俊朗　2001　「後北C₂・D式土器の展開と地域差」『トコロチャシ跡遺跡』東京大学大学院人文社会系研究科、pp.176-217

熊木俊朗　2002　「オホーツク人と死」『北の異界　古代オホーツクと氷民文化』東京大学総合研究博物館、pp.121-129

熊木俊朗　2003　「道東北部の続縄文文化」『新北海道の古代2　続縄文・オホーツク文化』北海道新聞社、pp.50-69

熊木俊朗　2004　「鈴谷式土器編年再論」『アイヌ文化の成立』宇田川洋先生華甲記念論文集刊行実行委員会、pp.167-189

熊木俊朗　2005　「江の浦式土器編年の再検討」『間宮海峡先史文化の復元と日本列島への文化的影響』東京大学常呂実習施設・ハバロフスク州郷土誌博物館、pp.185-211

熊木俊朗　2007　「サハリン出土オホーツク土器の編年」『北東アジア交流史研究』塙書房、pp.173-199

熊木俊朗　2009　「オホーツク土器の編年と各遺構の時期について」『史跡最寄貝塚』網走市教育委員会、pp.303-319

熊木俊朗　2010a　「オホーツク土器の編年と地域間交渉に関する一考察」『比較考古学の新地平』同成社、pp.709-718

熊木俊朗　2010b　「北海道東部のオホーツク文化集落について」『北海道考古学会　2010年度研究大会　オホーツク文化とは何か』北海道考古学会、pp.19-30

熊木俊朗　2010c　「元地式土器に見る文化の接触・融合」『北東アジアの歴史と文化』北海道大学出版会、pp.297-313

熊木俊朗　2011　「オホーツク土器と擦文土器の出会い」『異系統土器の出会い』同成社、pp175-196

熊木俊朗　2013　「北海道東北部の続縄文文化とサハリン・千島列島」Arctic Circle86、pp.4-9

熊木俊朗　2014　「オホーツク文化と周辺諸文化の交流」『歴史と地理』675（日本史の研究245）、pp.1-14

熊木俊朗　2015　「続縄文後半期・オホーツク期・擦文期における「サハリン・ルート」の交流」『北海道考古学会2015年度研究大会「サハリン・千島ルート」再考』北海道考古学会、pp.33-46

熊木俊朗　2016　「モヨロ貝塚出土の続縄文土器」『北海道立北方民族博物館　第31回特別展図録　北からの文化の波』一般財団法人北方文化振興協会、pp.27-32

熊木俊朗・デリューギン，V.・佐藤宏之ほか　2002　「ロシア・アムール河口部のオホーツク文化　ーニコラエフスク空港1遺跡の発掘調査成果ー」『日本考古学協会第68回（2002年度）総会研究発表要旨』日本考古学協会、pp.163-166

熊木俊朗・福田正宏・榊田朋広ほか　2007　「追加資料：セディフ1遺跡の出土資料再報告」『極東ロシアにおける新石器時代から鉄器時代への移行過程に関する考古学的研究』東京大学常呂実習施設、pp.106-112

熊木俊朗・福田正宏・國木田大　2017　「鈴谷式土器とその年代」『国立歴史民俗博物館研究報告』202、pp.101-135

熊木俊朗編　2015　『トコロチャシ跡遺跡群（史跡常呂遺跡）整備に伴う発掘調査報告書』東京大学大学院人文社会系研究科・北見市教育委員会

熊木俊朗・國木田大編　2012　『トコロチャシ跡遺跡オホーツク地点』東京大学大学院人文社会系研究科考古学研究室・常呂実習施設

熊木俊朗・福田正宏編　2005　『間宮海峡先史文化の復元と日本列島への文化的影響』東京大学常呂実習施設・ハバロフスク州郷土誌博物館

グリシェンコ，V.　2015　「続縄文文化の一部としての北サハリンのカシカレバグシ文化」『日本列島北辺域における新石器／縄文化のプロセスに関する考古学的研究』東京大学大学院新領域創成科学研究科社会文化環境学専攻・人文社会研究科常呂実習施設、pp.169-184（福田正宏訳）

甲野　勇・江坂輝弥・山内清男編　1964　『日本原始美術2　土偶・装身具』講談社

河野広道　1933a　「樺太の旅（Ⅰ）（Ⅱ）」『人類学雑誌』第48巻第3号・第5号、pp.156-163・pp.296-303

河野広道　1933b　「北海道式薄手縄紋土器群」『北海道原始文化聚英』民族工芸研究会、pp.16-18

河野広道　1955　「第一編　先史時代史」『斜里町史』斜里町役場、pp.1-75

河野広道　1958　「先史時代篇」『網走市史　上巻』網走市役所、pp.3-267

小杉　康　1996　「物質文化からの民族文化誌的再構成の試み」『国立民族学博物館研究報告』21-2、pp.391-502

児玉作左衛門　1948　『モヨロ貝塚』北海道原始文化研究会

後藤寿一　1933　「北見國枝幸郡枝幸村の遺跡について」『蝦夷往来』第10号、pp.150-163

小林達雄編　1989　『縄文土器大観4　後期　晩期　続縄文』小学館

駒井和愛編　1964　『オホーツク海沿岸・知床半島の遺跡　下巻』東京大学文学部

斎野裕彦　1998　「北海道・東北の柱状片刃石斧」『北方の考古学』野村崇先生還暦記念論集刊行会、pp.287-312

榊田朋広　2014　「擦文文化」『北海道考古学』50、pp.101-112

榊田朋広　2016　『擦文土器の研究』北海道出版企画センター

榊田朋広・熊木俊朗・福田正宏　2007　「旭川市博物館所蔵サハリン州スタロドフスコエ遺跡出土土器について」『極東ロシアにおける新石器時代から鉄器時代への移行過程に関する考古学的研究』東京大学常呂実習施設、pp.13-38

佐川俊一編　1993　『滝里遺跡群III』（財）北海道埋蔵文化財センター

笹田朋孝　2013　『北海道における鉄文化の考古学的研究』北海道出版企画センター

佐藤和利　1976　「北海道オホーツク海沿岸のオホーツク文化期の遺物（資料紹介）」『もうぺっと』7、pp.49-54

佐藤孝雄　2004a　「オホーツク文化の動物儀礼」宇田川洋先生華甲記念論文集刊行実行委員会編『アイヌ文化の成立』北海道出版企画センター

佐藤孝雄　2004b　「ヒグマの"送り"儀礼」宇田川洋編『クマとフクロウのイオマンテ』同成社、pp.91-110

佐藤隆広編　1985　『ホロベツ砂丘遺跡』枝幸町教育委員会

佐藤隆広編　1994　『目梨泊遺跡』枝幸町教育委員会

佐藤達夫　1964　「附・モヨロ貝塚の縄文、続縄文及び擦文土器について」『オホーツク海沿岸・知床半島の遺跡　下巻』東京大学文学部、pp.89-96

佐藤達夫　1972a　「第五章第十節　13号竪穴及び付近の遺構　遺物」『常呂』東京大学文学部、pp.375-391

佐藤達夫　1972b　「第七章第四節　擦紋土器の変遷について」『常呂』東京大学文学部、pp.462-488

佐藤達夫　1974　「縄紋式土器　二　土器型式の実態－五領ヶ台式と勝坂式の間－」『日本考古学の現状と課題』吉川弘文館、pp.81-102

佐藤　剛　2000　「北海道における弥生時代後期〜古墳時代中期併行の土器編年」『第9回東日本埋蔵文化財研究会　東日本弥生時代後期の土器編年　第2分冊』東日本埋蔵文化財研究会福島県実行委員会、pp.1054-1065

サハリン考古学研究会編　1994　『樺太西海岸の考古資料』サハリン考古学研究会

澤　四郎　1963　「第2篇　V　考察」『北海道阿寒町の文化財　先史文化篇第一輯』阿寒町教育委員会、pp.64-70

澤　四郎　1969　「III　釧路川流域の先史時代　先土器〜縄文」『釧路川』釧路市、pp.216-271

澤　四郎　1972　「V　総括」『北海道厚岸町下田ノ沢遺跡』厚岸町下田ノ沢遺跡群調査会、pp.42-45

澤　四郎　1982　「釧路地方の土器」『縄文文化の研究6　続縄文・南島文化』雄山閣、pp.94-102

澤　四郎・本田克代・宇田川洋ほか　1971　『羅臼』羅臼町教育委員会

澤　四郎編　1972　『北海道厚岸町下田ノ沢遺跡』厚岸町下田ノ沢遺跡群調査会

澤　四郎編　1978a　『釧路市興津遺跡発掘報告II』釧路市郷土博物館・釧路市埋蔵文化財調査センター

澤　四郎編　1978b　『弟子屈町矢沢遺跡調査報告　－第2次調査－』弟子屈町教育委員会

澤　四郎編　1979　『釧路市興津遺跡発掘報告III』釧路市郷土博物館・釧路市埋蔵文化財調査センター

引用・参考文献

澤　四郎・西　幸隆編　1975　『釧路市桂恋フシココタンチャシ調査報告』釧路市立郷土博物館

澤　四郎・西　幸隆編　1976　『釧路市三津浦遺跡発掘報告』釧路市立郷土博物館

澤　四郎・西　幸隆編　1977　『釧路市興津遺跡発掘報告』釧路市立郷土博物館

澤　四郎・松田　猛編　1977　『弟子屈町矢沢遺跡調査報告　－第1次調査－』弟子屈町教育委員会

設楽博己編　2001　『国立歴史民俗博物館資料図録1　落合計策縄文時代遺物コレクション』国立歴史民俗博物館

品川欣也　2003　「南サハリン西海岸・亜庭湾岸の土器と遺跡群　－杉原荘介氏採集資料の紹介をかねて－」『博望』第4号、pp.39-60

シュービナ，O.　1998　「1994年サハリン州ベロカーメンナヤチャシ発掘調査」『「北の文化交流史研究事業」中間報告』北海道開拓記念館、
　　pp.109-118（鈴木明美訳）

シュービナ，O.　2007　「1993年サハリン州コルサコフ地区ベロカーメンナヤチャシ集落遺跡考古学的調査報告」『極東ロシアにおける新石器時
　　代から鉄器時代への移行過程に関する考古学的研究』東京大学常呂実習施設、pp.113-146（榊田朋広訳）

市立函館博物館編　1983　『児玉コレクション目録　I 先史・考古資料編』市立函館博物館

市立函館博物館編　1987　『児玉コレクション目録　II アイヌ民族資料編』市立函館博物館

市立函館博物館編　1994　『市立函館博物館蔵品目録7　考古資料編4』市立函館博物館

杉浦重信　1999　「千島・カムチャツカの様相」『シンポジウム海峡と北の考古学　資料集II』日本考古学協会1999年度釧路大会実行委員会、
　　pp.183-208

杉浦重信編　1986　『三の山2遺跡』富良野市教育委員会

椙田光明　1992　「オホーツクの狩猟民」『新版古代の日本9　東北・北海道』角川書店、pp.475-492

椙田光明　1993　「択捉島留別付近採集の遺物」『標津の自然　歴史　文化』第2号、pp.33-59

椙田光明・椙田美枝子　1979　『標津の竪穴II』標津町教育委員会

椙田光明・椙田美枝子編　1992　『伊茶仁チチネ第1竪穴群遺跡』標津町教育委員会

杉山壽榮男　1979　『日本原始纖維工藝史　原始編』北海道出版企画センター

鈴木公雄　1968　「安行式土器における文様単位と割り付け」『日本考古学協会昭和43年度大会研究発表要旨』日本考古学協会、pp.5-6

鈴木　信　1998　「X-3　I黒層の土器について」三浦正人・鈴木信編『千歳市ユカンボシC15遺跡（1）』北海道埋蔵文化財センター、pp.329-
　　286

鈴木　信　2003　「VII-3　道央部における続縄文土器の編年」『千歳市ユカンボシC15遺跡（6）』北海道埋蔵文化財センター、pp.410-452

鈴木　信　2007　「アイヌ文化の成立過程」『古代蝦夷からアイヌへ』吉川弘文館、pp.352-390

鈴木　信・豊田宏良・仙庭伸久　2007　「東北・北海道における6～8世紀の土器片線と地域の相互関係　xi.　北海道南部～中央部」『古代東北・
　　北海道におけるモノ・ヒト文化交流の研究』東北学院大学文学部、pp.304-339

角達之助　2008　「加熱されたオホーツク式土器」『北海道立北方民族博物館研究紀要』第17号、pp.83-96

瀬川拓郎　1999　「東西蝦夷地の原型」北海道考古学第35輯、pp.83-88

瀬川拓郎　2005　『アイヌ・エコシステムの考古学』北海道出版企画センター

瀬川拓郎　2007　『アイヌの歴史』講談社選書メチエ

瀬川拓郎　2008　「サハリン＝アイヌの成立」『中世の北東アジアとアイヌ』高志書院、pp.225-252

瀬川拓郎　2011　「古代北海道の民族的世界と阿倍比羅夫遠征」『海峡と古代蝦夷』高志書院、pp.35-63

瀬川拓郎　2015　『アイヌ学入門』講談社現代新書

高瀬克範 2013 「河野コレクション（旭川市博物館収蔵）の内耳土器」『北大史学』53、pp.1-16

高瀬克範 2014 「続縄文文化の資源・土地利用」『国立歴史民俗博物館研究報告』第185集、pp.15-61

高瀬克範 2015 「カムチャッカ半島南部出土内耳土器とその千島アイヌ史上の意義」『論集忍路子』Ⅳ、17-45

高瀬克範・福田正宏 2001 「入舟遺跡出土の土器について－道央の終末期縄紋土器と初期続縄文土器の編年－」『余市水産博物館研究報告』第4号、pp.59-68

高瀬克範編 2015 『「サハリン・千島ルート」再考』北海道考古学会

鷹野光行 1981 「北海道東部の土器」『縄文文化の研究4 縄文土器Ⅱ』雄山閣、pp.207-215

鷹野光行 1983 「舟形土器について」『お茶の水女子大学人文科学紀要』第36巻、pp.47-69

高畠孝宗 2005 「オホーツク文化における威信材の分布について」『海と考古学』六一書房、pp.23-44

高畠孝宗 2011 「オホーツク文化における刀剣類受容の様相」『北方島文化研究』第9号、pp.15-31

田口 尚 2003 「低湿地遺跡から出土したアイヌのガラス玉」『北太平洋の先住民交易と工芸』思文閣出版、pp.59-66

竹石健二・澤田大多郎 2002 「本学所蔵の樺太の土器」『史叢』第66号、pp.1-26

武田 修 1993 『史跡 常呂遺跡』常呂町教育委員会

武田 修編 1986 『トコロチャシ南尾根遺跡 －1985年度－』常呂町教育委員会

武田 修編 1995 『栄浦第二・第一遺跡』常呂町教育委員会

武田 修編 1996 『常呂川河口遺跡（1）』常呂町教育委員会

武田 修編 2000 『常呂川河口遺跡（2）』常呂町教育委員会

武田 修編 2002 『常呂川河口遺跡（3）』常呂町教育委員会

武田 修編 2007 『常呂川河口遺跡（7）』北見市教育委員会

田才雅彦 1983 「北大式土器」『北奥古代文化』第14号、pp.20-29

田沢 巌・佐藤忠雄・相川正義 1959 『知床半島チブスケ遺跡』斜里町教育委員会

田中良之・松永幸男 1984 「広域土器分布圏の諸相」『古文化談叢』第14集、pp.81-117

田中 亮編 2012 『C544遺跡』札幌市教育委員会

谷井 彪 1979 「縄文土器の単位とその意味（上）（下）」『古代文化』第31巻第2号・3号、pp.39-51・pp.30-49

種市幸生 1980 「8 オホーツク文化」『北海道考古学講座』みやま書房、pp.183-209

種市幸生 1997 「第5章 まとめ」『香深井5遺跡発掘調査報告書』礼文町教育委員会、pp.91-95

田部 淳・田村リラコほか 1985 『南川2遺跡』瀬棚町教育委員会

千代 肇 1965 「北海道の続縄文文化と編年について」北海道考古学第1輯、pp.19-38

千代 肇 1984 『続縄文時代の生活様式』ニュー・サイエンス社

塚本浩司 2002 「擦文土器の編年と地域差について」『東京大学考古学研究室研究紀要』第17号、pp.145-184

塚本浩司 2007 「石狩低地帯における擦文文化の成立過程について」『古代蝦夷からアイヌへ』吉川弘文館、pp.167-189

塚本浩司 2012 「トコロチャシ跡遺跡オホーツク地点7号竪穴出土の擦文土器（土師器）について」『トコロチャシ跡遺跡オホーツク地点』東京大学大学院人文社会系研究科考古学研究室・常呂実習施設、pp.253-270

都出比呂志 1989 『日本農耕社会の成立過程』岩波書店

デジャヒン, O.・ワシレフスキー, A.・カシツィン, P.・フェドルチェク, V. 2004 「サハリン島の中世期土器（西暦5世紀－15世紀）：分類、

暦年代及び文化・歴史コンテクスト諸問題」『北東アジア国際シンポジウム　サハリンから北東日本海域における古代・中世交流史の考古学

的研究　予稿集　第二分冊・翻訳編』中央大学文学部史学科、pp.261-266（ワシレフスカヤ，V.訳）

手塚　薫・添田雄二　2008　「千島列島への植民と生態環境復元への試み」『北海道開拓記念館研究紀要』36、pp.57-68

デリューギン，V.　1999　「アムール河口部におけるオホーツク文化併行土器の分類・編年」『物質文化』66、pp.20-30

デリューギン，V.　2003　「テバフ式土器の発展の問題について」『北海道大学総合博物館研究報告』第1号、pp.61-67

デリューギン，V.　2010　「オホーツク文化という用語の定義について」『北海道考古学』46、pp.167-182（菊池俊彦訳）

デリューギン，V.・デネコ，A.　2003　「環オホーツク海文化圏の『種族』についての諸問題」『海と考古学』第5号、pp.1-18

東北大学文学部考古学研究室編　1982　『考古学資料図録　vol.2』東北大学文学部

土肥研晶・種市幸生　1993　『声問川大曲遺跡』稚内市教育委員会

苫小牧市埋蔵文化財調査センター編　1995　『苫小牧東部工業地帯の遺跡群V』苫小牧市教育委員会

中田裕香　2004　「オホーツク・擦文文化の土器」『考古資料大観11　続縄文・オホーツク・擦文文化』小学館、pp.165-179

中村和之　2006　「金・元・明朝の北東アジア政策と日本列島」『北方世界の交流と変容』山川出版社、pp.100-121

名取武光　1948　『モヨロ遺跡と考古学』札幌講談社

奈良智法編　2009　『ニタップナイ遺跡（1）』厚真町教育委員会

新岡武彦　1940　「邦領樺太西海岸北部の遺跡調査概報」『人類学雑誌』第55巻第8号、pp.18-37

新岡武彦　1970　「旧邦領樺太先史土器論考」『北海道考古学』第6輯、pp.1-14

新岡武彦　1977「樺太における口縁肥厚土器群の研究」『樺太・北海道の古文化2』北海道出版企画センター、pp.215-226

新岡武彦・宇田川洋　1992　『サハリン南部の考古資料』北海道出版企画センター

西本豊弘編　2003　『国立歴史民俗博物館研究報告第107集　アイヌ文化の成立過程についてII』国立歴史民俗博物館

野村　崇　1991　「サハリン西海岸クズネツォーヴォI遺跡出土の遺物」『北海道開拓記念館調査報告』第30号、pp.39-47

野村　崇　1992　「北サハリン考古・民族学紀行」『北方博物館交流』6、pp.25-26

野村　崇・大島秀俊　1992　「北海道余市町フゴッペ洞窟出土の土器（1）」『北海道開拓記念館調査報告』第31号、pp.49-65

野村　崇・平川善祥・山田悟郎ほか　1982　『二ツ岩』北海道開拓記念館

羽賀憲二編　1994　『N316遺跡』札幌市教育委員会

馬場　脩　1940　「樺太の考古学的概観」『人類学・先史学講座　第17巻』雄山閣、pp.1-119

馬場　脩・江上波夫・後藤守一ほか　1936　「座談会　北海道・千島・樺太の古代文化を検討する（二）」『ミネルヴァ』第1巻第7号、pp.31-36

林　謙作　1988　「II-3-3-(2)-1　土器」『北大構内の遺跡6』北海道大学、pp.26-35

林　謙作　1990　「縄紋時代史　6.縄文土器の型式（1）」『季刊考古学』第32号、pp.85-92

林　謙作　1991　「縄紋時代史　8.縄文土器の型式（3）」『季刊考古学』第34号、pp.91-99

平川善祥　1995　「サハリン・オホーツク文化末期の様相」『「北の歴史・文化交流研究事業」研究報告』北海道開拓記念館、pp.135-156

平川善祥　2003　「ベロカーメンナヤ遺跡」『新北海道の古代2　続縄文・オホーツク文化』北海道新聞社、pp.214-217

平川善祥編　1995　『雄武竪穴群遺跡』北海道開拓記念館

フェドルチェク，V.　2001　「テルペニア湾北岸の貝塚を伴う集落の土器」『海と考古学』第3号、pp.15-35（前田　潮訳）

福田正宏　1999　「種屯内貝塚の晩期縄紋土器と続縄文土器について」『海と考古学』第1号、pp.9-20

福田正宏　2000　「北部亀ヶ岡式土器としての聖山式土器」『古代』第108号、pp.129-158

福田正宏　2003　「北海道における亀ヶ岡式土器と在地系土器の系統」『海と考古学』第 5 号、pp.19-52

福田正宏・グリシェンコ，V.・ワシレフスキー，A.ほか　2015「サハリン中部アド・ティモボ遺跡群の考古学的調査（2014 年度）」『第 16 回
　　北アジア調査研究報告会　発表要旨』北アジア調査研究報告会実行委員会、pp.35-42

藤本　強　1965　「オホーツク文化の葬制について」『物質文化』6、pp.15-30

藤本　強　1966　「オホーツク土器について」『考古学雑誌』第 51 巻第 4 号、pp.28-44

藤本　強　1979　『北辺の遺跡』教育社

藤本　強　1982a　「第四節　東斜面のピット群」『岐阜第二遺跡　－1981 年度－』常呂町、pp.14-22

藤本　強　1982b　「続縄文文化概論」加藤晋平ほか編『縄文文化の研究 6　続縄文・南島文化』雄山閣、pp.10-20

藤本　強　1988　『もう二つの日本文化』東京大学出版会

藤本　強編　1972　『常呂』東京大学文学部

藤本　強編　1976　『トコロチャシ南尾根遺跡』常呂町

藤本　強編　1977　『岐阜第三遺跡』東京大学文学部

藤本　強編　1985　『栄浦第一遺跡』東京大学文学部

藤本　強・宇田川洋編　1977　『岐阜第二遺跡』常呂町

藤本　強・宇田川洋編　1982　『岐阜第二遺跡　－1981 年度－』常呂町

富良野工業高校郷土史研究会編　1968　『中富良野町本幸遺跡発掘報告　辻地点』中富良野町教育委員会

プロコーフィエフ，M.・デリューギン，V.・ゴルブノーフ，S.　　2012『サハリンと千島の擦文文化の土器』函館工業高等専門学校（中川昌久訳）

北地文化研究会　1979　「根室市弁天島西貝塚竪穴調査報告」『北海道考古学』15、pp.35-56

北海道立北方民族博物館編　1993　『北海道立北方民族博物館　総合案内』北海道立北方民族博物館

北海道立北方民族博物館編　2016　『北海道立北方民族博物館第 31 回特別展図録　北からの文化の波』北海道立北方民族博物館

本田克代・豊原熙司・涌坂周一　1980　『船見町高台遺跡』羅臼町教育委員会

前田　潮　1976　「オホーツク文化の確立過程について」『史学研究』第 106 号（前田 1987 再録：33-64）

前田　潮　1987　『北方狩猟民の考古学』同成社

前田　潮　1996a「擦文土器とオホーツク式土器」『日本土器事典』雄山閣、pp.729-730

前田　潮　1996b「オホーツク式土器」『日本土器事典』雄山閣、pp.735-738

前田　潮　2002　『オホーツクの考古学』同成社

前田　潮・藤沢隆史編　2001　『香深井 6 遺跡発掘調査報告書』礼文町教育委員会

前田　潮・山浦清編　1992　『浜中 2 遺跡の発掘調査』礼文町教育委員会

増田精一・岩崎卓也・北構保男ほか　1974　『オンネモト遺跡』東京教育大学文学部

増田隆一・天野哲也・小野裕子　2002　「古代 DNA 分析による礼文島香深井 A 遺跡出土ヒグマ遺存体の起源」『動物考古学』19、pp.1-14

松尾　隆　1990　「雄武町におけるオホーツク文化期遺跡の分布と土器」『北海道考古学』第 26 輯、pp.73-90

松下　亘　1965　「北海道の土器にみられる突瘤文について」『物質文化』第 5 号、pp.14-28

松下　亘・米村哲英・畠山三郎太ほか　1964　『知床岬　－知床半島の古代文化を探る－』市立網走郷土博物館

松田　功　1993　『斜里町文化財調査報告VI　オンネベツ川西側台地遺跡発掘調査報告書』斜里町教育委員会

松田　功・村本周三・田代雄介　2011　『ウトロ遺跡』斜里町教育委員会

引用・参考文献

松田　功編　1995　『オシャマップ川遺跡発掘調査報告書』斜里町教育委員会

皆川洋一編　2002　『奥尻町青苗砂丘遺跡』北海道立埋蔵文化財センター

簑島栄紀　2001　『古代国家と北方社会』吉川弘文館

宮　宏明編　1983　『開成4遺跡』北見市教育委員会

森　秀之　1997　「擦文・オホーツク文化期の出土刀剣に関する覚書（2）」『紋別市立郷土博物館報告』第10号、pp.33-44

森田知忠　1967　「北海道の続縄文文化」『古代文化』第19巻第2号、pp.39-50

森田知忠　1996　「続縄文土器」『日本土器事典』雄山閣、pp.576-577

八木光則　2010　『古代蝦夷社会の成立』同成社

柳澤清一　1999　「北方編年研究ノート　－道東「オホーツク式」の編年とその周辺－」『先史考古学研究』第7号、pp.51-99

柳澤清一　2001　「礼文・利尻島から知床・根室半島へ　－道北・道東「オホーツク式」・トビニタイ・擦紋土器編年の対比』『先史考古学研究』
　　　　第8号、pp.65-105

柳澤清一　2006　「道北における北方編年の再検討　その（1）」『古代』第119号、pp.79-122

柳澤清一　2008　『北方考古学の新地平』六一書房

柳澤清一　2011　『北方考古学の新展開』六一書房

山浦　清　1983　「オホーツク文化の終焉と擦文文化」『東京大学考古学研究室研究紀要』第2号、pp.157-179

山浦　清　1984　「オホーツク文化の動物彫刻」『考古学ジャーナル』235、pp.21-24

山浦　清　1985　「樺太先史土器管見（Ⅰ）」『考古学雑誌』第71巻第1号、pp.44-68

山浦　清　2002a　「1993年におけるサハリン・ウスチアインスコエ遺跡の調査」『サハリンにおけるオホーツク文化の形成と変容・消滅』北海
　　　　道大学総合博物館、pp.30-43

山浦　清　2002b　「北海道日本海側のオホーツク文化遺跡について」『第3回北アジア調査研究報告会』北アジア調査研究報告会実行委員会、
　　　　pp.47-49

山田悟郎　2005　「北海道の遺跡から出土した栽培植物」『極東先史古代の穀物』熊本大学埋蔵文化財調査室、pp.49-68

山田悟郎・平川善祥・小林幸雄ほか　1995「オホーツク文化の遺跡から出土した大陸系遺物」『「北の歴史・文化交流研究事業」研究報告』北海
　　　　道開拓記念館、pp.65-80

山内清男　1932　「日本遠古之文化　Ⅰ縄紋土器文化の真相」『ドルメン』第1巻第4号（1967新刷：pp.1-4）

山内清男　1937　「縄紋土器型式の細別と大別」『先史考古学』第1巻第1号（1967新刷：pp.45-48）

山内清男　1939　「日本遠古之文化　補注付　新版」『山内清男先史考古学論文集』第1冊　先史考古学会、pp.1-44（1967新刷）

山内清男　1964　「縄紋式土器・総論」『日本原始美術Ⅰ』講談社、pp.148-158

山谷文人編　2011　『利尻富士町役場遺跡発掘調査報告書Ⅱ』利尻富士町教育委員会

横山英介編　1993　『池田3遺跡』池田町教育委員会

吉崎昌一・直井孝一・松岡達郎編　1979　『聖山』七飯町教育委員会

米村喜男衛　1935　「北海道網走町モヨリ貝塚中の人骨埋葬に就いて」『人類学雑誌』第52巻第2号、pp.47-56

米村喜男衛　1950　『モヨロ貝塚資料集』網走郷土博物館・野村書店

米村喜男衛　1969　『モヨロ貝塚』講談社

米村哲英・金盛典夫　1973　『宇津内遺跡』斜里町教育委員会

米村哲英・鶴丸俊明・河村淳史ほか　1972　『ビラガ丘遺跡　－第Ⅱ地点発掘調査概報－』斜里町教育委員会

米村　衛編　2009　『史跡最寄貝塚』網走市教育委員会

立正大学文学部考古学研究室　2002　「久保常晴先生収集樺太考古資料」『考古学論究』第8号、pp.12-47

涌坂周一編　1984　『松法川北岸遺跡』羅臼町教育委員会

涌坂周一編　1985　『チトライ川北岸遺跡』羅臼町教育委員会

涌坂周一編　1988　『ポン春刈古丹川北岸遺跡』羅臼町教育委員会

涌坂周一編　1989　『幾田遺跡（2）』羅臼町教育委員会

涌坂周一編　1996　『相泊遺跡（2）』羅臼町教育委員会

ワシレフスキー，A.　1992　「サハリン島の新石器文化（概説）」『北海道考古学』第28輯、pp.115-136（木村英明訳）

ワシレフスキー，A.　2003　「サハリンにおける前オホーツク文化の諸問題」『北海道大学総合博物館研究報告』第1号、pp.1-18（井上紘一・福田知子訳）

ワシレフスキー，A.　2006　「サハリン州コルサコフ地区オホーツコエ村「セディフ遺跡群」における新石器時代・初期鉄器時代・中世の考古学的文化複合」『北海道考古学』42、pp.1-16（福田正宏・熊木俊朗訳）

ワシレフスキー，A.　2007　「オホーツク文化の逆説：大いなる伝説との別れ」『北海道東北史研究』4、pp.86-97（兎内勇津流訳）

ワシレフスキー，A.・グリシェンコ，V.・フェドルチェク，V.・モジャエフ，A.　2009　「2003～2007年におけるサハリン国立大学による考古学調査」北海道考古学45、pp.45-58（木山克彦訳）

和田英昭・宇田川洋・熊木俊朗ほか　2001　『モヨロ貝塚試掘調査概報　－平成13年度－』網走市教育委員会

和田英昭・宇田川洋・熊木俊朗ほか　2003　『モヨロ貝塚試掘調査概報　－平成14年度－』網走市教育委員会

和田英昭・米村　衛　1993　『嘉多山3遺跡・嘉多山4遺跡』網走市教育委員会

渡辺　仁　1974　「アイヌ文化の源流」『考古学雑誌』60-1、pp.72-82

＜中国語＞

喬　梁　1994　「靺鞨陶器分期初探」『北方文物』1994年第二期、pp.30-41

譚英傑・趙虹光　1993　「黒龍江中游鉄器時代文化分期浅論」『考古与文物』1993年第4期、pp.80-93

＜英語＞

Gorbunov, S., Amano, T. 2002 Archaeological Materials from Kalinino-1, 2 and Ivanovka in Southwestern coast of Sakhalin.『サハリンにおけるオホーツク文化の形成と変容・消滅』北海道大学総合博物館、pp.160-169

Ono, H.　2003　Relationship between the Susuya Culture and the Aniwa Culture.『北海道大学総合博物館研究報告』第1号、pp.19-31

Sato, T., Amano, T., Ono, H., Ishida, H., Kodera, H., Matsumura, H., Yoneda, M., Masuda, R. 2009 Mitochondrial DNA haplogrouping of the Okhotsk people based on analysis of ancient DNA: an intermediate of gene flow from the continental Sakhalin people to the Ainu. Anthropological Science 117(3), pp.171-180

Suzuki, K.　1970　Design System in Later Jomon Pottery.　Journal of the Anthropological Society of Nippon（人類学雑誌）Vol.78 No.1、pp.38-49

＜ロシア語＞

Василевский, А. А. 2002a Памятники Эпи Дземона на Сахалине.『サハリンにおけるオホーツク文化の形成と変容・消滅』北海道大学総合博物館、pp.1-23

Василевский, А. А. 2002b Сусуя и Эпи-Дземон.『サハリンにおけるオホーツク文化の形成と変容・消滅』北海道大学総合博物館、pp.85-100

Василевский, А. А., Грищенко В. А. 2012 Сахалин и Курильских острова в эпоху палеометала // Ученые записки Сахалинского государственного университета 9. С. 29-41, Южно-Сахалинск.

Васильевский, Р. С., Голубев, В. А. 1976 Древние поселения на Сахалине (Сусуйская стоянка). Новосибирск.

Герус, Т. А. 1977 Исследования древних культур нижнего Амура // Исследования по археологии Сахалинской области. С. 38-53, Владивосток.

Герус, Т. А. 1979 Археологические памятники залива Терпения // Археология Амуро — Сахалинского региона. С. 30-36, Владивосток.

Горбунов, С. В., Прокофьев, М. М. 1994 Археологические памятники острова Монерон. Южно-Сахалинск.

Дерюгин, В. А., Денеко, А. Б., Роганов, Г. В., Косицына, С. Ф. 2003 Раскопки на поселении Аэропорт в устье Амура // Амуро — Охотоморский регион в эпоху палеометала и средневековья 1. С. 111-144, Хабаровск.

Дьякова, О. В. 1984 Раннесредневековая керамика Дальнего Востока СССР. Москва.

Козырева, Р. В. 1967 Древний Сахалин. Ленинград.

Копытько, В. Н. 1989 Тебаховская культура (некоторые результаты исследований) // Проблемы изучения памятников каменного века и палеометалла Дальнего Востока и Сибири. С. 24-28, Владивосток.

Лебединцев, А. И. 1990 Древние приморское культуры Северо-Западного Приохотья. Ленинград.

Лосан, Е. М. 1996 К Вопросу о периодизации Тэбаховской культуры // Археология Северной Пасифики. С. 372-378, Владивосток.

Прокофьев, М. М., Дерюгин, В. А., Горбунов, С. В. 1990 Керамика культуры Сацумон и ее находки на Сахалине и Курильских островах. Южно-Сахалинск.

Стешенко, Т. В. 1979 Раскопки на поселении Найбучи Ⅰ // Археология Амуро — Сахалинского региона. С. 37-47, Владивосток.

Федорчук, В. Д. 1998 Керамика поселений с раковинными кучами северного побережья залива Терпения // Вестник Сахалинского музея 5. С. 143-162, Южно-Сахалинск.

Федорчук, В. Д. 2002 Орнаментация керамики // Вестник Сахалинского музея 9. С. 94-106, Южно-Сахалинск.

Шевкомуд, И. Я. 2002 Поселение Большая Бухта-1 и некоторые проблемы культур Нижнего Амура и Сахалина // Записки Гродековского музея, 3. С. 37-52, Хабаровск.

Шубин, В. О. 1979 Раскопки многослойного поселения Озерск Ⅰ // Археология Амуро — Сахалинского региона. С. 5-29, Владивосток.

Шубина, О. А. 2004 Жилища с печами на многослойном поселении Охотское-3 на Южном Сахалине // Вестник Сахалинского музея 11. С. 179-206, Южно-Сахалинск.

挿図出典

図1　栄浦第二遺跡13号竪穴ホ号床面出土土器群（抜粋）

　　1〜9：藤本編1972

図2　栄浦第二・第一遺跡の土器群

　　1〜9：武田編1995

図3　元町2・3遺跡の土器群（「元町2式」土器）

　　1・5・6・10：荒生・小林1986　2：荒生・小林1988　3・4・7・8：荒生1988　9：荒生1994

図4　「元町2式」土器

　　1・2・3：金盛ほか1983　4・5：藤本編1972

図6　宇津内Ⅱa式土器の貼付文の展開図

　　1・2：金盛ほか1983

図7　宇津内Ⅱa式土器編年図

　　1・2：金盛ほか1983　3〜7：藤本編1985　8〜10：藤本編1972　11〜14：米村・金盛1973

図8　上：尾河台地遺跡27号竪穴床面出土土器群（宇津内ⅡbⅠ式）

　　1〜7：金盛ほか1983

図9　岐阜第二遺跡Pit28出土土器群

　　1・2：藤本・宇田川編1982

図11　興津式土器（上段）と網走地域の関連資料（下段）

　　1〜3・5〜9：石川編1994　4：椙田1993　10：澤編1979　11・12：武田編1996　13：久保1978

図12　下田ノ沢Ⅰ式土器

　　1・3・4：澤編1972　2・5・6：澤編1979

図13　下田ノ沢Ⅱ1式土器（上段）・後北式B式と下田ノ沢Ⅱ1式の「折衷」土器（下段左）・下田ノ沢式の伝統を残す後北C_2・D式土器（下段右）

　　1：澤編1972　2：宇田川編1975　3：涌坂編1996　4：澤ほか1971

314

挿図出典

図15 「下田ノ沢系宇津内ⅡbⅠ式」土器（上段）と「宇津内系下田ノ沢Ⅱ1式」土器（下段）

　1・6：涌坂編 1989　2・3：宇田川編 1975　4・5：涌坂編 1988

図16　後北式土器の文様要素

　上：宇田川・熊木編 2001　下：武田編 2000

図20　北海道東部の後北式土器編年 1

　1・2・7・11：武田編 1995　3・5・6：藤本編 1972　4・8：武田編 1996　9：北構編 1986　10：澤ほか 1971　12：藤本編 1976　13：金盛ほか 1981

図21　北海道東部の後北式土器編年 2

　1・3：武田編 2000　2：椙田・椙田 1979　4～7・12～14：宇田川・熊木編 2001　8：武田編 1996　9～11：松田編 1995

図22　北海道東部の後北式土器編年 3

　1・11～14：宇田川・熊木編 2001　2：宮編 1983　3：松田編 1995　4・6・7：藤本編 1985　5：武田 1993　8・9：大場 1961　10：武田編 2000

図23　後北C₂・DⅠ式期の土器（上：道央部・道南部　下：南千島択捉島）

　1：田部ほか 1985　2：加藤ほか 1983　3・4：吉崎ほか編 1979　5：苫小牧埋蔵文化財センター編 1995　6：野村・大島 1992　7・8：大島編 1991　9：杉山 1979

図24　鈴木信氏による道央部の編年 1～図25　鈴木信氏による道央部の編年 2

　鈴木 1998

図26　鈴谷式土器タイプ A1

　1：伊東 1942　2・3・7・8：内山編 1995　4～6：大場・大井編 1981

図27　鈴谷式土器タイプ A2

　1・4・5：Василевский, Голубев1976　2・3：Герус1979　6～8：泉・曽野編 1967

図28　鈴谷式土器タイプ A

　1～9：山浦 2002a

図29　鈴谷式土器タイプ B

　1～5：山浦 2002a　6～11：新岡 1940

なお、図28-1〜9、図29-1〜5については、報文の執筆者である山浦清氏の許可を得て、筆者が実測した土器断面図を原図に付加した。さらに図28-8、図29-1・2・5については拓本も筆者が作成した（熊木2004）。

図30　鈴谷式土器タイプC1（1〜11）・タイプC2（12・13）

　1：前田2002　2〜6：Шубин1979　7：伊東1942　9・12・13：大場1967　10：熊木2004　11：武田編2002

図31　声問川大曲遺跡Ⅲ群B類土器

　1〜4：土肥・種市1993

図32　サハリン北部ハンツーザ・アムール河口部ウゴールナヤ出土土器

　1〜15：山浦1985　16・17：臼杵ほか1999

図33　大井による文様要素分類

　1〜27：大井1982a

図34　大井による器形分類（上）と香深井A遺跡の各魚骨層における属性の変遷（下）（大井1982a）

　上図・下図とも大井1982a

図35　口縁部文様要素の分類

　1〜3・5・6：大場・大井編1981　4・7〜14：大場・大井編1976

図38　器形（土器上半部プロポーション）の分類

　上図：大場・大井編1976

図41　北海道北部のオホーツク土器編年（1）

　1：荒川ほか1997　2〜7：大場・大井編1981　8〜10：大場・大井編1976

図42　北海道北部のオホーツク土器編年（2）

　11〜14：大場・大井編1976　15・16：佐藤編1994　17：大井1972b　18：岡田ほか1978

図43　口縁部文様要素の分類

　2：本書の図106-9　8：本書の図113-67

図44　胴部文様要素の分類

　1：本書の図107-15　2：本書の図106-6　3：本書の図109-29　4：本書の図110-40　5：本書の図117-11　6：本書の図113-66

挿図出典

図47　モヨロ I 群 1a 類土器（1）〜図54　モヨロⅢ群 b 類土器・Ⅲ群 c 類土器

　1〜69：米村編 2009

図55　相泊遺跡出土土器群（1）

　1・2・3・5：澤ほか 1971　4：涌坂編 1996

図56　相泊遺跡出土土器群（2）

　7・8・11・12：澤ほか 1971　6・9・10：涌坂編 1996

図57　相泊遺跡出土土器群（3）

　13・14：涌坂編 1996

図58　相泊遺跡出土土器群（4）

　15・16・18：澤ほか 1971　17：涌坂編 1996

図59　栄浦第二遺跡 9 号竪穴オホーツク下層遺構出土土器群

　1〜3・5〜8：藤本編 1972　4：熊木 2010a

図60　オンネモト遺跡 I 号竪穴床面出土の土器〜図62　オンネモト遺跡 I 号竪穴埋土出土の土器（2）

　1〜42：増田ほか 1974

図63　トコロチャシ跡遺跡オホーツク地点 7a 号竪穴骨塚 a 出土土器群（1）〜図65　トコロチャシ跡遺跡オホーツク地点 7 号 a 竪穴骨塚 a 出土土器群（3）

　1〜16：熊木・國木田編 2012

図66　道東部・道北部オホーツク土器の型式変遷と地域間交渉

　1：澤ほか 1971　2：本書の図 109-29　3：本書の図 110-33　4：本書の図 117-13　5：本書の図 117-10　6：本書の図 117-12　7・8：熊木・國木田編 2012　9：大場・大井編 1981　10：大場・大井編 1976　11：前田・藤沢編 2001　12：佐藤編 1994　13：大井 1972b

図67　テバフ式土器

　1〜3：デリューギン 1999

図68　アムール河口部の江の浦式土器（1）〜図72　アムール河口部のテバフ式土器

　1〜59：熊木・福田編 2005

図73　臼杵分類による江の浦式土器群

　1～9：臼杵1990

図74　サハリンの江の浦式1類土器

　1・2：Федрчук1998　3・5：立正大学文学部考古学研究室2002　4：竹石・澤田2002　6：サハリン考古学研究会編1994　7：Стешенко1979　8：
Горбунов, Прокофьев1994

図75　サハリンの江の浦式2類土器

　9・17：Стешенко1979　10：竹石・澤田2002　11・15：新岡・宇田川1992　12：Васильевский, Голубев1976　13・14：サハリン考古学
研究会編1994　15：新岡・宇田川1992　16：設楽編2001　18・19：Федрчук1998

図76　サハリンの江の浦式3類土器

　20：Стешенко1979　21：Шубин1979　22・26・31：設楽編2001　23・25・28：Васильевский, Голубев1976　24・27・30：野村1991
29・35：立正大考古学研究室2002　32・33・34・36：新岡・宇田川1992

図77　南貝塚式土器

　1～6：平川1995：第11図を一部改変して掲載

図78　香深井5遺跡出土土器群

　1～19：内山編2000

図79　元地式土器における模倣

　1～5・7：内山編2000　6：Васильевский, Голубев1976　8：竹石・澤田2002

図80　シュブントー（声問大沼）遺跡出土土器

　1～7：熊木作成（大場・菅1972掲載の土器を熊木が再実測。大場・菅1972との対応は第Ⅱ部第Ⅳ章の注8を参照）

図81　C544遺跡　4c層の土坑・発掘区出土　オホーツク土器

　1～8：田中編2012

図82　ウエンナイ川右岸遺跡1号竪穴出土土器

　1～2：氏江1995

図83　北大式の影響を受けたオホーツク土器

　山谷編2011

318

挿図出典

図84　土師器や擦文土器の器形を模したオホーツク土器

　　1・8：大場・大井編 1981　2：山谷編 2011　3〜7・11・12：大場・大井編 1976　9・10：佐藤編 1994

図85　オホーツク土器（1〜4）と擦文土器（5〜8）の文様構成

　　1〜3：大場・大井編 1976　4：前田・藤沢編 2001　5〜8：大谷・田村編 1982

図87　大井晴男による編年表

　　大井 1981

図88　天野哲也による編年表

　　天野 1978a

図89　右代啓視による編年と暦年代〜図90　右代編年 II -a の土器

　　右代 1991

図91　佐藤隆広による編年

　　佐藤編 1994

図92　サハリンにおける晩期新石器時代〜古金属器時代の諸文化

　　1・3〜5：Василевский, Грищенко2012　5：グリシェンコ 2015

図93　サハリン出土の後北 C₂・D 式土器

　　1：大場 1967　2：伊東 1942　3：竹石・澤田 2002

図94　道央部出土の柱状片刃石斧〔斎野 1998 による分類のIII類〕

　　斎野 1998

図95　北海道出土の鈴谷式土器

　　1：野村・大島 1992　2：松田ほか 2011　3：武田編 2002　4：熊木 2004

図96　音標ゴメ島遺跡出土の十和田式土器（1・2）と北大式土器（3）

　　1〜3：川名・高畠 2010

図97　ウトロ遺跡出土の十和田式土器（1〜3）と北大式土器（4〜7）

　　1〜7：松田ほか 2011

図98　サハリン南部カリーニナ2遺跡出土土器

　　Gorbunov, Amano 2002

図99　サハリン中部　イルキル1遺跡出土の江の浦式1類土器

　　福田ほか2015

図100　モヨロ貝塚出土の江の浦式2類土器

　　1・2：米村編2009

図101　オホーツコエ3遺跡のカマドを持つ住居

　　瀬川2008

図102　セディフ1遺跡出土　青銅製帯飾版（1・2）・透彫円板（3）・装飾板（4）

　　熊木ほか2007

図103　スタロドフスコエ遺跡出土　方格の叩き目を有する土器

　　榊田ほか2007

図104　ニタップナイ遺跡出土　鉄鏃

　　奈良編2009

※以上に記載がない挿図、及び挿表は全て筆者が作成した。

あとがき

　序章に述べたとおり、本書は、続縄文土器とオホーツク土器の型式編年を主なテーマとして、筆者の既発表論文に手を加えた論考と、書き下ろしの資料編をまとめて収録したものである。学生時代からご指導いただいた宇田川洋先生、今村啓爾先生、大貫静夫先生、本郷の考古学研究室から常呂実習施設を支えていただいている佐藤宏之先生、設楽博己先生、博士学位申請論文の審査委員を務めていただいた菊池徹夫先生には、多大なるご指導とご鞭撻を賜った。また、企業勤めを経て学士入学した筆者を温かく迎えていただいた石川日出志先生をはじめとする明治大学の諸先生と、ロシア極東の遺跡調査にお誘いいただいた臼杵勲先生には、調査の方法を基礎から教えていただいた。諸先生の学恩に、心からの感謝を申し上げます。

　筆者は、1996年に東京大学常呂実習施設に助手として着任して以来、常呂を拠点として活動を続けてきた。常呂実習施設の同僚としてともに研究を進めてきた福田正宏・高橋健・國木田大・夏木大吾の各氏と、資料編の土器の実測にご協力いただいた榊田朋広氏には、調査研究の様々な場面で支えていただくとともに、沢山のご教示をいただいた。ほかにも、日々の活動では山田哲・中村雄紀・市川岳朗の各氏をはじめとする北見市教育委員会の方々からも多くのご支援をいただいている。研究成果を積み上げて本書を完成することができたのは、これらの方々のご協力によるところが大きい。

　常呂では、恵まれた研究環境に加えて、自らの研究テーマに直結する重要な遺跡の発掘調査に携わる機会を数多くいただいた。特に、利尻富士町役場遺跡、トコロチャシ跡遺跡と同オホーツク地点、ニコラエフスク空港1遺跡、礼文町香深井5遺跡、網走市モヨロ貝塚の調査では出土土器の報告を担当したが、これらの資料と対峙し、苦闘した経験が筆者の血肉となり、本書の成立へとつながった。近年の研究を大きく進展させたこれらの調査に関わることができたのは、オホーツク文化の研究者としてこの上ない幸運であった。機会を与えていただき、調査にご協力いただいた多くの皆様に対しても、厚く御礼を申し上げたい。

　第IV部の資料編においては、遺憾ながら対象としたコレクション全点の実測を完遂できなかった。資料の一部のみの公開となってしまったことには内心に忸怩たる思いがあるが、先延ばしにしても事態が好転することは無いと考えて、本書での発表を決断した。資料の公開をお許しいただいた市立函館博物館と北海道立北方民族博物館には、資料調査から10年以上が経過してしまったことに対してお詫びするとともに、調査へのご協力に対してあらためて深く感謝の意を表したい。また、北海道出版企画センターの野澤緯三男氏には早くから本書の刊行を快諾いただいていたにもかかわらず、何年も入稿をお待たせしてしまった。お詫びとともに、刊行にご尽力いただいたことに御礼を申し上げる。

　最後に、私事ではあるが、24歳から考古学の研究を志した筆者を支援し続けてくれた両親と、日頃、筆者の研究を支えてくれている家族に、深く感謝したい。

熊木　俊朗　Kumaki, Toshiaki

1967年　東京都生まれ
1990年　北海道大学文学部文学科言語学専攻課程卒業
1994年　明治大学文学部史学地理学科考古学専攻卒業
1996年　東京大学大学院人文社会系研究科考古学専門分野修士課程修了
現　在　東京大学大学院人文社会系研究科　准教授（附属北海文化研究
　　　　常呂実習施設勤務）
　　　　博士（文学）

オホーツク海南岸地域古代土器の研究

発　行　2018年7月10日
著　者　熊　木　俊　朗
発行者　野　澤　緯三男
発行所　北海道出版企画センター

〒011-0018　札幌市北区北18条西6丁目2－47
　　　　　　電　話　011-737-1755
　　　　　　ＦＡＸ　011-737-4007
　　　　　　振　替　02790-6-16677
　　　　　　ＵＲＬ　http://www.h-ppc.com/
　　　　　　E-mail　hppc186@rose.ocn.ne.jp
　　　　　　印刷所　㈱北海道機関紙印刷所
　　　　　　製本所　石田製本㈱

乱丁・落丁はおとりかえします。

ISBN978－4－8328－1804－0　C3020